W0060302

MATTHIAS MATUSSEK

WIR DEUTSCHEN

Warum uns die anderen gern haben können

S. FISCHER

Editorische Notiz: Einige der hier abgedruckten Texte
sind bereits im SPIEGEL erschienen.

3. Auflage: Juni 2006
© S. Fischer Verlag GmbH, Frankfurt am Main 2006
Alle Rechte vorbehalten
Satz: H & G Herstellung, Hamburg
Druck und Bindung: Clausen & Bosse, Leck
Printed in Germany
ISBN-10: 3-10-048922-5
ISBN-13: 978-3-10-048922-7

INHALT

Für Ulrike und Markus,
die schönsten Geschenke der deutschen Einheit

1. WIR DEUTSCHEN

Einführende Erklärungen darüber, warum wir Deutschen
prima sind und besonders die Briten uns gern haben können

Im Grunde habe ich fünfzehn Jahre lang an diesem Buch geschrieben. Seit sich die beiden Deutschlands in die Arme gefallen
und an die Gurgel gegangen sind, schreibe ich daran.

Es knüpft da an, wo mein letztes Buch, »Palasthotel – Wie
die Einheit über die Deutschen hereinbrach«, aufhört, das ein
rasendes Buch aus dem Wende-Wirbelsturm war. Das vorlie-
gende ist sicher heiterer, aus guten Gründen. Doch auch hier
wird deutscher Gefühswirbel beschrieben. Es ist ein Buch über
uns und eines über Nationalstolz. Komisch für einen, der die
längere Zeit der letzten 15 Jahre im Ausland verbracht hat?
Nicht unbedingt. Ich finde es einleuchtend, was Heine zur Vaterlandsliebe sagte: Sie loderte in ihm besonders heftig in der
Ferne, in Paris.

Nichts stimuliert die Liebe zum eigenen Land so sehr, als wenn
man es ständig gegen Klischees und Herabsetzungen zu verteidigen hat. Insofern konnte es nichts Anregenderes geben für einen
eher unzuverlässigen Patrioten wie mich, als eine Zeit in England
zu verbringen.

Tretereien gegen Deutsche sind dort durchaus nicht auf die
Unterschicht-Hooligans beschränkt, die die Boulevardpresse so
gerne mobilisiert. Ich war kaum zwei Wochen auf der Insel, da
saß ich in einer sehr erlauchten Dinner-Gesellschaft neben der
geadelten Romanautorin Antonia Byatt.

Es gab Lamm unter Fürstenporträts aus dem 18. Jahrhundert,
ich war vergnügt und leichtsinnig, und ich toastete ihr zu, obwohl sie sich sehr verschlossen und griesgrämig gab.

Plötzlich fragte sie mich, was ich von der europäischen Verfassung hielte.

Ich verschluckte mich fast.

Ich kannte keinen, der Giscards 1000-seitiges Papier-Paket gelesen hatte, ich auf alle Fälle nicht. Also antwortete ich vage, dass es wohl in Ordnung sei, wenn sich die europäische Staatengemeinschaft auf ein paar grundlegende Prinzipien einigte, was man eben so sagt, wenn man sich durchblufft.

Was sie selber davon hielte?

Damit wollte ich erst mal Zeit schinden und den Ball in ihr Feld schlagen. Sie sah ebenfalls nicht so aus, als habe sie sich damit beschäftigt.

Ihre schwer beringte und erstaunlich plumpe Hand blieb eine Weile über dem Teller schweben, und dann sagte sie: »Wissen Sie, wir Briten brauchen keine Verfassungen – wir sind die älteste Demokratie der Erde.«

Dann setzte sie hinzu: »Für junge Nationen wie euch Deutsche mögen Verfassungen indes durchaus ihren Nutzen haben.«

Man kann den Tonfall, in dem das vorgebracht wurde, nicht näselnd und abschätzig genug schildern. Im Prinzip sagte sie: Ihr seid Barbaren, ihr habt gerade die Keule aus der Hand gelegt, ihr habt keine Kultur, ihr braucht die Kandare.

Das Dinner fand übrigens zu Ehren einer deutschen Kulturstiftung statt, die Lady Byatt im Jahr zuvor einen üppig dotierten Preis zuerkannt hatte. Sie war der Ehrengast.

Ich hörte mich sagen: »Bei uns, Gnädigste, wurde das Frauenwahlrecht wesentlich früher eingeführt als bei Ihnen, was allerdings auch verständlich ist, wenn ich mir Sie so ansehe.« Ich nahm einen Schluck Wasser. »Und was Verfassungen angeht: Ein paar Regeln täten ihrer kleinen verregneten Insel mit den verdreckten Krankenhäusern und den entgleisenden Zügen ganz gut.«

Das sagte ich natürlich nicht.

Das alles fiel mir erst viel später ein.

Zunächst war ich sprachlos.

Hatte die Dame Recht? Sind wir wirklich erst gestern aus dem Eichenwald gekrochen?

Ich kramte und raffte zusammen, was mir in der Schnelle an

großen Deutschen einfiel. Wir, die Erben der Römer! Arminius, Karl der Große, heiliger Bonifatius! Barbarossa, Gutenberg, Beethoven, Heine, Bonhoeffer, Lubitsch, Beckenbauer, Heidi Klum!

Tatsächlich musste ich zugeben, dass ich mir bei einigen der Kandidaten unsicher war. Aber die Richtung stimmte. Meine Aufzählung begann nicht erst bei 1945, nicht erst mit dem großen Schuldbekenntnis, wo sonst alles mit dem großen Schuldbekenntnis beginnt, wenn von deutscher Geschichte die Rede ist.

Ich dagegen brachte Frühgeschichte, Mittelalter, Neuzeit, wie es sich gehört. Sicher waren die Engländer oder die Franzosen wesentlich früher in der Lage gewesen, einen Nationalstaat herauszubilden. Sie lagen günstiger. Keine Kunst, so was. Wir dagegen, die prekäre Mittellage, alle zerren an uns, alle verhindern uns, und wir müssen auch noch auf den Papst aufpassen.

Die deutsche Kultur gab es lange, bevor es eine deutsche Nation gab. Sie war ein Traum. Sie war der Weltgeschichte abgetrotzt. Ich persönlich halte das für die wesentlich romantischere und spannendere Variante. Wir werden in diesem Buch einen kleinen Geschichtskurs veranstalten, und er wird bunt und anregend ausfallen.

Und nun das Schuldbekenntnis. Ohne Zweifel liegen die zwölf dunklen Jahre des Nationalsozialismus wie ein Riegel quer in der deutschen Geschichte. Man gelangte in den vergangenen Jahren selten darüber hinaus.

Die Frage ist, ob wir darüber hinaus wollen.

Es scheint das Interesse zu geben. Geschichts-Titel im SPIEGEL verkaufen sich prächtig. Der »Stern« brachte eine umfängliche Serie zur Frühgeschichte, zu den Germanen. Plötzlich bringt »Bild« Fragenkataloge zur Heimatkunde.

Bisher haben diese zwölf tragischen Jahre, in denen ein Teil der Deutschen im kollektiven Wahn den Mord an einem anderen Teil der Deutschen vorbereitete und vollzog, die Geschichtsschreibung dominiert. Was vor diesem Einschnitt lag, war Vorgeschichte, die ausschließlich auf die Katastrophe bezogen wurde – das Preußentum, die gescheiterte Revolution von 1848, der Wilhelminismus, alles war nur Vorbereitung auf die 12-jährige Finsternis.

Wir Deutschen schienen durch die Geschichte selber zum Völkermord bestimmt, und keiner wagte auch nur den Gedanken, dass Hitler ein Freak-Unfall der Deutschen war und dass ein weniger wahnhaftes und kaltblütiges Modell der damaligen Welle an Autokratien und Diktaturen genauso möglich gewesen wäre. Es gab eine intellektuelle und politische Klasse, die alle dies betreffende Sprachregelungen peinlich streng überwachte und Trittfehler gnadenlos ahndete, wie es Bundestagspräsident Jenninger zu spüren bekam, der seinen Hut zu nehmen hatte, weil er sich missverständlich geäußert hatte. Es galt Joschka Fischers Diktum, dass Auschwitz der »Grundstein Deutschlands« sei.

Nun, meiner ist es nicht. Ich glaube, der Grundstein Deutschlands ist wesentlich älter. Und es ist auch nicht der von Mihu, Joschkas fünfter Ehefrau. Und ob es Fischers ist, wenn die Mikrophone abgeschaltet sind, wage ich sehr zu bezweifeln.

Antonia Byatts Bemerkung über die kurze deutsche Geschichte bei jenem Dinner hing auf vertrackte Weise mit all dem zusammen. Sie bestand in dem doppelten Verweis auf die Große Schuld und die ansonsten große Geschichtslosigkeit der Deutschen. Seit Gordon Craig das Wort von Deutschland als der »verspäteten Nation« prägte, gilt der Grundsatz, dass das Unglück des Faschismus als direkte Folge der verunglückten deutschen Nationenbildung zu sehen war. Noch kürzer gefasst: Wer keine geschichtliche Tiefe hat wie ihr Deutschen, so Dame Byatt implizit, ist zum Schlachten geboren.

Mir tat mein Bruder Leid, der in jenen Tagen deutscher Botschafter in London war. Immer wieder kam er sonntags völlig deprimiert zu uns zum Frühstück, und er hätte, wenn es sein durchtrainierter, gestählter Leib erlaubt hätte, an demselben oft genug gezittert, denn wieder und wieder höhnten Kolumnisten wie Jasper Gerard in der »Sunday Times«: »No, we won't stop mentioning the war, Mr. Ambassador« – nein, wir werden niemals aufhören, den Krieg zu erwähnen, Herr Botschafter.

Das war der Tenor auf der Insel.

Bei jenem Dinner, übrigens prächtig und zu Ehren von Gästen wie Antonia Byatt ausgerichtet, sagte dieselbe: Wir auf der Insel haben eine lange, uralte Geschichte und sind deshalb gar nicht zur Barbarei fähig, während ihr Deutschen starke Gesetze braucht, die euch an der Kandare halten.

Nun, meine Erfahrung in Großbritannien ist nicht die, dass das Land einen Zivilisationsvorsprung vor dem unseren hätte, ganz sicher keinen, der sich im Alltag der Trinkerrandale, der Sexskandale um Politiker und Fußballerfrauen, der Ghettogewalt zeigen würde. Und die britische Geschichte – die Ausrottung der Indianer, der Sklavenhandel, die Burenmassaker, die Konzentrationslager in Kenia – watet durchaus im Blut Unschuldiger.

Was Mrs. Byatt von den meisten deutschen Autoren, die ich kenne, an jenem Abend unterschied, war indes, dass sie darüber sprach, worauf sie stolz ist, und nicht darüber, wofür sie sich schämte. Sie war stolz auf ihr Land und dessen Geschichte, es war ein grundtiefer Stolz, der ganz automatisch die Abwertung einer anderen Nation mitbetrieb.

So viel zur britischen Arroganz. Und nun zu uns. Ich glaube, dass ein gewisser Nationalstolz gesund ist, und das Buch handelt davon. Er muss sich nicht wie bei Frau Byatt beleidigend für andere äußern, doch ohne Stolz ist eine Nation nicht fähig, die eigene Zukunft zu meistern.

In seinem Buch »Gibt es überhaupt eine deutsche Geschichte?« zitiert der Historiker Hagen Schulze jenes berühmte Wort von Ernest Renan, nach dem eine Nation von dem Gedanken lebt, »in der Vergangenheit große Dinge gemeinsam getan zu haben und andere in der Zukunft miteinander tun zu wollen«.

Ich nehme an, dass Ernest Renan unter »große Dinge« nicht große Verbrechen versteht, sondern solche, auf die man stolz sein kann. Eine Nation muss sich ihrer Geschichte mit einem gewissen Stolz vergewissern, um ihre Zukunft gestalten zu können. Ich glaube, es gibt eine ganze Menge großer Dinge in der deutschen Geschichte.

Ich habe mich erst langsam zu diesen Überzeugungen vorgetastet. Meine Deutschwerdung war ein langer Prozess, der selbstverständlich mit meinen Auslandserfahrungen zu tun hatte. In meiner Kindheit, meiner Jugend war ich nicht im geringsten interessiert an deutscher Geschichte, und ich kannte keinen, der es war. Deutsch war nicht cool. Cool waren die Stones, cool waren die Hippies in San Francisco, wir waren Internationalisten und Kommunisten, wir hörten Bob Dylan und lasen die Mao-Bibel.

Es war noch nicht mal ein Akt der Verdrängung. Wir litten nicht etwa wegen des Holocausts an Deutschland. Wir fanden Deutschland langweilig, das war alles.

Meinem Deutschsein begegnete ich zum ersten Mal ganz unvermittelt in den Bergen von Santa Cruz in Kalifornien, wo ein Erdbeben Häuser gefaltet und Straßen zerrissen hatte und sich eine Gruppe von netten Amerikanern in einem buddhistischen Gebetshaus um den Guru Baba Haridas versammelt hatte.

Unter ihnen war Bob, ein ehemaliger Pilot, der als Soldat in Deutschland stationiert gewesen war nach dem Krieg. Bob grinste über beide Backen. Seine Augen leuchteten. »You must be very happy to be German these days«, sagte er und zerdrückte meine Hand.

Er kam gerade vom Fernseher zurück. Am anderen Ende der Welt war die Mauer gefallen. Am anderen Ende der Welt hatte ein politisches Erdbeben den Kommunismus erledigt und die beiden kleineren Deutschlands unvermittelt ineinander fallen lassen. Für Bob war es klar, dass wir uns nun jauchzend in den Armen liegen und die Renaissance unserer Nation begießen würden.

Nichts allerdings lag mir ferner als das. Was für merkwürdige Bilder! Unter dem Brandenburger Tor standen dicke, alte Männer in dunklen Mänteln und sangen die Nationalhymne, und sie sangen sie falsch. War das nicht tabu?

Es hatte tatsächlich etwas Trotziges. Die Männer dort, unter ihnen der über alle Zweifel erhabene Willy Brandt, sangen gegen das eigene und das internationale Misstrauen an. Man darf nicht vergessen: Damals ließ Maggie Thatcher aufgeregt ihre Handtasche schnappen und warnte vor einem Vierten Reich. Mitterrand legte sein Gesicht in geschichtsschwere Falten und ließ sich die Widerstände gegen die deutsche Wiedervereinigung mit dem Versprechen auf den Euro ausreden und versilbern.

Allen war mulmig vor einem vereinigten Deutschland in nationaler Wallung. Zumindest taten sie so.

Es konnte schnell Entwarnung gegeben werden. Sicher, es gab in den ersten Monaten der Einheit xenophobe Krawalle, im Osten gegen Vietnamesen und Mosambikaner, im Westen gegen Asylantenheime, doch das hatte mit nationalistischen Räuschen nichts zu tun – es waren die üblichen, europaweit bekannten rassistischen Autodafés, in denen Verlierer auf Verlierer einschlugen.

Allerdings verlangte damals der Leitartikler der »New York Times«, Abe Rosenthal, Deutschland wieder unter internationale Aufsicht zu stellen. Das Land, so Rosenthal, habe mit den Ausschreitungen bewiesen, dass es keine gefestigte Demokratie sei.

Doch alle anderen stellten bald fest – es gab nicht nur keinen nationalistischen Taumel, es gab ohnehin wenig Taumel: Die Deutschen hatten Nationalismus komplett verlernt. Noch bevor die letzte Strophe der Nationalhymne verklungen war, lagen sich die beiden Hälften an der Gurgel. Es ging dabei in erster Linie um Autos und Hi-Fi-Anlagen und Billigjeans.

Wir Jüngeren hatten einfach nie gelernt, stolz auf Deutschland zu sein. Wenn wir an Deutschland dachten, dann an düsteren Geschichtsunterricht und Parolen wie »Volk ohne Raum« und an den verordneten kollektiven Amoklauf und geradezu biblische Verheerungen und Bestrafungen.

Und nun waren wir Analphabeten, wenn es um das Nationale ging. Wir waren Wirtschaftsriese und Fürsorgeriese und Exportriese, geschichtlich entwurzelt, merkwürdig farb- und geruchlos.

Wir lebten in einem relativ großen mitteleuropäischen Gelände, dessen kulturelles Gesicht weitgehend weggebombt worden war, ohne tiefer gehend Gemeinsames, das uns hätte verbinden können, nur noch ein Raum ohne Volk.

Dabei: Was für eine Chance für ein kollektives nationales Selbstgespräch diese Einheit darstellte! Der deutschen Wiedervereinigung war eine veritable deutsche Revolution vorausgegangen. Eine geglückte. Und wie schnell wir ihn uns gegenseitig aus der Hand schlugen, diesen großen Anlass, stolz zu sein.

Mit der deutschen Einheit war Deutschland in seinen eigenen Grenzen angekommen! Deutschland war Deutschland, ohne alle weiteren Provisorien und Anführungszeichen. Es gab nichts mehr, wovon sich träumen ließe, und nichts, wovon man sich nicht bereits lange zuvor gründlich verabschiedet hätte.

Die berühmte Frage Ernst Moritz Arndts »Was ist des Deutschen Vaterland« war am 9. November 1989 beglückend beantwortet worden, auch die *deutsche* Geschichte war nun an ein Ende gekommen.

Doch wir Deutschen wichen, nach einem kurzen schwarzrotgoldenen Intermezzo, aus ins Vage, ins Europäische, ins Ungefährliche. Für das patriotische Gefühl, offenbar, kam die Wende historisch zu spät. In dem Moment, in dem wir als Nation endlich angekommen waren und gemeinsame Wurzeln hätten schlagen können, galt der Nationalstaat, zumindest bei uns, bereits als überholtes Modell.

Deutsch, das war ab sofort nur noch eine Zwischenstufe unserer Entwicklung, hin zu einer transnationalen, europäischen Identität. So waren wir lange Zeit gar nichts, nicht mehr deutsch und noch keine Weltbürger. Wir Deutschen haben offenbar eine Schwäche für Luftwurzeln, ja, wir haben, was die Luftwurzelbildung angeht, einen gewaltigen Trainingsvorsprung vor anderen.

Begeistert haben wir die D-Mark auf dem Altar der europäischen Vereinigung geopfert, begeistert haben wir unsere Grenzen nach Osten hin geöffnet, begeistert sind wir als Vorbildeuropäer allen anderen vorausgeeilt.

Doch die anderen kommen nicht hinterher. Die anderen sind ziemlich stolz darauf, Franzosen oder Holländer oder Schweden zu sein, und sie überlegen sich lange, ob dieses Europa im Interesse der eigenen Nation liegt, und wo es das nicht tut, stimmen sie mit einem kräftigen »Nein«.

Und wir verstehen allmählich, dass unsere Europa-Begeisterung auch wieder nur eine Flucht vor Deutschland war. Die Zeit ist gekommen, einfach einmal still zu halten und sich anzuschauen, was unsere Nation ausmacht und worauf wir stolz sein können.

Als wir, meine Frau und ich, Anfang der neunziger Jahre nach New York umzogen, kamen wir aus einem zerfurchten, zerstrittenen, mal enthusiastischen, dann wieder kalten, auseinander fallenden Land in einen Kontinent, der alle Unterschiede, alle Verwerfungen von Klassen und Ethnien geheimnisvoll zu absorbieren und zusammenzubinden schien.

Dieses Band hieß: Patriotismus, und dort, wo er eine Lüge war, war er eine notwendige Lüge und eine befeuernde und rührende. Ich kann diese Parade zum Unabhängigkeitstag am 4. Juli nicht vergessen, die wir in dem Kaff Guernsey in Wyoming erlebten. Wir waren auf dem Oregon Trail geritten, auf dem einst der Westen besiedelt wurde, und der feierte in diesem Jahr Jubiläum.

Man feiert eine Menge Jubiläen in den USA. Es sind Anfeuerungsreden, die man sich selber hält. Während die Schröder-Regierung bei uns schon darüber nachdachte, den deutschen Nationalfeiertag als arbeitsfreien Festtag zu streichen, ist der amerikanische Nationalfreiertag der höchste im Kalender.

Der Jubelzug in Guernsey setzte sich von den Bahngleisen her in Bewegung. Vorweg, auf einem prächtig geschmückten Rappen, ritt in einem Kleid aus Strass und Federn Mrs. Wyoming, die diesen Titel in der Altersklasse der über 40-Jährigen gewonnen hatte, und das war schon eine Weile her.

Der Bürgermeister und der Sheriff schritten winkend vor dem Wagen der Boy-Scouts, die als Siedler kostümiert waren und mit Bonbons warfen. Ihnen folgte eine Droschke mit Frauen in den Trachten von Siedlerinnen, die nähten und flickten unter dem Motto: »Ihre Bedürfnisse sind unsere Hobbys«.

Auf einem anderen Wagen krabbelten Kinder in Indianerbemalung, gefolgt von anderen mit Sombreros, den Sprösslingen der mexikanischen Rancharbeiter. Die Ambulanz ließ ihr Blaulicht dreimal kreisen, und die Feuerwehr stieß ins Horn, und am Schluss der Parade fuhr die Müllabfuhr.

Es war die rührende Selbstfeier einer Kleinstadt und gleichzeitig ein Maskenzug der amerikanischen Mythen. Die Schönheitskönigin und der Pionier, der Sheriff, der Indianer und die Einwanderer, ein kleiner Karneval von friedlichen, idyllischen Bildern, und dass er von der Müllabfuhr abgeschlossen wurde, war eine sicherlich nicht beabsichtigte, aber deswegen besonders wunderbare Pointe.

Und wir?

Nun, wir üben, immerhin. Wir tun es mit Kampagnen wie: »Du bist Deutschland«. Es klappt noch nicht so richtig, aber wir üben.

Und all die Pappnasen, die noch vor fünf Jahren nach einer Lichterkette gerufen hätten, wenn das Wort »Deutschland« ohne erläuternde Verweise auf die Große Schuld gefallen wäre, machen mit, weil sie kapiert haben, dass ihnen das Land früher oder später um die Ohren fliegt, wenn sie es nicht mit Zuspruch und kulturellen Affirmationen versehen.

In Brasilien, wo wir vier Jahre lang lebten, lernten wir nicht nur, dass nationaler Stolz als Samba und als Gedicht aus Federn und Flitter in die Straße getanzt werden kann, sondern auch, wie sehr wir Deutschen beneidet werden dafür, dass unsere Züge pünktlich sind, dass unsere Rechtsprechung funktioniert und dass man eher selten auf der Straße erschossen wird.

Vor allem aber beneidet um die deutsche Kultur. Um den Amazonas-Forscher Alexander von Humboldt, der den Regenwald mit deutschem Mut und deutscher Akribie und deutscher Menschenfreundlichkeit erforschte. Er war Zeitgenosse Napoleons, doch sein Ruhm strahlte heller in Lateinamerika. Er war ein Eroberer mit Botanisiertrommel und Schmetterlingsnetz.

Wenn also über Deutschland geredet wird, muss über Deutsche wie Humboldt erzählt werden.

Alles in allem ist dieses Buch eine Liebeserklärung an die Deutschen und eine Hilfe für unsere ausländischen Freunde, sie zu verstehen, wenn sie anlässlich der Fußball-WM in unser Land strömen, um zu sehen, wie ihre Teams gegen uns gewinnen.

Das Buch wird in hundert Sprachen übersetzt werden und jedem ausländischen Spieler in den Spind gelegt, das wenigstens hat mir mein Verleger versprochen. Ich kenne ihn noch nicht besonders gut, aber er hat ein entzückendes Baby mit blauen Augen. Warum sollte ich einem solchen Mann misstrauen?

Kurz noch Folgendes: man kann Deutsche richtig gerne haben, solange man uns nicht den WM-Titel nimmt, der schon aus Gründen der Tradition uns zusteht. In dem Sinne: auf faire und freie Spiele.

Die Idee zu diesem Buch kam mir vor einigen Jahren, als mein damals 5-jähriger Sohn nach einem Transatlantikflug auf der Gangway in Frankfurt in die Knie ging und theatralisch ausrief: »Endlich in der Heimat!« Heimat ist ganz offenbar da, wo man gerne ankommt.

Wenn dieses Buch etwas taugt, dann hat es am Ende eine ganze Menge guter Gründe geliefert, warum wir uns wohler fühlen sollten in unserer Haut. Warum wir uns gerne haben sollten. Und warum uns die anderen, gelegentlich, ruhig gern haben können. Denn auch das ist leider typisch deutsch: Immer der nervöse Blick in den Spiegel, ob die Krawatte sitzt und wie wir »draußen« ankommen.

Was aber Dame Antonia Byatt angeht – es wimmelt in diesem Buch vor gut gelaunten Invektiven gegen Engländer. Das wird niemanden überraschen, denn Umfragen zeigen, dass, im internationalen Vergleich, die Engländer das bei weitem unsympathischste Volk auf Erden sind. Ich kann mich für den Wahrheitsgehalt dieser Umfragen verbürgen, denn ich habe sie selber durchgeführt.

Ansonsten munter bleiben und nicht vergessen: Der beißt nicht, der will nur spielen.

An die Arbeit!

2. NATIONALHYMNE. RÜHREN!

Über das Comeback der Nation in der Epoche des
Internationalismus

Ich bin gerne Deutscher.

Italiener wäre sicher auch nicht schlecht gewesen, oder Franzose, aber Deutscher ist prima.

Es ist die einzige Nationalität, die ich von der Pieke auf gelernt habe. Bei meinem Sohn ist das anders. Er ist in den USA geboren und damit Amerikaner. Und er ist Deutscher, weil er mein Sohn ist. Irgendwann muss er sich, soweit ich weiß, zwischen den beiden Nationalitäten entscheiden.

Im Moment will er Gangsta-Rapper werden, mit jeder Menge Bling auf der Brust, und in dieser Hinsicht gäbe es natürlich solidere Ausbildungsmöglichkeiten in den USA (Bronx, South-Central L. A., Detroits 8-Mile etc.). Aber wir sind sehr zufrieden mit seiner Schule hier in Hamburg, und bevor er in den Drogenhandel einsteigt, soll er noch ein paar Jahre Geige spielen und den Messdienerplan einhalten und alles über Heinrich Heine und Karl den Großen und Hitler lernen.

Im Ausland, wo wir längere Zeit lebten, war er übrigens immer mordsmäßig stolz darauf, Deutscher zu sein. Er fand das was Besonderes. Was das heutzutage ist, deutsch, weiß keiner genau, aber wir werden versuchen, es zu klären.

Es ist eine verrückte Sache mit dem Nationalismus. Es gibt ihn rund um den Erdball, mehr als je zuvor, obwohl er doch gar nicht mehr zeitgemäß ist. Er gehört zu den eigentümlichsten Unterströmungen der Globalisierung. Je internationaler die Welt, desto nationaler das Gefühl. Es ist wie auf der Website von GoogleEarth: Man hat den ganzen Planeten, aber man versucht zuerst, das eigene Land zu orten. Man hat alle Kontinente im Angebot, aber man schaut nach der eigenen Straße. Man versucht, sich selber auf den Kopf zu schauen, und das ist fremd genug und genau das, wovon der Prinz träumt in Büchners »Leonce und Lena«. Man will erst mal das kennen lernen, wo man herkommt, und oft ist es das Unbekannteste.

Noch nie sind so viele Menschen täglich in ferne Länder unterwegs gewesen wie heute, und gleichzeitig wurde lange nicht mehr so viel von Heimat und Verwurzelung und Entwurzelung geredet. Nationalismus ist kein Schimpfwort mehr, keine abgelegte Schandvokabel aus der Pickelhauben-und-Kanonenboot-Ära, sondern es drückt das notwendige Selbstinteresse eines Landes aus, das sich seiner geschichtlichen und kulturellen Identität bewusst ist. Nationalismus ist das Abgrenzungs-Interesse in der Ära des totalen Internationalismus, und schon wirtschaftlich ist das eine Notwendigkeit. Alle, die im globalen Wettbewerb konkurrieren, appellieren mittlerweile ganz ungeniert an den nationalen Ehrgeiz, an den nationalen Stolz, in England so gut wie in China oder Indien oder in Deutschland.

Für die Engländer ist Nation etwas so Selbstverständliches, dass die »Encyclopedia Britannica« dem Begriff »Nation« keine einzige Zeile widmet – »es muss«, so Historiker Hagen Schulze, »nicht erklärt werden«. Und für die Deutschen? Hm. Vergleichende Umfragen in der Vergangenheit zeigten, dass es mit dem Patriotismus bei uns nicht so weit her ist. Nach einer Infratest-Umfrage sind 80 Prozent der Amerikaner »sehr stolz« darauf, Amerikaner zu sein. Bei den Briten sind es satte 51 Prozent, bei den Franzosen immerhin noch 35 Prozent.

Bei uns liegt der Wert konstant bei mageren 25 Prozent, und das seit 1986. In der Rangliste der »Grundhaltungen«, die für wichtig gehalten werden, führt »Redlichkeit« mit 73 Prozent. Das »Nationalbewusstsein« ist mit 26 Prozent Schlusslicht. Und das, pflegt die aufgeklärte Intelligenz zu sagen, ist auch gut so. Es hat sich eingebürgert, unser lässiges Abwerfen kultureller Identitäten als demokratischen Erziehungserfolg zu feiern. Eigentlich wollten die Deutschen mit Deutschland nicht so viel zu tun haben in den letzten 60 Jahren. Deutschland ist

das Land mit der höchsten Dichte an Reisebüros. Geht es welt-
offener?

Der Lieblingshit der Deutschen ist einer der Völkerverständi-
gung, nämlich die Feuerzeug-und-Mauerfall-Ballade »Wind of
Change« von den Scorpions, noch vor der nicht minder völker-
verbindenden »Ode an die Freude« (Platz 3), und »Ein bißchen
Frieden« (Platz 7). Die Nationalhymne »Einigkeit und Recht und
Freiheit«? Ein schäbiger 21. Platz.

Sicher, eine Zeit lang bot Europa den Deutschen, die sich un-
wohl in ihrer Haut fühlten, eine Art fader Ersatzidentität an, aber
seit selbst die Franzosen und die Holländer dem bürokratischen
Alptraum Brüssel den Rücken gekehrt haben und lieber Franzosen und Holländer sind, beginnen auch wir darüber nachzudenken, wie man es anstellt, sich in der eigenen nationalen Identität
wohl zu fühlen.

Es wird Zeit, denn unter dem dschihadistischen Ansturm isla-
mischer Welt- und Wertvorstellungen, dieser Kriegserklärung an
die westliche Kultur und ihre permissiven Gesellschaften, wäre es
nicht schlecht zu wissen, wofür man selber geradesteht. Was es
ist, was man da verteidigen möchte. Das Recht auf billigen Zahn-
ersatz? Oder geht das tiefer?

Allmählich jedenfalls scheint sich zumindest die nationale Ver-
drängungs-Neurose zu lösen. Nicht zuletzt deshalb, weil sie als
wettbewerbshindernd und wirtschaftlich schädlich erkannt wird.
Jeder neue Bundespräsident ruft: Wir brauchen die nationale
Kraftanstrengung!

Plötzlich haben sich die Medien und Werbeagenturen des Landes auf den Spruch »Du bist Deutschland« geeinigt. Er unterscheidet sich vom »Wir sind Deutschland«-Spruch vor 17 Jahren
insofern, dass man nicht automatisch falsche Dauerwellen und
stone-washed-Jeans assoziiert. Er benutzt die kulturelle Identität
des Landes als »Treibstoff für Ego-Maschinen«, wie es Mathias
Greffrath treffend formulierte.

Immerhin Treibstoff. Und er scheint gut anzukommen. 1,6 Milliarden Kontakte meldet die Werbeagentur Jung von Matt. Es gibt
einen Bedarf an Deutschland. Sicher: Manche dieser Kampagnen-
gesichter sehen so aus, als hätten sie einen zugelaufenen Hund zu

parfümieren. Gesichter, von denen man weiß, dass sie eher in der Zweitwohnung in Miami und der Drittwohnung in Mallorca zu Hause sind, und die eigentlich nur eines sagen: Du bist Deutschland, du armes Schwein, und ich nicht.

Dennoch: Es gibt die neu erwachte, naive Lust an Deutschland. Allerdings ruft die Beschwörung des Nationalen in eine merkwürdige Leere hinein. Denn es ist kaum noch was da. Den Menschen scheint bisweilen fast abhanden gekommen, woran sie sich doch eigentlich festhalten sollten in der McDonaldisierung ihrer Lebenswelten – Identität, Geschichte, Brauchtum, Tradition, Religion, Familie, Werte.

Vorläufig ist da zumindest der Wunsch nach Unterschieden in einer Welt der Nivellierungen. Das Hitparaden-Ranking-Fieber hat die Nationen erreicht. Vergangenes Jahr unterhielt ich mich mit Simon Anholt in der SPIEGEL Redaktionsvertretung in London. Anholt ist Chef des von ihm gegründeten »Global Market Insite«-Instituts und Erfinder des »Anholt Nations Brand Index«, das die Attraktivität von Nationen für Investoren und Touristen misst.

Für den lächerlichen Preis von 997 Pfund, so steht es in einer seiner Broschüren, kann Anholts Institut »den Wert einer Nation berechnen«.

Anholt berät Lettland. Er hat das Buch geschrieben: »Markenname Amerika«. Wir saßen im Garten unseres Büros in Richmond an der Themse. Ein paar Straßen weiter stand die Kirche, in der Tony Blair einst mit seinen »Ugly Rumors« Musik gemacht hatte. Tony Blair, der Pop-Politiker. Simon Anholt hatte einst mit seinem Team für Tony Blair die »Cool Britannia«-Strategie entworfen. Heute mache sich jeder darüber lustig, und mit Recht, sagte Anholt. Die Blair-Leute hätten ihnen die Befunde aus der Hand gerissen und eine Plattitüde daraus gemacht.

Der Impuls jedoch, die eigene Nation aufzuwecken, sei durchaus vernünftig. Es gehe um Wettbewerb. Da verhielten sich Nationen wie Markennamen. Man fühlt sich zu bestimmten Nationen hingezogen, zu anderen nicht. »Wir wollen nicht nur wissen, wer wir sind, sondern wer die anderen sind.« Ist denn die Nation nicht obsolet geworden auf einem globalen Marktplatz? »Überhaupt nicht«, meinte Anholt. »Wenn ich in einen Laden gehe und einen DVD-Spieler kaufen will, werde ich darauf schauen, dass er aus Japan kommt. Bei einem Auto oder einem Kühlschrank würde ich mich für einen deutschen entscheiden und bei einem Anzug für einen italienischen.« Nationen können, wie jede andere Marke auch, Glanz hinzugewinnen oder ihren Markennamen beschädigen. Die USA zum Beispiel seien derzeit dabei, ihren Brand-Name völlig zu ruinieren.

In Anholts jüngstem Index lag Deutschland auf Platz 4, was die Sympathiewerte in der Welt anging, gleichauf mit den USA, aber immerhin vor Japan, China und Indien. Frankreich war nicht unter den ersten zehn, wie es auf einer von Briten angefertigten Liste wohl nicht anders zu erwarten war.

»Und Großbritannien?«

»Auf Platz 2.«

»Und wieso sind wir nur auf Platz 4? Wir haben Bach, wir haben Beethoven«, ereiferte ich mich.

»Wer hört heute schon Beethoven?«, sagte Anholt und raschelte in einem Berg von Papieren, als wolle er nach der entsprechenden Tabelle suchen.

In diesem Moment wusste ich, dass Anholt unseriös war und letztlich – eben ein Brite. Wahrscheinlich war es gar nicht mal seine Schuld. Ich nehme an, er ist bereits als Brite auf die Welt gekommen. Und ebenso klar war mir, dass wir die Fußball-WM mit allen Mitteln für uns entscheiden mussten, für uns und für Bach und Beethoven und gegen Großbritannien.

So bestand zumindest allerschönste Übereinkunft in diesem Punkt: In dem Maße, in dem die Grenzen fallen, suchen wir nach Abgrenzungen zu anderen.

Die Dänen stellten unlängst eine offizielle Liste ihres Kulturkanons vor. Andersen stand drauf und Kierkegaard und vieles, was in jedem Reiseführer steht. Das hat Dänemark nicht nur deshalb gemacht, weil es bei Geographie-Tests an US-Colleges immer noch für die Hauptstadt Schwedens gehalten wird, sondern für sich selber: Wo alles nivelliert wird auf dem globalen Markt, will man sich seiner Besonderheit vergewissern.

Das entspricht natürlich gar nicht der linken Folklore. Filmemacher Lars von Trier protestierte prompt öffentlich gegen den Kanon dadurch, dass er die weißen Balken aus der dänischen Fahne schnitt, sodass nur noch das Rot der sozialistischen Internationale übrig blieb. Die allerdings hat, wie jeder weiß, ihre eigene Geschichte, und ich würde auf Anhieb sagen, dass sie blutiger ist als die dänische.

Im Übrigen wurde die dänische Fahne in den folgenden Wochen im Karikaturenstreit überall in der islamischen Welt zerschnitten und zertrampelt, jeden Abend brannten dänische Fahnen, und erst dadurch erfuhr die erstaunte Weltöffentlichkeit, wie viele dänische Fahnen es dort unten bereits gab. Es muss regelrechte dänische Fahnenlager gegeben haben. Was ist los mit den Dänen? Gab es heimliche dänische Zellen, die sich mit ihrem Kulturkanon auf die Machtübernahme vorbereiten wollten? Kann es verwundern, dass der Bösewicht im neuen James-Bond-Film ein Däne ist?

Doch nicht nur die Dänen präsentieren ihren Kanon wie eine Art Vorwärtsverteidigung in aussichtsloser Einkesselung. Die Kanon-Diskussion läuft überall, schon seit einigen Jahren, nicht nur in Dänemark. Es sind im Kern kulturelle Abgrenzungs-Debatten. In den USA, wo Kunstkritiker Robert Hughes definiert, was gültig ist; in Frankreich, wo Kulturminister Jacques Lang schon vor Jahrzehnten die Radiosender verpflichtete, Chansons statt amerikanischen Hip-Hop zu spielen; selbstverständlich in Deutschland, wo Großkritiker Marcel Reich-Ranicki zusammenfasst, was ewig gültig sei in der deutschen Literatur und Lyrik.

Ja, immer häufiger werden auch bei uns »Patrimoniums«-Tagungen und Seminare organisiert, und die akademische Welt legt zunehmend ihre Verklemmungen ab, wenn es ums deutsche Kulturerbe geht.

Dieser Eifer im Erstellen kultureller Inventarlisten ist besonders auffällig angesichts der demographischen Katastrophensituation, in der die meisten Gesellschaften im Westen leben. Es ist fast so, als ob wir kurz vor Torschluss noch die Bilanz ziehen: Was war da eigentlich, und: Hat es sich gelohnt?

Man kann mittlerweile ausrechnen, wann der letzte Deutsche das Licht ausknipst. Es geht nicht nur um ihn. Die Geburtenrate sinkt überall, selbst in China, selbst in Brasilien, was sowohl am internationalen Zeugungs- und Gebärstreik egoistischer Selbstverwirklichungslümmel liegt, die mit ihren Ersatz-Familien in den Soap Operas auf dämliche Art zufrieden sind, als auch an einer weltweit gesunkenen Fertilität. Die Natur hat fertig mit uns.

Wahrscheinlich ist es nicht sehr glücklich, ein Buch über uns Deutsche *gleich* mit dem Untergang zu beginnen. Manche Leser werden sich fragen: Wenn es denn so schlimm ist, warum soll ich meine kostbare, knappe Restlebenszeit als Gattung damit verbringen, über meinen eigenen Untergang zu lesen, statt, zum Beispiel, Tennis spielen zu gehen?

Na gut, viel Spaß beim Tennis.

Wir Übrigen wollen fragen, ob es nicht doch noch Chancen gibt, Gattung und Nation zu retten, und ob es vielleicht Zusammenhänge zwischen dem einen und dem anderen gibt.

In seinem neuen provozierenden Buch »Minimum« erläutert Frank Schirrmacher, dass es in Notsituationen die Einzelnen sind (Tennisspieler!), die zum Untergang verurteilt sind, während Familienverbände, je größer sie sind, desto bessere Chancen haben zu überleben.

Viel Spaaaaß beim Tennisspieeeeelen!

Schon weg.

Also: Kann nicht auch die Nation eine Art Familie bilden, die in schlechten Zeiten zusammensteht? Durchaus eine Familie, die aus den unterschiedlichsten Rassen und Religionen besteht, aber eine, die ein gemeinsames Ziel hat, eine Konsensgesellschaft mit ganz neuem und kämpferischem Auftrag, nämlich die Nation, also uns alle, durch die Krise zu bringen und zu retten?

In ihren Talkshows ist die Nation bereits Familie, die um den Küchentisch herumsitzt und darüber palavert, wofür das Geld ausgegeben werden soll und wo gespart werden muss.

Meistens geht es ums Geld. Eigentlich immer.

Fast schien es so in den vergangenen Jahren, als ob uns die Sprache für anderes fehle. Als ob unser Glück und unsere Identität allein durch die Wirtschaftskraft des Landes bestimmt sei.

Das hat sich glücklicherweise geändert. Nun wird wieder danach gefragt, was uns bindet jenseits des Haushaltetats, und es war die islamische Provokation, die das erreicht hat.

»Nike« tragen alle. Ist es nicht Zeichen durchaus progressiver Widerborstigkeit, dass wir nach nationaler Identität fragen, wo uns die weltweit aufgestellten Produktstrategen doch das Bedürfnis genau dafür auszutreiben versuchen? So sind die Gründe der Rückkehr ins Nationale durchaus vielschichtig. Sie sind reaktionär, progressiv, trivial, subversiv, aber sie wirken.

»Wer sind wir?«, fragt der amerikanische Publizist Samuel P. Huntington in seinem neuesten Buch. Seine Antwort: Anglo-Protestanten, die Angst haben, ihr Land und ihren Wertekanon an Immigranten zu verlieren. Natürlich erhielt er dafür jede Menge Prügel von Seiten der liberalen Öffentlichkeit und gönnerhafte Hinweise darauf, dass bereits die Verfassungsväter von den Ideen der Französischen Revolution wie trunken waren und dass Amerika von den verschiedenen Immigrationswellen definiert worden ist.

Allerdings hat Huntington nur ein Problem benannt, das 15 Jahre vor ihm bereits Arthur F. Schlesinger, der liberale Ostküstenintellektuelle und Redenschreiber von John F. Kennedy, in seinem Buch »The Disuniting of America« beschrieben hat.

Ich kann mich noch gut erinnern, wie der Kulturstreit darüber die Rezensenten der »New York Times« und der »New Republic« beflügelte, denn der Zerfall Amerikas in verschiedene Enklaven, in die der Mexikaner in Kalifornien, der Kubaner in Florida, wo selbst die zweite oder dritte Generation kein Englisch spricht, bereitete nicht nur ihm Kopfzerbrechen. Wie sind solche Enklaven in die nationale Familie integrierbar? Sind sie es überhaupt, oder bleiben sie Parallelgesellschaften, passive im besten Falle und reizbar bis zur Weißglut durch Fundamenalismen in aktuelleren Szenarien? Welche Bindungskräfte bringen Nationen noch auf? Welche Loyalitäten können sie noch herstellen?

Diese bisweilen schizophrene Herausforderung lässt sich am deutlichsten in Großbritannien studieren. Das britische Finanzkapital operiert äußerst effektiv, weltweit und grenzenlos, und es ist absoluter Profiteur der Globalisierung. Es vernichtet Arbeitsplätze, es schafft Arbeitsplätze. Es treibt die britische Wirtschaft an. Währenddessen überlegen sich britische Kids, Söhne von Einwanderern, mit 50-Cent-Shirts und allerneuester Koran-Begeisterung, sich mit der Londoner U-Bahn in die Luft zu jagen, weil sie dieses System sprengen wollen und, wie es Hans Magnus Enzensberger in seinem Essay beschrieb, die Verklärung als Verlierer suchen.

Die Leitartikler des Landes rufen prompt nach Beschränkungen der Migration, und ein heftiger Kulturkampf ist darüber entbrannt, was »englisch« oder »britisch« eigentlich sei. Nie wurde die Debatte intensiver geführt als in diesen Zeiten, in denen ich als Korrespondent dort arbeitete.

Innenminister Blunkett, dem es vorwiegend um die Randale betrunkener britischer Jugendlicher und die Schlägereien zwischen verfeindeten ethnischen Banden in den Suburbs ging, beschwor die britischen Tugenden, und Schatzkanzler Gordon Brown betonte in Grundsatzreferaten: »Nur wenn wir uns unserer britischen Identität sicher sind, können wir auch in einer globalen Welt überleben.«

Der wohl auftrumpfendste und gleichzeitig ohnmächtigste britische Nachmittag, den ich in meiner Korrespondentenzeit in London erlebte, war jener des 21. Juli 2005, den ich auf dem Rasen des Buckingham Palace verbrachte, zwischen Männern im Cutaway und Frauen unter großen Hüten.

Queen Elizabeth II. neigte sich auf ihrer traditionellen Gartenparty lächelnd ihrer Commonwealth-Familie zu. Sie schritt die Spaliere ab, die Lords und das gemeine Volk, die indischen Saris und die anglikanischen Priesterroben und die afrikanischen Burnusse. Höfliches Gemurmel.

Gemurmel, das zerrissen wurde von einem Inferno aus Polizeisirenen, Hupen und schappenden Hubschrauberblättern jenseits des Gartens.

Es war der Donnerstag des zweiten Terroranschlages. London war in Aufruhr. Noch wusste keiner von uns genau, ob es erneut Tote gab. Die Fahndung lief auf Hochtouren. Doch hier auf dem Rasen warteten Hunderte vor dem königlichen Teezelt, um ihrer Königin beim Teetrinken zuzuschauen.

Natürlich war es eine Szene voller Ironien.

Der Schulterschluss der Britischen Vielvölkerfamilie konnte ja nicht darüber hinwegtäuschen, dass es die eigenen Kinder waren, die sich einem Mörderkult verschrieben hatten. Zwei der Attentäter hatten ihre Selbstmordmission in einem Muskelstudio in Notting Hill besprochen.

Und die Tugenden, die auf dem Rasen der Queen vorgeführt wurden? Der Stoizismus, die Bildung, der Humor? Natürlich waren auch sie oft niedergerungen in der Welt jenseits der königlichen Hecken, dort genauso wie überall sonst.

Nicht durch Bomben, sondern durch Big Brother, Porno, Drogen, *binge drinking* und *happy slapping*. Auf der Insel haben diese Verfallsformen und sozialen Verirrungen vielleicht extremere Formen angenommen als überall sonst, doch es gibt sie genauso in Frankreich und Deutschland.

Die Gesellschaften in der globalisierten Welt atomisieren. Sie fliegen uns, das machen die Attentate in Madrid und New York und London deutlich, buchstäblich um die Ohren, und sie sind getrieben von Mörderkulten, die dem Westen feindlich gesinnt sind. Auch in diesem Sinne wird unsere Verankerung in einem inneren, kulturellen Wertegerüst wichtig und wichtiger, denn wir müssen wissen, was wir schützen wollen.

Als Reaktion auf den Terror zählte man sich in jenen Unglückstagen auf der Insel alle die Segnungen auf, mit denen die Briten die Welt beglückten, und alle beteiligten sich daran, der linke »Independent« genauso wie der rechte »Spectator« und die »Times« in der Mitte: Parlamentarismus, Shakespeare, Fußball. Warum hassen sie uns?

Die Frage war falsch gestellt. Sie hätte lauten müssen: Warum wird nicht noch viel mehr gebombt, überall in den westlichen Großstädten, wo die Desintegration der familiären, kulturellen, nationalen Bezüge weit fortgeschritten ist? Jeder Soziopath kann sich heutzutage eine Bombe basteln, und Anlässe für Selbstmord gibt es jede Menge.

Das sagt nichts gegen die britischen Tugenden aus, die nicht nur britische sind: Fleiß, Stoizismus, Vaterlandsliebe, Aufopferung. Wir alle tauchen aus einer langen Verdrängungsphase auf, in der wir dachten, dass der globalisierte Konsument die höchste und unangestrengteste Entwicklungsstufe des Menschen ist. Natürlich tauchten schon lange in den Augenwinkeln unschöne Rigorismen auf, aber man hat sie nicht ernst genommen.

Es war eine Luxusphase.

Es war eine schwache Zeit, wie Botho Strauß in einem Essay für den SPIEGEL schrieb.

Das wahrhaft Eigene, die Tradition, die religiösen Grundüberzeugungen, das Gefühl nationaler Gemeinschaft, all das war vor allem uns Deutschen verstellt. Wir waren vorsichtig wie der verstorbene Bundespräsident Rau, der 2001 vage herumzustochern sich verpflichtet fühlte: »Der Begriff Stolz ergibt sich in meinem Denken bei der Heimat und der eigenen Nation nicht.« Ein solcher Satz ist vom britischen oder amerikanischen Präsidenten nicht vorstellbar.

Da man bei uns jedoch mit Brecht zu sagen pflegte, »der Schoß ist fruchtbar noch aus dem das kroch«, wurde also gleich alles Innere ausgeräumt, und auch verbindende Rituale und äußerliche Zeremonielle, mit denen die Amerikaner oder die Briten ihre Nation als stolze, sturmerprobte Festungen vorführen, gibt es nicht.

Das gegenwärtige Unglück liegt genau darin begründet, dass sich die Deutschen Patriotismus in den letzten Jahrzehnten nur als Verfassungspatriotismus gestatteten. Als Bekenntnis zu Werten wie Gleichheit vor dem Gesetz, Religionsfreiheit, Parlamentarismus, freie Wahlen, dieses wichtige, aber fade Sammelsurium, das für jede andere aufgeklärte Nation auf dem Erdball ebenfalls gilt.

So kommt es zu Einbürgerungstests, in denen Türken versichern sollen, dass sie ihre Frau nicht schlagen und auch nichts gegen Schwule haben. Eine gute Sache. Sollte man immer wieder mal anmahnen, auch bei unseren nichttürkischen, also deutschen Mitbürgern.

Das »Deutsche«, das dort von hilflosen deutschen Verwaltungsbeamten abgefragt wird, ist ein politisch korrektes, von kulturellen Identifikationen absolut gereinigtes Konstrukt, das sich die Grundsatzkommissionen der Jusos und der Grünen in den letzten Jahrzehnten als vollwertigen Menschen zurechtgebastelt haben.

»Wieso erwartet man von uns überhaupt, dass wir uns mit Deutschland identifizieren, wenn selbst die Deutschen es nicht tun?«, fragt die türkische Schriftstellerin Mely Kiyak in der »Zeit«. Sie hat Recht. Eine alte Therapie-Weisheit: Bevor die anderen uns gerne haben können, müssen wir es selber tun. Müssen wir erst einmal selber schätzen lernen, was *uns* verbindet.

Die Sprache zum Beispiel. Während wir mit Abstraktionen und Menschenrechtserklärungen um uns schmeißen, hat die Gegenbewegung längst stolze Geländegewinne zu vermelden. Kanak, diese lustige Türkenproll-Entsprechung zum schwarzen Ghetto-Slang, hat längst die Schulhöfe und die Discos erobert. Es ist regelrecht uncool geworden, richtig deutsch zu reden. Ja, paradoxerweise gewöhnen wir uns das Deutsch sprechen in dem Moment ab, in dem das Deutsche, auf Grund der Osterweiterung der EU, offiziell zur zweiten Amtssprache hinter Englisch geworden ist und dort das Französisch abgelöst hat.

Doch es gibt mehr als die Sprache. Wäre es neben allen edlen Forderungen, Homosexuelle zu respektieren, nicht auch wichtig für Einwanderungswillige, zu erfahren, dass uns Beethovens »Lied an die Freude« am Herzen liegt, dass wir die betenden Hände Dürers bewundern und den Kölner Dom, ganz besonders, wenn er umringt ist von Hunderttausenden von ausländischen Jugendlichen, die einen deutschen Papst feiern?

Der Koran und die Umma kommen da erst mal nicht vor.

»Niemand hat die Türken aufgefordert, sich mit deutscher Kultur zu beschäftigen«, meinte Kiyaks Kollegin Necla Kelek jüngst. »Die Linke hat bis heute nicht damit begonnen, die Schutzglocke zu lüften.« Die türkische Intelligenz selber also setzt sich bei uns gegen die linken Versteher zur Wehr. Doch die haben noch längst nicht fertig mit ihrem »Nie wieder Deutschland«-Programm. In einem Flammenartikel forderte ein Redakteur der »Frankfurter Allgemeine Sonntagszeitung« jüngst, der deutsche Staat solle »Islamschulen und Moscheen« bauen sowie islamische Rundfunkräte institutionalisieren.

Das ist immer wieder erstaunlich: Die Linke, die sonst so aggressiv auf der Trennung von Staat und Kirche besteht, wird angesichts des Islam weich in den Knien. Dass die katholische Kirche als Bollwerk der Reaktion gesehen wird, ist mittlerweile ein Selbstgänger, doch bei einer Koranschule schimmert dem Multi-kulti-Versteher das Auge.

Wie lächerlich wollen wir uns noch machen?

Wir müssen offenbar vieles wieder aufbauen.

Vielleicht können wir damit beginnen zu erkennen, dass unsere Geschichte über die letzten knapp fünfundsechzig Jahre hinausreicht, und sich nicht auf zwölf schuldhafte dunkle Jahre verengen lässt, wie es die Linke immer wieder tut. »Nationale Gefühle«, sagte mir der alte jüdische Historiker Fritz Stern in einem Gespräch in New York, »drücken sich darin aus, dass wir dem Anerkennung und Ehrfurcht zollen, was lange vor uns geschaffen wurde.«

Wir haben begriffen: Wir sind zu Amokläufen in der Lage und zu Sinfonien. Tacitus hat uns als ein Volk von geradlinigen, treuen Kraftkerlen beschrieben und Madame de Staël als ein Volk von hinreißend Schwermütigen. Jetzt käme es auf unsere Selbstbeschreibung an.

Die Briten hat man nach einem Tag verstanden, die Amerikaner nach einer Stunde. Wir Deutschen sind uns und den anderen insofern geheimnisvoller, als es das deutsche Gefühl schon lange vor der Nation gab.

Wir sind, viel mehr als andere Länder, eine Selbst-Beschwörung. Und diese Beschwörungskraft reicht zu mehr als nur dazu, einen Betrieb vernünftig zu organisieren – der Aufbau der Dresdner Frauenkirche hat gezeigt, wie sehr wir auch das Andere beschwören können.

Dieses andere Deutschland ist idealistisch, witzig, anspruchsvoll, gutmütig, weltoffen, romantisch. Es passt gut in eine globalisierte Welt, in der die Grenzen gefallen sind, denn es ist leichtes Gepäck. Es ist luftig. Es wohnt im Herzen.

Dieses Deutschland ist das Heinrich Heines, der in seinem »Wintermärchen« dichtete:

NATIONALHYMNE. RÜHREN!

Franzosen und Russen gehört das Land,
Das Meer gehört den Britten,
Wir aber besitzen im Luftreich des Traums
Die Herrschaft unbestritten

Kann man ein Land lieben? Heine hat es getan, auch wenn er das Pariser Exil den Holzschädeln der preußischen Zensur vorgezogen hat. Wenn wir über Deutschland reden, müssen wir über Heine reden.

3. PISTOLE UND HARFE

Was wir von Heinrich Heine, dem deutschesten Deutschen und kosmopolitischsten Weltbürger, gelernt haben

Früher war er verbotene Schmuggelware, jetzt ist er reif für Fernsehgalas: Heinrich Heine hat so sehr gewonnen, dass er nicht mehr auffällt, gerade da, wo er als fragwürdig gilt, also als interessant, witzig, blasphemisch, sentimental, niederträchtig. Jeder zweite Werbeslogan lässt sich auf seine Tricks zurückführen.

Du bist Deutschland? Wenn es heute einer ist, dann Heine. Und das sind gute Nachrichten.

Ohne ihn würden wir anders reden, anders denken, anders seufzen, anders lachen. Er umgekehrt hätte seinen Spaß an diesem unverkrampften, friedlichen Land in der Mitte Europas, in dem jeder alles sagen darf und es auch noch drucken!

Er ließe sich anregen mit der »taz«, mit dem SPIEGEL, mit der »Süddeutschen«, der »Titanic«. Er würde sich in ein Starbucks-Café irgendwo in Berlin-Mitte setzen, das »FAZ«-Feuilleton lesen, die Monatsschrift »Merkur«, das »Moderne Leben« aus der »Zeit«, und er würde sich amüsieren. Er würde sich wundern, dass sie so friedlich miteinander umgehen.

Dann allerdings würde er die Stirne runzeln. Seine Laune würde sich verdüstern, zunehmend. Er würde immer missmutiger umblättern, und sich schließlich die Frage der Fragen stellen: Wie soll er noch sein Geld verdienen in diesem Zeitungswirbel und Meinungssturm, unter all den durchaus munteren Kolumnisten und Feuilletonisten und Reportern?

Unter all denen also, die ihn imitieren?

Man könnte ihn beruhigen. Er würde, denn er ist immer noch unerreicht. Harry Heine war der erste unseres Berufsstandes, der erste Pflastertreter, und sein Geburtsname war tatsächlich Harry. Und er war gleich der Champ.

Er war es spätestens seit jenem Tag, als er diese Schachtel mit Konfekt, die ihm zugeschickt worden war, ins Feuer warf, weil er befürchten musste, sie sei vergiftet.

Da war Harry Heine oben angekommen, ganz oben auf dem Wellenkamm der öffentlichen Erregung. Da hatte er genau jene Betriebstemperatur aus Arroganz und Paranoia, aus Vernichtungslust und Nervosität, die einen großen Journalisten auszeichnet.

Einen großen? Den größten!

Heine erfand das moderne Feuilleton. Er mischte alles zusammen, den historischen Essay, den Boulevardbummel, den Gewissensappell, die Rezension, und vergaß nicht den Tritt unter die Gürtellinie. Er unterhielt. Er forderte die höchsten Zeilenhonorare und bekam sie, und er gab sie aus, für Champagner, Freunde, Frauen.

Er hatte kühle graublaue Augen, einen blonden Haarschopf, hübsche Blässe. Er trug bunte Westen, weiche Halstücher. Ständig war er unglücklich verliebt, und wenn er es nicht war, versuchte er es zu sein, um Worte und Verse und Kapital daraus zu schlagen.

Von Zeit zu Zeit sollte sich unsere abgebrühte Zunft vor ihm verneigen.

Dann sollten wir alle für eine Weile die Hände vom Keyboard nehmen und zu diesen roten Bänden der erschwinglichen Briegleb-Ausgabe greifen und blättern, einfach, um mal wieder einen guten Satz, eine hübsche Provokation zu lesen. Zum Beispiel die: »Die Demokratie führt das Ende der Literatur herbei: Freiheit und Gleichheit des Stils.«

Wir alle könnten nochmal im Original nachlesen, wie das wirklich geht: Der Leitartikler, wie man politische Analysen und Psychogramme zusammenbindet; der Reporter, wie man recherchiert; der Feuilletonist, wie man Musik rezensiert, ohne die geringste Ahnung davon zu haben; der Denker, wie sich effektvoll auf dem Denker-Konkurrenten und seinen Argumenten herumtrampeln lässt; der Klatschkolumnist, wie man Gerüchte streut und die Garderobe der Damen beschreibt.

Vor allem aber: wie die deutsche Alltagssprache singen kann, wenn sie einer benutzt, der das absolute Gehör hat.

Heinrich Heine stand im Schlachtfeld der Ideen weit vorne, er kämpfte im Pulverqualm, und dann das: Er ist gleichzeitig der populärste und international erfolgreichste deutsche Dichter. Der, wie es Marcel Reich-Ranicki sagte, »bedeutendste Journalist unter den deutschen Dichtern, und der berühmteste Dichter unter den Journalisten der ganzen Welt«.

Ein göttlicher Zwitter also. Hans Magnus Enzensberger, Peter Rühmkorf, Wolf Biermann, und jede Menge Geringerer, haben seine Verführungen und Stimmungsbrüche, seine Griffe und Schulterwürfe genau studiert.

Rund 10 000 Kompositionen nach Heine-Gedichten sind bekannt, darunter solche von Brahms und Schumann, Mendelssohn und Meyerbeer, Liszt und Wagner. Selbst die Nazis wollten in ihren Liederfibeln nicht auf die »Loreley« verzichten, obwohl sie von dem Juden Heine verfasst war. Sie ließen unter die Verse schreiben: »Dichter unbekannt«.

Man sollte ein paar dieser Evergreens auswendig können, einfach um den Sinn für Rhythmus und Färbung nicht zu verlieren. Und wer kann sich schon einem Lied entziehen, das so anfängt:

> Ich weiß nicht, was soll es bedeuten,
> Dass ich so traurig bin;
> Ein Märchen aus uralten Zeiten,
> Das kommt mir nicht aus dem Sinn.

Eine deutsche Seele kann es nicht, so viel ist sicher, und auch der französischen fällt es schwer, und allen anderen ebenso. Schon Mark Twain hatte sich diese Verse übersetzt, und heute wird Heine überall gefeiert, in Paris, in Tschechien, in Manitoba, Kanada, und zwar als Weltbürger und gleichzeitig als deutschester aller Dichter, dessen Vita die innere Verfassung einer ganzen Nation erklärt.

Vor Heine war über allen Gipfeln Ruh'. Vor ihm herrschte der eisklare Klassiker Goethe, der aus seiner Höhe den Weltenlauf besah, unbestechlich und gültig, und die gebildete deutsche Sprache war aus schönstem Marmor.

Und plötzlich flatterten Reime wie diese durch den Raum:

> Sie saßen und tranken am Theetisch,
> Und sprachen von Liebe viel.
> Die Herren, die waren ästhetisch,
> Die Damen von zartem Gefühl.

In den folgenden Strophen deklamiert der Pastor, lispelt das Fräulein, dröhnt der Domherr, wispert der dürre Hofrat. Die Stützen der Gesellschaft werden mit zwei, drei Strichen vorgestellt und erledigt. Und dann kommt dieser Hauch, dieses subversive Lächeln, das die ganze Etikette und Weltordnung ins Wanken bringt:

> Am Tische war noch ein Plätzchen;
> Mein Liebchen, da hast du gefehlt.
> Du hättest so hübsch, mein Schätzchen,
> Von deiner Liebe erzählt.

So leicht geht das. Viel zu leicht, sagten die Kritiker, durch alle Zeiten, und ein wenig leiser und bewundernder: dass die deutsche Sprache das kann!

Heines Verfahren: Er beginnt mit dem schmachtenden Klischee (»Ein Fräulein steht am Meere«) und endet mit der prosaischen Pointe (»Mein Fräulein sei'n Sie munter«).

Er beherrscht das bis zur Perfektion, auch in der Prosa. Wie fromm und biedermeierlich diese Rede beginnt, in der er einige Wünsche zu seiner Behaglichkeit aufzählt: ein Häuschen, ein paar Blumen vor dem Fenster, einige Apfelbäumchen im Garten, und »wenn der liebe Gott mir eine besondere Freude machen will, so sorgt er dafür, dass an diesen Apfelbäumchen sieben oder acht meiner ärgsten Feinde aufgeknüpft hängen«.

Kann man Pointen besser setzen?

Von seiner Bedeutung für die Welt war Harry Heine so überzeugt wie Goethe von der seinen. Alle Großen sind so. Beide fummelten an ihrem ersten Auftritt nachträglich herum: Für den Moment seiner Geburt entwarf Goethe, in seiner Autobiographie

»Dichtung und Wahrheit« eine schwer beeindruckende Sternen-konstellation, die den Schönheitsfehler hatte, dass es sie über-haupt nicht gab.

Heine verschob in seinen »Reisebildern« gleich sein Geburts-jahr, auf Silvester 1800, um als »einer der ersten Männer unseres Jahrhunderts« die Bühne betreten zu haben. Auch ihm vermasselte der liebe Gott die Pointe und schickte ihn tatsächlich drei Jahre früher, am 13.12.1797, ins irdische Jammertal.

Die Heines in der kleinen Residenzstadt Düsseldorf sind der verarmte Zweig einer großen Familie. Vater Samson, rosig und blond gelockt, liebt die Pferde und die Theater und die Schau-spielerinnen, liebt sie ein wenig zu sehr. Seine zunächst gut ge-hende Tuchmanufaktur fährt er vor die Wand. Zusammengehal-ten wird die Familie von der strengeren Mutter Betty, dieser »unwiderstehlichen Scheuerbürste« (Rühmkorf), die lebensklü-ger ist und dem Sohn die poetischen Flausen auszutreiben ver-sucht.

Advokat oder Banker, irgendetwas in dieser Richtung hat sie für ihn vorgesehen. Harry flüchtet auf den Dachboden mit dem bun-ten Vorfahrengerümpel, den Globen und Kolben und Schwarten übers Morgenland. Alexander von Humboldt ist soeben von sei-nem Amazonas-Abenteuer zurückgekehrt, und Harry Heine sitzt in seiner »Arche Noah« des Wissens und berauscht sich an erfun-denen Abenteuern.

Was soll man auch anstellen in Düsseldorf, diesem bigotten 16 000-Seelen-Kaff? Als er in der Schule von seinem jüdisch-or-thodoxen Großvater mit dem langen Bart erzählt, schreien und toben die Kinder und rufen »hepp, hepp«, und die Prügel vom Lehrer kassiert Harry. Das ist die Zeit.

Doch dann fliegen auch in Düsseldorf weltgeschichtlich die Tü-ren auf, und herein marschieren die napoleonischen Truppen, und herein reitet der Menschheitseroberer selber, der bereits in Frank-reich für annähernde Gleichberechtigung der Juden gesorgt hat und diese Gleichberechtigung nach Düsseldorf mitbringt.

Harry Heine bewundert ihn ein Leben lang.

Ein Jahr nach Napoleons Niederlage bei Waterloo muss sich auch Harry geschlagen geben, und zwar dem praktischen Leben und dessen Prosa. Er kommt als Volontär zu einem Kolonialwarenhändler in Frankfurt und zu einem Bankier. Er scheitert beide Male, aber er sieht, wie es in einem echten, bedrückenden, engen Ghetto zugeht, denn dort wohnt er in jener Zeit.

In Hamburg dagegen ist alles weit und glänzend, denn in Hamburg wohnt Onkel Salomon, der Bankier, der so viel Geld hat, dass ihn die Umgebung gar nicht mehr spüren lässt, dass er Jude ist. Ihm gehört die halbe Stadt. Reichtum, das wird Harry schnell klar, ist der beste Schutz.

Die Tochter des Onkels heißt Amalie. Harry liebt den Glanz des Onkels, und er liebt Amalie stürmisch, obwohl sie nicht besonders hübsch ist. Er liebt sie so sehr und kommt gleichzeitig als Schwiegersohn so wenig in Frage, dass ihm das Herz bricht.

Poesien wie »in Honig getauchter Schmerz« entstehen. Wohl kein Wort wird er häufiger und geläufiger verwenden als »Liebe«, was die Tiefe seiner Verwundungen nicht in Zweifel ziehen soll. Die große romantische Jugendliebe, die jeder hat: bei ihm ist es das »rote Sefchen«, die wunderschöne rothaarige Tochter des Scharfrichters, eine Nymphe mit blasser Haut, die »viele alte Volkslieder« wusste.

Scharfrichter, Nymphe, Volkslieder – das ist die Gemengelage, der Kompost aus Biographie und Neigung. Zum Bankier passt so was nicht und zu keinem anderen Beruf, außer dem des Schriftstellers.

Nicht dass er nicht weiter Anläufe zu einer bürgerlichen Karriere unternähme. Er besucht die Universitäten in Bonn und Göttingen, und der Onkel zahlt. Das wird die Rollenaufteilung werden, ein Leben lang: Harry ist das Genie, der Onkel in Hamburg der Geldsack. Harry beschimpft ihn, der Onkel rächt sich mit Briefen in grauenvoller Orthographie. »Hätte er was gelernt«, sagt er später geringschätzig, »so bräucht er nicht zu schreiben Bücher.«

Im Studenten-Milieu gerät Harry Heine ins Nationale, womit seine Lebensthemen zusammen sind. »Mit zwanzig«, so Fritz J. Raddatz, »ist Heine fertig.« In Bonn steht ihm die Burschenschaft »Allgemeinheit« offen. Zwei Jahre zuvor hatte die schwarzrotgoldene Apo auf dem Wartburgfest ihre radikalen Forderungen für Gleichheit und Freiheit erhoben. Der Burschenschaftler damals:

ein Bürgerschreck. Nun aber rollt die Reaktion in Gestalt der Karlsbader Beschlüsse, mit denen Metternich die Revoluzzer domestizieren will: Zensur, Zuchthaus für Unbotmäßige, Verfolgung der »Demagogen«.

Das ist das neue Jahrhundert: der Kampf der Ideen und Ideologien, und auf beiden Seiten bewaffnen sich Intellektuelle mit Manifesten und Pistolen. Neben »Liebe« ist »Deutschland« fortan wohl das zweithäufigste Wort in Heines Vokabular.

Allerdings, wenn er zur Pistole greift, dann nur, um sich zu duellieren, um so etwas Dummes und Romantisches wie die Ehre zu retten. In Göttingen fliegt er wegen einer Duellforderung von der Uni. Später, bereits in Paris, soll es tatsächlich zu einer Schießerei kommen, mit einem Herrn Salomon Strauss. Heine wird von einem Streifschuss erwischt, der Andere bleibt unverletzt.

Ja, Heine ist fähig zum Vabanquespiel, dabei schießt er so schlecht. Seine Waffe ist das Wort. Damit allerdings ist er tödlich. August Wilhelm von Schlegel, den Superstar der romantischen Schule und Shakespeare-Übersetzer, den er zunächst verehrt, muss er »mit der Feder annullieren«, weil der nicht aus der Sonne tritt. Das ist Heine, und so sind alle Journalisten nach ihm: empfindlich und blutrünstig zugleich.

In Göttingen fliegt er aus der Burschenschaft, offiziell wegen »Unkeuschheit« und inoffiziell, weil er Jude ist. Zwar ist fast die ganze damalige Welt ein Dreckhaufen des Antisemitismus, doch Heine schäumt über die Deutschen, wie auch anders. Alles Deutsche ist ihm ab sofort wie »Brechpulver«. Er will dem Jugendfreund Christian Sethe die Freundschaft kündigen, »weil du auch ein Deutscher bist«. Es »ekelt« ihn sogar vor den eigenen Gedichten, »sofern sie in deutscher Sprache verfasst sind«.

Was sie sind. Und er dichtet weiter auf Deutsch, natürlich, sein Leben lang, die hinreißendsten Sehnsucht- und Heimweh-Gedichte, und sie werden erst durch ihre Brüche richtig spannend.

Aus Berlin, wo er hingerissen ist vom Philosophengott Georg Wilhelm Friedrich Hegel, der Linke und Rechte gleichzeitig bestätigt, aus Berlin, das »keine Stadt ist, sondern ein Ort, an dem sich interessante Leute treffen«, schickt er seine ersten Feuilletons an den »Rheinisch-Westfälischen Anzeiger«. Und was für welche. Es gelingt ihm, seine Frechheiten über die Zeitung an der Zensur vorbei »in den Hafen der öffentlichen Meinung hineinzuschmuggeln«. Er ist der kontroverse junge Star, und er findet schnell Zugang zum Salon der Rahel Varnhagen. Sein Programm liest sich wie das aller Feuilletons nach ihm, bis in die Gegenwart: »Ich spreche heute von Redouten und den Kirchen, morgen von Savigny und den Possenreißern«.

In jenen Tagen sind es deutsche Dichter, die Zeitung machen. Vor Heine hat es Matthias Claudius gegeben und Heinrich von Kleist, aber keiner hat versucht, sie zu kopieren, nicht die christliche Bedächtigkeit des einen, nicht den schroffen Zynismus des anderen. Heine schon. Man hört den Heine-Sound bis heute. Er richtet sich an ein großstädtisches, zunehmend stimuliertes Massenpublikum, das die sprunghafte Unterhaltung und die Pointe schätzt und dem Fragment mehr abgewinnt als dem geschlossenen System. »Assoziation der Ideen« ist Heines fröhliches Motto.

Leben allerdings kann er von der Schreiberei nicht, und da die Zuwendungen des Onkels an die lästige Mahnung geknüpft werden, sein Jura-Studium abzuschließen, tut er genau das. Er tut mehr als das. Kurz vor seiner Promotion tritt er zum protestantischen Glauben über. Aus Harry wird Heinrich, aus dem Juden ein Christ. Die Religion selber ist ihm dabei herzlich egal, zu einem persönlichen Gott findet er erst am Ende seines Lebens. Da allerdings spricht er ergreifend von seinem Gott und einem Leben nach dem Tode.

Die Konversion aber ist eine pure Karriereentscheidung, denn Juden wird das Praktizieren erschwert. Viele tun es. Von den 300 000 Juden, die etwa ein Prozent der deutschen Gesamtbevölkerung ausmachen, ist es gerade mal ein Zehntel, das in bürgerlichen Verhältnissen aufwächst – die Übrigen finden sich, drangsaliert, am unteren Rand der Gesellschaft.

Die Konversion zahlt sich nicht aus, er wird trotz allem kein Professor. Ein Jahr später schreibt er seinem Freund Moder: »Ich bin jetzt bei Christ und Jude verhasst. Ich bereue sehr, dass ich mich getauft habe.«

Da die Schriftstellerei zu den wenigen Berufen gehört, die Juden nicht verwehrt ist, und da zur gleichen Zeit technologische Durchbrüche wie die Erfindung der Stereotypie und die Einführung der Schnellpresse die massenhafte Herstellung von Büchern und Zeitschriften ermöglicht, ist Heine genau zur richtigen Zeit im bürgerlichen Sinne gescheitert.

Buchhandlungen und Verlage schießen aus dem Boden, die Verkehrswege werden verbessert, Bücherhausierer und Abonnements schaffen neue Kunden heran, Lesegesellschaften und Leihbibliotheken entstehen, und vor allem wird die bis heute potenteste Klientel gewonnen: die Frauen. Der Markt, der uns heute alle ernährt – damals entsteht er. Heine bedient die Poesie, er bedient die Politik. Und er kämpft mit den Zensoren auf seine Weise. In seinen Reisebildern lässt er eine ganze Seite mit Strichen erscheinen, bis auf die Worte »Zensoren« und »Dummköpfe«.

Das ist der Tageskampf.

Und dann die Nachtseite. Heine sucht das Deutsche im Brunnen der Vergangenheit, wie viele in jener Zeit im Mittelalter, bei den Rittern und den Burgfräulein, er liest Sagen und Märchen und studiert alles, was er kriegen kann.

Dann reist er. Heinrich Heine erlebt Deutschland am Beginn des modernen Tourismus, er sieht die Nordsee, er erwandert sich den Harz, und dann erscheint die wundervollste Reportage, die es nur geben kann, die »Harzreise«, die seinen Reigen der »Reisebilder« eröffnet und der Grund für seinen Ruhm als Prosaschriftsteller ist.

Er macht das, was New Journalism und die Popliteratur wiederentdecken und was durch Reporter wie Wolfgang Büscher gerade glänzend neu probiert wird: Er bringt sich selber ins Spiel. Er trifft Weggefährten, er sinniert über Politik und Geschichte, mischt Anekdoten und Fakten und Träumerei. Mit dem allergrößten Erfolg verabschiedet er sich aus der Gesellschaft, um sie nur noch schärfer ins Visier zu nehmen.

Heines Harzreise beginnt mit einer Satire auf den Uni-Betrieb Göttingens, seine Honorarien, die dummnationalen Studenten. Über Clausthal und Goslar erwandert er sich den Brocken. Er verliebt sich in die Ilse, die Liebliche. Er begegnet deutschen Mythen, Märchen und Fratzen. Das alles, wie er selber meint, ein »übermütiger Lappen«.

Am Ende seiner Wanderung hatte Heine den großen Weimarer Geheimrat besucht. Das Gipfeltreffen! Schon drei Jahre zuvor, so schreibt er auf das Billett, das er ihm zukommen lässt, habe er ihm einige »lyrische Versuche« zukommen lassen. (Und der, das soll sich jeder selber ergänzen, hat noch nicht mal die Größe gehabt, sich zu bedanken!)

Goethe lässt ihn vor. Und Heine, der sich dieses Treffen tausendmal ausgemalt und herbeigewünscht hat, versagt, weil er wieder zu witzig ist. Woran er arbeite, will der Olympier wissen. »An einem Faust«, entgegnet Heine, wie im Reflex. Goethe nickt kühl. Er selber ächzt sich gerade durch den zweiten Teil seines »Faustes«, ein aufreibendes Geschäft. Witzeleien mag er nicht. Die Audienz ist beendet. Goethe notiert in sein Tagebuch: »Heine aus Göttingen«.

Goethe, so erinnert sich Heine später, ist gelb und zahnlos. Nur sein Auge sei klar. Der junge Herausforderer ist wütend und zerknirscht und dennoch widersteht er der Versuchung, dem Großen im Nachhinein in die Knie zu treten, denn er weiß, dass der zu Recht dort oben ist.

Er nennt ihn ein großes »Zeitablehnungsgenie«. Die neue Zeit aber verlangt Parteinahmen, und Heine sieht sich, nicht ohne dabei sehr hingerissen zu sein von sich selber, als einen, der das »Leben im Grunde gering schätzt und es trotzig hingeben möchte für eine Idee«. Man kann sich bei Heine nie ganz sicher sein, ob er die interessante Idee ergreift oder die Idee ihn, wie er versichert. Er hat durchaus ein Gespür für Effekte, und jeder Feuilletonist hegt, auf einem umkämpften Markt, naturgemäß Schwächen für solche Positionen, die die größten Distinktionsgewinne abwerfen.

Klar, dass er sich in den Karikaturen-Streit eingemischt hätte, aber längst nicht klar, in welcher Partei. Vielleicht würde er sogar finden, dass die Meinungsfreiheit bei uns nicht von Zensoren bedroht ist, sondern von der Freiheit selber und ihren unendlichen Vulgarisierungen, die alles entwerten, sogar das Recht auf freie Meinungsäußerung.

Neben dem publizistischen Haudegen Heine gibt es den anderen, den parteilosen Dichter: Ein gutes Jahr nach der »Harzreise« erscheint das »Buch der Lieder«, und in das presst Heine keine Argumente, sondern Zaubergräser und buntes Liebesgeflüster, Gelächter, Frivolitäten und das deutscheste aller Gefühle, die Wehmut.

Es hat bis heute eine Auflage von vielen Millionen und ist in unzählige Sprachen übersetzt. Es ist so sehr Deutschland wie der »Faust«, die Neunte Symphonie Ludwig van Beethovens und der neue Audi. Wenn Deutschland eine Marke ist, dann ist »Das Buch der Lieder« eine seiner mächtigen Submarken.

Sein Verleger Campe verkaufte zu Heines Lebzeiten ganze 3000 Exemplare, und er flucht darüber, dass er es nur in Billigbänden an Studenten absetzen kann, und Heine begreift: Mit Journalismus, wenn er meisterhaft beherrscht wird, lässt sich mehr Geld verdienen. Für Cottas »Allgemeine Politische Annalen« schreibt er aus München. »Ich lebe als Grand Seigneur und die 5 ½ Menschen hier, die lesen können, lassen mich auch merken, dass sie mich hochschätzen.« Im Übrigen: »Wunderschöne Weiberverhältnisse.«

Er wird zum Genie der Mehrfach-Verwertung. Oft veröffentlichte er zunächst in Cottas Zeitschriften, um die Beiträge später in Büchern bei Campe herauszugeben.

Der Weltbürger Heine, der sich so oft und so edel an die Menschheit selber richtet, hat den allergrößten Spaß an der nationalistischen Schlammschlacht. Die Engländer nennt er das »widerwärtigste Volk auf Erden«. Übertroffen würden sie nur noch von den Amerikanern: »Der weltliche Nutzen ist ihre eigentliche Religion, und das Geld ist ihr Gott, ihr einziger, allmächtiger Gott.« Riecht druckfrisch.

Da ihm die Zensoren in Deutschland zu sehr zu schaffen machen, zieht er 1831 um nach Paris. Er hofft auf baldige Rückkehr. Er wird den Rest seines Lebens dort verbringen.

Ein Jahr nach der Julirevolution von 1830 ist Paris die Hauptstadt des 19. Jahrhunderts, das anregende, glanzvolle Foyer der Menschheit, das Ziel einer regelrechten politischen Völkerwanderung: Karl Marx kommt über die Grenze, und mit Publizisten wie Laube, Börne, Gutzkow die ganze junge radikale deutsche Intelligenz.

Von ihnen ist Heine der Glänzendste. Er findet schnell Zutritt zu den wichtigsten Salons, verkehrt mit der Bankiersfamilie Rothschild, mit den Ministern Guizot und Perier, mit Balzac, Dumas, Chopin und Liszt.

Heine ist voll ausgelastet, denn er schreibt für deutsche und französische Blätter. Er beliefert das deutsche Publikum mit Ausstellungsberichten und politischen Analysen, dem Pariser Publikum wiederum bringt er »Die romantische Schule«, die »Geschichte der deutschen Philosophie« nahe.

Paris ist Pressestadt. 1830 gibt es 60 000 Tageszeitungsabonnenten, fünfzehn Jahre später bereits 200 000. Mitte der vierziger Jahre erscheinen 26 Zeitungen in der Millionenstadt. Die Franzosen lieben den Kolumnisten und Dichter Heine, und sie lieben ihn bis heute. Er ist durchgesetzt. Bald kann er pro Zeile einen Franc verlangen. Nach einem Gelage mit Freunden im Restaurant »Roccher de Cancelet« meint er: »Wir haben jeder fünfzig Zeilen verspeist.«

Heine taucht ein. Er streift durch die Gassen und Passagen, erhascht Blicke wie Blitze, Verführungen, Lächeln, er lässt sich treiben in der anonymen Menge wie Baudelaire, der zehn Jahre später, im Schlüssel-Gedicht der Moderne, die »Vorübergehende« besingt.

Als Grillparzer ihn besucht, liegt er mit zwei Grisetten im Bett. Doch dann lässt sich Henri Heine, der berühmte Dichter, von einer jungen, ungebildeten Schuhverkäuferin die Sinne verwirren, von Crescentia Eugénie Mirat, die er Mathilde tauft, weil ihm ihr Namen »im Hals kratzt«.

In seinem »Atta Troll« verewigt er sie, die Laute, die Verschwenderische, die Unbekümmerte, die er 1841 heiratet:

> Juliette hat im Busen
> Kein Gemüt, sie ist Französin,
> Lebt nach außen; doch ihr Äußres
> Ist entzückend, ist bezaubernd.

Heine schreibt über alles und über alles brillant. Der heute so heftig diskutierte »erweiterte Feuilletonbegriff«? Ein alter Hut. Schon Heines Kombattant Heinrich Laube erkennt genau darin das Wesen des modernen Journalismus: »Wissenschaft und Kunst sind aus den geschlossenen Gemächern auf den Markt gestiegen.«

Debattenkultur? Schon in ihrer Geburtsstunde ist sie oft kaum mehr als eine kaschierte Wirtshausprügelei. Schon in der Stunde null des Hochfeuilletons gönnt man sich jede Niederträchtigkeit, und besonders gern benutzt Heine die sexuelle Verunglimpfung.

Im Fluss seiner Italien-Reportage zum Beispiel unterbricht er sich gerne für eine Keilerei im Hinterhof. Er lässt die »Bäder von Lucca« links liegen, um sich einen Gegner zwischen Mülltonnen vorzuknöpfen, nämlich Graf August von Platen-Hallermünde, der antisemitisch über ihn herzog. Heine keilt zurück. Platen ist bekanntermaßen schwul, und das ist in diesem Fall überhaupt nicht gut so. Heine witzelt über den »warmen Freund«, über dessen »Zuvorkommenheit gegen Jüngere«, über seine »süßen Knaben« und so weiter.

Mit Börne, dessen Stern so hell strahlt wie der seine, verbindet ihn zunächst Freundschaft. Doch zunehmend geht ihm dessen politisches Moralisieren, heute würde man sagen: sein Gutmenschentum, auf die Nerven. Börne zieht über Heines royalistische Vorlieben her, und dann über den ganzen Heine: »Ich kenne keinen der verächtlicher wäre ... er hat den schlechten Judencharakter, ist ganz ohne Gemüt und liebt nichts und glaubt nichts.« So klingen Weltverbesserer, denen die Gefolgschaft verweigert wird. Pikant ist die antisemitische Volte: Börne ist selber konvertierter Jude.

Diesmal schlägt Heine nicht sofort zurück, was ein Fehler ist. Er vertagt. Als seine Schrift »Über Ludwig Börne« schließlich erscheint, ist Börne bereits drei Jahre tot. So trampelt Heine auf dem Grab eines populären Schriftstellers herum. Pfui!

Dabei ist der Aufsatz höchst lesenswert. Er besteht auf seinem Dichter-Vorrecht, sich nicht festnageln zu lassen, er ist links genauso wie rechts, immer dort, wo es spannender zugeht, und damit haben deutsche Intellektuelle immer noch die meisten Schwierigkeiten.

Leider ist Heine dumm genug, in einigen Passagen auch persönlich noch einmal nachzutreten. »Der ganze Haushalt«, schreibt er über Börnes privat, »beruhte auf der schmutzigsten Lüge, auf entweihter Ehe und Heuchelei, auf Immoralität.« Düstere Anspielungen auf irgendwelche Dreiecksverhältnisse, ausgerechnet von Heine! Seine Freunde, von Varnhagen bis Campe, sind entsetzt. Diese paar Passagen verdunkeln das ganze Buch, zu Unrecht, bis heute.

Natürlich setzt Heine auf Veränderung, auf Revolution in diesem deutschen Muffstaat. Er hält sie für unausweichlich. Aber er sieht in ihr nicht nur ein moralisches Anliegen, sondern auch eine Aufführung in dramatischer Bühnenbeleuchtung, und er setzte die Spannungs-Effekte unübertroffen, wie in seinen »Webern« von 1844:

> Im düstern Auge keine Träne
> Sie sitzen am Webstuhl und fletschen die Zähne:
> Deutschland, wir weben dein Leichentuch,
> Wir weben hinein den dreifachen Fluch –
> Wir weben, wir weben!

Wegen solcher Verse stand lange Zeit fest, dass Heine Klassenkämpfer sei. Jeder DKP-Langweiler im Westen, jede Brecht-Kanone im Osten hat sich an ihm vergriffen, jedes Kabarett an seinen »gepfefferten« Texten, seiner »Scharfzüngigkeit«.

Wolf Biermann war mit Heine gegen den Kapitalismus, so oder so, als er in den siebziger Jahren in den Westen getrieben wurde, und heute erledigt er mit Heine den Kommunismus und alle anderen kulturfeindlichen -Ismen, Heine lässt das zu.

Der wirklich spannende Heine derzeit ist jener, der sein Deutschland über die Grenze hinweg liebt. Es ist der Heine der »Nachtgedanken«, der Heine des »Wintermärchens«. Er sehnt sich nach den deutschen Eichen genauso wie nach der Mutter. Außerdem hat er Geschäfte mit Campe zu besprechen. So macht er sich schließlich im Herbst 1843 auf, über die Grenze nach

Deutschland. Es wird eine geisterhafte Jagd, denn er darf, aus berechtigter Angst vor Verhaftung, nirgendwo lange verweilen. Jetzt sieht er Aachen wieder und Köln und Hamburg und die kleinen idyllischen Ortschaften, in die das »Gleißen und Prahlen« der Städte noch nicht Einzug gehalten hat, und er schreibt seine Liebe und seine Wut auf die Verhältnisse im »Wintermärchen« nieder, einem Reisebericht in Versen.

Er träumt die böse Gegenwart in die heroische Vergangenheit, und mit beidem spielt er ironisch, er spricht mit Vater Rhein und Barbarossa und Arminius, er vergnügt sich noch im bösesten Spott. So schreibt keiner, der seine Heimat verachtet:

> Im traurigen Monath November war's,
> Die Tage wurden trüber,
> Der Wind riss von den Bäumen das Laub,
> Da reist' ich nach Deutschland hinüber.

> Und als ich an die Grenze kam,
> Da fühlt ich ein stärkeres Klopfen
> In meiner Brust, ich glaube sogar
> Die Augen begunnen zu tropfen.

> Und als ich die deutsche Sprache vernahm,
> Da ward mir seltsam zu Muthe;
> Ich meinte nicht anders, als ob das Herz
> Recht angenehm verblute.

> Ein kleines Harfenmädchen sang.
> Sie sang mit wahrem Gefühle
> Und falscher Stimme, doch ward ich sehr
> Gerühret von ihrem Spiele.

Es ist sein letztes großes Werk und wird in Preußen sofort verboten. Kurz darauf stirbt Onkel Salomon, und Heine muss um seine Pension kämpfen. Dann erkrankt er selber schwer.

Er beschreibt seinen Zusammenbruch dramatisch: Im Louvre sinkt er zu Boden, zu Füßen der Venus von Milo, und gleichzeitig sterben drüben, jenseits des Rheins, deutsche Revolutionäre auf den Barrikaden. Es ist das Jahr 1848, und das ist Heine pur: die Weltgeschichte kollabiert mit ihm, und die Venus, die Verkörperung der Sinnenfreude, schaut marmorn und kalt auf ihn herab.

Ein geheimnisvolles Leiden, das man auf die Syphilis zurückführt, die er sich einst bei einer Helgoländer Dirne geholt hat, macht ihn zunehmend bewegungsunfähig und treibt ihn in seine »Matratzengruft«, in der er die letzten acht Jahre dahinsiecht. Opium, in eine offen gehaltene Wunde am Hals geträufelt, muss die schlimmsten Schmerzen lindern.

Nun ist es Heine, der Märtyrer des Glücks, zu dem die Jüngeren pilgern und um Audienz bitten, und tatsächlich, kurz vor dem Tode, bringt auch er seinen »Doktor Faust«. Bei ihm ist es ein »Tanzpoem«, ein erotisches Verwirrspiel. Dann eine letzte Liebe und letzte glücksverlangende Verse, die er als »Lazarus« verfasst. »Sei getrost, teurer Leser, es gibt eine Fortdauer nach dem Tode.« So tröstet er sich selber. Am Sonntag, dem 17. Februar 1856, morgens um 5 Uhr, stirbt der Dichter.

Der Nachruhm? Für Nietzsche war Heinrich Heine eine Jahrtausendgestalt, für die Nazis ein Jude, dessen Bücher verbrannt werden mussten – und das beschreibt genau die Welt, die Nietzsche von den Nazis trennt.

Für die westdeutschen Hausmeister war Heine bis in die siebziger Jahre hinein ein linker Radaubruder. Man ging nachlässig mit ihm um bei uns, im schmalen, satten Vorwende-Deutschland: Noch 1979 wurde in der Düsseldorfer Landesbibliothek ein Studierzimmer mit Heineschem Mobiliar gedankenlos abgerissen.

Dass Heine zu journalistisch sei, haben immer gerne andere Journalisten geschrieben, die sich zu Höherem berufen fühlten. Karl Kraus, der Wiener Sprachpolizist, verdammte Heine, weil er »der deutschen Sprache das Mieder gelockert« und damit die Sitten verludert habe. Sein Essay »Heine und die Folgen« klingt heutzutage schwülstig, verkracht, humorfrei.

Nicht minder verheerend die Art, in der Theodor Adorno Heine die Gebrauchs-Gedichte verzieh. Leider hat sich in der Folge nicht Heines Witz, sondern Adornos dialektischer Manierismus vererbt, was einer ganzen Generation von Feuilletonisten den Stil verdorben hat.

Wir aber sind allmählich so weit, wir nicken ihm anerkennend zu.

Wir sehen, wie er das Feuilleton der »Zeit« ungelesen zur Seite legt, wie er zahlt, der Bedienung zulächelt, und sich auf den Weg macht, durch die blaue Stunde des deutschen Wintermärchens, und wie er, eine Weile später, die Kastanienallee am Prenzlauer Berg hinabschlendert.

Er kommt an einer hell erleuchteten Boutique vorbei, die einen Durchreiche-Verkauf auf die Straße hat, so wie Tankstellen um Mitternacht oder Apotheken-Notdienste. Ein wunderschönes rothaariges Mädchen steht in diesem Laden, der hell erleuchtet ist von Neonbatterien. Da sind Metallregale, auf denen Pakete stehen, die wie DDR-Mehl aussehen, und Drahtbügel und besonders schöne Leitzordner und Nickis aus Frottee.

Das Mädchen beteuert, dass man all die Dinge tatsächlich kaufen könne. Leider laufe der Laden sehr schlecht. Sie habe ja auch nicht Bewirtschaftung studiert, sondern Kunst.

Natürlich erkennt Heine sofort, dass das blasse Mädchen eine Prinzessin aus alten Zeiten ist, das in diesem Rätselgarten sitzt und wartet, dass es erlöst wird. Es hat blaue freundliche Augen, und Heine will sie auf der Stelle heiraten. Da erinnert er sich, dass er schon mit Mathilde verheiratet ist, und kauft einen Leitzordner mit einem rotem Plastikring im Rücken.

Er lächelt dem Mädchen selig zu, denn in diesem Moment erkennt er, dass er nicht nur verstanden wird von seinen Deutschen, sondern, viel wichtiger noch, geträumt.

4. DER GOLDENE ENGEL

Erste Exkursion in die deutsche Seele, die zwangsläufig im
»White Trash« in Berlin enden muss

Die Homepage des White Trash zeigt Berliner Ruinen in der Stunde null, davor das Schild: »Sie verlassen den amerikanischen Sektor«. Das White Trash liegt in der Schönhauser Allee. Der Weg zum White Trash ist weit, von überall her, aber vom Grunewald aus gesehen wohl am weitesten.

Nun kann man die Tatsache, dass Berlin die spannendste aller Weltstädte ist, dadurch ignorieren, dass man im Grunewald wohnt wie Roger Boyes. Aber muss man dann unbedingt Korrespondent der Londoner »Times« dort sein? Und muss man die deutsche Hauptstadt bei jeder Gelegenheit in die Tonne treten?

Man muss. Es gibt eine geheime Verpflichtungserklärung aller britischen Deutschland-Korrespondenten dem MI5 gegenüber, so betrunken wie möglich über das »Reich« zu schreiben und dadurch Verwirrung zu stiften. »Der Krieg ist noch lange nicht vorbei«, steht auf dem Papier, das mir von einem britischen Kollegen zugespielt wurde, der sich nach Rio abgesetzt hatte, weil er mit dem Druck zu Haus nicht mehr klar kam. Auch er trank. »Der Verein hat mich kaputtgemacht«, nuschelte er in dieser Schänke an der Copacabana, als ich ihn zum letzten Mal sah.

Boyes also. Nicht sein Klarname im Übrigen, aber das ist die Regel bei solchen Einsätzen.

Unlängst griff »Boyes« in die Tasten, um Berlin und Deutschland wieder mal als Paradies für arbeitslose Wohlfahrtsschmarotzer zu denunzieren, die keine Autos mehr bauen können und nur noch an Urlaub denken. Zur Charakterisierung der Stadt und ihrer Bewohner benutzte er gern 21-mal das Wort »dekadent«.

Dazu kommen noch einige »pervers«, »obszön« und »sadomasochistisch«.

Vielleicht war hier auch der Wunsch der Vater des Geschriebenen, und wenn man weiß, wie groß die Schwäche der Engländer für Perversionen und *kinky sex* aller Art ist – BBC-Moderator Jeremy Paxman hat dem in seinem Buch »The English« ein eigenes liebevolles Kapitel gewidmet –, kann man Boyes' Artikel sogar als chiffriertes Kompliment lesen. Jeder sieht eben, was er sehen will, und Boyes schildert Berlin mit seinem schwulen Bürgermeister als Hölle aus Niedergang und Sado-Maso-Kellern wie dem »Kit-Kat-Club«, mit jeder Menge Anklänge an die »Cabaret«-Weltuntergangsstimmung in den frühen dreißiger Jahren.

Natürlich ist das Unsinn. Berlin ist einfach eine arme Stadt. Es gibt zu viele Köter. Es ist hässlich. Es hat 500 000 Hartz-IV-Empfänger und eine gute Clubszene. Und es ist die relaxteste Metropole westlich von Moskau und östlich von Lissabon. Wer denkt schon im blödsinnigen Triumphalismus Londons oder in der noch stupideren Angeberei New Yorks über das Drama der Geschichte nach?

In Berlin dagegen tut man nichts anders. Es ist tatsächlich ein Cabaret-Berlin, das sich Künstler leisten können, weil es billig ist. Tänzer, Maler, Autoren, Verleger, Schauspieler, wer sich im faden, überteuerten New York langweilt und von Londoner Pub-Prügeleien die Nase voll hat, zieht nach Berlin, das nie »eine Stadt« war, wie Heine schon vor 150 Jahren bemerkte, sondern »vielmehr ein Ort, an dem sich interessante Leute treffen«.

Lottmann hat angerufen. »Komm ins White Trash.« Wer was zu sagen hat, taucht da auf. »Da siehst du das neue Deutschland.« Joachim Lottmann ist übrigens der einzige real existierende Sozialdemokrat, den ich kenne, der für Schröder in den Wahlkampf zog. Man hätte sicher einen spannenden Film darüber drehen können. Er ist mit seinen Plakaten sogar in das Büro von Florian Illies vorgedrungen und hat versucht, ihn für rotgrün zu agitieren.

Illies erzählte mir davon auf einer Party bei Christiane Salm, mit flackerndem Blick, sichtlich konsterniert und irritiert, weil er Lottmann in seinem grüngrauen Pfeffer-und-Salz-Sakko hinter mir ausmachte. Vielleicht hat Lottmanns Begeisterung Kanzler

Schröder die entscheidenden 7000 Stimmen gekostet, denn seine Zustimmung wirkt stets sehr ironisch.

Je heftiger er unterstützt, desto ironischer wirkt er. Für jeden, der feste Standpunkte hat, ist es absolut heilsam, sich von Lottmann unterstützen zu lassen. Man beginnt nachzudenken, zu zweifeln, in den Spiegel zu schauen, den Scheitel zu überprüfen und »echt?« zu sagen, oder »Moment mal«.

Lottmann war von meinem Buchprojekt von Anfang an begeistert. »Der neue Nationalismus«, sagte er, »das ist *das* Thema.« Er fand, dass ich erst mal völlig Recht hatte. Es *gab* einen neuen Nationalismus, einen lockeren, einen guten, einen nicht denunzierten.

Allerdings hatte ich den Verdacht, dass er davon aus völlig falschen Gründen angetan war. Alles, was mir Probleme machte, hielt er für deutsche Stärken. Deutschland, meinte er begeistert, sei weiter als der Rest der Welt, weil es völlig antitraditionalistisch sei. »Wir bestehen aus lauter Lücken, in die Liberalität einfließen konnte.« Auf allen Gebieten könne man sehen: »Wir sind alle lieb, wir sind alle Weicheier, alle bis ins Mark antiautoritär, überall geliebte, allein erziehende Mütter, verantwortungsvolle neue deutsche Scheidungsväter.« Lottmann glänzte und strahlte, als er mir bei einem Milchkaffee im »103« an der Kastanienallee gegenüber saß.

»Deutschland hat die größte Therapeutendichte der Welt: die Mehrheit der bürgerlichen Leistungsträger lässt immer mal wieder aufräumen im Kopf. Und dann der Sozialstaat! Jeder Angestellte, der aufhört, kriegt erst mal 1500 Euro im Monat, um sich als neuer Selbständiger eine Existenz aufbauen zu können. Die Folge: das wird auch massenhaft getan!«

Soweit Lottmann. Das heißt, noch ein bisschen mehr davon: »Selbst im erotischen und Ehebereich ist Deutschland eine Galaxie weiter als Irland, Frankreich oder Bayern. Die viel beklagte *Bindungslosigkeit* oder auch Beziehungsunfähigkeit ist in Wirklichkeit eine Umstrukturierung in Richtung moderne Welt. Die unterlassenen Zweierbeziehungen schaffen viele neue, andere, moderne, vielseitige, ökonomisch und geistig potentere *Bindungen*. Jeder junge Mensch in Berlin kann einem von den verschiedenen neuen Bindungen erzählen, die er mit seinem besten Freund, seiner Ex, seiner Geliebten aus Italien, seiner irren Mutter, der Familie seines Scheidungsvaters, seinen metrosexuellen Brat Pack Freunden, seiner jugendlichen Kuschelfreundin, seiner erotisch unterversorgten Professorin etc. etc. hat / aufbaut / abbaut / weiterentwickelt / spannend findet. Verglichen mit dem einsamen Pärchen in Bordeaux, das still und dumm vor sich hin fristet und ›eine Familie plant, später mal, wahrscheinlich‹, ist das der Rhythmus der Zukunft.«

Wie gesagt, das ist Lottmann, mit dem man absolut keinen Staat machen kann. Enthusiastisch. Der deutsche Nationalist neuen Typs. Ich kenne keinen begeisterungsfähigeren Menschen. Und selbst wenn die Gründe zweifelhaft sind: Begeisterungsfähigkeit ist auf alle Fälle ein guter Anfang für ein Buch über Deutschland.

Also nach Berlin, Lottmanns Berlin, wo das Deutschland-Gefühl am dramatischsten ist, hinein in den historischen Kubismus, wo alles gleichzeitig im Blick ist, Siege, Niederlagen, Wiederaufbauten, Abrisse, Neubesiedlungen, lauter Anfänge.

Gut dass es Taxifahrer gibt, die Ordnung schaffen in dem Wirrwarr. Wir fahren den 17. Juni hinunter, auf die Siegessäule zu, und der Mann mit der ledernen Schiebermütze hat seinen jovialen Tag.

»Jetzt fliegt er richtig, der Engel.«

Der goldene Engel auf der Siegessäule, in der Achse zum Brandenburger Tor, den Wenders so eindrucksvoll grauweiß umkreist hat mit seiner Kamera, im deutschesten Kultfilm aller deutschen Kultfilme, in »Himmel über Berlin«, in dem die Toten und die Lebenden miteinander sprechen und Rilke-Gedichte rezitieren. Vorher stand der Engel nur 61 Meter hoch, auf seinem Platz vor dem Reichstag. Die Nazis haben ihn umgesetzt, hierher auf den Stern, und sie haben eine vierte Trommel in die Säule eingepasst, und dadurch den Engel um acht Meter höher gestellt.

»Macht doch jetzt einen ganz anderen Eindruck.«

Jetzt ja!

Rund um den Sockel verläuft ein Bronzerelief, das die Heroen der Deutschen bebildert, von den germanischen Anfängen bis zur Gipfelleistung Kaiser Wilhelm. Auf Geheiß der Alliierten waren die Platten der unbeschädigt gebliebenen Säule nach dem Kriege abgenommen worden. In den achtziger Jahren durften sie wieder angeschraubt werden, wahrscheinlich weil glaubhaft versichert werden konnte, dass von Deutschland nie wieder schlechte Kunst ausgehen würde.

Die Säule war 1873 am dritten Jahrestag der Schlacht bei Sedan eingeweiht worden. Sie sollte an die siegreichen Feldzüge gegen die Dänen (1864), gegen die Österreicher (1866) und gegen die Franzosen (1870/71) erinnern. In die Säulenrillen sind vergoldete Geschützrohre eingepasst.

Wenn die Kanonen jetzt losgehen würden, dachte ich mir, würde es goldene Federn regnen.

So viele Siege. Damit würden Engländer und Franzosen jeweils fünf Städte bespielen. Die Berliner gönnten sich nur eine einzige Säule. Aber was für eine. Lord Nelson auf dem Trafalgar Square? Das ist so schnell erzählt wie es geknipst ist. Für die Berliner Siegessäule dagegen braucht es Stunden.

Der goldene Engel, behauptet der Taxifahrer, sei aus jener preußischen Kanone gegossen worden, mit der Napoleon bei der Völkerschlacht zu Leipzig besiegt wurde. Kein Mensch wisse übrigens, ob er richtig herum steht. Er schaut nach Osten. Er heißt Viktoria. Er könnte auch Germania heißen, denke ich mir, und meinetwegen auch Petra, alles, aber bitte nicht »Goldelse«, wie ihn die witzigen Berliner getauft haben. Berliner Witz ist so unangenehm wie Ausschlag.

Nichts gegen Napoleon, sagt der Taxifahrer jetzt und wirft einen Blick in den Rückspiegel. »War ja ein großer Mann.« Und, nach einer nachdenklichen Pause: »Wenn er auch klein war.«

Kaiser Wilhelm, die Nazis, Napoleon, die Befreiungskriege – und wir sind noch nicht mal am Brandenburger Tor!

Dort folgen Reminiszenzen an Todesstreifen und Mauerfall, an die Knochenbrecher-Bunker der Nazis und Görings Stadtvilla, da ist das Stelenfeld des Holocaustdenkmals, dann die Schinkel-Fassaden und dann wieder realer Sozialismus. All das im gemütvollen Berlinern eines Taxifahrers, der im Amtsdeutsch immer noch Droschkenfahrer heißt.

Es steht eine ganze Menge auf dem Programm.

Ich muss Ariadne von Schirach treffen und mit ihr über Deutschland reden. Dann die Maler Dennis Rudolph und Arnim Böhm in ihren Ateliers besuchen, um mit ihnen über zeitgenössische deutsche Kunst zu reden, ohne die New Yorker Galerien gar nicht mehr auskommen können. Dann wieder zurück in den Westen, um an einem Abendessen teilzunehmen, das Festspiele-Chef Joachim Sartorius für Orhan Pamuk gibt, den türkischen Autor, der »Schnee« geschrieben hat und sich damit gründlich den Hass der Fundamentalisten zugezogen hat.

Es sind dramatische Tage für Intellektuelle, Ereiferungstage, denn die Welt brennt wegen ein paar dänischer Karikaturisten, die sich über Mohammed lustig gemacht haben.

Es ist so dramatisch wie nach dem Mauerfall vor 15 Jahren, als die Weltgeschichte auch nicht so genau wusste, wo sie hin wollte, und Claus Peymann, Heinrich Syberberg, Heiner Müller, Susan Sontag ihr den Weg erklären mussten. Damals war die Geschichte blind vor Euphorie. Jetzt ist sie blind vor Verzweiflung.

Vorher aber Deutschland und Deutschlands Jugend, die es ja, statistisch gesehen, bald nicht mehr gibt. Lottmann hat einen Roman über die Jugend von heute geschrieben, also über seine Freunde aus Berlin Mitte, die ihn respektvoll als »Onkelchen« auf ihre Ecstasy-Partys schleppen. Jetzt saß er über den Fahnen zu seinem jüngsten Roman, »Zombie Nation«, der Deutschlands Jugend als versprengte Minderheit beschreibt, die von den Untoten der herrschenden Babyboomer-Generation ausgesaugt wird. Von Leuten wie mir. Lottmann hat den späteren Abend organisiert, und er hat Ariadne für mich aus dem Hut gezogen.

Ariadne von Schirach, die so unglaublich lebendige, blonde, kluge Sirene. Sie hatte einen wundervollen Text über die Sexualisierung des Alltags und der Mode geschrieben, und kaum war der im SPIEGEL veröffentlicht, standen die Buchverlage bei ihr Schlange. Ich treffe sie im Café »Altes Europa« in der Auguststraße. Im Schaufenster hängt ein Pastell, das eine Köchin in Schürze auf einem Feldweg zeigt. Im Hintergrund märkische Pappeln. »Deutschküche« steht drauf. Es müsste »Deutsche Küche« heißen. Das Schild könnte in einer Metzgerei in Utah hängen, Auswanderer, dritte Generation, nur noch vage Erinnerung an die Grammatik, aber jede Menge Stolz auf eine extravagante Volkszugehörigkeit. Im Schaufenster spiegelt sich ein silberner Audi, dahinter kackt eine Dogge in den Schnee.

Drinnen sitzt Ariadne, auf der Empore. An die Wände sind kleine Spatzen gemalt. Und Affen. Und ein totes Kind in einer Blutpfütze. Und eine Vergewaltigung. Darunter sitzen ein paar Studenten, die englisch reden, mit amerikanischem Akzent. Ein paar andere unterhalten sich über etwas, was wie ein Drehbuch aussieht. Zu einem von ihnen gehört die Riesendogge, die er gerade hereingelassen hat und die jetzt durch den Raum tänzelt, tischhoch, und schnüffelt. Es gibt Espresso, Italienisches und tatsächlich: deutschen Schweinebraten mit Knödel.

»Das hier ist nicht Mitte«, sagt Ariadne, in einer Art Markierungsstolz. Berlin Mitte ist für Touristen. Das hier nicht. Hier sitzt Ariadne meistens und schreibt. »Ich liebe die subtile Erbarmungslosigkeit dieses Ortes«, sagt Ariadne mit einem typischen Ariadne-Satz. Nur hier ist ein aufgeschlossenes Gespräch über Deutschland möglich.

Sie ist in München aufgewachsen. Sie hat dort mit dem Philosophie-Studium begonnen und hat zwischendurch in Spanien Spanisch gelernt und in Italien Italienisch.

»Nationalität ist natürlich wie Luft«, sagt sie.

Man atmet sie, ohne darüber nachzudenken. Nationalität wird erst bewusst, wenn man im Ausland ist. »Da ist Heines Erfahrung nach wie vor gültig.« Bei ihm begann die Vaterlandsliebe an der Grenze nach Frankreich, und sein Leben, sein Schaffen durchzog dieses Paradox: Erst wenn man draußen ist, fühlt man sich zugehörig und ganz drin. Erst dann denkt man: Das ist meine Sprache, das sind meine Leute.

Ariadne hat lange Haarflechten und einen rot geschminkten Mund, und obwohl sie ein Baseball-Käppi trägt, sieht sie mit ihren frischen Winterluftwangen und den klaren blauen Augen aus wie ein Poster-Girl für den BdM. Vielleicht liegt es an ihrem Namen. Sie ist die Enkelin von Baldur von Schirach, dem NS-Reichsjugendführer.

Sie mag dieses Lokal und seine Gemälde, seine kleinen Rätsel. Auf dem Weg zum Klo ist ein kleines flatterndes Spruchband an die weiße Wand gepinselt: »Was führt mich her, was hält mich hier, was treibt mich fort«. Das ist Deutschland.

Deutschland, sagt Ariadne, ist das sanfteste, toleranteste, friedlichste Land auf Erden. Neonazis kennt sie nicht. Alle ihre Freunde sind kosmopolitisch und links, sagt sie. Sie hält Neonazis für eine Erfindung. Selbst unsere Revolverpresse ist nicht so verhetzt wie die in England oder Frankreich oder sonst wo.

»Wir haben diesen Geschichtsbruch gehabt, diesen Zivilisationsbruch«, sagt sie, »und deshalb achten wir in diesem Land besonders auf Toleranz.« In Spanien hat sie wesentlich grimmigere Nationalisten erlebt, wesentlich größere Fremdenfeindlichkeit. »Wir sind das Musterland der Demokratie in der westlichen Welt.« Das sagt sie mit großem Stolz.

Deutsch fühlt sie sich, wenn sie Wörter findet, die es in anderen Sprachen nicht gibt. »Sehnsucht« zum Beispiel. Oder »Heimat«. Oder, das schönste von allen: »Habseligkeiten«. Sie spricht es langsam vor sich her und sie strahlt vor Glück und dann folgen andere, wie »Geborgenheit« und »lieben« und »Augenblick«, diese schönsten Wörter, die 2004 von einer Jury gewählt wurden.

Das Deutsche hat viele Wörter, die sich auf Höheres richten, ohne theologisch zu sein. Wörter, die sich hinausschwingen. »Um es einfach zu sagen: Die Transzendenz in der Immanenz.« Das ist nur im Deutschen ein ganz simpler, verständlicher Satz.

An ihrem rechten Ohrläppchen hängt ein germanisches Schwert. Es blitzt unter den Haarflechten, wenn sie sie kurz zur Seite streicht, was sie sehr oft tut. An ihrem linken Ohr ein Krummsäbel. Sie springt in ihren Ideen und Assoziationen, sie spricht wie ein Bach, in glucksenden Silben und Wirbeln, und manchmal scheint sie sich zu ärgern, dass sie nicht schneller sprechen kann, weil der Ansturm von Vergleichen und Querverbindungen und Lektüreverweisen einfach zu groß wird.

Sie schreibt ein Buch über das Begehren.

Dazu will sie nach Tokio, weil sie sich diese menschengroßen weiblichen Puppen anschauen will, die so echt und so teuer sind, dass Männer sie sich stundenweise in Motels mieten.

»Wir sind auf der Schnittstelle zum Androidentum«, ruft sie, ganz hingerissen von dieser Idee. Die Dogge schaut auf. Einen Moment lang ist Deutschland unwichtig geworden.

Wo waren wir? Ach ja, eine typische deutsche Landschaft? Für sie ist es Bayern. Die Berge, die Flüsse, die Seen. Und die Wurst. »Gerade wir haben uns sehr verdient gemacht im Bereich der Wurst- und Käseproduktion.« So, noch völlig befeuert von ihrem eigenen Politbüro-Fünf-Jahres-Plan-Erfolgsmeldungs-Enthusiasmus, rastert sie die nähere Umgebung und entdeckt Schwächen: »Sicher, Brandenburg schließt auf, die Würste machen sich, aber es gibt noch entsetzliche Lücken ... der Spargel aus Beelitz allerdings ist gut.«

Das deutsche Essen ist wichtig. Fast so wichtig wie das deutsche Theater.

Ariadne und ich sind uns schnell einig, dass es so etwas wie das deutsche Regietheater nirgendwo sonst auf der Welt gibt. Sie findet es gut, ich finde es schlecht. Ich hatte mich schon zu sehr an das Theater im Londoner Westend gewöhnt, an die Royal Shakespeare Company oder das National Theatre, wo man jedes Stück versteht und tatsächlich immer weiß, worum es geht. Manchmal jedoch, da bin ich mit Ariadne einig, ist das deutsche Theater das aufregendste der Welt, eine ganz eigene Kunstform, mit eigenen Formensprachen, wie das japanische No mit seinen geheimnisvollen ritualisierten Abläufen.

Ich war dem spannendsten deutschen Theater ausgerechnet in London wiederbegegnet, bei einem Gastspiel der Pina-Bausch-Truppe und ihrer Produktion »Nelken«, die aus dem Jahre 1981 stammte und seither mehrere Generationen von Tänzern gesehen hatte. Ich war 25 Jahre älter geworden, die Produktion nicht. Tänzer und Blumen und Schäferhunde auf der Bühne. Deutschland, ein dämmerndes Traumreich, ein Nelkenfeld voller Überraschungen und Schwermütigkeiten, voller Lieder und leiser Geständnisse. Heines Deutschland, romantisch bis zum Schwindel, durchzogen von sarkastischen Blitzen.

»Nelken« riss das Publikum im »Saddlers Wells« förmlich aus den Sitzen. So was schafft das englische Theater nicht. So was nie! Pina Bausch wird von der Londoner Künstlerszene kultisch verehrt. Sie ist mit ihrer internationalen Tanztheatergruppe so sehr expressionistischer Tanz, so sehr German Art, und sie ist ganz bestimmt ein Grund, aus dem die Engländer uns gern haben können.

Ich hatte am Abend vorher mit Alan Rickman und Miranda Ri-

chardson zusammengesessen. Alan Rickman hatte in »Die hard«
mit Bruce Willis Los Angeles in die Luft gesprengt, und Miranda
war genauso berühmt, aber in Gegenwart der zierlichen, mysteriö-
sen Choreographin wirkten sie wie nervöse Adepten. Fast verschämt gaben sie mir Autogramme für meinen Sohn mit, denn sie
hatten gerade die Weltpremiere mit ihrem letzten Harry-Potter-
Film hinter sich, und sie wiederholten immer wieder: Pina ist
Kunst. Wahre Kunst. Deutsche Kunst. Womit sie Recht hatten.
Nie wird irgendjemand Pina Bausch komplett enträtseln. Das Rätsel gehört zur deutschen Kunst, zur Bühnenkunst ganz sicher.

Womit wir endlich wieder bei Ariadne wären. Sie hatte mit
ihrem Vater in der Volksbühne am Abend zuvor »Fruchtfliegen«
von Marthaler erlebt. Marthaler ist dafür berühmt, dass er eine
kompakte Idee zerdehnt und verlangsamt und auswalzt, bis sie
in meditative Schwebe-Zustände führt. »Wir haben alle zwischendurch ein wenig geschlafen, und die auf der Bühne auch – es war
wahnsinnig toll.«

Dem deutschen Theater, das von einem sehr adrett gekleideten
neuen Bürgertum frequentiert wurde, folgte, so Ariadne, »ein
deutsches Buffet«. Dort gab es Buletten. »Also ein Klops Fleisch,
und daneben ein Klops Senf.« Eben die Reduktion aufs Wesent-
liche, die Wiederaufbaujahre, wie eine Beuys-Installation, wo es
um Fett und Filz und die wesentlichen Dinge des Überlebens
geht. Grundnahrungsmittel, die es heute auf jeder Vernissage
gibt: Kartoffelsalat, Senf, Schwarzbrot. »Wir fangen immer wieder in den fünfziger Jahren an.«

In den auf uns zukommenden kalten Wirbelstürmen der Globalisierung gräbt man besser die Hacken ein und versorgt sich
und hält sich warm. Darin waren wir uns einig. Wir leben in immer neuen Zeitschleifen, sagt Ariadne. Die zwanziger, die fünfziger, die sechziger. Klar, die achtziger. Die dreißiger und vierziger eher nicht, fährt sie fort, die sind eher nach Amerika
ausgelagert, das ist zu düster für modische Revivals.

Wir werden sehen.

Nation als territorialen Raum gebe es gar nicht mehr, sagt Ariadne. Wir leben in virtuellen Räumen, im Fernsehen, im Internet, wir sind ständig woanders, ständig vagierend in dieser end-

losen Grenzenlosigkeit, und darauf antworten wir mit Anker-Werfen, mit neuem, ironisch gebrochenem Nationalbewusstsein, mit unserer neuen Bürgerlichkeit, mit Beharrungswünschen, mit Verantwortung und Familie. Ariadne findet das alles super.

»Schau dich hier um, die sehen doch alle total normal und brav aus.« Auf einem Tisch steht ein Kerzenleuchter mit rosa Kerzen. Über einem anderen Postkartenmotive aus den fünfziger Jahren.

»Das ist deutsch – dass man sich über Deutschland Gedanken macht.« Das fand schon Nietzsche einen unserer bemerkenswertesten Charakterzüge: Die Deutschen sind Menschen, die sich fortwährend über Deutschland Gedanken machen. Alle Epochen müssen immer wieder umdefiniert und neu betrachtet und in neue Anordnungen gebracht werden, bis sie Sinn ergeben, aber sie tun es nicht, und dann diese Versuche zur Wurzelbildung, um die Risse, die durch die deutsche Geschichte laufen, vergessen zu machen.

Dabei gibt es doch Kontinuitäten. Über einem Tisch hängt das Riesenbild einer großen Kaffeetasse mit Goldrand. Es kann nichts Deutscheres geben als die Kaffeetasse, durch alle Zeiten.

Ariadne spricht mit kopfschüttelnder Liebe über ihren Vater, der gerade in der Stadt ist und mit dem sie später ins Naturkundemuseum gehen wird und noch später wieder ins Theater. Ihr Vater hat gerade ein Buch geschrieben, ein schwieriges Buch. Es heißt: »Der Schatten meines Vaters«. Plötzlich sitzen drei Generationen von Schirachs unter der Kaffeetasse.

Baldur von Schirach, ihr Großvater, saß 30 Jahre in Spandau. »Er gehört zur Generation der schweigenden Väter«, sagt Ariadne. »Die haben nicht erzählt, was sie gemacht haben.«

Danach kam die Generation der emotional kalten Väter, die nur das Loch und das Schweigen weitergereicht bekamen. Ihr Vater Richard.

»Und du?«

»Wir sind die Generation der Verwirrten«, sagt Ariadne fröhlich. »Und die nach uns, das sind die Bausparkids, die Internet-Nerds.«

Die Tür fliegt auf, herein kommt der Schriftsteller Moritz von

Uslar. Wie Lottman ist auch Uslar seit neuestem beim SPIEGEL. Es scheint eine Mode unter Schriftstellern zu werden. Auf dem Arm hat Uslar Karl, seinen zweijährigen Sohn. Karl hält was Großes aus blauem Plastik in den Händen, das sieht aus wie eine überdimensionierte Operationsschere, mit Halbkugeln an den Enden.

»Es ist eine Schneeball-Presse«, sagt Uslar grimmig. »Das ist Berlin. Kein vernünftiger Wurstladen, aber eine Schneeball-Presse.«

»Es gab mal einen Wurstladen in der Schönhauser, Ecke Torstraße«, sagt Ariadne. »Aber ich habe ihn boykottiert – kurz darauf hat er dicht gemacht.«

Uslar hat gerade einen Roman geschrieben, der davon handelt, wie einer von seiner Freundin vor die Tür gesetzt wird und er daraufhin beschließt, erwachsen zu werden, sowieso, obwohl das sehr hart ist, wenn man in den achtziger Jahren so viel Spaß gehabt hat.

Was ist Deutschland, Uslar?

»Dass schön geformte Schneebälle wichtiger sind als Wurst.«

Ariadne muss zurück zu ihrem Vater, Uslar muss auf den Spielplatz, Schneebälle formen, und ich muss die junge deutsche Malerei kennen lernen. Dennis Rudolph, Schönhauser Allee, im oberen Teil, Hinterhof, Quergebäude. Eigentlich geht es darum: was darf Kunst. Lottmann hat mir zugeraunt: Für den brauchst du Nerven.

Alle bestreiten, ganz besonders in Deutschland, dass es so was wie nationale Eigenarten überhaupt noch gibt, aber gleichzeitig beherrscht die deutsche Malerei den Kunstmarkt. Richter und Polke führen die Bestenlisten an, und für die Werke der Neo Rauch und der noch jüngeren Leipziger gibt es Wartelisten. Ein bisschen viel Zufall dafür, dass es keine nationale Identitäten mehr gäbe.

Ein Richter, selbst ein Rauch sind unter ein paar Millionen nicht zu haben. Auf der letzten art-basel in Miami waren deutsche Galeristen schon vor Messebeginn leergekauft.

Was macht die so an?

»Dennis Rudolph«, sagte Lottmann, »wird der Markt in fünf Jahren die Sachen aus den Händen reißen.«

Dennis Rudolph trägt eine schwarze Lederjacke, ein Oberlippenbärtchen und eine leicht ausgefranste HJ-Frisur. An die zernarbte Tür seiner Atelierwohnung ist das berühmte lockige Selbstbildnis Dürers getackert. Über dem Türrahmen steht mit schwarzer Schrift: »Die Schande der Freiheit«. Ein Leitzordner mit Hitler-Porträt auf dem Rücken, ein anderer mit einer mittelalterlichen Madonna. Mit einem Wort: Dennis Rudolph gibt eine Mischung aus Faschist und Zigeunerbaron.

Natürlich ist der erste Impuls der, den Lümmel bei seinen Ohrwascheln zu packen und zu sagen: Bub, sei jetzt mal vernünftig, du kannst es doch.

Der zweite Impuls ist der, aus dem Fenster in den abendlich dämmernden Hof zu schauen, ob das Team von »aspekte« im Anmarsch ist und ein mutiger ergrauter Reporter in Lederjacke die Tür hochstürmt und gleich die Tür eintritt, um den »deutschen Ungeist« zu stellen, während sich wiederum unten der Innenminister vor Scheinwerfern aufbaut und »energisches Eingreifen« verspricht.

Der dritte Impuls ist dann schließlich derjenige, der gewinnt. Neugier.

»Wir leben in einer Zeit des Verfalls«, sagt Rudolph. »Sämtliche Grenzen sind niedergerissen, die amerikanische Unterhaltungskultur beherrscht alles.«

Hier drinnen nicht. Hier hängen Radierungen, die an düstere germanische Kultstätten erinnern, an faschistischen Aufmarschpomp, Sonnenwendfeuer, brennende Weizenfelder. Monstergesichter in den Lüften, Sphinxe auf Säulen. Das alles sieht aus wie ein ganz ganz böser LSD-Trip.

Und hier, ganz klar, gibt es noch Grenzen, die niederzureißen offenbar juckt, und da wird auch der internationale Markt ganz fickrig. Rudolph weiß, dass ihm bei der Arbeit Hunderte von Sammlern über die Schulter schauen, von Amsterdam bis Tokio, und gar nicht warten können, bis ein weiteres Blatt »German art« fertig ist.

Sein Vater, sagt Dennis, sei so ein liberaler 68er. Er lächelt bedauernd. »Er tut, was er kann, um mir diese Sachen auszureden, aber was soll es, ich muss da runter in die Schlucht.« Dort unten, düster.

Dennis ist 26. Mit 19 ist er nach China abgehauen und ist dort mit den Punks in Shanghai herumgezogen und hat Chinesisch gelernt. Dann ist er nach St. Petersburg, auf eine Akademie. »Auf unseren Kunsthochschulen kannst du ja nichts lernen«, sagt er, »da genügt es ja nur, wenn du mal eine Idee hast.« Zeichnen, Handwerk, das gibt es nur in Russland. Allerdings, das ist klar: »Die Zukunft der Kunst liegt da nicht.«

Weshalb er zur Berliner UdK zurückwechselte, von der er nach vier Jahren unehrenhaft und ohne Aushändigung des Meisterbriefes und durchaus hochkantig flog, weil er für eine Ausstellung Soldatengesichter aus dem Zweiten Weltkrieg gezeichnet hatte, die er im Fotoalbum seiner Großmutter entdeckt hatte.

Eine Zeichnung hängt über dem Arbeitstisch. Da drunter: »Der letzte heilige Krieg«.

Heilig? Ist er bescheuert? Hat er Görings Germanentiraden schlecht verdaut?

»Der Krieg ist für eine irrationale Idee geführt worden. All die Opfer. Für etwas komplett Irrationales.«

Womit er wiederum Recht hat. Heilig ist das natürlich nicht, aber Menschenopfer hat der Wahnsinn ganz bestimmt gekostet.

Dennis Rudolphs Bilder sind von großer handwerklicher Meisterschaft. Alles gerät ins Gigantische. Meterhoch die Kupferplatten für seine Radierungen, in altmeisterlicher Manier. Gigantisch die Ölgemälde, die untergehende Sonnen zeigen, verendende Pferde, Ackerfurchen, Endzeitstimmungen, ein enormes romantisches Arsenal wird da zitiert, viele Anklänge an Caspar David Friedrich und an Landser-Romantik.

Eine Lithographie heißt: »Dem unbekannten Gott«. Rudolph hält »Also sprach Zarathustra« für das größte Buch, das je in deutscher Sprache geschrieben wurde.

Einige seiner Bilder könnte man sich ins Wohnzimmer hängen, lägen da nicht in einer der Bildecken immer wieder diese Stahlhelme herum, auf irgendeinem Soldatengrab. Man schaut schnell wieder weg als Deutscher. Nur das Ausland starrt hin, ungenierter. Rudolph hat auch einen Galeristen in Amsterdam.

Warum macht der Junge das? Dieser ganze düstere Krempel aus Nietzsche-Zitaten und Demokratie-Verachtung und Weltkrieg? Er schlägt einen Katalog von Caspar David Friedrich auf. Er zeigt das Bild »Zwei Männer betrachten den Mondaufgang«. Er sagt leise: »Das ist große Kunst, da will ich hin.«

Und dann schaut man wieder auf sein Riesenformat mit dem aufgehenden Blutmond und der Neubauburg hinter den roten Äckern, und dann provozieren die Stahlhelme und Soldatengräber gar nicht mehr, denn man versteht: da muß er durchstoßen, um zu dem größten aller deutschen Romantiker zu kommen, zu Caspar David Friedrich.

Rudolph gräbt und gräbt, und diese schäbige Bruchbude in der Schönhauser Allee enthält mehr an ambitionierter Suche als das ganze Hai-in-Aspik-Gedöns von Damien Hirst oder Tracy Emins Fick-Zelte oder Sarah Lucas' Masturbationsmaschinen. Oder Jeff Koons' Pudel. Die haben alle nichts mehr zu erzählen. Aber Rudolph hat. Die anderen bewegen sich nur noch in der Eindimensionalität der Wegwerfgesellschaften, während Dennis Rudolph, der unreife Idiot, versucht, geschichtliche Dimensionen vorzuführen. Anselm Kiefer hat so angefangen. Auch Lüpertz malte Stahlhelme und Ackerfurchen, Blut und Boden.

Und der Kunstmarkt ist längst umgeschwenkt. Wen kratzt schon das Kruzifix aus Filterzigaretten, das Sarah Lucas für die ehrwürdige Londoner Tate-Gallerie angefertigt hat, wenn er dafür ein paar halbnackte semmelblonde Kraft-durch-Freude-Jugendliche von Norbert Bisky erwerben kann? Bisky übrigens findet Rudolph doch nicht so gut. »Bei dem weiß man nie, ob er nun die HJ oder die FdJ meint.« Man müsse sich entscheiden. Er findet das einfach »zu schwul, zu halbherzig, zu platt«.

»Entweder man springt ganz in die Schlucht oder man geht gleich aufs flache Land. Ich bin gesprungen. Jede Menge Schädel und Trümmer hier unten, Knochen, Dunkelheit, Tunnel.« Und plötzlich spricht er bewundernd über Walter Benjamin, ausgerechnet er, über den jüdischen Intellektuellen, und er spricht über Benjamins Engel der Geschichte, der mit dem Rücken zum Paradies steht und im Fortschritt nur einen wachsenden Berg von Trümmern sieht.

»Benjamin war Jude und hat auf der Flucht vor den Nazis Selbstmord begangen.«

»Mir wäre es damals auch an den Kragen gegangen«, sagt Rudolph, da ist er sicher.

Worüber unterhält man sich eigentlich in englischen oder amerikanischen Ateliers? Über Preise, Trends, die letzte Party? Worüber soll man in diesem langweiligen, schnurgraden, selbstherrlichen britischen Geschichtskorridor auch nur reden?

Das deutsche Selbstgespräch dagegen ist stockend, träumend, nachdenklich, voller Versuche, voller Aufbrüche, voller Schleifen, voller Scham. Und wenn es ein Training gibt für die vor uns liegenden Adaptions-Notwendigkeiten, für all die Sprünge und Neuanfänge, dann haben Kids wie Rudolph schon ziemlich gut trainiert.

Draußen im Hof ist es nun ganz dunkel und kalt. Rudolph will mir die Bilder eines Freundes zeigen. Armin Böhm wohnt ein paar Querstraßen weiter, und sofort ist ganz klar, hier ist einer bereits angekommen: Vorderhaus, mit Fahrstuhl. Das Atelier hell und weit.

Böhm bietet Tee an. Er ist höflich. »Wenn man keine Scheu hat«, sagt er, »ist Deutschland der beste Standort für Kunst.«

Wir stellen uns vor das Riesenformat, an dem er gerade arbeitet: Eine dunkle Insel mit Wasserturm und Baracken, Alcatraz, das legendäre Zuchthaus in der Bucht von San Francisco. Für Böhm ist es eine Meditation über Böcklins »Toteninsel«, jenes berühmte schauerromantische, jenseitssüchtige Meisterwerk des Fin de siècle.

Böhm, ein Meisterschüler Immendorffs, ist berühmt geworden mit seinen fiktiven Landschaftsbildern, die nebelverhangen sind und nur romantische Rätsel aufschimmern lassen, Baumstrünke, Architekturen wie Neuschwanstein, Hirsche, Hütten, aber auch Autowracks. »Dennis trägt ein bisschen dick auf«, sagt Böhm. Er selber, findet er, arbeite subtiler, subversiver. »Aber im Prinzip haben Sie hier zwei Konterrevolutionäre vor sich.«

Als er seine langen schwarzen Haare zurückstreicht, sieht man, dass sein rechtes Ohr zerfetzt ist. Seine dickrandige schwarze Hornbrille sitzt über einem völlig vernarbten Gesicht. Als jugendlicher Anarchist war Böhm entschlossen, das System mit einer Bombe in die Luft zu jagen. Sie zündete vorzeitig, beim Basteln.

Heute legt er seine Sprengsätze vorsichtiger. An seinem Alcatraz-Gemälde arbeitet er gute drei Monate. Todeszellen, in altmeisterlicher Manier. Zwanzig bis dreißig Schichten wird er auftragen. Er bereitet eine Ausstellung in New York vor. Zwei weitere Riesenformate stehen an der Querwand, sie zeigen Zeichnungen und sind bereits rot marmoriert.

Zunächst muss das Rot aufgetragen werden, erklärt Böhm, das leuchtet am intensivsten auf der weißen Leinwand. Es leuchtet selbst durch die Brauntöne der letzten Schicht hindurch.

Böhm hört beim Malen die Klassiker von »Kraftwerk«, Robotermusik.

»Es geht darum, das Ego zurückzudrängen und zu einem älteren Begriff von Virtuosentum zurückzufinden.« Handwerklichkeit, altdeutsche Zunftmeisterschaft, Dürer an der Schönhauser Allee, mit einem Zuchthaus im Mondlicht als Motiv.

»Der Pop-Trash hat mich nie interessiert«, sagt Böhm. »Er besteht aus nichts als einer witzigen Idee.« Böhm hat andere Idole. Brueghel der Ältere, Altdorfer, und das als Schüler von Immendorff, dem engagierten Sozialromantiker!

Allerdings hat Immendorff die Nation schon früh als Motiv erkannt, früher als seine Kollegen: Die Serie zu »Café Deutschland« etwa meditiert über die deutsche Teilung und erträumt sich einen schwarzrotgoldenen Künstlerhimmel. Warum die Kunst in Deutschland nach dem Kriege eine derartige Blüte erlebt und international stets als bedeutender gehandelt wurde als die Literatur oder das Kino?

Böhm hat eine recht einleuchtende Erklärung. »Seit dem Kriege gab es diesen großen Drang zu erzählen und gleichzeitig eine ebenso große Hemmung davor – und da eignet sich die zweideutige Symbolsprache der Kunst am besten als Ausdrucksmittel.« Polke hat das genutzt, und Joseph Beuys hat das genutzt, und Anselm Kiefer mit seinen riesenhaften bleiernen Bibliotheken und Torf-Hügeln erst recht. Deutsche Romantiker. Tatsächlich scheint die deutsche Kunstsprache eine größere Beharrungskraft und Schwere zu haben als die angelsächsische, die amerikanische, die französische.

In all dem ist eine subversive Kraft, ein Widerspruch gegen die

Trivialitäten der Moderne. »Kunst und Ethik haben nichts miteinander zu tun«, sagt Böhm, »ich glaube nicht, dass man als Künstler Faschist sein kann.«

Kann man nicht?

Auf der Fahrt in den Westen, zum Dinner bei Sartorius, wimmelt die nächtliche Stadt vor verrückten Verweisen auf Faschisten und Sozialisten, es ist eine Schnitzeljagd durch versunkene Landschaften, geheimnisvolle Winkel, Steppenwolfgelände. Hinter der Säulenreihe im Alten Museum am Lustgarten hängt der rote Neonspruch: »All Art ist Contemporary – Alle Kunst ist zeitgenössisch«. Der Schatten des eisernen Reiterstandbilds von Friedrich II. fliegt über die Fassade der Oper. Über den Häusern weiter unten das Plakat: »Alle müssen Opfer bringen«. Dann die düsteren Büroschluchten der Dorotheenstraße. Das sowjetische Ehrenmal von hinten. Der schwarze Tiergarten. Schließlich die ausgetretenen Westberliner Alleen, die Gründerzeitfassaden.

Mommsenstraße, zweiter Stock. Oben ist alles lichthell, oben ist der Olymp der bürgerlichen Aufklärung, der Toleranz, oben ist Lessings Ringparabel Wirklichkeit: Oben steht Orhan Pamuk, der Triumph der Demokratie. Er ist ein schlanker, hochgewachsener Intellektueller, der mit seiner Goldrandbrille und dem teuren Anzug aussieht wie ein Chirurg. Um ihn herum sympathische Intellektuelle, Verleger, Fernsehmoderatoren, Buchmenschen, Schriftsteller, von denen kein einziger beim SPIEGEL ist. Hier treffen sich Bildungsbürger mit den allerbesten Absichten. Früher sind sie vielleicht auf Barrikaden gestiegen. Heute verlegen sie Bücher.

Deutsche Intellektuelle, türkische, israelische, griechische, das demokratische Vielvölkergemisch und Weltbürgertum, das es so eigentlich nur in Berlin gibt. Das Thema, na klar: die fundamentalistischen Raser, die wegen ein paar Karikaturen die Botschaften niederfackeln. »Bei uns hätten diese Reaktionäre keine Chance«, sagt einer mit grauem Zopf.

Ob er, Pamuk, der mit dem Friedenspreis des deutschen Buchhandels ausgezeichnete, der mutige, der in seiner Heimat wegen kritischer Äußerungen mit Gefängnis bedrohte Autor, sich äußern wolle, womöglich mit einem leidenschaftlichen Plädoyer für die Meinungsfreiheit?

Eigentlich nicht. Natürlich, sagt er leise, man dürfe vor dem Hass nicht zurückweichen. Aber auch ja, man müsse durchaus Rücksichten nehmen, es gebe wohl diese halbstarken Agitatoren auf beiden Seiten. Was ist das jetzt? Kein Schwarzweiß mehr? Von der Aufklärung nur noch Dämmerlicht? Später spricht Pamuk von »Hüzün«, der türkischen Schwermut, die so allumfassend ist wie der deutsche »Weltschmerz«.

In den Bücherregalen stehen Erstausgaben, ein paar, die man Faschisten nennen könnte, viele Juden, Max Brod und Kerr, die Buchinternationale, James Joyce auch, der alte Blasphemiker, Sartorius' Gedichte, sicher. Schätzungsweise die Hälfte aller Bücher haben gotteslästerliche und sündige Passagen, ein guter Teil würde strenge Moslems empören und der andere Teil engagierte Gutmenschen.

Heute Abend kennt sich keiner mehr aus. Heute macht die Geschichte, was sie will, man muss sich mit kleinsten gemeinsamen Nennern zufrieden geben, etwa einem soliden Hass auf George Bush. Ein Literaturtage-Organisator, unglaublich sympathisch, will den Tag des Kriegsbeginns gegen den Irak zum »Tag der Lüge« ausrufen. Alle am Tisch nicken begeistert. Schriftsteller auf allen Kontinenten, setzt der Organisator hinzu, haben bereits zugesagt und werden lesen und protestieren.

So viel ist mal sicher.

Das ist mal klar.

Sartorius bleibt nervös in meiner Nähe. Vor ziemlich genau fünfzehn Jahren saß ich am gleichen Tisch, damals mit Susan Sontag, und wir sprachen über die soeben erfolgte Wiedervereinigung, von der Susan Sontag genau zu wissen meinte, dass sie ein Akt der Kolonisierung des Ostens durch den Westen sei.

Wie gut die Intellektuellen damals Bescheid wussten.

Jetzt haben wir eine Kanzlerin aus dem Osten, und der Westen hat aufgehört zu existieren. Zumindest in Berlin. Wer wohnt schon im Grunewald, außer Londoner Korrespondenten?

An jenem Abend vor fünfzehn Jahren hatte ich überhaupt keine Lust mehr auf felsenfeste Überzeugungen, weshalb ich die arme Susan Sontag stoisch mit meiner Bewunderung für Pete Sampras vollgemüllt habe, der ja schließlich auch Amerikaner sei, und wohl der beste Tennisspieler der Welt und gerade John McEnroe entthront hatte im New Yorker Masters Turnier im Madison Square Garden. Susan Sontag war zunächst amüsiert, dann fassungslos, dann beleidigt.

An diesem Abend hatte Sartorius keinen Grund zur Klage. Ich genoss Kassler und Sauerkraut – wie *deutsch*! – und hörte der klugen Christina Weiss zu. Sie hatte einen Aufsatz über die deutsche »Kulturnation« geschrieben, mit absoluten Hammersätzen über die deutsche Kulturstiftung der Länder und den Finanzausgleich, und die »Frankfurter Rundschau« hatte sie daraufhin »reaktionär« genannt, und darauf sei sie auch »stolz«. Ich fand es beruhigend. Ariadne hätte das »cool« genannt oder »echt retro«.

Dieser Abend ist wie eine Insel aus Gewohnheit und Behaglichkeit und Licht. Die Agentin Karin Graf sieht aus wie eine Zigaretten-Reklame aus den 30er Jahren. Wie schön und kultiviert das zugeht. Wie bürgerlich. Wie … das Handy summt. Lottmann ist dran.

Lottmann hat was »aufgestellt«. Er hat mich auf die Gästeliste fürs »White Trash« setzen lassen. Lottmann kennt Holm Friebe, und Friebe ist der König der Berliner Nachtszene. Friebe, der Soziologe und Hip-Hop-Star, der soeben das Buch »Das nächste große Ding« herausgebracht hat. Der legendäre Friebe, der es nur nicht mag, »zum Neger gemacht zu werden«, was manche tun, denn er hat marokkanische Eltern.

»Setz auch Roger Köppel auf die Liste.«

Lottmann kümmert sich.

Ich verabschiede mich von den vielen warmen guten Menschen und rufe Roger an. »Mitternacht am White Trash, vorm Eingang.«

Köppel kann Ablenkung gebrauchen, gerade diese Woche. Er hatte die umstrittenste der dänischen Karikaturen auf der Titelseite der »Welt« abgedruckt und einen flammenden Appell an die Meinungsfreiheit daneben gesetzt. Das fand ich mutig. Gegen Bush mitlatschen kann jeder, aber ein paar hundert Millionen Moslems in Rage bringen, dazu braucht man Nerven.

Er hatte gerade mit ein paar hundert Leuten seinen 40. Geburtstag gefeiert, in seiner Wohnung in Charlottenburg, und von

Martin Walser bis zum Schweizer Bundespräsidenten waren alle da. Jetzt hat er auf Anraten der Polizei seinen Namen aus dem Klingelschild genommen.

Roger Köppel ist der intensivste Schweizer, den ich kenne, Typ Hochgebirgsjäger. Jeden Morgen joggt er eine Stunde durch den Tiergarten, um Luft zu pumpen. Seine Religion heißt: freier Wettbewerb. Er hat in Harvard studiert. Immens belesen. Die »Zeit« nennt ihn in einem Internet-Artikel den »bad guy«. Er kann Clint Eastwoods »Dirty Harry«-Filme zum großen Teil auswendig.

Er ist pünktlich. Auch Lottmann ist pünktlich. Nur Holm Friebe ist nicht da. »Hat wahrscheinlich Angst, von dir zum Neger gemacht zu werden«, sagt Lottmann.

Das »White Trash« liegt an der unteren Schönhauser Allee, wo es sonst eigentlich nur Solarien und Videotheken gibt. Es nennt sich Fast-Food-Bar. Es spielt schon einmal das, was auf uns zukommt. Es spielt die »Stunde null«. Die westliche Welt war gestern. In London und in New York hat man das nur noch nicht mitgekriegt. Das hier ist Osten. Das hier ist die Übung für den Ernstfall. Die üblichen Schlangen draußen im Schnee, die üblichen Türsteher mit Wintermänteln und Walkie-Talkies, Rauchfahnen vor den Mündern, die üblichen Bestechungsversuche hübscher Mädchen, die in die arroganten Gesichter der Türsteher flirten.

Der am Nebeneingang hat das Clipboard mit den Listen. Und ab, die Treppe runter in den Keller, in eine Art Tropfsteinhöhle, Garderobe hinter einem Schützengrabenverhau, Stempel, geschafft, in Freiheit – so muss es damals gewesen sein, als man vom Westen in den Osten flüchtete: Endlich Sozialismus!

An diesem Abend hat es offenbar Aufrufe an die deutsche Jugend gegeben, sich im »White Trash« zu versammeln, um durchzuzählen, wie viel wir noch haben. Sie ist vollzählig erschienen. Früher war das White Trash ein Peking-Restaurant. Geblieben davon sind rotgoldene Drachen. In den Tropfsteinhöhlen unten, hinter Maschendraht, in einer Art Gothic Lounge, sitzen Kunststudenten und Hohenschönhausener Wohnblock-Girlies mit blauen Lippen im blauen Licht und nicken, während ihnen ins Ohr gebrüllt wird.

Oben, im Burger-Restaurant, haben sie keine blauen Lippen, und auch sie nicken, während sie sich in die Ohren brüllen. Es herrscht großes Einverständnis zwischen all den nickenden Köpfen. »Two many Djs« zerfetzen einen Madonna-Song, hammerlaut, und danach Adam Green, noch lauter, obwohl allein und zur Gitarre, und die Lautstärke zwingt zu einer irgendwie rührenden Nähe.

Die Bedienung brüllt »whaddyawant«. Offenbar hat auch sie es aus den USA, den versauten Bush-Territorien, gerade noch hierher geschafft, in den russischen Sektor. Knapp, denn eigentlich ist das Boot im White Trash voll. Gerammelt voll. Cheeseburger, Coke, klar doch, die eiserne Ration durch die Nacht. Ethan Hawke soll hier sein, aber es hat keinen Sinn, nach ihm zu suchen, weil alle wie Ethan Hawke aussehen. Und die Mädchen wie Martina Gedeck. Alle sind schön. Es gibt mehr schöne Menschen im »White Trash« als in allen Londoner Clubs zusammen. Vor allem sind sie friedlich. Wenn sie die Köpfe zusammenstecken, dann nicht, um dem anderen das Nasenbein zu brechen, sondern um ihn zu verstehen.

Vor mir tauchen die roten Lippen von Ariadne auf. Der blonde Engel sieht immer noch germanisch frisch aus. Wie macht sie das, nach Mitternacht?

Sie hat ihren Vater mitgebracht. Richard von Schirach, Sohn Baldur von Schirachs. Kneipenkrach-Disko-Gespräche erfordern eine besondere Technik. Man muss mit seinen Kräften haushalten. Man kann keine langen Anläufe nehmen, das versendet sich und versuppt, man muss Treffer landen. Einen nach dem anderen.

Themen: Die Jugend von heute. Deutschland. Jetzt und damals.

Richard von Schirach hat gerade seine Erinnerungen an seinen Vater herausgebracht. Nichts Schäumendes, Wütendes wie Niklas Franks Abrechnung. Eher traurig. Der Versuch, sich den Vater zu erhalten, und ihn vom Kriegsverbrecher zu trennen. Fast unmöglich.

Sein Vater saß in Spandau. Mutter ging mit einem anderen Mann weg. Er wuchs im Waisenhaus auf.

»Die 50er Jahre. Härter als heute. Einfacher als heute. Damals ging es nur aufwärts.«

Nicken.

Wham, wham whamwham. Berliner Elektro-Underground. Chaos.

Richard von Schirach ist um die sechzig, eine sympathische graue Künstlermähne, Kaschmirsakko. Ariadne liebt ihn. Er hört Vorlesungen eines Religionswissenschaftlers.

»Der nimmt Schopenhauer in fünf Minuten auseinander.«

Bangbangabangbang. »Tiefschwarz« aus Stuttgart. Sind in Tokio groß. Wohnen natürlich hier, um die Ecke.

»Respekt vor allen Religionen, auch dem Islam.«

»Heute alles beliebig.«

Nicken. Was man so brüllt in einer Berliner Nachtbar. In einer deutschen Nachtbar. Einer neudeutschen, in der das Nicken des Einverständnisses vorherrscht und jeder ein Recht auf seine eigene Geschichte hat und alle teilhaben an einer gemeinsamen.

Ein Schatten links. Der Maler Armin Böhm. Zieht den blonden Engel auf den Schoß. Ariadne macht sich wieder frei. Böhm unterhält sich mit einem Vietnamesen neben ihm. Man hört alle Weltsprachen in diesem Laden. Die Männer tragen Sakkos und offene Hemden über den Jeans, die Mädchen tragen schwarze Tops, Rüschen.

Schopenhauer, Deutschland, Hoffnung. Wramm Wramm. Die »Lotterboys«. In der Zimmerecke hoch der Hausaltar mit Buddha, Blumen. Das ist das neue Deutschland. Keiner kann mehr erkennen, wer aus dem Osten, wer aus dem Westen, wer aus dem Rest der Welt kommt, aber dennoch kann es diesen Club in keinem anderen Land der Erde geben.

»Diese Unschuld, die sie so schuldig gemacht hat«, sagt Frederic Beigbeder in seinem jüngsten Buch »Der romantische Egoist« über die Deutschen. Und er sagt: »Ohne Romantik gibt es weder Liebe noch Hitler.«

5. DEUTSCHLANDVERBESSERUNGS-MASSNAHMEN

Warum Heiner Müller fehlt, die Welt bald untergeht und Angela Merkel die Kanzlerin der deutschen Einheit ist

Das neue Deutschland wird geführt von einer Dame mit Hosenanzügen. Pfarrerstochter, Physikerin. Hört gerne Wagner. Hält ansonsten ihre unbestechlichen grauen Augen nach vorne gerichtet. Verglichen mit Blair wirkt sie abgeschminkt und ehrlich. Verglichen mit Chirac schnörkellos. Verglichen mit Putin demokratisch. Und verglichen mit Bush ist sie geradezu ein Ungeheuer an Intelligenz. Angela Merkel hat im robusten Aufbauwillen nach dem Mauerfall zur Politik gefunden. Sie hat sich gegen den Pfälzer Riesen durchgesetzt und gegen die Granden der Partei, die eine Partei des Westens ist. Und nun führt sie das Land, und das Land stimmt zu. Alle sind optimistischer, seit Merkel regiert.

Markus Peichl, der Redaktionsleiter der »Beckmann«-Show, erzählte mir, dass man sich über Angela Merkel unterhielt vor der Aufzeichnung eines Gesprächs, das Reinhold Beckmann mit dem Kosmos-Theoretiker Stephen Hawking führen wollte. Bekanntermaßen kommuniziert Hawking, körperlich schwer behindert in einem Rollstuhl, über einen Sprachcomputer, den er mit einem zuckenden Augenlid steuert, virtuos zwar, aber dennoch braucht er für seine Antworten immer ein wenig länger als seine Gesprächspartner. Man saß so beieinander mit Hawking und seiner Entourage, und die Engländer wollten alles über die neue Kanzlerin wissen, ob man ihr trauen könne, und dann wurde das Thema gewechselt und man sprach über anderes, und plötzlich schnarrte Hawking mit seinem Sprachcomputer dazwischen. Mit dem Satz: »Eine Physikerin kann kein schlechter Mensch sein.«

So scheint auch die überwiegende Mehrheit der Deutschen mittlerweile zu empfinden, die Merkels Stil mögen, der nüchtern und problemorientiert ist und ohne historischen Bombast und Angebereien auskommt. Ein gutes halbes Jahr nach ihrer Wahl hat sie höhere Zustimmungsraten als ihre Kanzlervorgänger je hatten, und ihren ersten Auslandsreisen nach zu urteilen, ist sie ganz offensichtlich ein Grund, warum die anderen uns gern haben können.

Das neue Deutschland unserer Tage verdanken wir ausgerechnet jener verschwitzten, unentschiedenen Wahlnacht im Oktober 2005, die nichts als Ratlosigkeit an den Lagerfeuern der Parteien und Cliquen hinterließ. Timothy Garton Ash schrieb im »Guardian« nicht ohne Kopfschütteln: »Die Deutschen wählen den Stillstand.«

Weit gefehlt, Timothy. Die Deutschen, so sollte sich herausstellen, hatten so raffiniert über Bande gewählt, dass am Ende eine reformierte SPD-Spitze, eine ostdeutsche CDU-Kanzlerin und eine große Koalition stand, die die Föderalismusreform in fünf Minuten abnicken würde und die Erhöhung des Rentenalters in zehn. Sie hatten Pragmatiker zusammengebracht und dem Land statt einer ideologischen Spaltungskrise eine neue deutsche Einheit beschert, 15 Jahre nach der ersten gemeinsamen Wahl.

Die Wahl war von den Strategen der beiden großen Volksparteien als »Schicksalswahl« annonciert worden, und sie war tatsächlich auf vertrackte Art ideologisch, nicht wegen der Programme, um die es ging – die waren fast identisch –, sondern wegen der Lebenshaltungen und Erinnerungsketten, die mit den jeweiligen Politikern verknüpft waren. Es war das letzte Gefecht der 68er und eigentlich das letzte Gefecht des alten Westens. Mit Angela Merkel hat eine Generation die Politik erobert, die die Nachkriegszeit endgültig hinter sich gelassen hat.

Bei dem Wort »Schicksalswahl« erinnerte ich mich an eine andere, die 15 Jahre früher stattfand. Zeit für eine Zwischenbilanz. Wie weit wir gekommen waren seither!

Damals, 1990, die Mauer war gerade gefallen, hatte ich Heiner Müller im Osten aufgesucht. In der noch existierenden DDR fanden die ersten freien Volkskammerwahlen statt, und eine unbekannte junge Pfarrerstochter war gerade in die CDU eingetreten. »Es hätte auch die SPD sein können«, sagte Angela Merkel später. »Ich ging einfach dahin, wo Hilfe am nötigsten war.«

Wie sollte man deutsche Schicksalswahlen erleben? Vielleicht war diese Haltung Heiner Müllers damals nicht die schlechteste: In einem Klappliegestuhl drei Meter vor dem Fernseher, die Whiskyflasche griffbereit auf dem Boden, hoch über Ost-Berlin in einem Plattenbau am Tierpark in Friedrichsfelde.

Die Decke hatte Risse.

Manchmal hörte man das Brüllen der Löwen.

So ließ Heiner Müller die Volkskammerwahl 1990 vorbeiflimmern. Der Dramatiker war angeschlagen. Er zitierte Ernst Jünger, um sich aufzumöbeln. »Denn kein Glas Sekt war köstlicher als jenes, das man uns an die Maschinen reichte in der Nacht, da wir Sagund zu Asche brannten.«

Schicksalhaft war die Wahl damals insofern, als sie ein bereits besiegeltes Schicksal absegnete. Der Kommunismus war mit dem Mauerfall abserviert, das war die Hauptsache, da kam es gar nicht darauf an, wer nun im Einzelnen gewinnen würde. Es war die CDU. Dass damals der politische Generationswechsel verpasst wurde und genau jene acht Jahre verstrichen, in denen die rot-grüne Experimentiergesellschaft hätte glänzen können, und dass sie, als sie dann endlich loslegte, konzeptionell und wirtschaftlich bereits bankrott war, war im Nachhinein eine belanglose Pointe.

Heiner Müller kommentierte damals, 1990, in seinem Liegestuhl keine Wahl, sondern Geschichte. Es ging ihm nicht um Deutschland, sondern um die Welt. Und die sah er untergehen. Für ihn war der Kommunismus kein utopisches Projekt, sondern lediglich die Verlangsamung auf unserm Weg in die Katastrophe. Nun sah Müller den Wegfall aller kommunistischen Bremsen, er sah die Zunahme des Tempos, die Überhitzung, das Verglühen. Man könnte sagen, dass der Linke Heiner Müller der letzte große Konservative war. Er begriff den Verlust der alten Welt als globales Verhängnis.

In jenen Tagen 1990 inszenierte er den »Hamlet«. Die Aufführung begann im ewigen Eis, mit einer Übertragung von Stalins

Beerdigung, und sie endete, Stunden später, in einem rötlichen Blaken, einer alles verschlingenden Weißglut. Vor Helsingör standen Fortinbras' Truppen. Es war eine Epocheninszenierung, auf dem Scheitelpunkt der Geschichte, die ihre Prophetien in grandiose Bilder fasste.

Mit Müller, der 1995 starb, ging der letzte Apokalyptiker von Format. Er fehlt heute, denke ich mir, wo lange Zeit der einzige dünne Diskurs, der ernst genommen wurde, der wirtschaftliche war, und der drehte sich dann um die Gesundheitsreform oder die Rentenkasse. Wie verblödend!

Müller dagegen dachte geschichtlich und planetarisch, und er hätte sich damals, was die Lage angeht, blendend mit einem wie Frank Schirrmacher verstanden, auch wenn beide wohl in den unterschiedlichsten Lagern zu Hause waren und zu den unterschiedlichsten Schlüssen gefunden hätten. Es spricht ja vieles dafür, dass Müller in seinem dunklen Pessimismus Recht hatte. Der Lauf der Geschichte hatte sich erhitzt, das Antlitz der Erde in diesen 15 Jahren hat sich mehr verändert als in den 50 Jahren zuvor: Terror, Klonen, Überalterung, soziale Zertrümmerungen, Hurrikane, neue Mächte, globale Zerstörungen.

Doch wo andere Nationen sich revolutionierten, wieder andere als neue Spieler in den Wettlauf um die Märkte eingriffen, wo neue Herrschaft begann und alte unterging, hatte sich das vereinte Deutschland lange Jahre eingeigelt wie Hamlets Sippe in Helsingör, und war vorwiegend mit dem Begleichen alter Rechnungen und mit zaudernden Helden beschäftigt.

Die »Wörter des Jahres« seit 1990 waren wie Stationsschilder auf dem Weg in dieses innere Dämmerreich: die neuen Bundesländer, Besserwessi, Politikverdrossenheit, Sozialabbau, Superwahljahr, Multimedia, Sparpaket, Reformstau, Rot-Grün, Millennium, Schwarzgeldaffäre, der 11. September, Teuro, das alte Europa, Hartz IV. Jede Menge Verdrussvokabeln, jede Menge Niedergang. Große Theaterkunst, ein Staatsakt wie Müllers »Hamlet«, ist dabei nur noch selten entstanden. Die Politik fummelte herum, die Theater fummelten herum und es gab keine Vision, nichts, was zu fürchten, nichts, was zu bewundern gewesen wäre.

Es ging so weiter, immer weiter. Dabei hätte es doch große

Themen gegeben. Den Weltuntergang zum Beispiel oder die deutsche Nation. Was war da nur schief gelaufen?

Diese Wahl im November 2005 war die erste deutsche seit anderthalb Jahrzehnten, die ich wieder hautnah erleben konnte, und sie hatte das seltsame Pathos der Desillusioniertheit. Alle früheren Wahlen versprachen »blühende Landschaften« und »jetzt erst recht« und den »Generationswechsel« und das Blaue vom Himmel herunter.

Die hier war anders. Nie habe ich eine desillusionierungswütigere Stimmung erlebt. Die Deutschen, das zeigten sämtliche Umfragen, waren durchaus der Meinung, sie hätten lange genug gewartet. Sie waren mit imponierender Mehrheit zu schmerzhaften Einschnitten ins soziale Netz bereit, auch weil sie wussten, dass die sowieso kommen würden, weil es gar nicht anders ging für jeden, der noch zwei und zwei zusammenzählen konnte.

Ich hatte den britischen Wahlkampf gerade hinter mir, eine völlig spannungslose Angelegenheit, in der Tony Blair zum dritten Mal in Folge zum Premier gemacht worden war. Wie auch anders: die Wirtschaft brummte, und trotz des schmutzigen Irak-Engagements gab es keine ernsthaften Alternativen zum Labour-Premier. England war fett und schläfrig.

In Deutschland dagegen, bei fünf Millionen Arbeitslosen, lagen die Nerven blank. Zwei Wochen vor der »Schicksalswahl« wirkte auf mich der deutsche Himmel zwar weiterhin so vernagelt wie der in Helsingör, aber die Menschen unter diesem Himmel suchten nach Lösungen, sie wollten über Veränderungen reden, sogar über Durchbrüche, über Aufbrüche. Die linke Bürgergesellschaft traf sich im Hamburger Abaton-Kino. Kandidaten aller Parteien wollten sich zur Diskussion stellen. Davor aber eine Premiere.

Der Film hieß »Weltverbesserungsmaßnahmen« und er lockte schon durch seinen Titel. Es gibt keine deutscheren Wörter als »Weltverbesserung« und »Maßnahme«. Zusammengenommen sind sie unschlagbar.

Bei diesem Film jedoch ging es nicht um die Verbesserung der Welt, sondern um die Verbesserung Deutschlands, was bis dahin gar nicht so selbstverständlich war. Besonders die jungen Deutschen in den letzten Dekaden waren eher an der Verbesserung der Welt interessiert als an der Deutschlands. Die Ausbeutung der Kaffeepflanzer in Nicaragua brachte sie in Wallung, aber das defekte Turnhallendach einer Problemschule in Neukölln ließ sie kalt.

Nun aber die Deutschlandverbesserung. Filmemacher Jörn Hintzer und Jakob Hüfner machten Vorschläge, wie unserer Republik nach vorn zu helfen wäre. Der Film war ein surreales Manifest zur Lage der Nation im Schicksalsjahr 2005. Alle Vorschläge, die hier gemacht wurden, waren daneben, waren Dada. Sie strotzten vor dämlicher Gutwilligkeit. Vor wunderbar stupidem Eifer. Sie waren eine Zusammenfassung des ganzen Blablas, das über die Republik niedergegangen war in den voraufgegangenen Jahren, von all den Talkshows und Bestsellern und Serien, von all den Experten und Wichtigtuern, die immer wieder herumsaßen und forderten, dass man nicht länger herumsitzen dürfe, sondern *handeln* müsse.

Hier jetzt, in diesem Film, wurde gehandelt. Die Teilnehmer der »Ampel-AG« zum Beispiel, die das gemeinsame Anfahren vor Ampeln üben, um Zeit zu sparen nach der Devise: Es kommt darauf an, dass wir alle zusammen anpacken, dann wird auch ein Ruck durch Deutschland gehen, und wie jeder große Ruck beginnt er mit einem kleinen Ruck vor der Ampel.

Der Film war ein schöner Beweis dafür, wie unverkrampft das deutsche Kino geworden war in diesen letzten Jahren. Mich erinnerte er an den besten Monty-Python-Klamauk des britischen Indie-Kinos der frühen achtziger Jahre, aus jenen Elendsjahren also, in denen den Briten nur noch der absurde Humor blieb, um mit der Wirtschaftsmisere fertig zu werden.

Der Film karikierte den risikolosen Veränderungsdiskurs der Talkshow-Runden. Die Deutschen in diesem Film glühten vor Reformeifer. Etwa dieser Student, der als Ich-AG auf einem Parkplatz an der Karl-Marx-Allee zwischen trostlosen Wohnsilos Autos nach Farben sortiert, um das ästhetische Elend zu beheben. Was für eine zarte, surreale Geste inmitten niederschmetternder Großstadthässlichkeit.

Schließlich aber, Höhepunkt des Veränderungsheroismus, diese neuartige Krankenversicherung, in der sich die Mitglieder selbst kurieren und gegenseitig zu Ärzten ausbilden, um Kosten zu sparen. So beugen sich diese Hobbywerker über den Sohn eines ihrer Kleingärtner, um ihm den Blinddarm rauszunehmen, und letztes Flehen dieses Sohnes, letzte Zweifel des Vaters werden weggebürstet, und in Erinnerung an die deutschen Tugenden, die uns groß gemacht haben, heißt es jetzt die Zähne zusammenzubeißen, keine Schwäche zeigen, den inneren Schweinehund bekämpfen.

Bei der anschließenden Diskussion mit den Parteikandidaten im Kino redeten alle eifrig über die Kopfpauschale und darüber, wie das Steuerkonzept der CDU aussieht, aber keiner wollte wissen, ob der Junge im Film durchkommt. Welches Beweises bedurfte es noch, um zu zeigen, dass wir alle nun Frontkämpfer der neuen Härte waren, auch wir im Parkett. Alle wollten Opfer bringen, das war Konsens. Und so hatte der Film aufs allerschönste die Wirklichkeit im Parkett eingefangen.

Das deutsche Kino steht in einer unordentlichen, anarchischen Blüte. Wir haben ein paar deutsche Großmeister in Hollywood, jede Menge guter Schauspieler und verrückte kleine Streifen wie »Herr Lehmann« oder »Alles auf Zucker« oder »Sommer vorm Balkon«, alle so sehr um Klassen besser, als dieser Bridget-Jones-und Hugh-Grant-Pudding, der in den letzten Jahren durchs Brit-Kino schwabbelte. Wie cool dagegen deutsche Low-Budget-Produktionen wie »Die große Depression« oder »Muxmäuschenstill« oder »Am Tag, als Bobby Ewing starb«.

Eines zeichnet alle diese Filme aus. Sie scheren sich nicht um politische Korrektheiten, sie sind links oder rechts oder geradeaus, ganz, wie es das Thema will. Die unerträglichen ideologischen Gewissheiten der letzten Jahrzehnte sind verschwunden und damit auch die rot-grünen Spießerblockaden. Man überlässt sich zunehmend der Anarchie des Moments.

Es ist eine Trendwende ins Unideologische und Lebenspraktische, die sich in ihrem Deutschlandgefühl Bahn bricht. Wen reißt heute noch der Internationalismus vom Hocker, wenn er um seinen Arbeitsplatz gegen die Globalisierung kämpft? Wer begeistert sich noch für Multikulti, wenn in den muslimischen Ghettos westlicher Großstädte Frauen verprügelt und Bomben gebastelt werden? Überall wird neu justiert, und Politiker finden es plötzlich wichtig, für Familie zu werben, und Detlev Buck führt in seinem Neukölln-Film »Knallhart« vor, wie sehr der Sohn einer Alleinerziehenden den massiven türkischen Familienpulks unterlegen ist, die den Kiez beherrschen.

Die alten Modelle werden neu auf ihre Nützlichkeit überprüft – der libarale Philipp Longman von »Foreign Affairs« sieht eine zwangsläufige Rückkehr zum Patriarchat, weil es sich als stabilste und krisensicherste Familienform erwiesen habe.

Die Welt, sagt Hamlet, ist aus den Fugen. An diesem Abend im Kino »Abaton« erkannte es auch das linke Bürgertum, und wie sehr die Temperatur in Deutschland sich verändert hatte, ließ sich dann an dem letzten TV-Duell vor der Wahl ein paar Abende später ermessen. Noch-Kanzler Schröder und Herausforderin Angela Merkel fummelten sich in ihrem TV-Duell durch Steuermodelle und Benzinpreise und Subventionsstreichlisten – und plötzlich wurde die Bilanzprosa durchbrochen von lyrischer Leidenschaft, von Beteuerungen, von nationalen Appellen. Plötzlich ging es nicht um Rechnungen, sondern um Kinderlosigkeit, um Lebensentwürfe, um Staat und deutsch Identität, und darum ging es wahrscheinlich schon lange, ohne dass es den Beteiligten klar geworden wäre. Es ging um die großen Fragen, und Heiner Müller hätte eine Freude gehabt.

Plötzlich loderte der Kulturkrieg auf.

Da ging es um einen Professor und politischen Quereinsteiger, den die CDU als Finanzfachmann an Bord geholt hatte, und der mehr als nur Streichlisten vorlegte, sondern von Eigenverantwortung sprach, von Ordnungsphilosophie, von Familie. Es ging um »konservative Sehnsüchte« (Jürgen Busche) insgesamt an diesem Abend. Junge Theatermacher wie Leander Haußmann, Feministinnen wie Thea Dorn, Filmveteranen wie Volker Schlöndorff, alle hatten sich für Angela Merkel, die CDU-Kandidatin, ausgesprochen. Selbst Alice Schwarzer tat es. Undenkbar zu früheren Zeiten.

Die Milieus vermischen sich in Deutschland. Aus der lähmenden Konsensdemokratie wird zusehends die entscheidungsfreudige Demokratie der deutschen Einheit, die das Schicksal des

Landes im Auge hat. Sie sucht noch nach Ausdrucksformen, aber sie will, dass beides möglich ist: die emanzipatorischen Errungenschaften und der neue Pragmatismus, Kosmopolitentum und nationales Interesse, individuelle Wahl von Lebensentwürfen und die Stärkung der Familie. Ganz lässig entscheidet in diesem neuen Deutschland eine Schule darüber, dass auf dem Pausenhof nur noch Deutsch gesprochen werden soll. Früher hätte es da wutzitternde Auftritte der Grünen-Abgeordneten Roth gegeben und Attacken auf die »reaktionäre Leitkultur« der deutschen Rechten. Jetzt outen sich Anarcho-Schriftsteller wie Kapielski im Fernsehen als CDU-Wähler, weil er »vernünftige Schulen für die Kinder« haben will.

Die Deutschen werden normal. Sie werden pragmatisch. Sie werden sogar vorsichtig patriotisch. Deutschland ist, wie mein Freund Steve Crawshaw vom »Independent« in seinem jüngsten Buch mit Bewunderung schreibt, schon seit geraumer Zeit ein »einfacheres Vaterland« geworden.

Etwas hat sich geändert, schon seit längerem, und nun ist es an die Oberfläche gestiegen. Seit Heiner Müllers Aufforderung aus der Wendezeit, die Fress-Etage des KaDeWe zu plündern, gab es keine einzige linke Polemik, die haften geblieben wäre. Die bemerkenswerten Provokationen dagegen waren kulturkonservativer Natur. Botho Strauß' Aufruf zur Askese im »Bocksgesang«, Sloterdijks »Menschenpark«, auch Walsers melancholisch-störrischer Abschied von der Gedenkkultur.

Frank Schirrmachers »Methusalem-Komplott« hat einen kalten soziobiologischen Blick auf die Welt geworfen, der den Vorteil hat, dass er ideologiefrei ist und damit nicht verhandelbar. Mit »Minimum« hat er das Katastrophenszenario fortgeschrieben und klargemacht, dass es die Familien sein werden, die in den Erschütterungen, die vor uns liegen, die besten Überlebenschancen haben.

Mein Buch »Die vaterlose Gesellschaft« ist aktueller als je zuvor. Vor fast zehn Jahren hatte ich mit dieser Polemik vor dem Abräumen der Väter gewarnt, die völlig chancenlos vor den Familiengerichten dastehen und gedemütigt werden. Die nächste Generation ist einfach in den Zeugungsstreik gegangen. Nun braucht das Land Väter, und sie fehlen. Damals hatte ich Prügel bezogen von der feministischen Medienmafia in den Redaktionsstuben, die sich ihr Single-Elend mit teuren Chardonnays als »Selbstverwirklichung« schönsoff, und von ganzen Geschwadern der »neuen« Männer, die sich, politisch korrekt, aus der Verantwortung stahlen. Und nun prophezeit Philipp Longman die Rückkehr der »starken Vaterfigur« wie ein Naturgesetz! Nun waren die von mir beschworenen bürgerlichen Tugenden selbst im »Stern« wieder diskussionswürdig geworden, der im übrigen einen absoluten Auflagenhit landete mit seiner Serie über die großen Weltreligionen.

Ja, tatsächlich Religion! Ausgerechnet in Deutschland, das wohl das religiös unmusikalischste Land unter der Sonne war in den letzten Jahrzehnten, eine spirituelle Wüste und Elendsregion der leeren Kirchen, mit ein paar letzten Mohikanern, die ständig die verstaubten Amtskirchen »von unten« reformierten und um Drewermann und andere Hirtenpullover herumsaßen und die Bibel als Dokument sexueller Verdrängungen analysierten.

Aber tatsächlich war da plötzlich Andacht und Ergriffenheit, als das Sterben des letzten Papstes begleitet wurde, und ein lange verschütteter Respekt vor dem Erhabenen und Heiligen sprach sich da aus, ganz unironisch in all den Feuilletons, die doch sonst nur mit zynischer Kirchenkritik beschäftigt waren. Und dann der hingerissene Jubel über die Wahl Kardinal Ratzingers zum Papst, auch in Deutschland, und die einmalige »Wir-sind-Papst«-Schlagzeile.

Das alles wäre kaum zu denken gewesen noch ein paar Jahre zuvor und kaum auszumalen, dass sich Ratzingers Bücher monatelang in der Bestsellerliste hielten.

Kaum möglich auch, dass ein junger Politologe wie Paul Nolte gleichzeitig die »taz« und die »FAZ« beliefern würde mit seinen Gardinenpredigten zu unseren mentalen Reformblockaden, die mittlerweile so geläufig daherschnurren, dass sie wie ihre eigenen Karikaturen wirken. Die konservative Rhetorik wird zunehmen trivial. Jeder Depp plappert sie mit.

Doch immerhin: nach Jahrzehnten der Stille gibt es wieder eine konservative Intelligenz, die sich einmischt, und sie ist alt und jung, sie ist kosmopolitisch, sie ist cool, sie ist ein ziemlich wildes Lager.

Und bei allen spielt der Begriff »Vaterland« eine Rolle. Und da wird durchaus Nachholbedarf erkannt. Historiker Hagen Schulze: »Aus der deutschen Einheit haben wir viel zu wenig gemacht.« Nun sind wir dabei, mehr daraus zu machen, und ein erster Anfang war die Wahl dieser Einheitskanzlerin, die sich auch selber als eine begreift. Als sie an jenem Abend, während ihres TV-Duells gefragt wurde, ob sie als Karrierefrau nicht doch ein Ergebnis rot-grüner Emanzipations-Politik sei, gab sie trocken zurück: »Nein. Ich bin ein Resultat der deutschen Einheit.«

Das ist die neue Diskursachse. Das, was sie einbringt, ist ein in Jahrzehnten gewachsenes Misstrauen den Allmachtsphantasien eines übermächtigen Staates gegenüber und die Betonung der individuellen Verantwortlichkeiten. Sie zitierte Willy Brandt in ihrer Regierungs-Antrittsrede, und sie passt ihn an die neuen Zeiten an. In Anlehnung an Brandts »Mehr Demokratie wagen« sagte sie: »Mehr Freiheit wagen«.

Der Staat kann längst nicht alles, und er soll nicht alles können. Dieses Misstrauen dem Staat gegenüber hätte sie mit Heiner Müller geteilt. Doch im Gegensatz zu Merkel hätte Müller nie versucht, Deutschland zu verbessern. Er hätte sich fern gehalten, in angemessenem Abstand zur Macht, anders als all diese Intellektuellen, die sich in den vergangenen Jahren unter die wärmenden, privilegierenden, verblödenden Fittiche der sozialdemokratischen Macht gedrängt hatten. Müller hätte auf Staatsferne bestanden. Da denkt es sich besser, hätte er gesagt.

An jenem Abend 1990 spielte er mir das legendäre Radiostreitgespräch zwischen Gottfried Benn und Johannes R. Becher von 1930 noch einmal vor.

Becher wollte den Dichter als Kämpfer für eine bessere Welt, Benn sprach dagegen, resignativ, unbestechlich: »Die Unteren wollten immer hoch und die Oberen wollten nicht herunter, schaurige Welt, kapitalistische Welt, seit Ägypten den Weihrauchhandel monopolisierte.«

Heiner Müller hielt zu Benn.

Er war Realist.

6. FORTSCHRITT IM HUMORBEREICH

Gespräch mit Harald Schmidt über den deutschen Witz,
die deutschen Tugenden und den großen Taktiker Otto Schily

Natürlich ist dieses Buch nicht das einzige, das über Deutschland geschrieben worden ist in den letzten zwei Jahren. Es mag das bedeutendste sein, aber es ist nicht das einzige.

Unzählige andere hat es gegeben, vom eher gedämpften konservativen »Versuch zur Vaterlandsliebe« von Eckhard Fuhr, über die Renegatenschrift »Das Deutschlandgefühl« von Reinhard Mohr, die den ergrauten Spontis aus dem Frankfurter Westend Vaterlandsliebe einzubläuen versucht, bis hin zu »Was ist deutsch?« von Hans-Dieter Gelfert, dem Historiker und Anglisten, der eher den Sozialdemokraten in uns anspricht.

Letzterer hat mit »Typisch amerikanisch« und »Typisch englisch« bereits einiges zur nationalen Typenlehre beigetragen, weshalb es nicht verwundert, dass er auch »das Deutsche« klug in Worte zu fassen weiß. Er liefert einen letztendlich positiven Befund, so viel darf verraten werden.

Sicher, beschönigt wird nichts. Im Kapitel »Deutscher Ungeist« etwa wird die lange Liste der Intellektuellen, die vor dem faschistischen Irrationalismus in die Knie gingen, noch einmal ausgiebig abgearbeitet, vom festen Ufer unserer Demokratie aus. Gottfried Benn, na klar. »Non confundar in aeternum«, hatte Benn spät im Leben geschrieben, »auch ich werde nicht in Ewigkeit verworfen werden«, sich berufend auf »alle Kirchenväter, die Vielhundertjährigen«. Er bat, das Hinterlassenswerte, nämlich die Verse, ins Auge zu nehmen, wo doch auch die Prosa, »Ithaka«, »Doppelleben« sehr lesenswert ist, wenn auch in Passagen manchen immer noch anrüchig.

Vergeben? Noch, findet Hans-Dieter Gelfert, ist es nicht so weit. Ungeist Benn, Ungeist viele andere. »Selbst Adorno, der als Halbjude bedroht war und dem das völkische Denken und der Blut-und-Boden-Primitivismus zuwider gewesen sein mussten, biederte sich in einem Artikel in der Zeitschrift ›Die Musik‹ bei Baldur von Schirach und Goebbels an, was erst 1963 bekannt wurde.«

Man kann natürlich, wiederum vom sicheren Ufer der Demokratie aus, nur den Kopf darüber schütteln, dass sich bedrohte Juden in den dreißiger Jahren bei Nazis anbiederten. Insgesamt jedoch kommt Gelfert, den das Foto auf dem Umschlag als sympathischen Brillenträger in Pollunder und kariertem Hemd zeigt, zu dem erleichternden Fazit: »Heute scheinen die Deutschen von ihrer Neigung zum Irrationalismus weitgehend geheilt zu sein.«

Gott sei Dank!

Entwarnung kann Gelfert auch im Kapitel »Ernsthaftigkeit« geben, nicht ohne zuvor den mürrischen Deutschen zunächst ordentlich die Leviten zu lesen (»Jammern auf hohem Niveau«), dann aber zu dem versöhnlichen Fazit zu kommen: »Schon seit Jahren ist eine deutliche Zunahme der Freundlichkeit im Einzelhandel und bei Behörden zu beobachten.«

Besonders erfreulich aber die Fortschritte im Bereich »deutscher Humor«. Da wird zunächst einmal mit lieb gewordenen Klischees aufgeräumt. Gelfert, mit dem Mut zum ganz großen historischen Bogen, stellt kompromisslos erst mal eines klar: »Niemand kann im Ernst behaupten, dass die Deutschen im Spätmittelalter keinen Humor gehabt hätten.«

Allerdings, das schon, erlebte die deutsche Humorproduktion im Folgenden durch die Katastrophe des 30-jährigen Krieges Rückschläge, denn »als die deutsche Stadtkultur zerstört wurde, verschwand der Stadtbürgerhumor aus der deutschen Kultur«. Das Ergebnis ist eine Spaltung, von der wir uns bis heute noch nicht erholt haben: »Wiedergeboren wurde der Humor im 18. Jahrhundert im Zeichen der Aufklärung, doch jetzt nicht als Stadt-, sondern als Staatsbürgerhumor.«

Und der Stadtbürgerhumor? Spurlos verschwunden? Was furchtbar schade wäre, denn man hatte sich im Mittelalter sehr an ihn gewöhnt. Gelfert lässt uns jubeln: »Als die Deutschen sich nach dem Zweiten Weltkrieg endlich zum parlamentarisch-demokratischen System bekehren ließen, kehrte auch bei ihnen der alte Stadtbürgerhumor zurück.«

Dieser Humor ist witzig, aber an den Humor der Engländer kommt er natürlich nicht ran, der »rebellisch« ist, und stets »bissig«, eben britisch.

Ich habe so meine Erfahrungen gesammelt mit diesem »anarchischen« Humor. Nach der Olympia-Vergabe an die Briten hatte ich gewitzelt, dass diesem Land einfach alles gelinge: Sie rotten gemeinsam mit Bush im Irak den Terrorismus aus, sie schaffen mit einem Popkonzert im Hydepark den Hunger in Afrika ab, und jetzt gibt man auch noch die Olympiade an sie und nicht an Leipzig.

Wahrscheinlich, schrieb ich, werden sie jetzt übermütig und greifen als nächstes Schleswig-Holstein an und sind damit eine Gefahr für den Weltfrieden. »Nicht dass es schade um Schleswig Holstein wäre«, schrieb ich, »aber es geht ums Prinzip.«

Mein Beitrag war mit »Glosse« überschrieben. Die Reaktion der Briten war tatsächlich unglaublich anarchisch. Die »Daily Mail« textete die Schlagzeile: »Bruder des Botschafters beleidigt Großbritannien« und tröstete sodann die Leser mit einem Foto des Nazibezwingers Churchill. Und in der »Sunday Times« verlangte Kommentator Rod Liddle, dass man meinen Bruder entweder zu einer Entschuldigung zwingen oder ihn von seinem Posten abziehen solle. Überschrift: »Du bist ein Verlierer, Hans«. Eingeleitet war der Kommentar mit einem Verweis auf Hitlers Überfall auf Polen.

Ganz im Ernst. Typisch britischer Humor eben.

In der Folge erhielt ich jede Menge brauner Botschaftsumschläge, in denen mein Bruder die hate-mail an mich weiterleitete, die er auf meine Glosse hin erhielt. Hektisch geschriebene Briefe, unruhige Zeilen, die immer wieder unterbrochen sind mit Aufschreien in Großbuchstaben, Sachen wie: »GO TO HELL!«

Also, bei dieser Gelegenheit an die britischen Freunde, nur zum Abkühlen: Nein, ich glaube nicht, dass ihr Schleswig-Holstein angreifen wollt. Es war ein Witz. Schön, dass das noch geklärt werden konnte.

Wenden wir uns dem deutschen Stadtbürger-Humor zu und dem anarchischen Harald Schmidt, der Beckett spielen lässt oder das Testbild sendet oder zehn Minuten lang erklärt, wie man ein Frühstücksbrötchen schmiert. Es gibt nichts im englischen Fernsehen, was nur annähernd so anarchistisch wäre wie Schmidt. Jonathan Ross hat die prominenteren Gäste, witziger ist Schmidt.

Wir hatten uns Anfang der neunziger Jahre einmal in New York getroffen. Er wollte David Letterman aufsuchen, weil er ein ähnliches Format plante. Ich hielt ihn für verrückt, und wir saßen einen wunderbaren Nachmittag lang im Tavern-on-the-Green, wo er perfekt Inge Meysel nachmachte. Heute ist Schmidt tatsächlich Letterman. Es hat geklappt.

MM: Der deutsche Humor hat in den letzten 15 Jahren einen großen Schritt vorwärts gemacht. Richtig?

Schmidt: Nein.

MM: Gut, dass wir darüber mal gesprochen haben ... Was war die Blütezeit des deutschen Humors?

Schmidt: Vermutlich Heinrich von Kleist. Bei dessen Lustspielen kriegt man ja kaum Luft vor Lachen.

MM: Das politische Kabarett ist die deutsche Ecke des Welthumors, richtig?

Schmidt: Natürlich. Vier Leute stehen an der Bühnenrampe und haben den ganzen Abend lang Recht.

MM: Sind wir nicht mittlerweile ein ganz entspanntes Volk, das lässig mit den Macken, die es hat, umgeht?

Schmidt: Das liegt daran, dass wir eine Mittelmacht sind.

MM: Geographisch?

Schmidt: Nein, von der Bedeutung her. Wir sind nicht wichtig und nicht unwichtig. Wir sind dazwischen. Das ist die große Hin-

terlassenschaft unseres letzten Kanzlers. Wir haben jetzt aufgehört, den Rest der Welt zu belehren.

MM: Sie waren ein ganzes Jahr lang weg aus Deutschland. Was
haben Sie am meisten vermisst?

Schmidt: Am meisten vermisst habe ich das deutsche Wetter und
die Atmosphäre in den Fußgängerzonen. Der Deutsche soll sich
bloß das Nörgeln nicht verbieten lassen, gute Laune ist eher was
für Völker, die barfuß laufen.

MM: Ist die wirtschaftliche Misere humorfördernd?

Schmidt: Schwer zu sagen. Für die Komik ist es, glaube ich, entscheidender, dass es links und rechts nicht mehr gibt. Die ideologischen Lager haben sich aufgelöst. Dadurch fallen eine Menge
politischer Witze flach. Andere werden erst möglich.

MM: Was ist derzeit ein guter politischer Witz?

Schmidt: Gibt es nicht mehr.

MM: Das Politische ist verschwunden?

Schmidt: Um mal was Populäres zu sagen: Ich finde, sämtliche
Politkommentatoren könnten den Betrieb einstellen nach der
letzten Wahl. Alles in die Tonne. Und wieder mal haben wir
Grund, stolz zu sein auf unser großartiges Volk. Es hat genau
richtig gewählt. Angela Merkel hat im Moment 128 Prozent Zustimmung. Das hat zuletzt Kim Il Sung in den 70er Jahren erreicht. Die Leute wollen überhaupt keine ideologische Auseinandersetzung, sondern die wollen im Grunde nur zügig mitgeteilt
kriegen, wann jetzt die Rente kommt.

MM: Nachdem wir das Rentenproblem gelöst haben, gibt es für
die Politik eigentlich nichts weiter zu tun. Und für den Humor
auch nicht.

Schmidt: Man will ja eigentlich gar nicht so viel Humor, glaube
ich. Man hat es doch gerne tränenreich. Alle sind zum Beispiel
bewegt, wie der alte, schwerkranke Rudi Carrell zur Verleihung

der »Goldenen Kamera« auftritt. Dazu die »Bild«-Schlagzeile: »Rudi Carrell lacht den Krebs aus.«

MM: Wer sagt, dass wir keinen Humor haben?

Schmidt: Ich finde auch. Aber insgesamt glaube ich, dass Zynismus passé ist. Dass wir auf dem Weg zurück in die kuscheligen fünfziger Jahre sind. Das wird heute Kult. Das höre ich jetzt häufig. »Du, wir haben ein kleines Häuschen außerhalb gekauft. Wenn du es siehst, sagst du total spießig. Aber es ist so toll. Die Tiere kommen ans Bett.« Früher hatte man Tiere im Bett.

MM: Sie sind in Nürtingen geboren. Sozusagen auf dem Land.

Schmidt: Und so schnell wie möglich nach Stuttgart. Bin ich heute noch oft. Mein Bruder lebt da.

MM: Familie ist wichtig?

Schmidt: Und wie! Ich kann leider nicht mit der Nummer »Revolution gegen das Elternhaus« dienen. Natürlich war ich auch Vietkong und Kommunist und Black Panther, das ist ja klar. Aber halt erst, nachdem die sich im Original schon aufgelöst hatten. Das kam zehn Jahre später nach Nürtingen. Wenn ich das richtig sehe, hatten wir einen bekennenden Maoisten, und dessen Vater war der Direktor vom Amtsgericht.

MM: Wann haben Sie zum ersten Mal das Gefühl gehabt oder gedacht: »Hoppla, ich bin deutsch«?

Schmidt: Bei meiner Verhandlung vor dem Kreiswehrersatzamt in Stuttgart als Zivildienstleistender, am 20. April 1977.

MM: Wieso?

Schmidt: Weil die Frage lautete: »Wissen Sie eigentlich, was heute für ein Datum ist?« Da sagte ich: »Hitlers Geburtstag.« Und danach verlief meine Verhandlung reibungslos. Eben, weil ich die alte Generation historisch nicht verdammt habe, sondern zu einem historischen Brückenbauer wurde. Da hieß es dann sofort: »Nehmen Sie Platz, Herr Schmidt. So, wir sehen, Sie spielen auch

Orgel. Wollen wir mal sagen, wir können Ihnen die Bundeswehr doch gar nicht zumuten.«

MM: Die siebziger Jahre in Stuttgart waren bewegt. Stammheim war nahe.

Schmidt: Und jeder zweite Wehrdienstverweigerer hatte Kontakt zu Otto Schily, der ja damals noch RAF-Anwalt war und nicht Innenminister. Der hat dann Superantworten ausgedacht für diese Standardfragen: »Sie gehen nackt mit einem Russen spazieren und werden von Ihrer Frau vergewaltigt. Wen erschießen Sie zuerst?« Das war diese klassische Frage damals, um rauszukriegen, ob jemand wirklich Pazifist ist, oder den Pazifisten nur spielt.

MM: War es Ihnen schon mal unangenehm, im Ausland als Deutscher identifiziert zu werden?

Schmidt: Ich werde häufig für einen Dänen oder Schweden gehalten.

MM: Korrigieren Sie diesen Eindruck?

Schmidt: Was den Verdacht angeht, Däne zu sein, fange ich jetzt damit an. Man muss ja tatsächlich ein bisschen vorsichtig sein in diesen Tagen. Ich bleibe jetzt erst mal zu Hause. Ich kann mir ja kein Schild umhängen: »Bin kein Däne. I am German.«

MM: Sie machen auch keine Witze über Religion?

Schmidt: Schon wegen meiner Mutter nicht, die guckt zu.

MM: Was würden Sie tun, wenn jemand einen Fisch ans Kreuz nagelt und sagt: »In drei Tagen steht er wieder auf.« Würden Sie a) eine Botschaft stürmen, b) einen Molotowcocktail schmeißen, c) weggucken?

Schmidt: Nee, ich würde sagen, das hat der jetzt mit einer christlichen Religion gemacht, jetzt warten wir mal ab, bis dieser Erbe Heines sich anderen Weltreligionen ähnlich zuwendet und was dann passiert. Und ich glaube zu ahnen, was dann passiert.

MM: Was denn?

Schmidt: Rumms.

MM: Auf jeden Fall ist es mittlerweile angenehmer, als Deutscher erkannt zu werden, und nicht als Amerikaner oder Däne. Offenbar haben sich die Zeiten geändert.

Schmidt: Wer hätte das gedacht. Aber ich habe eigentlich nie Probleme damit gehabt. Ich fühle mich wahnsinnig deutsch.

MM: Was ist deutsch an Ihnen?

Schmidt: Ich bin rechthaberisch. Ich weiß alles besser. Und ich bin wahnsinnig beflissen, mich bei Ausländern anzubiedern. Ständig lalle ich in irgendwelchen Fremdsprachen rum, die ich nicht beherrsche.

MM: Eine typische deutsche Angewohnheit.

Schmidt: Dieses schnöselige Franzosenvolk, die knallen einem ihre Sprache, die keiner mehr spricht, mit einer Arroganz hin, und ich dauernd: »Pardonnez-moi«, und »Excusez« und so weiter, nix da.

MM: Ist es in Ordnung, über andere Nationalitäten zu witzeln? Sie haben eine Zeit lang Polenwitze gemacht, worauf es einen Protest des polnischen Außenministers gab.

Schmidt: Ich war ja auch beim Botschafter zum Kaffee eingeladen, und um mir den Rücken zu stärken, haben die deutschen Auslandskorrespondenten in Polen massiv Beschwerde erhoben gegen mich, diesen Unhold.

MM: Die Leute waren nun mal empört.

Schmidt: Ich würde mal so sagen, es ist mir zum Glück rechtzeitig passiert. Darius Michalszewski kam zu mir in die Show und sagte: »Ich höre, du willst nach Polen. Dein Auto ist schon da.« In diese Richtung ging das.

MM: Das ist doch nur ein Beweis dafür, dass Darius Michalszewski Humor hat.

Schmidt: Es ist ja interessant, es gibt eine klare Hierarchie der Völker. Über Japaner darf man alles sagen. Ich habe noch nie einen erlebt, der gegen einen Japanerwitz protestiert hat. Aber je mehr es an unsere Nachbarländer im Osten geht, desto sensibler wird es. Und für mich gilt da einfach jetzt die Regel: Es wird durchgelobt. Alles toll.

MM: Lassen Sie uns den Einbürgerungstest machen: Finden Sie es in Ordnung, dass Ihre Frau wählen geht?

Schmidt: Solange sie nicht mehr als drei Stücke mit in die Kabine nimmt, hahaha.

MM: Was assoziieren Sie mit Gemütlichkeit?

Schmidt: Mag ich nicht so. Das ist für mich ein bisschen Eckbank, und der Kochgeruch zieht ins Wohnzimmer rein.

MM: Feierabend.

Schmidt: Ich sage Feierabend, wo der Exkanzler »basta« gesagt hat. Wird so gemacht, Feierabend. Aber als deutsche Innerlichkeitsvokabel? Als Sohn von Heimatvertriebenen, heute würde man vielleicht sagen, von einem Paar mit Migrationshintergrund, war natürlich unser Klassiker, der auf Beerdigungen gespielt wurde: »'s ist Feierabend, das Tagwerk ist vollbracht«.

MM: Verein.

Schmidt: Damit habe ich nichts am Hut.

MM: Ordnung.

Schmidt: Finde ich gut, ist das halbe Leben.

MM: Prima. Der Deutschometer schlägt aus. Sind Sie tatsächlich ein deutscher Pedant? Sie wissen, dass Sie sich dadurch verdächtig machen.

Schmidt: Ich habe es gern sauber, ich habe es gern pünktlich. Das ist das Tolle bei diesen Theaterchaoten. Sie sind alle so chaotisch, aber sie sind alle rechtzeitig da. Ich habe noch nie erlebt, dass eine Vorstellung verspätet war. Das ist eigentlich das Tolle. Um halb acht geht der Lappen hoch. Und ich bin Recht-und-Ordnung-Fan, seit ich den früheren RAF-Anwalt Schily auf diesem berühmten Foto gesehen habe, wo er einen Polizeihelm aufhat und den Schlagstock in der Hand hält. Wo er sich aus Solidarität mit unserer wunderbaren Polizei hat fotografieren lassen. Seither schnarre ich: Rrrrrichtig, Orrrrdnnung muss sein.

MM: Sind Sie ein pflichtbewusster Mensch?

Schmidt: Absolut. Das fing schon in meiner Zeit als Hilfsorganist an, sonntags sieben Uhr morgens aufstehen, 7.30 antreten in der Sakristei, mit dem Pfarrer über die Dörfer. Heute würde man diese Eigenschaft wohl professionell nennen oder so. Ohne das geht es nicht.

MM: Tiefe.

Schmidt: Brauche ich nicht. Will auch keiner, ehrlich. Das ist ein Gerücht.

MM: Weltschmerz.

Schmidt: Ist nur nötig, wenn Frauen schreiben.

MM: Sehnsucht.

Schmidt: Da fällt mir immer der Alexandra-Titel ein: »Sehnsucht heißt das alte Lied der Taiga«. Damit ist es auch. Das ist so was Russisches.

MM: Was ist Ihr Lieblingsroman?

Schmidt: »Die Reise ans Ende der Nacht«, Louis-Ferdinand Céline.

MM: Sind Sie ein Bildungsbürger?

Schmidt: Nein, ich bin maximal ein Bildungskleinbürger, zerfressen von Ehrgeiz, der alles kauft, alles liest, was irgendwo besprochen wird, ob Borges oder Canetti-Biographie. Aber ich stelle fest, es lohnt sich. Ich habe mich bei Interviews schon oft freigeredet, indem ich so einen Satz rausgeknallt habe.

Ich habe wohl einfach ein gutes Gedächtnis, da bleiben Fetzen hängen. Und ich glaube, bei den meisten im Medien-Business ist es auch nicht mehr. Die, die wirklich was in der Birne haben, die äußern sich nicht öffentlich. Die sind in irgendwelchen Staatsbibliotheken vergraben. Sämtliche Frauenzeitschriften würge ich mit dem Begriff »Masse und Macht«.

MM: Jemals gelesen?

Schmidt: Immer wieder häppchenweise. Da gibt es bei Canetti einen tollen Abschnitt über die Vermehrungsmeute. Und das habe ich im Kabarett gebracht. Da machen die Leute: »Oh, oh, oh, oh.« Das klingt so nach Führer. Aber dann sage ich: »Ist von Canetti«, und dann atmet man wieder auf. Man weiß zwar nicht genau, auf welcher Position der bei Bielefeld spielt, aber es ist ein bisschen entschärft.

MM: Gehen Sie ins Theater?

Schmidt: Nein, nicht mehr.

MM: Sie spielen.

Schmidt: Ich habe gespielt, bei Matthias Hartmann, der jetzt in Zürich ist. Ich war schon lange nicht mehr, weil die Schauspieler, die ich so verehrt habe, die wachsen langsam raus. Gerd Voß, Kirsten Dehne, die spielen zwar noch, aber jetzt ist mehr die Springerstiefel- und Girlie-Fraktion an der Macht. Da lese ich gerne Stadlmaier in der »FAZ«. Vor allem, wenn man ihn fragt: »Sagen Sie mal, was halten Sie eigentlich vom Thalia-Theater?« Und dann ist es fast wie bei Günter Jauch: »Bringen Sie die Worte Rotz, Blut, Kotzen, Dreck in die richtige Reihenfolge.« Das wäre doch mal ein schöner Einstieg.

MM: Zu welcher Zeit war Deutschland wohl das tollste Land auf Erden? Um 1800, zur Weimarer Klassik? Um 1200, zur Blüte des alten Reiches? 1920er?

Schmidt: Wahrscheinlich war doch das Jahrzehnt 1790 bis 1800. Da war viel los. Französische Revolution, Beethoven, Goethe, Schiller.

MM: Unsere Kulturexplosion.

Schmidt: Ja. Haben wir vielleicht jetzt auch, nur wir kriegen es nicht mit.

MM: Sie sind der Einzige, der mal Viva-Moderatorinnen einlädt. In den anderen Sendungen sitzt nur 50 aufwärts. Aber: kapieren Sie die Viva-Generation?

Schmidt: Nein, aber ich habe mich auch verabschiedet. Ich habe es mir bequem gemacht. Ich lasse mir jetzt Visitenkarten drucken in Sütterlin »Reaktionär mit menschlichem Antlitz«. Ich hatte kürzlich dieses Schockerlebnis bei uns am Kaffeeautomaten im Studio, als ich freudestrahlend erzählt habe, dass ich Karten für Eric Clapton habe. Plötzlich ist es sehr einsam um mich geworden.

MM: Gibt es einen jungen deutschen Patriotismus?

Schmidt: Das weiß ich nicht. Aber ich lese immer, die Kids träumen von Kuscheln, Treue und Werten.

MM: Der Papst ist von der Jugend angenommen.

Schmidt: Ich war ja dabei in Köln, beim Weltjugendtag. Und ich muss sagen, es war eine Superstimmung. Man ist ja als Kabarettist noch auf Ökolatschen, Halleluja und Räucherstäbchen gepolt. Auch das ist eine Empfehlung ans Kabarett: Erst mal nachdenken, bevor man darstellt. Die Jugendtage sehen nicht mehr so aus wie »Du, könne mer mal drübber reden?«, sondern das sind absolut attraktive Frauen in Nike, und die sehen einfach aus wie auf einem Rockkonzert.

MM: Woran erkennt man eine deutsche Frau?

Schmidt: Dass sie gut aussieht. Muss ich leider im Weltvergleich objektiv sagen. Deswegen sind ja auch diese Ausländer verrückt nach unseren deutschen Frauen. Ich finde, in Hamburg gibt es mit die attraktivsten Frauen. Da gibt es ja eindeutig regionale Unterschiede.

MM: Nennen Sie mir einen coolen Deutschen?

Schmidt: Franz Beckenbauer.

MM: Wieso Franz Beckenbauer?

Schmidt: Weil Franz für mich wirklich der Meister im Umgang mit Öffentlichkeit ist, und zwar weltweit. Er ist derzeit wahrscheinlich der berühmteste Deutsche auf dem Erdball. Wenn ich mir überlege, wer schon alles durchdreht, nur weil er irgendwo auf dem Bahnhof mal angesprochen wird. Franz dagegen hat das überall, wohin er kommt. Und die Frage: »Herr Beckenbauer, werden Sie jetzt Ihre Lebensgefährtin heiraten?« zu beantworten mit: »Heiraten? Ich? Ich bin doch verheiratet.« Das muss einem erst mal einfallen, wenn man aus dem Flughafen rauskommt. Oder, der Begriff »Negerstämme«, den sagt man heute nicht mehr ungestraft in der Öffentlichkeit. Franz schon. Und ich finde, der ist als Botschafter, als Stellvertreter wirklich befreiend.

MM: Was assoziieren Sie mit dem Werbespruch: »Morgens halb zehn in Deutschland«?

Schmidt: Übergewichtige Bauarbeiter, die einen Schokoriegel essen, den mit Sicherheit nie ein Bauarbeiter anfasst.

MM: Was sagen Sie zur Renovierung der Dresdner Frauenkirche?

Schmidt: Ich bewundere diese Begeisterung, aber ich selber bin nicht so davon ergriffen. Ich finde, es sieht merkwürdig aus. Ich war gerade in Dresden, kurz bevor es fertig wurde. Man sieht die alten Steine, und die neuen sehen irgendwie … Ehrlich gesagt, ich hätte mir gewünscht, wenn man versucht hätte, etwas Zeitgemäßes damit zu kombinieren.

MM: Eine deutsche Kindheitslandschaft für Sie.

Schmidt: Die Ostseeküste bei Travemünde. Der Priwall.

MM: Mit welchem Gefühl stehen Sie am Langen Markt von Gdansk, Danzig?

Schmidt: Da war ich noch nie.

MM: Welche Stadt außerhalb Deutschlands würde Deutschland gut tun und warum?

Schmidt: Da gibt es ganz viele. Ich war noch nie da, aber ich würde vorschlagen: die nicht ganz so hippen Teile von Kalkutta und Bombay. Für alle, die glauben, bei uns wäre die soziale Kälte nicht mehr auszuhalten. In Bombay werfen sie die Kids nachts auf einen Lastwagen, damit sie nicht auf der Straße pennen.

MM: Sprechen Sie nun die letzten Worte, die Sie je über Adolf Hitler sprechen würden.

Schmidt: Das kann ich nicht. Meine Eltern und Großeltern haben den Krieg ja so intensiv mitgekriegt. Ich glaube, solange es den SPIEGEL gibt, wird man über den »Führer« reden.

MM: Joschka Fischer sagte mal, Auschwitz sei der Grundstein der deutschen Demokratie. Hat er Recht?

Schmidt: Das ist so ein geschwollener Satz, der für die Geschichtsbücher gesucht ist. Ich würde den Begriff Auschwitz überhaupt nie benutzen. Dem kann man gar nicht gerecht werden. Das ist für mich eine Grenze, an die ich nicht rangehe.

MM: Wobei Fischer meint, dass jeder Deutsche wohl mit einer Hypothek auf die Welt kommt.

Schmidt: Nein, das empfinde ich nicht so. Meine Kinder haben definitiv mit dem Dritten Reich nichts zu tun. Außer dass Vati vielleicht ab und zu nochmal wie der »Führer« spricht im häuslichen Kreis. Aber das ist dann mehr so wie: »Iss mal auf!« oder »Wo bleibt Keitel!?« Aber das ist mehr, um sich businessmäßig ein bisschen fit zu halten.

MM: Keine bohrenden Fragen nach der deutschen Vergangenheit?

Schmidt: Es gibt durchaus irritierende Erlebnisse. Im Urlaub in der Normandie fragten sie: »Du, Papa, was ist denn das hier?« – »Das sind Bunker.« – »Was sind denn Bunker?« – »Ja, das war früher.« – »Wer hat die denn gebaut?« – »Ja, die Deutschen.« –

»Ach, ist das hier Deutschland?« – »Nein, das ist doch Frankreich.« – »Ja, wer hat die denn gebaut?« – »Ja, Soldaten.« – »Ach so, wie der Opa war?« – »Ja.« – »Hat der Opa die Bunker gebaut?« – »Nein, der war doch in Russland.« – »Ja, wieso? Ich denke …« Ja, so. Das ist so ein Crashkurs in Geschichte.

Drei Jahre später sind wir in Dänemark. »Du, Papa, was ist das denn hier?« – »Das sind Bunker.« – »Ach, ist das hier Normandie?« – »Nein.« – »Ja, wo ist denn die Normandie?« – »Die ist 1000 Kilometer weiter südlich.« So geht das dann weiter. Und das allergrößte war, letztes Jahr, Wellington, Neuseeland. »Du, guck mal, was auf dem Schiff steht. Da sind deutsche Kinder hergebracht worden.« – »Ja, wieso denn das?« Jetzt können die mittlerweile lesen. Es gab nämlich mit der »Pamir« praktisch einen Pendelverkehr zwischen San Francisco und Wellington in Neuseeland, wo auch polnische jüdische Kinder in Sicherheit gebracht wurden. Mit anderen Worten: Wo immer man auch hinkommt, der »Führer« war schon da.

MM: Was fanden Sie als Kind komisch?

Schmidt: Das Erste, was ich als richtig lustig empfand, war Hanns Dieter Hüsch, »Väter der Klamotte« im ZDF. Stan und Olli, Buster Keaton neu gesprochen von Hanns Dieter Hüsch.

MM: Gibt es einen Unterschied zwischen deutschem und angelsächsischem Humor?

Schmidt: Ich glaube, nicht. Es gibt ja dieses Klischee vom feinen englischen Humor. Das muss sicher die Nummer von Monty Python sein, wo die das Restaurant voll kotzen. So was hatte ich auch im Repertoire. Als ich das dann 20 Jahre später in meiner Show nachgemacht habe, hatte ich eine Doppelseite »Dirty Harry« in der »BamS«: »Ekel-TV«.

MM: Erzählen Sie einen Witz.

Schmidt: Da fällt mir immer nur der ein, der angeblich der Lieblingswitz … Also ich habe zwei. Der erste Witz, mit dem ich jedes Bierzelt schlagartig zum Kochen kriege: »Hallo, Herr Doktor! Kann ich mit Durchfall baden?« – »Ja, wenn Sie die Wanne vollkriegen.«

MM: Ach du Scheiße. Welchen Quatsch über Deutschland wollen Sie wirklich nicht mehr hören?

Schmidt: Wir können uns selber nicht leiden oder wir stehen uns selber so im Weg. Aber das wechselt auch.

MM: Ihr Kommentar zur Kampagne »Du bist Deutschland«. Kann man für eine Nation werben?

Schmidt: Ja, finde ich ganz toll. Erstens mal habe ich zwangsweise mitgemacht. Der Dr. Struwe hat angerufen, mein Boss, und sagte mir, er fände es sehr schön, wenn ich mich da anschließe. Also extreme Freiwilligkeit. Dann habe ich die drei Sätze gesagt, die ich bekam. Und jetzt, seit die so angefeindet wird, finde ich es ganz toll. Und, ich muss ja sagen, die hat unglaublich gegriffen. Jeder kennt diese Kampagne, jeder hat eine Meinung zu diesem Spruch, und ich finde es im Kern richtig.

MM: Ist es überhaupt gut, patriotisch zu sein?

Schmidt: Ich finde, ja. Ich beneide die Franzosen, wie die ihre Nationalhymne mitsingen. Das war mein Lieblingsding, wie die schwarzen französischen Spieler gesungen haben: »An die Waffen, Bürger, gegen die blutige Tyrannei«, und draußen brannten die Autos beim letzten Spiel. Das war genau das, was draußen passierte. Das war so großartig. Ich höre gerne Nationalhymnen.

MM: Wie lauten die ersten zwei Zeilen unserer Nationalhymne?

Schmidt: »Einigkeit und Recht und Freiheit für das deutsche Vaterland, danach lasst uns alle streben, brüderlich mit Herz und Hand.«

MM: Welches Land hat Ihrer Meinung nach ein vorbildliches Verhältnis zu seiner Nation?

Schmidt: Amerika. Da habe ich ein wundervolles Interview mit Ang Lee kürzlich gelesen. Der sagte: »Amerika ist ein so junges Land, das macht es so sympathisch. Die sind noch so naiv. Die Amerikaner machen jetzt Fehler, die die vor 3000 Jahren gemacht haben, es ist eine junge Nation auf der Suche.«

MM: Mit welchem Satz bringen Sie den Taxifahrer im Ausland, speziell in New York, zum Schweigen, der über Hitler schwärmen will?

Schmidt: Gar nicht. Da wittere ich grundsätzlich eine Falle. Als mich mal auf Hawaii ein Taxifahrer gefragt hat: »Where was this big war over there?« sagte ich ihm: »Everywhere.«

MM: Welchen Preis hätten Sie gerne, den Sie noch nicht gekriegt haben?

Schmidt: Nobelpreis für Literatur.

MM: Wegen des Geldes?

Schmidt: Nein, um ihn wieder hochzubringen, er ist ja so in Misskredit geraten seit diesen Streitigkeiten um Pinter und Jellinek.

MM: Würden Sie den auch persönlich entgegennehmen?

Schmidt: Ja, klar, alles andere ist uncool. Man muss hinfahren wie Günter Grass und, die jungen Menschen kennen das ja nicht mehr, mit der Großfamilie die Nacht durchtanzen. Voller Lebensfreude.

MM: Nachdem sie von Ihrer langen Weltreise nach Deutschland zurückgekehrt sind, wann haben Sie zum ersten Mal gestöhnt: »Das ist Deutschland«?

Schmidt: Jawoll, das ist Deutschland, dachte ich exakt um sechs Uhr morgens am Gepäckband auf dem Frankfurter Flughafen, nach der Rückkehr aus Singapur. Neben mir unglaublich schlecht gelaunt die beiden verbrannten Hackfressen eines dieser Ehepaare, die hormonell gleichgezogen haben. Ich hätte sie umarmen können!

MM: Sagen Sie jetzt einen unverkrampften Satz über Deutschland.

Schmidt: »Herr, lass WM werden!«

7. WIR BILDUNGSBÜRGER

Über die Schönheit, die Deutsche der Welt schenkten,
über Mozart, die Dresdner Frauenkirche und die
Kunst des Vorlesens

Man würde es so heute nicht mehr sagen können, also lassen wir es, und hören unserm zweitgrößten Klassiker zu: »Die Majestät des Deutschen ruhte nie auf dem Haupt seiner Fürsten ... sie ist eine sittliche Größe, sie wohnt in der Kultur und im Charakter der Nation, die von ihrem politischen Schicksal unabhängig ist.«

Schiller spricht von der deutschen Kulturnation. Die deutsche Kultur versuchte von jeher, ein außerweltliches Reich zu gründen, unberührbar und unzerstörbar durch die Sprünge und Rasereien der Geschichte, wohl weil sie erfahren hatte, dass das innerweltliche Reich schwach und furchtbar zerstörbar war. Sie bildet ein eigenes Reich in sich, blinder und realitätsentrückter als die französische oder die englische Kultur.

Dieses Reich bewohnt der Bildungsbürger.

Der »Bildungsbürger« ist in keine andere Sprache übersetzbar, er ist ein deutsches Wort für einen deutschen Phänotyp. Educated? Weit entfernt davon. Die Bildungsbürgerei schließt, jenseits des Drills und der technischen Wissensanhäufung seelisches Kapital mit ein. Der innere Mensch, so weit geht Schiller, gestaltet den äußeren.

Der Bildungsbürger kam für die Heirat mit Adligen in Frage – er kompensierte den äußeren Status, der ihm fehlte, mit innerem Reichtum. Weder in der dünkelhaften französischen noch in der durchkommerzialisierten englischen Klassengesellschaft gab es etwas Vergleichbares: Ein Mann, der durch nichts anderes Geltung erreichen konnte als durch seine Fähigkeit, intellektuelles und musisches Kapital anzuhäufen.

Der Bildungsbürger war eine progressive Figur. Die jüdische Intelligenz war bildungsbürgerlich, die Mendelssohns, die Varnhagens, freie Geister. Schließlich, Ende des 19. Jahrhunderts, war der Bildungsbürger eine melancholische Figur, weil er historisch verloren hatte, und in genau diesem Moment erlebte er seine Apotheose in jenem Thomas Mann, der auf diesem berühmten Foto so einsam dastand, im Trippelschritt, am starken Arm seiner Mann-Frau.

Der Erste Weltkrieg war, so sah es Ernst Jünger, »der große, rote Schlußstrich unter die bürgerliche Zeit«. Der Bildungsbürger indes überlebte den Krieg, wie zerrissen und zerstört auch immer, er überlebte die Nazihorden, in denen Gottfried Benn grimmig den »Darwinismus nach unten« an der Arbeit sah, und er überlebte den Zweiten Weltkrieg, und er lebte weiter in Figuren wie Klaus von Dohnanyi, Joachim Fest oder Wolf Jobst Siedler. Der Bildungsbürger, wie ihn etwa Jan Philipp Reemtsma verkörpert, ist politischer Zeitkritiker und gleichzeitig Mäzen des Schönen, und er spricht von »kultureller Elite« wie von einer großen Notwendigkeit. Und heute? Gibt es ein neues, junges Bildungsbürgertum, das zwischen gestern und morgen spielt? Die neuen Bildungsbürger kennen die Klassiker und gleichzeitig die Massenkultur so genau, dass sie wissen, was sie ablehnen, wenn sie sie ablehnen. In Teilen aber inkorporieren sie sie durchaus.

Die neuen Bildungsbürger freuen sich auf das Konzert von Billy Idol genauso wie auf die »Räuber«-Premiere im Berliner Ensemble. Sie sind urban, sie gründen Familien oder auch nicht, doch wenn sie es tun, versuchen sie, in ihren Kindern den Sinn für Schönheit zu wecken. Womöglich schicken sie sie auf humanistische Gymnasien, wo sie Latein lernen, wie es die jüngsten Zahlen über ein gesteigertes Interesse an Alt-Sprachen belegen. Natürlich spielen Bildungsbürger-Kinder Instrumente.

Das Bürgerliche im Bildungsbürger kommt wesentlich schuldfreier zur Geltung, als es in früheren Jahren der Fall war. Der Bildungsbürger ist stolz auf die kulturellen Traditionen seines Landes und völlig gegenwärtig. Der »Bildungsbürger« wird zum durchaus auch irritierenden life-style-Zitat. Einer wie Ulf Poschardt, zum Beispiel. Seine Eltern sind »stramme 68er« und sie verachten ihn wegen seiner Bürgerlichkeit. Und Poschardt fuhr in München in seinem Ferrari durch die Gegend und verachtete die 68er. Seit fünf Jahren lebt er in Berlin.

Poschardt hatte mich eingeladen, um mir das gute, das spannende, das bürgerliche Berlin zu zeigen. Er wohnt in Nikolassee, an der Rehwiese, in einem schindelgedeckten Landhaus von 1907, das damals einem Staatssekretär des Hofmarschalls gehörte.

Es ist eher minimalistisch, ja soldatisch eingerichtet. Im Wohnzimmer eine Couch. In der Bibliothek ein Schreibtisch mit I-Book. Im Esssaal ein langer Konferenztisch mit Stühlen. An der Wand, einziger Schmuck, ein großes Bild von Ramones-Gitarrist Dee Dee, der ein ärmelloses Shirt trägt, auf den ein Bundesadler gedruckt ist. Seine Arme sind über und über tätowiert. Es ist weder ein linkes noch ein rechtes Bild. Es ist Pop. Es ist Neues Deutsches Bürgertum.

Wir setzen uns in die Küche. Poschardt steht an seinem stahlgrauen Arclinea-Herd, der Kompanien versorgen könnte, und kocht eine Tasse Tee. Es ist drei Grad unter null. »Ist es nicht zu warm?« fragt er besorgt. Er wusste sofort, dass er hier draußen richtig sei. »Das Haus hatte auf mich gewartet«, baufällig und renovierungsbedürftig, wie es war, und er hat es wieder hergerichtet in seiner spartanischen Schönheit aus der Jahrhundertwende.

Julius Posener hat hier in der Nähe viel Zeit verbracht. Posener, der 1931 mit Erich Mendelssohn den Columbus-Bau am Potsdamer Platz errichtet hat, der 1935 nach Palästina ausgewandert ist und von 1941 bis 1945 gegen die Nazis gekämpft hat, der das zerstörte Berlin dokumentiert hat und als Hochschulprofessor 1961 dorthin zurückgezogen ist und für eine Neue Architektur gekämpft hat. Ulf liest gerade seine Erinnerungen: »Fast so alt wie das Jahrhundert«. Dieser Satz ist angestrichen: »…dass ich die bürgerlichen Werte zur Doktrin erhob, was sogar unter Reaktionären selten vorkommt.«

Dabei arbeitet Poschardt durchaus auf der Höhe der Zeit: In diesen Tagen ist er dabei, das deutsche »Vanity Fair« auf den Markt zu bringen. Vor der letzten Bundestagswahl hatte Poschardt dazu aufgerufen, die FDP zu wählen, und damit die wahrscheinlich größte Provokation in die Welt gesetzt, die sich ein linker Poptheoretiker für seine Anhängerschaft nur ausdenken kann.

Poschardt, Mitte 30, sagt, er brauche die Stille. Gerade hat er ein Buch über Einsamkeit geschrieben. Auf geheimnisvolle Art lebt er sein Haus, das großzügig ist und sachlich und still.

»Nicht diese Giebel und Säulen wie im Grunewald – hier geht alles nach innen, hier sind die repräsentativen Räume die Bibliotheken. Offiziere haben hier draußen gewohnt. Es war der einzige Bezirk Deutschlands, der keinen NSDAP-Ortsverein hatte.«

Dann zeigt er mir seine Umgebung, und er zeigt sie wie einen Schatz. Muthesius hat hier gewirkt, nachdem er 1905 aus England zurückgekehrt war, beeindruckt von der englischen Landhausbewegung. Die Rehwiese war von den Nazis zerschnitten worden mit der Stadtautobahn Avus. Poschardt ist Mitglied einer Bürgerinitiative für einen verbesserten Lärmschutz gegen die Autobahn. »Natürlich«, sagt er, »war der Asphaltschnitt der Nazis auch ein städteplanerisches Attentat auf die freigeistige Kolonie, die hier draußen entstanden war.«

Die großen Architekten der damaligen Zeit haben hier gebaut, Mies van der Rohe, Hermann Muthesius, Otto Stahn, Bruno Paul, Peter Behrens. »Meine Generation ist schon aus patriotischen Gründen antifaschistisch, denn es waren deutsche Künstler, Bildungsbürger, Intellektuelle, die von den Nazis umgebracht wurden, oder vertrieben, wie Posener.«

Wir fahren durch die Waldvororte, durch Nikolassee, Wannsee, Potsdam. Was für schöne alte Villen. Manche noch baufällig und leer, mehr mittlerweile renoviert, geduldig, mit der Liebe zum historischen Detail. Frisch gestrichene Veranden. Buchsbäume in Terrakotta-Kübeln davor. Durch manche hohe, gardinenlose Fenster schaut man auf warmes Licht und Parkette.

»Es gibt immer mehr wie mich«, sagt Poschardt. »Straße um Straße, Haus um Haus holen wir uns dieses Vorkriegs-Deutschland zurück.« Das hier draußen soll das Gegengewicht zum szenigen Prenzlauer Berg, zu Mitte werden. Poschardt sieht sich in einer bürgerlichen Kontinuität. Hier, dieses Haus ist von Gropius, und hier, das ist ein frühes Haus von Mies van der Rohe. Es hat noch die klassische gegliederte Schinkel-Fassade mit den hohen Fenstern.

»Ist diese Einfachheit nicht schön?«

Sie ist schön.

Poschardt, der die klassische deutsche Moderne liebt, muss es sich gefallen lassen, mit anderen Schönheitsträumern und Aktivisten genannt zu werden, die nicht unbedingt seine stilistischen Vorlieben teilen, aber doch den Willen, das Schöne zurückzuholen.

Leute wie der Mähdrescher-Fabrikant Wilhelm von Boddien, der kurz nach dem Mauerfall diese Zeltplane vor den Palast der Republik gespannt hatte, auf die das alte Berliner Stadt-Schloss gepinselt war. Dieser Fetzen Tuch war ein Signal. Er war wie eine Luftspiegelung, die jedem Spaziergänger am Lustgarten eine merkwürdige Sehnsucht ins Herz senkte: Ah, so also könnte es aussehen. Schön.

Es war ein Flaggensignal des neuen Bürgertums. Unsere interpretierende Klasse wütete. Sie polemisierte gegen den Wiederaufbau des Schlosses, weil der »die deutsche Wunde« schließen würde. Das dürfe nicht sein. Berlin müsse »Trauerarbeit« leisten, sagten die meist in Hamburger Altbauwohnungen kuschelnden Kulturstrategen, es müsse »Eilande des Eingedenkens« schaffen, als sei ein Parkplatz der steingewordene Ablasszettel.

Das ist nun vorbei. Endgültig. Wir sind aus diesen Selbstgeißelungsprozessionen ausgeschert. Endlich. Mittlerweile gibt es über 700 derartiger Bürgerinitiativen, die sich um Kirchen, um Schlösser, um Bibliotheken kümmern.

Das bisher spektakulärste Ereignis dieser neuen Restaurierungswelle ist die Wiedererrichtung der Dresdner Frauenkirche. Über zehn Jahre lang hatten die Bürger der Stadt gesammelt und geackert und geträumt, bis, vor den erstaunten Augen der Welt, dieses barocke Juwel protestantischen Gemeinsinns wiedererstanden war.

Wundersame Verschlingungen – nicht lange nach der feierlichen Einweihung der neuen Kirche strahlte das ZDF seinen spektakulären Zweiteiler »Dresden« aus, in welchem noch einmal miterlitten werden konnte, wie Dresden brannte, wie es von britischen Bombern zerstört wurde. Aus diesem Horror neu erstanden: das Schöne. Ein großer Prozess der Heilung hat eingesetzt nach der Wende, eine Wunde schließt sich, eine, die durch die Teilung künstlich offen gehalten wurde.

Die Großmutter meiner Frau lag damals zwei Tage und Nächte in Erfurt unter Trümmern begraben. Noch heute kann sie nicht bei geschlossenen Türen schlafen. Als sie die wiedererrichtete Dresdner Kirche betrat, weinte sie. Ein Trauma verheilte.

In früheren Bürgerinitiativen wie der von Brokdorf ging es darum, der Enkelgeneration radioaktiven Müll zu ersparen. Heute geht es diesen wahrhaft bürgerlichen Initiativen darum, ihr einen Begriff von Schönheit weiterzureichen und sie vor den Verstrahlungen einer vulgarisierten Gesellschaft zu schützen. Wenn die Hanseaten innerhalb von einer Woche 50 Millionen Euro sammeln, um sich eine Philharmonie im Hafen zu errichten – ein stolzes Klangschiff in der Elbe –, dann sind daran nicht nur reiche Mäzene, sondern viele, viele Kleinspender beteiligt. Kunstsinniger Stolz und Bürgersinn – in Deutschland tut sich was.

Wir alle wissen mittlerweile, wie sehr Schönheit die Seele gesunden lassen kann und wie nötig das ist. Wer überhaupt wüsste das besser als die Deutschen!

Mozart, zum Beispiel. Nur ein paar Takte genügen, und sofort leuchtet ein, warum auf Londoner U-Bahnhöfen, die mit Mozarts Musik beschallt werden, die Verbrechensrate sinkt. Mozart ist so. Er entwaffnet. Dass die Klänge dieser Musik den Ungeborenen im Mutterleib die Ohren öffnen sollen, glaubt man sofort. Und dass die »Kleine Nachtmusik« die Milchproduktion von Kühen steigert. Und dass das »Credo« aus der »Missa Solemnis« imstande ist, auch den Hartgesottensten den Glauben an den lieben Gott zurückzugeben, ja sogar den Glauben daran, dass er tatsächlich lieb ist.

Mozarts Musik ist schön und oft ganz einfach. Das heißt: Sie ist eine entsetzliche Provokation für alle, die Schwierigkeiten mit Schönheit haben und mit Einfachheit. Das sind heutzutage eine ganze Menge, und sie sind kaum zu tadeln. Natürlich ist es der schiere Wahnsinn, in Zeiten der Bombenexplosionen die Arglosigkeit zu feiern. Natürlich ist es kaum zu vermitteln, in Zeiten der Radikalisierungen das »Mittelding« zu wollen. Wahrscheinlich ist es albern, angesichts von Terroropfern zu singen: »Nichts ist so hä-ä-äßlich als die Ra-a-che!«

Aber genau das ist wichtiger als je zuvor. Wenn es um einen Kanon kultureller Identität geht, um das, was wir verteidigen wollen, dann ist es bitteschön nicht die Zusammensetzung des Bundesrats, sondern die »Zauberflöte«, ihre Weisheitsverpflichtung, ihre Versöhnungsschönheit.

Für Mozart übrigens war nationale Identität ungeheuer wichtig. Er wurde nicht müde, sich als Deutscher zu bezeichnen und zu rühmen und von den Franzosen (unmusikalisch, berechnend), den Engländern (hässlich, berechnend) abzugrenzen. In seinen Briefen beteuert er immer wieder, ein »ehrlicher Teutscher« zu sein, wahlweise auch ein »geschickter Teutscher«, und sein Gefühl der »Zugehörigkeit zum Heiligen Römischen Reich Deutscher Nation« erwies sich, so Musikwissenschaftler Ulrich Konrad, sein Leben lang als »konstant«.

Mozart ist zweifellos das größte Geschenk, das die deutsche Kultur der Welt gemacht hat. Neben Bach. Neben Beethoven. Neben Brahms. Kein Volk der Erde hat eine derartige Fülle an musikalischen Genies hervorgebracht wie das deutsche. Wenn es einen guten Grund gibt, die Deutschen gern zu haben, dann liegt er in der Reihe dieser Namen, die sich noch weit fortsetzen lässt.

Namen, die in allen Sprachen der Welt beschworen werden, wie Götter, wie Schutzengel, und es gibt nicht wenige, die nur wegen dieser Namen nach Deutschland wollten, wie Anatolij Ugorski, der Russe. Ich lernte ihn bei der Schriftstellerin Irene Dische kennen, der New Yorker Jüdin, der Tochter eines Emigrantenkindes, die nach Berlin zurückgefunden hat. Ich fühlte mich unglaublich privilegiert, als sie in ihrer riesigen Berliner Altbauwohnung einen »Welcome-Home«-Abend organisierte und meine Freunde eingeladen hatte und ihre, ein Nobelpreisdichter war dabei, ein Friedenspreisträger, eine wundervolle frivole Schauspielerin, ein jüdischer Regisseur, der Schwiegersohn eines deutschen Generals, Ungarn, Tschechen, Amerikaner, lauter Büchermenschen, und Irenes Ehemann Nicolas hatte selber gekocht für rund 30 Leute.

Das ist Deutschland heute. Bildungsbürger, fröhliche, welt-zugewandte, moderne Menschen. Sie schlüpften in diese Altbau-wohnung in Charlottenburg wie in einen Unterschlupf gegen die wütende Vulgarisierungswelle draußen, ein Feldlager im Kampf gegen die Verhässlichung und gegen Big Brother, nicht näselnd versnobt, wie ich es in London unzählige Male erlebt hatte, son-dern entspannt, menschenfreundlich, an aneinander gestellten krummen Tischen, mit Lärm und Anekdoten und fröhlichen Sot-tisen.

Ein raumbeherrschender Flügel nebenan. Und hier hatte ich 15 Jahre zuvor den russischen Emigranten und Pianisten Anatolij Ugorski getroffen, der mit Irenes Kindern spielte und Faxen am Klavier machte. Es war die Zeit der Manifeste damals, und in Irenes Salon strömte die osteuropäische Kultur und Urgorski war vernarrt in Johann Sebastian Bach. Die Deutschen haben un-sere Musik erst erfunden, sagte er, und was für einen Reichtum dieses Land hat, und er meinte Bach genauso wie den Staubsau-ger, der ihm in einem Kaufhauseingang vorgeführt worden war. Ein Deutscher sein – das war der beneidenswerteste Zustand, den er sich nur vorstellen konnte.

Er beneidete uns um die vielen Theater, die Opern, die Orches-ter, die sich unsere Nation leistete, und tatsächlich ist auch das typisch deutsch: Rückblickend haben wir die in Hunderte von Fürstentümern, Bischofssitzen und Stadtstaaten zerteilte deutsche Flickenkatastrophe, die ein so erhebliches Hemmnis für die Natio-nenbildung bedeutet hatte, billigend ertragen, denn immerhin hat-te sie uns dieses großzügigste und flächendeckendste System von Stadttheatern hinterlassen, das in der Welt einzigartig ist.

Nach dem Krieg war das Theater der Ort, in dem frei gespro-chen, angeschaut und diskutiert werden konnte. Hier, wo bei Stromausfällen unter Kerzenlicht weitergespielt wurde, war Theater moralische Anstalt und Beichtstuhl – dieses Theater ging jeden unmittelbar an. Man war süchtig nach Theater, und man bezahlte die Tickets mit Briketts und Nägeln und Lebens-mitteln, eben allem, was denen dort oben ermöglichte, für die da unten zu spielen.

»An fast 200 Stellen in Berlin wird Theater gespielt«, jubelte der legendäre Berliner Kritiker Friedrich Luft über den DIAS, den Drahtfunk im amerikanischen Sektor, »welche Stadt der Welt hat das noch?«

Die deutschen Städte lagen in Trümmern, doch der Bühnenverein zählte 419 Theater, eines mehr als im »Großdeutschen Reich« von 1943. Sie beschäftigten rund 37 000 Theaterleute und damit 500 mehr als zur Spielzeit 1943/44. Die deutschen Theaterstars? Manche, wie Gustav Knuth, schafften den Sprung in die neue Zeit ohne Schwierigkeiten und manche andere wurden verhaftet wie Viktor de Kowa, auf offener Bühne. Die Zuschauer hielten den Vorgang zunächst für einen Regie-Gag und applaudierten.

Aus dieser Gemengelage von Schuld und Sühne, Depression und Aufbruchswillen, Kunsthunger und Zerstreuungssucht wurde das deutsche Nachkriegstheater geboren. Und für die anderen, die Flüchtlinge, die Vertriebenen, die Kriegsheimkehrer, die den Theaterkassen runde 15 Millionen potenzieller neuer Kunden zuführten, sprach einer, der Beckmann hieß. Ein Mann mit Nickelbrille am Gummiband, krank und ausgemergelt unterm Armeemantel, Hauptfigur in Borcherts Stück »Draußen vor der Tür«, das wie ein Blitzschlag das Drama der Heimkehrer erhellte. Es mündete in die große Frage: Warum? »Gibt denn keiner, keiner Antwort?« Das Theater stellte für uns alle diese Fragen. Es war relevant.

Die Theater begleiteten und formten die Nachkriegsgesellschaften in Ost und West. Die emigrierten Künstler bewegten sich zögerlich in die alte Heimat. Sie legten Zwischen-Etappen ein und sondierten vorsichtig. Von Zürich aus kehrten Bert Brecht und Regisseur Wolfgang Langhoff nach Berlin zurück. Mit seiner »Mutter Courage« hatte Brecht sein episches Theater zur Perfektion gebracht: Eine didaktische Revue zum großen Krieg, der hier der Dreißigjährige war – Helene Weigel zog als Marketenderin ihren Planwagen auf ewig kreisender Drehbühne und beklagte das ewig gleiche Los der Kleinen im Machtkampf der Herrschenden.

Im Westen wandte man sich den inneren, existenziellen Landschaften zu. Die wesentlichen Texte dafür lieferten Sartre und Camus. Dann Beckett, der im Schillertheater den Moderne-Text schlechthin zur Aufführung brachte: »Warten auf Godot«. Seine Anweisung an die Schauspieler Stefan Wigger und Horst Boll-man: »Es soll soviel gelacht werden wie möglich«. Beckett wusste, wie haarsträubend das Gelächter und die absurde Pointe sein kann.

Die großen Theaterhelden brachten die großen Texte. Fritz Kortner den »Kaufmann von Venedig«. Rudolf Noelte inszenier-te Molières »Menschenfeind«. Gustaf Gründgens war der Me-phisto und Will Quadflieg der Faust. In einer Naivität, die junge Regisseure heute nur noch hochmütig belächeln können, war man gebildet und ehrfürchtig den großen Texten gegenüber. Man nahm damals tatsächlich an, dass Schillers »Räuber« oder Shakespeares »Hamlet« zu spielen seien, wie sie die Autoren ge-schrieben hatten, ohne jede »Verbesserungen« durch eigene Tex-te des Regisseurs. Man nahm damals an, dass es gute Stücke seien und nicht nur reaktionäres »Material«, das zerlegt und neu auf-bereitet gehört.

Doch in den frühen Siebzigern schwappte die erste Zertrüm-merungswelle in die Theater. Ihre Protagonisten kannten immer-hin die Texte noch, die sie gegen den Strich bürsteten. Sie waren Rebellen mit Kunstverstand: Peter Zadek, Peter Stein, Hans Neu-enfels, Claus Peymann. Im Parkett saß plötzlich der Abonnent als »Feind«, saß die bequem gewordene Nachkriegsgesellschaft, sa-ßen jene »Bildungsbürger«, die das schlechte Bestehende verkör-perten und die durchgeschüttelt werden mussten.

Es gelang, und auf welch hohem Niveau! Wie artistisch Za-deks »Räuber«-Inszenierung vor dem Roy-Lichtenstein-Plakat. Oder Steins »Prinz von Homburg«. Später Peymanns »Käth-chen von Heilbronn«. Und nie wurde die Schönheit vergessen und das Artistentum. Was allein die Berliner Schaubühne an un-vergessenem Zauber entfaltete in diesem merkwürdigen Volks-bildungshaus am Halleschen Ufer. Da waren die endlosen Hori-zonte in Ibsens Weltumsegler-Epos »Peer Gynt«. Da waren die Pariser Straßenpflaster in Labiches »Sparschwein«. Und da wa-ren die Birken, in denen sich Gorkis »Sommergäste« ergingen. Ich hatte mir mit Freunden die Textbücher besorgt und wir spielten diese schönste Aufführung meines Lebens wechselseitig in unseren WGs nach, wir wollten die Sommergäste auch im wirklichen Leben sein, und wir wollten uns partout wiedererkennen in diesem bürgerlichen Dahindämmern und den erstickten »revolutionären Aufbrüchen« der siebziger Jahre. Wie schön und wie bedeutsam Theater für uns war.

Mit dem Berliner Theatertreffen, das alljährlich die zehn besten deutschsprachigen Inszenierungen einlud, fanden diese Geniestreiche ein regelmäßiges Schaufenster. Es war die Oscarverleihung der deutschen Sinnbranche. Theater war umstritten und umworben, es experimentierte und ließ staunen und war Mittelpunkt des öffentlichen Diskurses – was auf dem Theater verhandelt wurde, ging jeden an.

Schon Mitte der achtziger Jahre allerdings spürte man, dass das Theater dabei war, innerlich kaputtzugehen. Alles war möglich, alles war probiert. Monitore überwachten Hamlets Selbstgespräche, Königstochter Aida war eine Putzfrau und antike Tragödinnen fuhren auf Rolltreppen in den Olymp.

Man kann nur hoffen, dass sich das irgendwann wieder ändert. Im Theater ist der deutsche Bildungsbürger in einer ständigen Defensive. Er hat ein schlechtes Gewissen, dass er sich nicht genügend um das Unrecht kümmert, das den jeweiligen Regisseur gerade beschäftigt. Dass er nicht in dessen Kopf wohnt. Dass er Horváths Stück »Zur schönen Aussicht« sehen will, das sarkastisch und poetisch und grimmig genug ist, statt sich über Horváth-Material mit dem Bürgerkrieg in Jugoslawien auseinander zu setzen.

Kürzlich verkündete der junge Theaterchef der Berliner Schaubühne, Thomas Ostermeier, anlässlich einer O'Neill-Aufführung besorgt, dass die »bürgerliche Familie für viele unserer Probleme verantwortlich« sei und nun »wieder fröhliche Urständ« feiere. Ein merkwürdiges Statement in Zeiten der allgemeinen Auflösung, ganz besonders der Familien.

Die Journalistin fragte da nicht etwa erstaunt zurück. Sie war lediglich besorgt darüber, dass sich an der antibürgerlichen Grundhaltung des Regisseurs nichts ändere: »Haben Sie keine Angst, Sie könnte das Schicksal anderer Schaubühnenleiter ereilen, die von links angetreten sind, um zum Schluss beim guten bürgerlichen Stück zu landen?« Wir können uns die Antwort (nein, natürlich nicht!) denken und daher knicken. Wäre die revolutionäre Position in unserem Falle nicht eigentlich die, sich für das Verfemte, nämlich die Familie, stark zu machen, statt dass Gängige, die Familienlosigkeit und das Antibürgerliche, zu feiern?

Nur als Referenzpunkt für den Theaterplaneten dort ganz weit draußen einige Erinnerungen an meine eigene Familienhölle, der ich mein bildungsbürgerliches Interesse am Theater, an der Literatur, an der Musik überhaupt erst verdanke.

Ich erinnere mich gut an diese ganz frühe Situation: Mutter sitzt auf der unteren Kante eines der beiden doppelstöckigen Betten im Kinderzimmer. Die Lampe mit dem breiten roten Tellerschirm aus geriffeltem fünfziger-Jahre-Plastik ist tief heruntergezogen. Ihr Gesicht leuchtet in diesem warmen Licht. Sie trägt einen weiten Rock, irgendwas Grünes, mit Pflanzen bedruckt und roten Blumen. Sie hat das Buch im Schoß. Vom oberen Bett schauen ihr die beiden älteren Kinder über die Schultern, unten kuscheln sich die drei jüngsten an sie.

Sie war eine gute Vorleserin. Sie konnte ihre Stimme dramatisch abdunkeln und für unterschiedliche Rollen verändern. Aber das Geheimnis an diesem Abend für mich bestand darin, wie sie es verstanden hat, immer wieder die Beruhigung mitzuführen, dass alles gut ginge, was, bei Abenteuergeschichten, den Genuss am Grusel natürlich nur noch steigerte und eine Art angenehmes Frösteln erzeugte, im Bett, im Schlafanzug, im Bademantel, im warmen Kinderzimmer.

Wir waren viele. Wir hatten Liebe. Wir waren beschützt. Wir musizierten, einige von uns besser, andere, ich zum Beispiel, schlechter, aber wir brachten das Largo aus Händels »Xerxes« ganz ordentlich zustande, zu Mutters Geburtstag und anderen hohen Festtagen. An Ostern marschierten wir mit Osterkerzen und dem Weihwasserbecken durch die Wohnung, um sie einzusegnen. Wir spielten Messe. Wir spielten Fußball. Wir veranstalteten Olympiaden im Geschichtenerzählen. Zwar hauten wir uns – fünf Brüder – öfter mal grün und blau, aber insgesamt hatten wir eine Kindheit inmitten unserer bürgerlichen Hölle, an die ich gerne zurückdenke.

Kindheit, das waren vor allem Bücher, Spiele, Theater. Bücher waren wie Zauberkisten, denen Figuren entstiegen und Abenteuer und Angst und Glück. Das nächste Lesevorbild nach meiner Mutter war mein Vater. Ich begriff früh, dass mein Vater alles wusste und dass das meiste davon aus Büchern stammte. Ich konnte ihn mir ohne Buch gar nicht vorstellen. Er kam nach Hause, er aß mit uns, dann saß er in seinem Sessel im »Herrenzimmer« unter dem Schein einer Stehlampe und las.

Der Mann und sein Buch, umgeben von diesem gelben Lichtkreis. Er las still. Und er hatte meistens einen Bleistift in der Hand. Mein Vater las Biographien, viel Philosophisches, besonders gerne die seelentiefen russischen Romane, Dostojewski, Solschenizyn, dicke, respekteinflößende Bände, die mit Zeitungspapier eingeschlagen waren, damit der Umschlag nicht beschädigt wurde.

Mein Vater, so viel verstand ich, las Ideen, und die wichtigsten strich er sich an. Vielen dieser Ideen begegnete ich später wieder, wenn er sie aus dem Regal herauszog und Unterstrichenes vorlas. Das geschah gelegentlich der »Schriftlesungen«, zu denen wir Kinder am frühen Abend im »Herrenzimmer« versammelt wurden. Er las vor, Martin Buber oder Carl Jaspers, und wir diskutierten darüber, auch wenn wir nicht immer alles verstanden.

Es konnte vorkommen, dass mein Vater unter seiner Stehlampe laut auflachte. Dann las er zum Beispiel über den trägen, listigen General Kutusow in »Krieg und Frieden«, den Zurückweicher und Zauderer, der genau mit dieser Taktik Napoleon besiegt. Mein Vater mochte es, wenn Unheroische siegten. Er liebte auch Thomas Manns Ironie. Er versuchte diese Stellen dann vorzulesen, was ihm selten gelang, weil er vor sich steigerndem Gelächter kaum über die vorbereitenden Sätze hinauskam. Nur noch heiseres Kopflachen schließlich, in dem das Zitieren schon fast wortlos war. Von den eigentlichen Pointen bekamen wir nur Ahnungen mit – Allerdings: Für jenes Faustus-Kapitel über den Vortrag des Stotterers klappte diese Technik vorzüglich!

Wenn ich später weiterlas in meiner sehr sehr linken WG (KPD/ML), im Mittelpunkt einer Lese-Welt und Debattierwelt, dann lag es an meiner bürgerlichen Familienhölle. Ich las, um das Bürgertum widerlegen zu können, aber immerhin, ich las, und das wurde durch alle Zeiten von meinem Vater honoriert, mit dem ich problemlos über Lenins »Was tun?« diskutieren konnte, denn das hatte er auch gelesen. Ihm war es übrigens völlig egal, ob wir Karriere machen und Titel oder Reichtümer anhäufen – für ihn kam es immer auf den inneren Menschen an. Und der wurde gebildet. Durch Lesen.

Ich las, um die besseren Argumente zu haben im adoleszenten Schrei- und Beschimpfungsspiel unserer Welterklärungs-Wettkämpfe, und trotz aller Idiotien und Reißaus-Unternehmungen, aller Rebellionen und Räusche, ist dieser Bildungsbürger-Rest geblieben, so sehr, dass ich mich in stupiden Nachtschichten bei irgendwelchen Studentenjobs damit unterhielt, Rilkes Sonette an Orpheus auswendig zu lernen.

Ich erzähle das, um klarzumachen, wie es in der Hölle aussieht, in der denaturierten »bürgerliche Familie«, die man natürlich bekämpfen muss, womöglich mit dem Spruch »Der Schoß ist fruchtbar noch aus dem das kroch«, mein absolutes Brecht-Lieblingszitat, das auf jeder schwachköpfigen Demo auf irgendein schwachköpfiges Plakat gemalt ist.

Doch ansonsten, und jetzt können sich auch unsere britischen Freunde wieder zuschalten und die Ohren spitzen: Wir sind eine Kulturnation, immer noch, und eine ziemlich coole dazu.

In welchem anderen Land kann man sich einen Late-Night-Mann wie Harald Schmidt vorstellen, der seinem Publikum Beckett und Goethe vorliest? In welchem anderen Land gibt es eine wie Elke Heidenreich, die ihre TV-Zuschauer fröhlich anherrscht: »Lesen«!, ein Kommando, das mir sehr vertraut ist, weil ich es unzählige Male aus dem Munde meines Vaters gehört habe. Und wo gibt es einen wie Marcel Reich-Ranicki, der nicht nur jedes einzelne Buch auf der Welt kennt, sondern auch noch genau weiß, ob es gut oder schlecht ist, und es begründen kann, und nicht selten sind seine Begründungen origineller als das betreffende Buch. Bildungshunger, Lesehunger!

Das alles, ich weiß es aus eigener Anschauung, gibt es weder in der BBC noch in einem der großen amerikanischen Networks, noch beim brasilianischen Globo-TV, dem größten Sender Lateinamerikas. Aber in unseren öffentlich-rechtlichen TV-Programmen gibt es das!

Es gibt eine Renaissance des Bildungsbürgers. Er hatte es nicht leicht in den vergangenen Dekaden, und eines der Hauptargumente gegen ihn war, dass er Hitler nicht verhindert habe. Ich glaube nicht, dass er durch die Hitlerei widerlegt wurde, oder durch die Streichquartette, die im KZ Theresienstadt aufgeführt wurden. Dass sich die Mörder Beethoven als Pausenmusik gewünscht haben, spricht ja nicht gegen Beethoven, und manche der Gepeinigten, die ihn gespielt und gehört haben in diesem Inferno, mag er, Aufzeichnungen zufolge, getröstet haben und einen weiteren Tag durchhalten lassen.

Das große Missverständnis des linken Mainstream nach 1968 war, dass er dazu tendierte, die bürgerliche Bildung selbst für die Verbrechen verantwortlich zu machen, und dass er Adornos gutgemeintes, aber falsches Diktum, nach Auschwitz seien keine Gedichte mehr möglich, zum Anlass nahm, gleich jede Kulturanstrengung einzustellen, und sich überhaupt lieber einem selbstzufriedenen Banausentum widmete und mehr Wert legte auf die rechte Gesinnung als auf Goethe-Gedichte.

Im Deutschunterricht war der bildungsbürgerliche Kanon in jenen Jahren als klassenspezifische Ungerechtigkeit aufgefasst und sturmreif geschossen worden. Bürgerliche Bildung war verachtenswert bis auf zwei Ausnahmen: Brechts Lehrstücke und Büchners »Hessischer Landbote«. Das war ein bisschen wenig, lange Jahre, und die halbgebildeten Kalbsköpfe, die in der Zwischenzeit unsere Theater okkupiert hatten, wussten schon gar nichts mehr mit unseren Klassikern anzufangen.

Doch es kommt wieder. Während ich diese Zeilen schreibe, hat sich der junge Schriftsteller Daniel Kehlmann mit der »Vermessung der Welt«, einem reflexionsreichen Bildungsroman über zwei kauzige Genies der deutschen Klassik, an den Harry-Potter-Fantasy-Schmökern vorbei auf Platz 1 der Bestsellerliste geschoben. Ich würde sagen: Auch das ein Sieg des Bildungsbürgertums, und zwar ein erheblicher. Ein Roman über den Entdecker Alexander von Humboldt und das Mathematik-Genie Friedrich Gauß! Ein Buch über deutsche Helden im Gehrock, zur Blütezeit des Bildungsbürgertums, und die deutschen Leser kaufen davon Tausende täglich!

Schillerbiographien sind ebenfalls bestsellerfähig, und an wen richten sie sich, wenn nicht an den deutschen Bildungsbürger? Oder dieses Buch, das »Gedichte fürs Gedächtnis« heißt und in die 18. Auflage geht. Es handelt sich um deutsche Lyrik, die auswendig zu lernen sich lohnt, um einen Kanon, eine Art eiserne Ration für die wahrscheinlich babylonischen und finsteren Zeiten, die vor uns liegen. Es handelt sich um das kulturelle Gedächtnis eines Volkes zwischen zwei Buchdeckeln.

Zusammengestellt wurde es von der Lyrikerin Ulla Hahn, die zu jedem der Gedichte auch noch interessante Notizen über Verfasser und Entstehungszeit eingestreut hat. Ihr Mann, Klaus von Dohnanyi, hat das Buch mit einem Nachwort versehen. Dort erinnert er sich an eine Gedichtanthologie, die er 1947 erworben hatte, eine auf feines Papier gedruckte und in grünes Leder gebundene Lyrik-Sammlung, die er seither ein Leben lang mit sich trug.

»Kaum zu glauben, dass damals, mitten in den Hungerjahren und vor der Währungsreform 1948, so etwas Schönes überhaupt herstellbar war.«

Ich lernte Ulla Hahn und Klaus von Dohnanyi auf einem kleinen Fest kennen, das unsere guten alten Freunde, die Verlagsfrau Annette Kusche und ihr Gatte Jan Fleischhauer auf der Dachterrasse ihrer Charlottenburger Wohnung gaben. Fleischhauer, ein vielseitig belesener Kollege aus der Berliner SPIEGEL-Redaktion, der sich einige Wochen zuvor bei einem Gespräch mit dem Historiker Hagen Schulze sehr anstellig gezeigt hatte, hatte sich in den langen Jahren seiner Korrespondenten-Tätigkeit in White Plains im Bundesstaat New York ein beträchtliches Geschick im Umgang mit dem Grill erworben.

Das Bildungsbürgertum muss nicht notwendigerweise, wie es der in der DDR aufgewachsene und in diesem Punkt offenbar völlig ahnungslose Jens Bisky in einem feurigen Verachtungsartikel über dasselbe vermutete, über eigene Villen und Hausangestellte verfügen. Das war ganz offenbar ein SED-Klischee. Nein, das moderne Bildungsbürgertum kann bescheiden auftreten. Es ist stolz auf den inneren Adel und protzt nicht mit äußerlicher Prachtentfaltung.

So auch an diesem Abend. Jan Fleischhauer stand wie so oft ernst und schmal und hoch konzentriert an dem zischenden Bratenrost, und er trug die solchen Anlässen angemessene Bekleidung, eine streng gebügelte und gestärkte, exakt zwei Finger breit über die ebenfalls gebügelte Kakhishorts hinausreichende Schutzschürze gegen Fettspritzer mit aufgedruckten Gemüsemotiven sowie einen dazu passenden Grill-Handschuh, in dem er eine Grillzange hielt, die ganz offensichtlich aus einem der teureren Läden für Barbecue-Bedarf stammte.

»Dass die Engländer die älteste Demokratie Europas seien«, führte von Dohnanyi gerade aus, »ist übrigens nicht ganz richtig.« Ich hatte ihm von Dame Antonia Byatts geringschätziger Bemerkung über die Deutschen und deren angeblich kurze Demokratie-Erfahrung berichtet. Dohnanyi sagte: »In diversen deutschen Städten gab es Parlamente und Verfassungen, schon lange vor Oliver Cromwells Revolution.«

Huch! Wir zuckten zusammen, denn plötzlich stand Fleischhauer mit gezückter Fleischgabel neben uns, wie der Leibhaftige aus dem Boden gewachsen. Er schaute ernst. Ich war alarmiert, denn es sah aus, als wolle er von Dohnanyi mit einem über dem Bratrost ausgebrüteten, verwinkelten und unangreifbaren Argument widerlegen. Er sagte: »Wollt ihr noch Salat dazu?«

Erleichtert nickten wir, und Dohnanyi und ich verabredeten, unser Gespräch über die deutsche Geschichte und den deutschen Bildungsbürger ungestört in Hamburg in seiner gutbürgerlichen Stadtvilla an der Alster fortzusetzen.

8. ANSTAND UND MUT

*Gespräch mit Klaus von Dohnanyi über das deutsche
Bürgertum, den Widerstand seiner Familie gegen die Nazis und
eine Aufgabe für unsere Nation*

MM: Es gibt dieses deutsche Wort, das sich in keine andere Sprache übersetzen lässt, nämlich »Bildungsbürger«. Herr von Dohnanyi, sind Sie ein Bildungsbürger?

Dohnanyi: Ich bin vermutlich beides, ein Bürger und ein Bildungsbürger. »Bildungsbürger« bedeutet ja historisch, dass bei uns das Bürgertum in Fürstentümern, Königreichen und so weiter, im wesentlichen über Bildung und akademische Positionen entstanden ist. Der klassische Bürger im westlichen Sinne, der Citoyen, entstammt dagegen einer Schicht von Kaufleuten, die sich von allzu viel Beaufsichtigung durch die Obrigkeit freigemacht haben. In Deutschland dagegen waren »Bürger« eher die bildungsbeflissenen Angestellten des Staates.

MM: War der Bildungsbürger nicht auch eine Kampfposition, eine Angriffsideologie gegen den Adel?

Dohnanyi: Staatsnahes Bürgertum, das ist die deutsche Geschichte. Bis in die Künste hinein gab es diese »Verbeamtung«. Die Künstler wurden zwar überall in der Welt öffentlich durch Fürsten, Könige oder auch den Kaiser subventioniert. Aber bei uns wurden sie auch Professoren und so weiter. Also das ist eine etwas andere Bürgergeschichte als die in den angelsächsischen Ländern, wo sich der Bürger eben im wesentlichen durch seinen persönlichen Wohlstand, sein Kaufmannstum, also durch seine Macht emanzipiert hat.

MM: Der Bildungsbürger erreicht seinen Status durch Bildung und wird heiratsfähig für den Adel.

Dohnanyi: Das ist richtig. Er wird so auch leicht zum Snob, weil er sich dem Nichtakademiker immer überlegen fühlt. Ich stamme aus einer Familie, die bildungsbürgerlich geformt war, aber zugleich eben auch aus einer Familie, die das Bürgertum als Widerstand gegenüber der Obrigkeit verstanden hat. In meiner Ururgroßväter-Generation waren mein Ururgroßvater selbst und der Bruder eines anderen Ururgroßvaters, also ganz verschiedene Familien, beide gleichzeitig im Gefängnis auf dem Hohen Asperg. Sie waren 1831 wegen aufrührerischer Tätigkeiten gleichzeitig inhaftiert.

MM: Sie sind die deutsche Elitefamilie schlechthin. Sie haben schwarzrotgoldene Revolutionäre, Aufrührer, Komponisten, Politiker, Märtyrer im Widerstand gegen die Nazis, Dirigenten. Woher stammt das »von« in Ihrem Namen?

Dohnanyi: Das war so eine k. u. k. Geschichte. Der Adelsbrief wurde von Kaiser Leopold II. unterzeichnet und gesiegelt. Er geht auf die Türkenkriege zurück, der Brief liegt jetzt übrigens in Hamburg. Vorfahren von mir haben angeblich eine belagerte Stadt dadurch gerettet, dass sie genügend Nahrungsmittel hinein brachten; wahrscheinlich haben sie auch gut damit verdient. Und dafür hat es dann den Adelstitel gegeben.

MM: Beschreiben Sie das Bildungsbürgerliche Ihrer Kindheit. Es wurde musiziert, es wurde vorgelesen?

Dohnanyi: Es wurde vorgelesen, zum Lesen angeregt, es wurde auf historisches Wissen Wert gelegt. Es wurde Musik gehört, es wurde gemalt, natürlich gebastelt und es wurde musiziert.

MM: Was auch durch Ihren Großvater, den Komponisten, in der Familie lag.

Dohnanyi: Ja, aber auch durch meine Großmutter väterlicherseits, meinen Vater und durch Dietrich Bonhoeffer, den Bruder meiner Mutter und Patenonkel meines Bruders. Der hatte schon als Kind eine sehr schöne Stimme, auch die Thomaner wollten ihn haben; er hat gesungen und Dietrich hat dazu Klavier gespielt, das war Teil unserer Hausmusik. Und ich habe mal Cello gespielt, aber ziemlich vergeblich. Ich habe mehr gemalt, es gibt ja mehr Malerblut in meiner Familie als Musikerblut.

MM: Die Kunst war für den Bildungsbürger in aufgeklärten Zeiten ein Ersatz für die Religion. Die Kunst setzte sich an die Stelle der Bibel. Nicht mehr Gottes Gnade erhöhte den inneren Menschen, sondern die Kunst und vor allem die Musik.

Dohnanyi: Vielleicht. Der Künstler trat, so sagt man, sozusagen an die Stelle des Propheten. Die Idealisierung des Künstlers im 19. Jahrhundert hat sicher mit dem Prophetischen zu tun, das man dann eher im Künstler vermutete.

MM: Ist der Bildungsbürger insofern etwas spezifisch Deutsches, als er Bildung zunächst einmal nicht unbedingt nach Zwecken und Verdienstmöglichkeiten untersucht, sondern als Selbstzweck und, im humanistischen Bildungsideal, die Vervollkommnung als Mensch sucht?

Dohnanyi: Die Deutschen neigen wohl dazu, in den Dingen erst mal das Prinzipielle zu suchen. Die großen praktischen Entdeckungen der Moderne waren deswegen auch eher britisch-amerikanisch als deutsch.

MM: Also Engländer sind im 18. und 19. Jahrhundert die Römer und die Deutschen sind die Griechen? Die Engländer kümmern sich um Weltherrschaft und Geschäfte, die Deutschen denken nach und betreiben in ihren Stadtstaaten die Weltmeisterei der Kultur?

Dohnanyi: Die deutschen Kleinstaaten waren ja im Wesentlichen die Folge französischer und später britischer Politik. Wir Deutschen konnten uns ja national nicht einigen, weil die Mächte um uns herum es lange verhindert haben.

MM: Wir haben aus der Not eine Tugend gemacht.

Dohnanyi: Der Westfälische Frieden von 1648 hatte zum Kern-inhalt, dass die deutschen Kleinstaaten sich zwar gegeneinander und dabei mit jeder ausländischen Macht verbünden durften, aber nicht miteinander gegen den Kaiser. So war es unmöglich, eine deutsche Einheit herzustellen. Die deutsche Kleinstaaterei war das Interesse unserer Nachbarn. Auf die Frage, warum sie gegen die deutsche Einheit sei, hat Frau Thatcher noch 1994 in einem SPIEGEL-Gespräch die klassische, die aus britischer Sicht einzig richtige Antwort gegeben: »Es gibt zu viele Deutsche.«

MM: Das war sehr pragmatisch. Aber nicht nett.

Dohnanyi: Bis zur Einheit hatte man immer zwei Deutschlands, die man gegeneinander ausspielen konnte, aber so ein Riese mit 80 Millionen, das passte nicht, bei nur 60 Millionen in Großbri-tannien. Das wollte man nicht, einen größeren, starken Partner auf dem Kontinent.

MM: Die Tragik des deutschen Bürgertums von 1848, die geschei-terte Revolution, war nicht nur auf inneres Versagen zurück-zuführen, sondern war auch die Umgebung, die versucht hatte, die Einheit zu verhindern?

Dohnanyi: Ja, das war tatsächlich so. Bismarck meinte während der Paulskirche, wenn es den Linken gelingt, ein großdeutsches System, also Preußen und Österreich zusammen, zu organisie-ren, dann gibt es einen großen europäischen Krieg. Also war er dagegen. Und das war ja schon 1815 so, nach dem deutschen Sieg über Napoleon, den die Briten zwar für sich in Anspruch neh-men, aber letztlich die Deutschen erfochten hatten. Auch damals wurde alles getan, um ein geeintes starkes deutsches Reich eben nicht zuzulassen.

MM: Arndts Frage »Was ist des Deutschen Vaterland?« ist eigent-lich erst 1989 beantwortet worden.

Dohnanyi: Richtig. Die Frage ist nun zum ersten Mal durch klare und unbestrittene Grenzen beantwortet. Wobei die Deutschen sich auch vorbildlich verhalten haben, bescheiden, verständig, nicht revanchistisch. Wie übrigens schon nach dem Ende des Ersten Weltkriegs, wo wir bezahlt haben für einen Krieg, den alle verschuldet hatten. Man muss sich mal überlegen, welches andere Volk so ruhig wie wir in der Weimarer Republik einen solchen Einschnitt in sein Territorium geduldet hätte. Die Briten sind ja nicht mal in der Lage, Nordirland an Irland zurückzugeben. Aber für Preußen und Deutschland sollte es völlig selbstverständlich sein, dass Oberschlesien weggenommen wurde, dass ein Korridor gezogen wurde, und so weiter.

MM: Sie sind Jahrgang 1928, aufgewachsen in den dreißiger Jahren. Was ist die früheste deutsche Erinnerung für Sie? Wann wurde Ihnen zum ersten Mal bewusst: »Hoppla, ich bin ja Deutscher.«

Dohnanyi: Ich will das umdrehen: Ich hatte nie Zweifel, dass ich Deutscher bin. Ich war immer Deutscher. So bin ich halt aufgewachsen und das war und bleibt für mich eine Selbstverständlichkeit.

MM: War »deutsch« damals schon eine völkische Kampfvokabel?

Dohnanyi: Nein, nein. Also mein Vater hätte sich massiv gegen diese Gleichsetzung gewehrt. Der war Deutscher. Dietrich Bonhoeffer war Deutscher. Und meine Mutter hat sich deutsch gefühlt, aber alle hätten sich dagegen gewehrt, wenn man das Wort »deutsch« als »völkernahe« Kampfvokabel verstanden hätte.

MM: Was war das früheste Gedicht, das Sie konnten?

Dohnanyi: Wahrscheinlich »Der Mai ist gekommen«, weil wir das auch gesungen haben. Meine Mutter kannte sehr, sehr viele Gedichte auswendig. Sie hatte eben ein viel besseres Gedächtnis als ich.

MM: Das scheinen Mütter so an sich zu haben. Meine vier Brüder und ich, alle ein bisschen bildungsbürgerlich arrogant, saßen kürzlich zum 80. Geburtstag meiner Mutter zusammen, und sie war diejenige, die die »Glocke« bis zu Ende konnte, noch mit 80. Die hat sie als 13-jähriges Mädchen gelernt.

Dohnanyi: Meine Mutter berichtete mal, sie habe die ganze »Glocke« in der Straßenbahn auf dem Weg zur Schule gelernt. Sie erzählte später, sie habe in der Nazi-Haft davon gelebt, dass sie sich Gedichte aufsagen konnte. Und sie konnte noch immer die halbe Odyssee …

MM: Offenbar hat die Bildung die Deutschen aber vor der Barbarei nicht bewahrt.

Dohnanyi: Auch die Engländer haben sich durch Bildung nicht vom Sklavenhandel abbringen lassen. Sie haben zig Millionen Sklaven verkauft und sich davon die schönen Schlösser gebaut. Nehmen Sie Amerika, die Südstaatler. Die haben auf die Nordstaatler herabgeschaut als ordinäre, industrielle Emporkömmlinge und haben selber Sklaven gehalten, misshandelt und für die Erhaltung der Sklaverei 1862 noch einen Krieg geführt.

MM: Bildung und Verrohung können durchaus nebeneinanderher laufen?

Dohnanyi: Offenbar. Die Äußerlichkeiten der Bildung schützen vor gar nichts. Die Innerlichkeiten sind es. Das heißt, es genügt nicht, ein Gedicht aufsagen zu können oder es auch nur zu kennen. Der Schutz vor Barbarisierung liegt, glaube ich, da, wo man versteht, dass die Quelle der Kunst in der Menschlichkeit liegt und im Verstehen und Mitleiden am menschlichen Schicksal.

MM: Was war es, was Sie von Ihrem Vater mitbekommen haben, der kurz vor Kriegsende, wie sein Schwager Dietrich Bonhoeffer, als Widerständler gegen Hitler hingerichtet wurde?

Dohnanyi: Das ist sehr schwer zu sagen. Ich glaube, die letzten Worte, die er meiner Mutter sagen wollte, waren: »Dietrich und ich, wir haben das ja nicht als Politiker getan, sondern es war einfach der normale Weg eines anständigen Menschen.« Und dieses Gefühl für Anstand, so sehr man das für sich persönlich im Leben auch immer wieder verletzt, dieses Gefühl für einen Grundanstand, besonders gegenüber Schwächeren, das ist wahrscheinlich die Hauptbotschaft, die ich von meinen beiden Eltern mitbekommen habe. Zum 40. Jahrestag des 20. Juli habe ich in der

Gedenkrede im Bendler-Block in Berlin daran erinnert, wie ich mit meiner Mutter 1941 oder 1942 nach dem Einkaufen auf einen Bus wartete. Meine Mutter hatte zwei Einkaufstaschen, ich hatte zwei Einkaufstaschen, ich kam wohl aus der Schule aus Spandau und sie hatte mich abgeholt. Auf jeden Fall ist das Bild für mich unvergesslich, wie ein grauhaariger Jude versuchte, einen Schubkarren über die Bordschwelle zu schieben, aber nach zwei vergeblichen Anläufen dazu offenbar einfach zu schwach war. Und wie meine Mutter ihre beiden Taschen einfach fallen ließ – ich weiß nicht, was in den Taschen drin war, aber sie ließ sie einfach fallen –, runter ging, blass standen 20 Leute herum, und sie nahm den Schubkarren, schob ihn über die Bordschwelle und stellte sich wieder in die Warteschlange für den Bus. Diese Art von Selbstverständlichkeit, das ist, was als Botschaft blieb. Deswegen ist man ja noch kein Held, verstehen Sie. Das war es, was mir am wichtigsten zu lernen schien, obwohl ich weiß, dass ich das auch nicht immer in meinem Leben so gelebt habe.

MM: Sie waren Teenager, als Ihr Vater verhaftet wurde. Wussten Sie, was Ihr Vater machte?

Dohnanyi: Ich wusste, wir waren gegen die Nazis. Und ich wusste, dass wir Dinge taten, die nicht erlaubt waren, wie zum Beispiel englische Nachrichten hören. Und ich wusste, dass ab und zu Leute kamen, ob das nun die Moltkes waren oder Dietrich Bonhoeffer, der viel auch bei uns gewohnt hat, und dass dann die Türen zugemacht wurden. Es wurde dann offenbar über geheime Dinge gesprochen. Die Verhaftung kam insofern auch nicht überraschend.

MM: Die haben Sie mitgekriegt?

Dohnanyi: Ja, natürlich. Mein Vater wurde im Amt verhaftet, Bonhoeffer in seiner Wohnung, meine Mutter bei uns zu Hause.

MM: Wie haben Sie auf die Nachricht reagiert, dass Ihr Vater hingerichtet wurde?

Dohnanyi: Wir haben das ja lange nicht gewusst. Es ging zunächst das Gerücht, die Russen hätten ihn aus dem KZ Sachsenhausen geholt und wiederum für ihre Zwecke verschleppt. Und so waren wir nicht sicher, was mit ihm geschehen war. Er war ja auch sehr krank. Er ist dann offenbar faktisch zur selben Stunde in Sachsenhausen hingerichtet worden wie Dietrich Bonhoeffer im KZ Flossenbürg.

MM: Sie haben mal gesagt, Sie haben ein ordentliches Leben gehabt, aber kein bedeutungsvolles, und deshalb lohne es sich nicht, darüber zu schreiben. Das ist natürlich gemessen, nehme ich an, an der Heldenvita Ihres Vaters, richtig, klingt aber doch kokett für jemanden, der Minister und Bürgermeister war.

Dohnanyi: Nein, nein, ich bleibe wirklich dabei. Die Familiengeschichte wäre das Interessante, nicht ich selber. Ich bin nicht Bundeskanzler und nicht Bundespräsident geworden...

MM: War das ein Ehrgeiz, irgendwann mal?

Dohnanyi: Nein, ich wusste zu früh, was ich tun müsste, um das zu machen, nämlich ein wirklicher Parteimann zu werden. Diese Leute können alle fast nichts mehr lesen, auf jeden Fall keine schöne Literatur. Die können nicht in Museen gehen, die können keine Konzerte mehr hören. Jedenfalls, wenn sie aus der SPD kamen: immer parteiaktiv. Nichts für mich.

MM: Sie hatten immer mehrere Optionen in Ihrem Leben. Sie waren, eher untypisch für einen deutschen Politiker, auch als Unternehmer erfolgreich. Sie arbeiteten bei Ford, Sie bauten »Infratest« auf. Nach der Deutschen Einheit hatten Sie die Leitung des ehemaligen sozialistischen Großbetriebs TAKRAF übernommen.

Dohnanyi: Ich habe ökonomisch eine relativ breite Bildung, die ich der Politik zur Verfügung stellen wollte.

MM: Wir haben mit Frau Merkel eine ostdeutsche Pfarrerstochter als Bundeskanzlerin, wir haben einen Ostdeutschen als SPD-Vorsitzenden. Die unterlegene Kultur, schrieb Peter Schneider in einem SPIEGEL-Essay, übernimmt die der Sieger.

Dohnanyi: Frau Merkel hat einen ungewöhnlichen politischen Stil, eine politische Selbstverständlichkeit in die Republik eingebracht, die ich bewundere. Ich schätze das sehr, weil Frau Merkel weniger um die Dinge herumredet. Sie geht die Politik an, als sei sie nur wie jedes schwierige Handwerk. Das ist ein angelsächsisches, pragmatisches Verhältnis, das ich mag. Und das kann sie wohl, weil sie eben nicht in der langen Karriere westdeutscher Parteipolitik sozialisiert worden ist, sondern eher wie die Jungfrau von Orléans hineingezogen wurde.

MM: Für meine Generation war es etwas Ungewohntes, 1989 Männer in dunklen Wintermänteln die Nationalhymne außerhalb von einem Fußballfeld singen zu hören. »Deutschland«, »Deutsche Einheit«, »Wir sind das Volk« und so weiter. Das war ja immer verpönt bei uns. Wir wollten am liebsten Europäer sein. Und jetzt gibt es diese nationale Grundströmung, auch in den anderen europäischen Ländern. Alle erstellen jetzt erst mal ihre eigenen Kulturkanons. Was ist das für eine merkwürdige Situation, in der wir im Moment sind?

Dohnanyi: Im Augenblick entstehen nicht nur nationale, sondern, unter der Ebene der Nation, auch wieder regionale Bindungen. Die Bürger brauchen eine Bindung an mehr als eine sich auflösende Familiengemeinschaft mit oder ohne Geld. Und das kann über die Städte, über die Provinzen und Regionen und natürlich auch über den Sprachraum gehen. Ich glaube, der deutsche Sprachraum, also der Raum über Deutschland hinaus, einbeziehend Österreich, auch Teile der Schweiz, auch Teile Elsass-Lothringens, der Sprachraum wird vielleicht eines Tages wichtiger sein als unsere nationalen Grenzen. Ich glaube aber auch, dass die Europäische Union sich weiterentwickeln und stabilisieren wird.

MM: Kann die europäische Identität eine Ersatzidentität für die deutsche Identität sein?

Dohnanyi: Nein, das glaube ich nicht. Es wird vielleicht mehrschichtige Identitäten geben. Wir sind Hamburger, aber wir waren immer auch Deutsche.

MM: Sie sprechen von multiplen Identitäten, die sich dann herausbilden. Wir in Deutschland haben das Problem zu definieren, was ist deutsch?

Dohnanyi: Auch die Italiener haben das Problem, die Spanier haben das Problem, die Franzosen haben das Problem. Und wir haben es eben auch.

MM: Immer wieder geht es darum, die eigene kulturelle Identität zu behaupten. Schon vor 20 Jahren verlangte Jacques Lang von den Radiosendern, mehr französische Chansons zu spielen.

Dohnanyi: Die Zerstörung der eigenen Sprache, besonders durch den hegemonialen amerikanischen Imperialismus auf dem Mediensektor, diese Zerstörung muss bekämpft werden.

MM: Hindert uns Deutsche unsere Beschäftigung mit der Vergangenheit daran, zukunftsfähig zu werden?

Dohnanyi: Ich will das aus einer anderen Sicht beantworten. Ich glaube, dass Gemeinschaften ein Problem ihrer Identität, also ihres Bewusstseins, ihres Selbst bekommen – und dann auch einen Teil ihrer Kraft verlieren –, wenn sie keine Aufgaben mehr für sich sehen. Diese Aufgaben waren früher natürlich in erster Linie expansionistisch, und zwar bei allen. Erst hatte Dänemark die Umgebung von Hamburg besetzt, die Schweden hatten Pommern besetzt und die Franzosen wollten immer das Rheinufer haben und darüber hinaus, die Engländer wollten die Welt erst militärisch und dann ökonomisch beherrschen. Und die Russen wollten auf den Balkan. Da hatte jeder seine Ziele. Und die Deutschen natürlich auch. Die wollten in dem Gedränge nicht alleine zurückbleiben, also hatten sie ihre Platz-an-der-Sonne-Ideen, und das hat sie beflügelt. Und womöglich ins Unglück gestürzt.

Das einzige Volk, das einmal ohne jeden hegemonialen Sinn eine Aufgabe für sich gefunden hat, war die Schweiz. Deswegen habe ich ja eine solche Bewunderung für die Schweiz, die nicht nur der Gründerstaat des Roten Kreuzes ist, sondern auch den ersten Völkerbund beheimatet hat, also das, was heute die Vereinten Nationen sind. Ich glaube, Deutschland muss eine Aufgabe im Auge haben, die den europäischen Möglichkeiten entspricht.

MM: Wie könnte unsere Aufgabe aussehen?

Dohnanyi: Wir sind das Volk in der Mitte Europas. Wir haben neun Nachbarn mit sechs verschiedenen Sprachen. Deutsch ist der größte Sprachraum. Wir Deutsche sind der geborene Integrator Europas. Wenn wir es nicht in die Hand nehmen, wird es niemand tun. Und dieser Aufgabe müssen wir uns stellen, indem wir dort unsere Verantwortung sehen. Und das hat nichts mit Größenwahn oder Chauvinismus oder Führungsansprüchen zu tun. Es ist eine Folge unserer Größe und geographischen Lage.

MM: Was halten Sie von Joschka Fischers Satz, dass »Auschwitz der Grundstein Deutschlands« sei?

Dohnanyi: Das halte ich für einen gefährlichen Irrtum. Auschwitz ist sicher ein ganz bedeutender Teil der deutschen Erinnerung. Aber ich halte es wirklich für Unsinn zu behaupten, Auschwitz, also der Holocaust, sei konstitutiv für die Bundesrepublik Deutschland. Natürlich werden wir nie vergessen. Natürlich werden wir uns Israel gegenüber anders verhalten, als, sage ich mal, Frankreich das vielleicht tun wird. Aber Deutschland gab es vor Auschwitz und Deutschland ist mehr als die Geschichte des Nazi-Reichs.

MM: Nennen Sie mir drei Deutsche, auf die Sie besonders stolz sind.

Dohnanyi: Zunächst einmal wohl Luther als den großen Reformator, der dem Christentum die Innerlichkeit und die Freiheit des Glaubens zurückgegeben hat. Bei allem, was auch tragisch an ihm ist, er hatte und hat eine sehr große Bedeutung für die Welt.

Dann ist da natürlich Beethoven. Ist es nicht erstaunlich, dass nach dem Zweiten Weltkrieg die Hymne Europas, und auch jetzt die Hymne der UNO, aus der Musik eines deutschen Komponisten und dem Gedicht eines deutschen Dichters besteht? Darüber muss man schon nachdenken. Schiller übrigens, der sein Gedicht »An die Freude« im Enthusiasmus über die Französische Revolution geschrieben hatte, hat später dieses Gedicht als schlecht bezeichnet – als er sich von der Revolution und ihren Schrecken wieder abgewandt hatte.

Als Dritten würde ich Stresemann nennen, weil er ein Gigant der Selbstüberwindung war. Er war ja noch 1917 für den Sieg-Frieden. Und dann wurde er Konstrukteur der »Erfüllungspolitik«. Eine solche Form von Einsicht in veränderte Verhältnisse und so ein Mut, sich von früher Gesagtem abzuwenden, das ist beispielhaft für einen Politiker.

MM: Sie haben jetzt einen Theologen, einen Künstler und einen Politiker der Kapitulationszeit genannt, keinen Feldherrn, keinen hochglänzenden Sieger. Was ist mit Friedrich dem Großen?

Dohnanyi: Friedrich der Große ist natürlich in der modischen öffentlichen Kritik ein sehr unterschätzter Mann. Er schaffte als erster europäischer Fürst die Folter ab. Er war wahrscheinlich einer der bedeutendsten Herrscher des 18. Jahrhunderts, weil er eben wirklich ein Mann des Geistes und der Künste war, und gleichzeitig ein erfolgreicher Staatsmann. Aber was sagt er uns heute?

MM: Was ist mit Bismarck?

Dohnanyi: Natürlich ein ganz großer Mann. Es ist oft lächerlich, wie heute über ihn geredet wird. Er war der Friedenskanzler der zweiten Hälfte des 19. Jahrhunderts. Wenn er nicht gewesen wäre, hätte es den großen europäischen Krieg schon viel früher gegeben. Er hat immer wieder ausgeglichen. Hätte er länger regiert, hätte es wohl auch keinen Ersten Weltkrieg gegeben.

MM: Und er hat den inneren Frieden erreicht, indem er die Arbeiterklasse »korrumpierte«, wie es die Kommunisten nannten, durch die Sozialversicherung und Anhebung ihres Lebensstandards.

Dohnanyi: »Korrumpiert« würde ich da nicht sagen. Bismarck wurde im Preußischen Herrenhaus einmal gefragt, warum der König aus seiner Privatschatulle Geld an schlesische Weber gegeben habe, damit diese eine Genossenschaft gründen könnten –

das sei doch eine sozialistische Vereinigung. Und Bismarck antwortete: »Die preußischen Könige waren schon immer die Könige der Armen.« Die preußische Geschichte ist tatsächlich sehr stark von sozialen Gesichtspunkten geprägt. Das Gemeinschaftsgefühl der Deutschen war im Preußentum besonders verankert. Bismarck hat also nicht nur aus taktischem Geschick heraus gehandelt mit seiner Konzeption der Sozialversicherung, sondern er hat auch gesehen, dass in einer modernen Gesellschaft ein gewisses Maß von Gerechtigkeit der Zement, der Mörtel der Gesellschaft ist. Wir könnten uns heute diese preußischen Haltungen, für ein neues »Deutschland«-Gefühl, sehr produktiv zu eigen machen.

MM: Etwa zu welcher Zeit war Deutschland wohl das tollste Land auf Erden? 1790 bis 1800? Um 1300? 1989? In den zwanziger Jahren? Wann?

Dohnanyi: Die Zeitspannen würde ich etwas anders schneiden. Ich glaube, 1790 war politisch keine gute Zeit, weil das ja die Zeit des Verfalls Preußens war, und das Ende des Heiligen Römischen Reiches Deutscher Nation stand schon so gut wie fest.

MM: Immerhin war es die Zeit der Weimarer Klassik.

Dohnanyi: Ja, wenn sie nach Kultur fragen…! Politisch würde ich sagen, die Jahre ab 1812, 1813, 1814, 1815, also nach der Niederlage Napoleons. Ich glaube, das war eine bedeutende Zeit Deutschlands. Die Zeit der politischen Reformen, die Zeit des Freiherrn vom Stein, der Brüder Humboldt. Bis in das späte 19. Jahrhundert reichte diese Entwicklung. Das 19. Jahrhundert war das große Jahrhundert Deutschlands.

MM: Ihre schönsten deutschen Kindheitserinnerungen?

Dohnanyi: Wenn Sie so wollen, dann waren das die Silvesterabende im Hause meiner Großeltern in Berlin.

MM: Kann man für eine Nation werben wie für ein Auto?

Dohnanyi: Nein.

MM: Warum sind deutsche Volkslieder so traurig?

Dohnanyi: Sind sie ja nicht alle! Ich kenne eine Menge deutscher Volkslieder, die auch lustig sind, die wir früher gesungen haben. »Der Mai ist gekommen« zum Beispiel ist nicht traurig. Ich finde eher, die deutschen Schlager sind im Allgemeinen jämmerlich, weil ständig geklagt wird: »Du bist nicht hier«. »Ich bin nicht da.« »Wann bist du wieder bei mir?« Und lauter so etwas.

MM: Wann hatten Sie zuletzt ein patriotisches Gefühl?

Dohnanyi: Ich habe eigentlich immer das Gefühl patriotischer Verantwortung. Besonders natürlich damals in der Nacht des Falls der Mauer. Da dachte ich: »Gott sei Dank, jetzt kann die Aufgabe, die wir nach 1945 hatten, im ganzen Deutschland vollendet werden.« Für mich ist das Vaterland wichtig. Das Land, in dem ich lebe und für das ich versucht habe zu arbeiten, das ist mir nahe. Ich könnte meine Arbeit gar nicht machen, wenn ich davon nicht angetrieben wäre.

MM: Welche Stadt außerhalb Deutschlands würde Deutschland gut tun?

Dohnanyi: London.

MM: Warum?

Dohnanyi: Weil die Stadt weltoffen, frech, bewegt und kreativ ist. Und weil die Stadt gleichzeitig in ihrem kulturellen Bereich nicht so anspruchsvoll ist, dass alles vom Staat gemacht werden muss, und es sehr viel kleine, private, kreative Initiativen gibt. Habe ich Recht?

MM: Völlig. Sprechen Sie nun die letzten Worte, die Sie je über Adolf Hitler sprechen werden.

Dohnanyi: Ich würde sagen: Sein Schatten wird nur vergehen, wenn wir endlich unsere Zukunft stärker beleuchten. Und das tun wir eben noch nicht. Wenn wir unsere Aufgabe erkennen, wenn wir wissen, was wir wollen, dann wird der Schatten auch verschwinden. Das übrigens ist der Grund, warum in Amerika der

Schatten der Sklaverei so leicht verblasst, obwohl auch der ja ein so grausamer Schatten sein könnte. Die Juden hatten es ja sogar in Deutschland in den ersten Nazi-Jahren besser als damals die meisten Schwarzen im Süden. Doch in Amerika, durch seine Zuwendung auf die Zukunft, vergehen die Schatten der Vergangenheit.

MM: Welchen Quatsch über Deutschland wollen Sie wirklich nicht mehr hören?

Dohnanyi: Ich will nicht hören, dass andere Völker sagen: Die Deutschen hätten den Nationalsozialismus schon im 19. Jahrhundert in den Knochen gehabt. Das halte ich für wirklichen Unsinn und auch für widerlegbaren Unsinn. Sonst müsste ich ja sagen, dass die Engländer den Sklavenhandel immer in den Knochen gehabt hätten. Und das möchte ich ja auch nicht sagen.

MM: Sagen Sie jetzt einen unverkrampften Satz über Deutschland.

Dohnanyi: Wir sind besser, als wir selber denken.

MM: Welches Land hat Ihrer Meinung nach ein vorbildliches Verhältnis zu seiner Nation?

Dohnanyi: Die Schweiz.

MM: Bürgerlichkeit war in den 60er Jahren ein Hassbegriff, ein Kampfbegriff. Heute scheint man sich damit eher anfreunden zu können – also mit bürgerlichen Tugenden wie Pflichterfüllung, Erziehung, Wert legen auf Familie, diese Dinge.

Dohnanyi: Wenn Sie das unter bürgerlich verstehen, dann würde ich sagen, das wird wahrscheinlich zurückkehren, weil die sozialen und soziologischen Bedingungen einen engeren Zusammenschluss von Gemeinschaften verlangen. Insofern glaube ich auch, dass wir in Deutschland vermutlich wieder mehr Kinder kriegen werden.

MM: Was sagen Sie als Bildungsbürger zu unserem Theater? Sie sind unlängst in einer Aufführung des »Liliom« aufgestanden und haben gerufen: »Das ist doch ein ordentliches Stück, das kann man doch anständig spielen.« War Ihre Frau dabei?

Dohnanyi: Ja, natürlich.

MM: Ist sie verlegen geworden?

Dohnanyi: Sie mag es nicht besonders, wenn ich mich öffentlich so äußere.

MM: Das ist Ihnen nur so rausgeplatzt?

Dohnanyi: Überhaupt nicht. Nein, ich bin der Meinung, dass man widersprechen muss, wenn es sein muss, sonst sollte man sich hinterher auch nicht vor den Theatertüren beklagen. Was hat es für einen Sinn, dass ich zu Hause lamentiere? Ich bin dann damals vom Bühnenverein eingeladen worden, die Einleitungsrede zur Jahrestagung zu halten. Das habe ich gerne gemacht. Und das war interessant. Ich habe dort einen Vorschlag vorgelegt, dass man Regisseure und Intendanten auch nach dem Erfolg bezahlen sollte. Also: Jeder Schriftsteller ist auf den Markt angewiesen. Jeder Maler, jeder Komponist, jeder Autor von Theaterbüchern. Der Regisseur aber sagt: »Es interessiert mich einen Dreck, ob das Publikum es mag oder wegbleibt, ich werde sowieso bezahlt. Das ist Freiheit der Kunst! Wenn das Theater leer ist, macht mir das nichts: Vielleicht ist das ja sogar ein Zeichen für Qualität!«

MM: Das Verrückte ist, dass sozusagen derjenige, der vom Staat unterhalten wird, derjenige ist, der am meisten auf den Staat schimpft. Was verdient ein Intendant? 200 000 Euro?

Dohnanyi: Ich glaube, es ist immer noch so, dass die höher bezahlt werden als zum Beispiel der Bürgermeister unserer Stadt. Und die sind in der Lage, wie das zum Beispiel am Deutschen Schauspielhaus bei Stromberg der Fall war, das Theater völlig runterzuwirtschaften und wichtige Stücke zu schreddern. Wie kann man eine »Faust«-Aufführung machen, bei der die klassische Figur der Unschuld, nämlich das Gretchen, auf hohe Stiefel gestellt und zu einer Art Partynutte gemacht wird. Und dann singt jemand in Auerbachs Keller zu Bachs Musik von »Oh Haupt voll Blut und Wunden« einen unanständigen Text! Und die Bischöfin sitzt in der ersten Reihe und klatscht. Dass alles ist keine gute Entwicklung.

MM: Ist das Theater heute so eine Art historischer Müllabfuhr des deutschen Bildungsbürgertums? Da werden die Reste in die Tonne gesteckt.

Dohnanyi: Da ist vielleicht was Wahres dran. Das Theater besteht weitgehend aus zynischen Aggressionsgesten. Als ich dagegen als Bürgermeister gelegentlich protestiert habe, haben die mir gesagt: »Ja, also das ist ja fast wie in der Nazizeit. Der Bürgermeister mischt sich in die Kunst ein!« Aber so was ist doch keine Zensur, wenn der Bürgermeister sich äußert! Im Gegenteil: Es ist doch gut, wenn er sich für Kunst interessiert.

MM: Auf welche Kulturleistung können wir Deutsche denn heutzutage besonders stolz sein im Weltmaßstab?

Dohnanyi: Wohl nur noch auf die Vielzahl unserer kulturellen Institutionen, auf die Theaterlandschaft, die Opern, Philharmonien, Museen usw. Wir müssen sie bewahren. Wir dürfen sie nicht kaputtmachen.

MM: Was ist mit der Fähigkeit der Nachkriegsdeutschen zum Wiederaufbau, unserem fast improvisierten Nationalgefühl, unserer Adaptionsfähigkeit?

Dohnanyi: Wir haben natürlich große Kraft gezeigt in diesen beiden Stufen, die ja sehr verschieden waren. Einmal der Wiederaufbau nach 1945 im Westen und dann die Vereinigung mit allen eher immer noch schwerwiegenden Folgen für Deutschland nach 1989/90. Da haben wir – wie würden die Amerikaner sagen? – »endurance«, also Zähigkeit bewiesen.

MM: Letzte Frage, warum können uns die anderen gern haben?

Dohnanyi: Sie meinen: lieben? Ich denke, es kommt nur darauf an, gleichberechtigt zu sein. Ein junger Deutscher ist heute genauso viel oder genauso wenig Nazi wie ein junger Engländer oder Franzose. Das sollte begriffen werden; so sollte man uns »gern haben«.

9. REDE ANS VATERLAND

*Warum wir uns, wie jedes andere vernünftige Land auch, nicht
nur Sozialdemokraten, sondern auch Konservative leisten
sollten, aber nicht Paul Nolte*

Ich hatte den jungen Konservativen aus Not geboren. Nachdem
Kanzler Schröder das Handtuch geworfen und Neuwahlen ausgerufen hatte, wartete ich auf die konservative Programm-Alter-
native zu Rotgrün. Da ja nun weit mehr zusammengebrochen
war als nur ein Regierungsbündnis, dachte ich mir, und da alle
vom Ende der 68er redeten, von einer abtretenden Generation
und den verschossenen Resten einer Ideologie, müsste der Neuanfang formuliert werden, auch ideologisch. Ein mutiger Kandidat müsste die Bühne betreten mit dem ganz neuen Wurf.
Doch heraus trat nur Herr Ronald Pofalla von der CDU, und er
sprach von der Eigenheimzulage.

So, dachte ich mir, geht das nicht. Eine Revolution war gefor-
dert, ein neues Menschenbild, das war das Mindeste. Die Geschichte hält immer nur wenige Momente bereit, in denen sich
Worte mit dem Veränderungswillen einer Gesellschaft kurzschlie-
ßen und die Wende herbeiführen. Saint-Just im Nationalkonvent
in Paris: »Bürger, wenn ihr euch auf die Höhe eures Schicksals
schwingen wollt ...« Damals begann die Moderne.

Oder Peter Schneider im Audimax der FU Berlin: »Deshalb
setzen wir uns jetzt hin.« Das erste Sit-in. Damals begann das
Ende des autoritären Staates. Mein Kandidat, dachte ich mir, sollte von Freiheit reden, von individueller Verantwortung und vom
Misstrauen an einer Aufklärung, die in Terror umschlagen kann.
Er sollte eine Ahnung haben davon, warum in Zeiten erbärm-
lichsten Wirtschaftsrummels Schiller-Biographien und Aufsätze
des Papstes die Bestsellerlisten stürmen.

Ich erfand einen Konservativen, der so impulsiv und unvor-
sichtig war, wie es mein Vater als Kommunalpolitiker gewesen
sein muss, als er an das Gewissen seiner Abgeordneten appellier-
te, wenn er in der Wirtschaftswunderzeit für die autofreie Innenstadt stritt oder die Aktionstage für das »gute Buch« ins Leben
rief. Ich war damals zu klein und zu politikfern, um ihn in seinem
eifernden Glanz zu erleben. Doch der Nachfolger meines Vaters
im Amt schrieb mir kürzlich einen bewegenden Brief, in dem er
ihn für mich noch einmal als Feuerkopf (und wohl als aufbrau-
sendes Temperament) ins Gedächtnis rief.

Mein Kandidat sollte ehrlich bis zur Brüskierung sein. Ehrlich-
keit ist in den modernen postdemokratischen Wahlkämpfen normalerweise der Weg in die Niederlage. Wichtig ist, keine Fehler
zu machen, deshalb hält man alles im Vagen. Beim letzten britischen Wahlkampf wurden die Wähler gebeten, bestimmte Slogans bestimmten Parteien zuzuordnen: Recht auf Sicherheit. Demokratie für alle. Du bist der Staat. Die Trefferquote war gering.
Die Slogans waren völlig bedeutungslos, völlig austauschbar, und
ließen sich absolut nicht zuordnen. Das übrigens gilt genauso für
die Kritik der Politik. Was ist nur aus dem vielversprechenden
Konservativen Paul Nolte geworden? Eine nach allen Seiten abge-
sicherte Phrasenmaschine!

Mein Vater dagegen beging den Fehler, Klartext zu reden. Er
verlor seine entscheidende Wahl aufgrund seiner kompromiss-
losen Glut für das, was er für richtig hielt. Er war für klassenlose
Krankenhäuser, für autofreie Innenstädte, für fernsehfreie Tage
und die ganzen übrigen Todsündenkataloge an Wirtschafts- und
Konsumentenfeindlichkeit in den Blütezeiten der späten sechziger Jahre.

Auch die jetzige CDU wurde fast aus der Kurve getragen, als sie
in einem Anfall programmatischen Mutes kurz vor dem Urnengang tatsächlich mit Professor Kirchhoff einen konservativen
Feuerkopf in die Arena geschickt hatte. Sie schrammte nur
hauchdünn an einer Niederlage vorbei.

Ich stellte mir meinen Kandidaten schmal vor, in einem
schwarzen Anzug mit womöglich offenem weißem Schillerkra-
gen, nervös wie einer, der weiß, dass er sich um Kopf und Kragen

reden wird, was ihm aber egal ist, denn er hat sich die Selbstach-
tung bewahrt.

»Meine Damen, meine Herren«, würde er beginnen, niemals
»Mitbürgerinnen und Mitbürger« und schon gar nicht »liebe
Freunde«. Ein konservativer Revolutionär hat keine Freunde
oder zumindest keine, die Wahlversammlungen besuchen.

»Schon die Tatsache, dass Sie hierher kommen und zu mir auf-
schauen und von mir eine Lösung Ihrer Probleme erwarten, ist
erbärmlich. Die müssen Sie selbst finden. Alles, was ich tun kann,
ist, Ihnen Ihre Schafsköpfigkeit zu nehmen und Ihnen den Stolz
zurückzugeben, den Sie verloren haben.

Ich erkläre Ihnen feierlich, dass wir Sie nicht wieder verladen
werden. Vor über 20 Jahren hatten wir Ihnen einmal eine ›geis-
tigmoralische Wende‹ versprochen und waren dann auf der Regierungsbank sitzen geblieben und hatten uns nicht mehr gerührt.

Die Wende fand bei den anderen statt. In den USA unter Reagan, in Großbritannien unter Thatcher. Reagan hat die Steuern
gesenkt, die Bürokratie abgebaut und Grenada besetzt. Maggie
Thatcher hat die Steuern gesenkt, die Bürokratie abgebaut und
die Falkland-Inseln zurückerobert. Und wir? Haben die Bürokratie aufgebläht und konnten selbst Mallorca nicht halten gegen die
britischen Touristen.

Nun müssen wir nachholen. Die materiellen Zumutungen, die
auf Sie zukommen werden, meine Damen und Herren, sind seit
Jahren im Gespräch und mittlerweile ohne Alternative für jeden,
der rechnen kann.

Wir werden die Altersvorsorge privatisieren und Staat abbau-
en, wo immer es geht.

Wir werden den Kündigungsschutz aufheben, und wir alle
werden mehr arbeiten. Viele von Ihnen werden zu raubkapita-
listischen Mindestlöhnen arbeiten, was immer noch würdevol-
ler ist, als zu sozialstaatlichen Bedingungen arbeitslos zu ver-
elenden.«

Inzwischen ist es totenstill im Saal. Der Anfangsapplaus ist längst vertröpfelt, die Zuhörer wissen nicht, was sie von all dem halten sollen.

»Wir werden die Arbeitszeit verlängern. Wenn Beethoven sich an die EU-Norm gehalten hätte, wäre er nie bis zur Neunten Sinfonie gekommen. Arbeiten macht Spaß, außer den Franzosen, die lieber Europa opfern, als lange zu arbeiten, was auf seine Weise natürlich imponiert.«

Ratloses Gelächter.

»Wir dagegen arbeiten.

Der medizinische Fortschritt hat dafür gesorgt, dass die Pensionsgrenze hinaufgesetzt werden kann. Warum sollen Sie bereits mit 65 in Mallorca Ihrem Tod entgegenwarten? Es gibt immer etwas zu tun. Auch ausgediente Botschafter können noch zum Spargelstechen eingesetzt werden!«

Einige klatschen zynisch Beifall. »Bravo.« Andere zischeln.

»All das sind Banalitäten, meine Damen und Herren, die auf der Stelle einsichtig sind. Wir müssen nun aber in die Tiefenschichten hinunter und an die Fundamente heran und dort verschüttete Wahrheiten neu fördern.

Zum Beispiel die, dass Menschen nicht gleich sind. Sie waren es nie. Und da wir eine christliche Partei sind, will ich Ihnen von der Bibel sprechen. Die Bibel ist ein Dokument der Ungleichheit. Gott liebt die einen, die anderen nicht. Gerechtigkeit? Die wird fürs Jüngste Gericht versprochen, vorher ist sie nicht zu haben. Hören Sie nicht auf unsere Parteifreunde aus den Sozialausschüssen. Heiner Geißler hat die Bibel grotesk missverstanden.

Die Bibel ist eine einzige Streitschrift gegen den interventionistischen Staat. Ja, sie beginnt mit der Vertreibung aus dem Sozialstaat, dem Paradies. Die Menschen sind auf sich gestellt. Das Manna, das Gott später einmal vom Himmel regnen lässt, bleibt eine Ausnahme, und er bereut sie prompt.

Die Bibel schützt das Privateigentum ausdrücklich bereits in den Zehn Geboten. Doch auch das Neue Testament macht Frieden mit dem System. Jesus lobt den klugen Investor, der sein Geld vermehrt, und er schilt den Angstsparer, der es vergräbt. Steuern kommen im Neuen Testament nicht als Umverteilungsinstrument vor, sondern als lästige Pflicht (›Gebt dem Kaiser, was des Kaisers ist‹). Ökonomisch also ist die Bibel purster Thatcherismus.«

Zwischenruf: »Lesen Sie doch mal die Bergpredigt!«

Unser Redner lächelt dünn: »Die Nächstenliebe, die Bergpredigt? Nun, werter Herr Geißler, Nächstenliebe heißt nicht, dass man in Talkshows herumsitzt und den politischen Gegner beschimpft oder den Vatikan, sondern dass man in einer Armenküche Kartoffeln schält. Jesus hat nicht nach dem Staat gerufen, sondern sich vor seinen Jüngern hingekniet und ihnen die Füße gewaschen.

Sie finden die Ungleichheit in unserer Welt empörend, meine Damen und Herren? Wie verlogen Sie nur sind! Sie lieben sie doch, die Ungleichheit, wenn sie zu Ihren Gunsten ausfällt. Jedes Mal, wenn Sie nach Thailand zum Schnorcheln fahren, lieben Sie sie. Jedes Mal, wenn Sie ›billigen Urlaub im Elend anderer Leute machen‹, wie es der treffliche Gesellschaftskritiker Johnny Rotten von den Sex Pistols einmal nannte.«

Hier hätte der Kandidat Gelegenheit, einen Schluck Wasser zu nehmen, denn im Saal ist es laut geworden.

»Sie werden sich an Ungleichheiten gewöhnen müssen, und Sie werden sie ohne Neid ertragen müssen, sonst werden Sie krank.« Der Kandidat spricht nun leiser, trauriger. »Das Passionsspiel unserer Tage ist bereits geschrieben. Es heißt ›Tod eines Handlungsreisenden‹. Es spielt in der depressiven Nachkriegszeit des vergangenen Jahrhunderts, und es handelt von der Arbeitslosigkeit und dem Zerfall der Sicherheiten und vom Tod.

Diese Krise wird noch verheerender über uns hinwegfegen,

und wir können keine Mauer bauen, um uns davor zu schützen. Doch wir werden uns selbst besser erkennen in einem solchen Theater, einem menschenfreundlichen, das zu uns spricht, statt uns zu verhöhnen, wie es auf den Bühnen üblich geworden ist.

Schauen Sie sich das Stück an. Es enthält einen Zauber. Im Zentrum des Stückes steht eine Familie, die schützt und liebt, auch wenn sie von ihren Lügen fast zerrissen wird.

Manche von Ihnen werden über die neuen Zeiten verzweifeln wie dieser kleine Vertreter Willy Loman, und allein werden Sie diesem Druck nicht gewachsen sein. Und da wir die Gewerkschaften so weit wie möglich zerschlagen werden, werden Sie Solidarität woanders suchen müssen. Da ist es die Familie, die die Wagenburg zusammenrücken sollte in den eisigen Stürmen, die vor uns liegen.

Im Familienbereich hat die 68er-Generation wohl am verheerendsten gewütet. Sie hat die Verachtung zwischen den Geschlechtern und Generationen gefördert. Sie hat die Lust über alle Verpflichtungen gesetzt. Jede neue amouröse Drehung dieses Selbstfindungstheaters hat eine kaputte Restfamilie zurückgelassen, und der Staat hat den Schrott aufgesammelt und alimentiert.

Wir werden alles tun, um die Familie, diese in Vergessenheit geratene Keimzelle der Gesellschaft, wiederzubeleben. Familie ist für uns mehr als nur eine Gruppe von Menschen, die sich einen Kühlschrank teilt. So hatte es eine SPD-Politikerin in einer Diskussion mit mir vor längerer Zeit einmal definiert. Es ist die Definition der Apo-Wohngemeinschaften.

Nein, meine Damen und Herren, uns ist die Familie heilig, und wir werden als Erstes die Frauenrolle aufwerten. Ja, wir werden jene Frauen aufwerten, die von Feministinnen verachtet werden: die Mütter und die Hausfrauen. Sie sind Heldinnen inmitten unserer demographischen und pädagogischen Katastrophe.

Sie sind so unendlich viel wichtiger als unser egoistischer kinderloser Lifestyle-Betrieb, weil sie Mitgefühl, Aufopferung, Hingabe verkörpern in einer zunehmend verrohenden Welt. Und weil sie erziehen und damit unsere Zukunft gestalten.«

Weibliche Zwischenrufe werden laut. »Sie Neandertaler.« »Zurück zum Mutterverdienstkreuz.« »Dich hätte deine Mutter abtreiben sollen.« Eine Tomate klatscht auf die Bühne. Doch gleichzeitig wächst der Beifall, erst zögerlich, dann lauter werdend.

Und der Kandidat ruft, hingerissen von sich selbst, in den Tumult hinein: »Wir werden die Mütter in diesem Land mit Kindergeld überschütten, und wir werden ihnen Denkmäler setzen. Wir werden aber auch die Vaterrolle wieder stärken, und wir werden Eltern ermuntern zusammenzubleiben. Wir werden ihnen Hymnen dichten, wir werden ihnen Lieder singen. Wir Deutschen sind ein aussterbendes Volk. Unser Schicksal liegt in Ihren Händen.

›Gleichstellung hängt nicht von der Erwerbstätigkeit ab‹, hat unsere Kanzlerkandidatin, Frau Merkel, betont. Die Feministinnen haben getobt. Sie glauben ja, dass ein Frauenleben nur dann geglückt ist, wenn es ohne ›Balg‹ abgeht und mindestens eine Moderatorinnenstelle dabei herausgesprungen ist.

Und natürlich ist Frau Merkel sofort sehr unschwesterlich von Alice Schwarzer angegriffen worden, die doch eigentlich in unserem Lager ist, seit wir uns im Abwehrkampf gegen Dschihad und Schleier vereint haben. Aber das werden wir überstehen. Schließlich haben wir uns geschworen, uns auch gegen das Justemilieu der Medien durchzusetzen.

Es geht bei unserer Revolution ja nicht nur um eine neue betriebswirtschaftliche Rechnung. Es geht auch um einen Kulturkrieg. Um neue Leitbilder. Um neue Grundsätze. Und da können Sie von uns mehr erwarten, als dass wir Claudia Roth ablehnen. Sicher, Claudia Roth schrecklich zu finden, ist schon mal ein guter Anfang. Aber es reicht nicht, meine Damen und Herren, nicht angesichts der 5 Millionen Arbeitslosen in Deutschland und des notorisch schlechten Wetters. Man muss auch in der Lage sein, alles abzulehnen, wofür Claudia Roth steht.

Und da sie zur Lichterkette greift, sobald einer das Wort ›Nation‹ in den Mund nimmt, wenden wir uns also dem Nationalen zu, dem, was Botho Strauß das ›Eigene‹ nennt. Und damit allem, was uns fehlt: dem inneren Zusammenhalt, dem patriotischen

Feuer, der gemeinsamen Vision, dem, was andere Nationen durch Zeiten der Krise trägt.

Wir haben uns aus den Gräueln der jüngeren Vergangenheit in eine europäische Identität gerettet, mit der wir nichts falsch machen können. Wir sind Europäer als Notlösung. Aus Einsicht, aus Kleinmut, aus Scham. Es gibt nichts Spießigeres als unsere Eliten, die stolz sind, wenn man ihnen ihr Deutschsein in New York nicht anmerkt. Bei Franzosen dagegen klingt selbst das Englisch noch französisch. Doch wir atmen regelrecht auf über die einebnenden Segnungen der Globalisierung, die die Welt nur noch in Produzenten und Konsumenten einteilen.

Es gab dieses magisch vereinte Deutschland, ganz kurz, in dieser Nacht der Mauertänze und des Glückes. Doch gleich darauf zerfiel es wieder in Einzelteile, die einander überdrüssig waren. Wo es des patriotischen Appells bedürfte, auf den sich Bush und Blair heute so gut verstehen wie früher Thatcher und Mitterrand und Reagan, herrscht bei uns die allergrößte Verklemmung.

Als zum Beispiel Kardinal Ratzinger zum Papst gewählt worden war, sagte unser Bundespräsident, Deutschland sei ›ein wenig stolz‹. Ein wenig stolz – so was lässt sich gar nicht ins Englische übersetzen. Ins Französische erst recht nicht. Ein wenig stolz, das ist die rechte Entsprechung zum linken ›ein Stück weit betroffen‹.

Frau Merkel wird womöglich ein Stück weit stolzer sein. Schließlich kommt sie aus jener Landeshälfte, die Deutschland viel intensiver entgegengefiebert hat, als es im satten Westen der Fall war. Sie weiß, wie wichtig Visionen sind in Zeiten der Entbehrung.

Ohne Stolz, das wissen unsere französischen und englischen und polnischen Nachbarn längst, wird sich eine Nation in den globalen Verwirbelungen nicht behaupten können. Und wir hätten doch die Begabung dazu, denn es zeichnet uns etwas aus, das keine Nation in diesem Maße hat: die Fähigkeit zum Träumen. Ich meine nicht den nationalen Rausch. Wir haben aus der Geschichte gelernt, in welche grauenvollen Abgründe er uns stürzen kann.

Ich meine den beschwingenden Traum. Deutschland existierte

jahrhundertelang nur in seinen Dichtungen, seinen Liedern, seinen Träumen. Friedrich Schiller war der Überzeugung, dass wir durch unseren Geist allein auch über einen kranken Körper triumphieren und uns vorwärts tragen lassen können.

Dieser Idealismus ist deutsch.

›Nach dem Höchsten soll er streben‹, ruft Schiller dem Deutschen zu. In diesem Sinne: Lassen Sie uns, meine Damen und Herren, gemeinsam träumen.«

Und dann endet der junge Konservative, erschöpft, zitternd am ganzen Leibe, und Beifall rauscht auf, Hüte fliegen in die Luft, und wie nach der Mannheimer Uraufführung der »Räuber« werden sich die Zuhörer tränenüberströmt um den Hals fallen, und unser romantischer Jüngling wird schweißnass vom Podium getragen und im Triumphzug durchs Städtchen geführt.

Und all das nur, weil er nicht von der Pendlerpauschale gesprochen hat!

Natürlich war vieles von dem, was er gesagt hat, völlig unfertig und naiv. Er beschimpfte sein Publikum, statt es zu umwerben. Es wirkte ungelenk und gleichzeitig merkwürdig altbacken.

Zu den Politikfeldern, auf die es derzeit ankäme, also zu Arbeitsmarktfragen und denen der Steuer- und Finanzpolitik, sprach er höchst verknappt, als sei er ungeduldig oder daran nur mäßig interessiert. Zur Außenpolitik nahm er überhaupt nicht Stellung. Dafür verzettelte er sich in Theaterfragen und in verstiegenen Aufrufen ans Vaterland.

Seine ganze Rede an das ausgepowerte deutsche Wahlvolk schien sagen zu wollen: Ich weiß, dass zwei und zwei vier sind. Aber wir wollen mal sehen, ob nicht doch fünf dabei herauskommen kann.

10. NATIONAL-GEBRABBEL MIT MAISCHBERGER

Über Joschka Fischer und warum Pastor Fliege, Heiner Geißler und ich nicht zusammenpassen

Er trug seine Sache doch auch relativ geordnet vor, der junge Konservative, und ich bekam Post von Leuten, die behaupteten, sie würden ihn wählen. Allerdings gab es auch welche, die schrieben, dass sie ihn gerne vermöbeln würden, und er könnte sich seinen Patriotismus und Neoliberalismus sonst wohin stecken. Ein paar Wochen später meldete sich die Redaktion von Sandra Maischberger, die in absolut kein Lager gehört, sondern, wie jede andere Talkshow, nur daran interessiert ist, beim Prügeln zuzuschauen.

Ich war geschmeichelt und beglückt, als ich hörte, dass Heiner Geißler auch eingeladen war, denn ihn wollte ich kennen lernen. Geißler imponierte mir mit seiner Bergsteigerei und ging mir auf die Nerven mit seiner populistischen Papstkritik, vor allem mit seiner Buch-Bestseller-Behauptung, er wisse, »was Jesus heute sagen würde«.

Mein junger Konservativer und er hatten völlig unterschiedliche Auffassungen von der Bibel. Wenn es überhaupt eine Provokation in meinem Text gegeben hatte, dann lag sie in seinem Gottesverständnis. Er sagte: »Die Bibel ist ein Dokument der Ungleichheit. Gott liebt die einen, die anderen nicht.« Ich war übrigens nicht dieser Meinung. Oder nicht immer. Er war mir zu amerikanisch, zu alttestamentlich, zu fundamentalistisch.

Doch der Satz blieb völlig unbemerkt. Diejenigen, die sich aufregten, regten sich über das »Frauenbild« in der Rede des Konservativen auf und seine lahmen antifeministischen Sottisen, die es in jeder Harald-Schmidt-Show schärfer und besser gab. Ein paar machten sich über die Vaterlands-Schwärmerei lustig, und einer erinnerte an die Weltkriege und schrieb tatsächlich »Der Schoß ist fruchtbar noch aus dem das kroch«.

Wenigstens Geißler, dachte ich, müsste über mich herfallen, wenigstens er müsste theologisch aufbrausen darüber, dass ich die Bibel ein Dokument der Ungerechtigkeit genannt hatte, denn für ihn war Jesus ein Sozialrevolutionär, und nur das. Geißler vertrat Kirche von unten und schlug mordsmäßiges Aufmerksamkeitskapital aus seinem theologischen Neomarxismus, in dem allen gleich gegeben werden sollte. Der junge Kandidat war völlig auf der anderen Seite: Er betonte persönliche Verantwortung vor Gott und fand, dass es das Paradies – wenn überhaupt – erst im Jenseits geben werde, und für die Zeit davor empfahl er Strenge, Regeln, Hierarchien, Zeremoniell, Rom.

Zu meiner Enttäuschung wurde kaum über die Kirche geredet an dem Abend, sondern über alles, was einem so durch die Rübe rauschte. Ich versuchte Geißler zu provozieren, indem ich behauptete, er reklamiere Jesus als Angestellten und er sei eigentlich gar nicht im Original da, sondern in einer von 13 Kopien und die anderen 12 hätte ich gerade auf anderen Kanälen in anderen Talkshows gesehen. Er schaute mich ratlos an. Er bekam gar nicht mit, was ich meinte.

Eigentlich brabbelte jeder vor sich hin, und Maischberger war so was von überhaupt nicht im Bilde. Die PDS-Frau Dahn rühmte den Brutalo-Kapitalismus Chinas als Sozialismus mit menschlichem Antlitz, Pfarrer Fliege schwärmte von irgendeiner kalifornischen Geld-Kirche und der Kabarettist Bruno Jonas hatte Schnupfen. Heiner Geißler forderte eine Weltregierung und ich war in erster Linie – fett.

Das ist die traurige Wahrheit im Fernsehen. Egal was ich sagte, ich war dick, denn ich hatte in den Monaten zuvor reichlich zugelegt. Ich saß mit feister Wampe auf dem Sofa herum und redete davon, dass die Leute nun mal den Gürtel enger zu schnallen hätten in Deutschland, he he he. Kurz gesagt: Die Leute draußen im Lande hatten mit mir kein Verständnisproblem, sondern ein schweres Sympathieproblem, was sich noch wochenlang in Hass-Briefen ausdrücken sollte.

Das Verständnisproblem dagegen hatte Sandra Maischberger, die natürlich dünner war und auf ihre kuhäugige Art gut aussah. Gleich zu Beginn meinte sie, ich solle mich nicht so aufpumpen, dabei war ich wirklich so dick. Und irgendwann gegen Ende dieser chaotischsten Show, bei der ich je mitwirkte, sagte sie: »Bei Ihnen hängt das eine mit dem anderen zusammen, Sie schreiben in Ihrem Artikel, ein Volk ohne Nationalgefühl wird am Ende auch 'ne zerbrochene Familie haben ... Nun erklärt mir mal, wo liegt der Zusammenhang von Nationalgefühl und Kinderkriegen?«

Da hatte sie natürlich einiges durcheinander gebracht, oder die flotten Jungs aus ihrer Redaktion hatten sich das im Vorgespräch falsch aufgeschrieben oder was weiß ich.

Gute Frage also. Würde ich auch so fragen? Ich holte Luft, was natürlich wieder aussah wie aufpumpen, doch da sprang Fliege schon in die Leerstelle und legte los, hoffend darauf, dass ihn noch irgendein Gedanke einholen würde. (»Ich guck erst einmal, ohne dass ich jetzt direkt einen Zusammenhang erkennen kann ... guck ich erst einmal: wo auf der Welt gibt es Kinder ...«)

Jetzt, im Nachhinein, überlege ich, ob es nicht wirklich einen Zusammenhang gibt zwischen Nationalgefühl und Kinderkriegen, einen, der über die simple Feststellung hinausgeht, dass ein Volk, das keine Kinder mehr zur Welt bringt, offenbar aufhören möchte, als Nation zu existieren. Vielleicht kann die Bindung an die Nation und die Schutzerwartung, die man an sie knüpft, tatsächlich als Ermutigung für das Risiko Familiengründung gesehen werden?

Und ist es so abwegig, anzunehmen, dass in Zeiten familiärer Desintegration, der Vereinzelungen und des Zerfalls der Gesellschaft die Nation einspringt mit ihren Angeboten an Identifikation und Gruppenwärme? In den USA habe ich noch in den schäbigsten Schulen in Harlem einen Satz immer wieder gehört: »I am proud to be American.« Es war, als hätten sie gesagt: immerhin das. Was natürlich nicht genügt. Was aber den Leuten offenbar helfen kann. Falsches Bewusstsein? Für uns schon. Für die nicht.

Was Deutschland angeht: Gerade erst ist das politische Per-

sonal abgetreten, das in der Jugend mit Hass auf den »Schweine-
staat« und »Nie-wieder-Deutschland«-Parolen aufgewachsen ist.
Wir haben den nationalen Selbsthass trainiert. Im Prinzip spricht
ja nichts gegen Selbsthass. Jeder anständige Neurotiker hasst sich
selber. Der Selbsthass bringt das Beste aus einem Menschen, einer Nation heraus.

Die ganze jüdische Literatur lebt vom Selbsthass. Ich habe einmal einen fantastischen Abend in Moskau verbracht, mit dem damaligen Chefredakteur von »Iswestija«, der mir einen gehässigen
Russenwitz nach dem anderen erzählte. Die Engländer, so sagt es
Jeremy Paxman in seinem Buch »The English«, können niemanden leiden, am allerwenigsten sich selber. Eigentlich hassen nur
die Schotten England noch mehr als es die Engländer tun.

Der nationale Selbsthass der 68er jedoch hat damit gar nichts
zu tun. Er war und ist lediglich Ausdruck einer übergroßen
Selbstherrlichkeit. Er sagt nämlich: Spießer und Reaktionäre
sind immer die anderen. Er sagt: Das Land ist Mist, deshalb bin
ich umso leuchtender gut. Die deutsche Vergangenheit ist nicht
bewältigt, nur ich bin gefeit.

Dieser Selbsthass ist nicht federnd oder ironisch, sondern er
wird bierernst und gerissen als politisches Bereicherungsmedium
genutzt. Man schlägt in der Abgrenzung zum hässlichen Deutschen Kapital für sich selber heraus. Besonders die Bessergestell-
ten sahen in Deutschland eher die Gans, die man ausnimmt, als
das Land, das man liebt. Deutschland wird meistens von Deutschen gehasst.

Ein extremes Beispiel erlebte ich vor einigen Jahren im Aus-
land, nach der Party eines hohen politischen Beamten, der am
Ende des Abends erschöpft und in kleinerem Kreis sagte: »Die
Deutschen sind ein Scheißvolk.«

Der Mann hatte seine Party für einen deutschen Politiker organisiert, der nur sehr schlecht Englisch konnte. Darüber hinaus
war über den Holocaust geredet worden. Es war ihm unangenehm, und er ließ offen, was von beidem ihm unangenehmer
war, es waren etwa gleich große Stimmungskrepierer.

»Immerhin zahlen dir die Scheißdeutschen deinen Lebensstil«,
entgegnete ich.

Dieser Stil war nicht schlecht. Der Mann kam aus kleinbürgerlichen Verhältnissen und nun war ihm vom Steuerzahler eine Stadtvilla gestellt worden. Seine Frau, aus noch kleineren Kleinbürger-Verhältnissen, war geradezu die Karikatur der Grande Dame. Nun konnte sie Angestellte befehligen, und sie tat es gerne und ausdauernd. Die beiden waren völlig unpatriotische, nutzlose, aufgeblasene Idioten, die das deutsche Volk repräsentieren sollten und auf genau dieses Volk herabschauten.

Gewinn durch Abgrenzung, das funktioniert ganz besonders gut, wenn es um die deutsche Geschichte geht. Ein simples Beispiel. »Zeit«-Kulturchef Jens Jessen schreibt zum Auschwitz-Jahrestag: »Den Deutschen ist nicht zu trauen.« Natürlich ist das ein unlogischer Satz, denn er selber ist ja auch Deutscher, und sich selber traut er sehr wohl.

Er meint also alle übrigen Deutschen. Nicht, dass er ihnen jetzt direkt einen weiteren Völkermord zutraut. Aber er sieht »das nationalsozialistische Erbe … im gereizten Kern der Gesellschaft«. Er sieht es im »Nachbarn, der die Kehrwoche kontrolliert, in dem Passanten, der den Falschparker anzeigt«. Ja, er sieht es sogar »in der Mutter, die anderen Müttern auf dem Spielplatz Vorhaltungen macht«. Das Nazi-Erbe in Müttern auf dem Spielplatz? Ist er noch ganz dicht? Im Klartext sagt Jessen: Die anderen sind alle Mörder, ich nicht.

Dieser dramatisierte Hass aufs eigene Volk ist häufig in meiner Generation. Wir wollten uns in unserer Deutschlandverachtung von keinem überbieten lassen, denn wir wollten geliebt werden. Wir hassten unser Land als Wiedergutmachung für den Massenmord. Nun kann man sein Land für alles mögliche hassen. Für die absurden Behördenwege, das Wetter, das schlechte Essen, die Manie der Frauen, sich Geweihe über die Pobacken tätowieren zu lassen. Für alles, aber nicht für Massenmord.

Wie kann man angesichts des Holocausts – und all der anderen Leichenberge des letzten Jahrhunderts – anderes empfinden als eine unendliche sprachlose Traurigkeit darüber, dass Menschen Menschen dies antun. Eine Traurigkeit auch darüber, dass ein Teil der Deutschen einem anderen Teil unseres Volkes das angetan hat.

Bei uns wurde der Holocaust, nach einer lähmenden, brütenden Phase der Verdrängung, in eine übereilfertige, nicht mehr versiegende, immer glattere und abgeschliffenere Beschuldigungs- und Verachtungs- und Selbstverachtungsphraseologie überführt, in der ständig nach dem politischen Vorteil geschielt wird.

Die Heineschen Satiren über den deutschen Michel, diese Spottverse seiner Winterreise – das sind lächelnde, verzückte deutsche Gipfelleistungen des Deutschlandhasses.

Doch der Selbsthass der so genannten Protestgeneration war etwas anders. Er war selber Michel. Er hatte diesen satten, unintelligenten Dackelblick, diese komplett verblödete Selbstgerechtigkeit linker Spießer, die vor nichts größere Angst hatten als davor, Spießer zu sein und nicht zu den guten Deutschen zu gehören.

Brandts wortloser Kniefall in Warschau war die einzig mögliche Haltung. All die Plappermäuse nach ihm reichten nicht an ihn heran, und Brandt war ihnen später sogar als Nationalist verdächtig, weil er die deutsche Einheit begrüßte.

Der deutsche Selbsthass wirkte auf mich immer besonders unerträglich, wenn er sich staatstragend und denkertief gab. Ich saß Anfang der neunziger Jahre als New-York-Korrespondent fassungslos vor dem Fernseher und erlebte, wie Günter Grass in der Charlie-Rose-Show dem amerikanischen Publikum erklärte, dass die deutsche Einheit ein Unglück sei und Deutschlands Teilung die gerechte Strafe für Auschwitz und dass diese Strafe bitte andauern möge.

Charlie Rose war übrigens genauso fassungslos wie ich.

Er war fassungslos über den deutschen Selbsthass, der die Bildung einer gemeinsamen Nation ablehnt. Damals plapperten das bei uns alle, die sich für tonangebend und kosmopolitisch und cool hielten, für viel cooler als Willy Brandt, der die Nationalhymne sang vor dem Brandenburger Tor.

Dieser traumlose Typus des linken Spießers, der durchaus mondän daher kommen kann, hat in den letzten dreißig Jahren die Redaktionsstuben, die Rundfunkanstalten, die Verlagshäuser, die Parlamente besetzt und die Gerichte, und er ist immer noch schwer aktiv. Christine Hohmann-Dennhardt, auf Vorschlag der SPD in den Ersten Senat des Bundesverfassungsgerichts gewählt, führte unlängst aus, »die spezifische und über weite Strecken düstere Historie Deutschlands« erlaube es schwerlich, »als zu Rettendes die Nation, das Nationale zu beschwören«. Das heißt wohl im Klartext, wie Patrick Bahners in der FAZ vermerkt, dass die Nation nicht mehr zu retten ist.

Ist das eine Ankündigung? Will sie sagen, dass sie als Verfassungsrichterin nur noch vorläufig für die Nation tätig ist, bis diese demnächst das Licht ausmacht, weil die »düstere Historie« es ihr nicht mehr erlaube?

Die Beschwörung der Nation, so Dennhardt, bleibe immer »denen überlassen, die immer noch und immer wieder vom Reich und seinen Herrenmenschen träumen«. Eigentlich müsste ich die Richterin wegen übler Nachrede verklagen können, denn ich, wie mein Jugend-Idol Willy Brandt, unverbesserlicher Nation-Beschwörer auf all diesen Buchseiten, träume deswegen noch lange nicht vom Herrenmenschentum.

Wohl gemerkt, so was sagt eine Bundesrichterin, die überdies historisch so schwach auf der Brust ist, dass sie das »Reich« nur mit dem »Dritten Reich« identifizieren kann. Dabei ist das »heilige römische Reich deutscher Nation« 1000 Jahre älter als die Hitlerei, und es hat große Kaiser und Künstler und Schurken gesehen, Zeiten der Blüte, Zeiten des Niedergangs, es hat im Dom zu Speyer genauso Gestalt gefunden wie in Gutenbergs Bibel und Mozarts »Requiem«. Hat der Kölner Dom nichts mit unserer Reichsgeschichte zu tun? Woran denkt die Dame, wenn sie die Stifterfiguren am Naumburger Dom betrachtet? An Hitler?

Doch auch die aktive Politik war bis vor kurzem vollgestellt mit federnden Ich-schäme-mich-für-Deutschland-Aktivisten. Nehmen wir uns, zur Illustrierung, irgendeinen von ihnen heraus. Nehmen wir … Joschka Fischer!

Joschka Fischer war in den letzten Jahren der beliebteste Politiker der Deutschen. Das sind Außenminister immer. Bevor Joschka Fischer sein Amt als beliebtester deutscher Politiker antrat, hatte er eine bewegte Biographie, in der er allerdings, wer kann das schon von sich behaupten, immer auf der Seite der Guten stand.

Während seiner Amtszeit als Minister für politische Beliebt-
heit sagte Fischer allerhand zur deutschen Schuld:
»Die Nazis haben die Seele unseres Landes zerstört.«
»Wir sind alle tief traumatisiert.«
»Alle Demokratien haben eine Basis, einen Grundstein. Für
Frankreich ist das 1789, für Deutschland Auschwitz.«
»Der notwendige Kampf gegen die Zionisten…«, ach, nein,
das war aus den Resolutionen der PLO-Konferenz in Algier
1969, an der Fischer teilnahm, als er noch nicht so traumatisiert
war.

Grundstein Auschwitz, alle traumatisiert, zerstörte Seele? Für
all die gewichtigen Worte zur deutschen Schuld mag ihm die sündenstolze deutsche Öffentlichkeit einen weiteren Bambi in die
Hände drücken, schon weil er seine Stirne und Kinne dabei in
eine unendliche Faltenstrecke legte. Es ist leicht nachzuweisen,
dass Fischer bedeutungsvollen Unsinn erzählt hat. Ich bin nicht
tief traumatisiert, denn ich denke nicht oft an die deutsche
Schuld und an den Holocaust, und wenn ich es tue, bin ich traurig. Und ich gehöre doch zu diesem »Wir« der Deutschen, das
Fischer so geläufig beschwört.

Ich habe mich oft gefragt, ob Fischer, Jahrgang 1948, vielleicht
meinte, dass zumindest er tief traumatisiert ist und stets war,
doch das konnte ich mir nicht vorstellen, angesichts seiner Racke-
rei vom Frankfurter Straßenkampf an die Spitze einer Partei und
seines Terminkalenders als Minister, der mit Hochzeiten und Ma-
rathon-Läufen und Scheidungen und Journalistenbeschimpfun-
gen und Weltrettungsreisen voller Gesicht-in-Falten-Legereien
vollgestopft war.

Ich dachte mir dann: Sollte sich die bei aller deutscher Schuld
immer noch eher selbstzufrieden wirkende, ja bisweilen geradezu
selbstzufrieden grunzende Persona des Autodidakten und Street-
fighters Joschka Fischer unbedingt um irgendetwas Schuldhaftes
drehen müssen, dann wäre es doch schön, wenn es etwas wäre,
was er wirklich verbrochen hat.

Etwa die Sache damals, als er dem Polizisten, der da vor ihm
auf der Straße lag, ins Gemächt getreten hat?

Und hier stehen wir vor einer simplen Wahrheit. Sicher,

Schuldeingeständnisse können einen eigenen Zauber entwickeln. Allerdings eignet sich nicht jede Schuld dafür.

Zum Beispiel: Das wirkliche und persönliche Schuldeingeständnis des Straßenkämpfers käme nicht gut an. Man stelle sich irgendein Gipfelbankett vor, Smokings, Toasts, bedeutungsschwere Reden, und dann hat der deutsche Außenminister das Wort, und der endet seine Ausführungen mit den ernsten Worten:»Und dann habb isch den Bulle vor de Kopp gedreede.« Das ist nicht gut, das sieht jeder sofort ein. Aber zu sagen:»Die deutsche Schuld wird nie abzutragen sein« oder Ähnliches, das garantiert ergriffenen Beifall. Der sündenstolze deutsche Linke hat sein Thema, und das gibt er nicht freiwillig aus der Hand, nicht solange politisch damit zu punkten ist.

Man wird damit nie fertig. Es ist, so Andreas Krause Landt in einem einsichtsvollen Essay im»Merkur«,»ein leichtes Spiel, Versagen an Versagen zu reihen, auf die ›zweite Schuld‹ mangelnder Aufarbeitung eine ›dritte Schuld‹ folgen zu lassen, die darin besteht, dass man die zweite nicht bewältigt habe, und immer so fort.« Die ganze Wahrheit übrigens ist, dass es dieser so genannten Protestgeneration zunächst gar nicht um Sühne für die Nazi-Verbrechen ging, sondern um Sozialismus, um Umsturz der Verhältnisse, um Herrschaftsfreiheit und Rock 'n' Roll – nachweisbar spielte der Holocaust für die Generation Dutschkes, das lässt sich in den Manifesten und den Kampferklärungen der Sit-ins nachlesen, eine völlig untergeordnete Rolle. Der Faschismus war in erster Linie eine Verschärfung des Imperialismus, und dann erst Massenmord.

Erst nach und nach bemächtigte man sich des Themas. Und dann hatte man kapiert, dass die Kollektivschuld der Väter eine unglaublich wirksame Waffe in der politischen Auseinandersetzung war, und man gab sie nicht wieder aus der Hand. Und man hielt diese moralische Keule fest im Griff, auch nachdem die Väter weggeräumt und aus dem Karriereweg geschafft waren, denn sie war nützlich. Sie versorgte mit der ständig zuströmenden und nie versiegenden Gewissheit, zu den anderen, den besseren, den guten Deutschen zu gehören.

Für Fischer und viele seiner Generationsgenossen, die eine

letztlich doch phänomenal unsympathische Generation von historischen Besserwissern ist, ist die deutsche Geschichte, besonders die Geschichte des deutschen Nationalstaates, nur Vorgeschichte zum Holocaust. Äußerst ungnädig reagiert diese Generation, wenn man ihr in das historische Sündenmonopol hineingrätscht. Wenn etwa Historiker Niall Ferguson Zweifel an der deutschen Alleinschuld zum Ersten Weltkrieg anmeldet. Für Fischer und die Seinen ist es ausgemacht, dass der Deutsche, geschichtlich gesehen, immer nur für den großen Mord trainiert hat.

Im Grunde ist der Deutsche bis zur Generation Fischer nur ein eher vergeblicher Versuch der Germanen zur Menschwerdung. Erst den Fischers, die eine gute Schuld und einen guten Wein auf Anhieb erkennen, ist dieser Zivilisationsschritt gelungen.

Die Generation Fischer besteht aus rückwärts gewandten Propheten. Sie tun gerne so, als hätten die Deutschen der dreißiger Jahre Hitler im vollen Bewusstsein der Tatsache gewählt, dass er einen Weltkrieg mit über 55 Millionen Toten und der Ermordung von sechs Millionen Juden orchestrieren werde.

Ich hätte Fischer gerne einmal mit meinem Vater zusammengebracht, das älteste von acht Kindern eines kleinen katholischen Schneiders aus Moabit. Mutter früh gestorben. Er war aktiv in der Pfarrjugend und hat sich in den dreißiger Jahren mit den Hitlerjungen Saalschlachten geliefert. Und später ist er mit diesen Hitlerjungen in den Krieg geschickt worden und die meisten von ihnen sind verreckt.

Wo ist seine Schuld?

Nach dem Kriege ist dieser missionarisch-glühende Mann doch nicht Priester geworden, weil er sich in meine Mutter verliebt hatte. Er ist in die Politik gegangen und hat Lenin so oft zitiert wie den heiligen Augustinus, was nicht sehr opportun war für einen CDU-Politiker. Er hat zu Weihnachten Penner von der Straße unter unsern Weihnachtsbaum geholt und hat mit seinen fünf Söhnen Fußball gespielt und mit ihnen über Jaspers und Marx diskutiert und ihnen beigebracht, dass es nie darauf ankommt, was andere reden, sondern immer nur darauf, wie man vor dem lieben Gott dasteht.

Er hat Jahrzehnte lang die gleiche rote Strickjacke getragen, die meine Mutter gehasst hat. Er mochte Eintöpfe. Auf eher leichtsinnigen gesellschaftlichen Zusammenkünften hat er Leute in Gespräche über das kommunistische Manifest verwickelt oder über Martin Buber. Einer meiner Brüder, der später Diplomat wurde, hat sich vor seinen mondänen Freunden oft in Grund und Boden für ihn geschämt.

Doch dann haben sie Goldene Hochzeit gefeiert, und die fünf Söhne haben geheult. Und wir überließen es in dieser Zeit Joschka Fischer, die »zerstörte Seele des Landes« zu begutachten. Wir waren mit unserer eigenen beschäftigt.

Wahrscheinlich ist es niemandem aufgefallen, also frei raus mit der Sprache: Ich mag den Typus Fischer nicht besonders, der immer sehr pädagogisch ist und für alle anderen gleich mit spricht. Ich habe seinen letzten Auftritt beim Berliner Bundespresseball noch in Erinnerung, als er in diesem Kordon aus zwölf Muskelmännern schwomm, die ihm den Weg freischaufelten, und Einzug hielt, grimmig, lässig, müdeherrschaftlich, Minu an der Hand, so, wie man sich den russischen Mafiapaten mit seiner jeweiligen Torte vorstellt.

»Bah«, sagte ich zu meiner Frau. »Bah«, sagte sie.

Heute ist Joschka Fischer sicher ein ganz relaxter Typ, der auf dem Balkon Blumen gießt und höchstens griesgrämig reagiert, wenn Minu wieder einmal die »Funkuhr« mit dem Fernsehprogramm verlegt hat. Zwischendurch schmeißt er sich noch einmal in den Smoking und verleiht für irgendwelche Fernsehgalas Preise an Bob Geldof und Bono, und dabei legt er sein Gesicht und die wieder gewachsene Wampe immer wieder in die allerprächtigsten Falten.

Er hat übrigens auch noch ein dickleibiges Buch geschrieben, das nachweist, dass die deutsche Geschichte von Kaiser Otto über Luther und Bismarck zwangsläufig auf die Diktatur zugerast ist, und man kann es nur als gütiges Geschick der Deutschen begreifen, dass der Weltgeist auch darüber hinwegstürzte, immer weiter, und auch im Autodidakten Fischer noch nicht die vollendete Gestalt gefunden hat.

Sie ist bereits über ihn und das »Grundstein«-Gebrabbel hinweggegangen, über ihn und all die anderen Gutdeutschen, die uns doch eigentlich recht gern haben sollten.

Einer, der sich jedoch wie kaum einer sonst seriös mit den Höhen und Tiefen der deutschen Geschichte befasst hat, ist der Historiker Hagen Schulze. Ich lernte ihn bei einem kleinen Essen kennen, dass Joachim Fest in London gab. Schulze, jetzt ordentlicher Professor an der Freien Universität Berlin, leitete das »German Historical Institute« am Bloomsbury Square. Er ist Verfasser der Standardwerke »Staat und Nation in Europa« und sein Reclam-Bändchen »Gibt es überhaupt eine deutsche Geschichte?« ist als stilistisch glänzende Einführung nur zu empfehlen.

11. ENDLICH ANGEKOMMEN

*Ein Gespräch mit dem Historiker Hagen Schulze über
deutsche Triumphe und Niederlagen und darüber,
wie wichtig der Nationalstolz für ein Volk ist*

MM: Sie haben sich ein ganzes Gelehrtendasein mit dem Begriff
der Nation beschäftigt. Wie wichtig ist das Nationalgefühl, der
Nationalstolz für ein Volk?

Schulze: Eine Nation vermittelt dem Einzelnen Geborgenheit
und das Gefühl, dass sein Handeln für diese Gruppe seiner Existenz Sinn verleiht. Zwar gibt es vielerlei Gruppen, von der Familie über Europa bis zur Menschheit, aber die integrierende Kraft
der Nation hat sich im Laufe der letzten Jahrhunderte als politisch besonders mächtig erwiesen.

MM: Können Konservative mehr mit dem Begriff der Nation anfangen?

Schulze: Das scheint mir keineswegs sicher. Wenn wir der Idee
der Nation nachgehen, stoßen wir auf entschieden linke Verfech-
ter, von den Sansculotten der Französischen Revolution über die
meisten Abgeordneten der Paulskirche bis zu den Mehrheits-
sozialisten während des Ersten Weltkriegs. Umgekehrt gilt, dass
es einen politisch funktionsfähigen Konservativismus, anders als
beispielsweise in England, in Deutschland kaum gibt. Wenn ein
Politiker erfolgreich an den Nationalstolz appellieren kann, muss
sich der Nationalstolz längst zuvor herausgebildet haben.

MM: Warum haben die Deutschen Probleme mit der Nation?

Schulze: Deutschland war immer das Land der europäischen Mitte, und die umliegenden Länder oder Staaten haben versucht,

diese Mitte zu kontrollieren. Sie befürchteten, dass diese Macht in der Mitte, sobald sie einmal ihrer selbst bewusst würde und sich staatlich konstituierte, das europäische Gleichgewicht gefährden würde. Und das geschah dann ja auch.

MM: Wurde es also den Deutschen besonders schwer gemacht, sich die Demokratie und den Nationalstaat zu erkämpfen?

Schulze: In der Tat. Was wir oft bei der Betrachtung der Revolution von 1848 übersehen, ist, dass unsere Nachbarnationen, insbesondere Engländer, Franzosen, auch Russen, sich die größte Mühe gegeben haben, die deutschen Staaten, vor allem Preußen, unter Druck zu setzen und aus dem Prozess der deutschen Nationalstaatsbildung herauszuhalten.

MM: Deutsch war nicht die Bezeichnung eines Territoriums, sondern der Sprache …

Schulze: … der Begriff »thiutisk« bedeutet ganz einfach »Volkssprache« und taucht noch nicht einmal in dem Gebiet zum ersten Mal auf, das später Deutschland oder auch einmal das Reich wird, sondern in England. Er bezeichnet die Volkssprache im Gegensatz zur Sprache des Klerus. Interessanterweise ist das Deutsche also zunächst nur erkennbar und tragfähig, wenn es sich auf Sprachliches, auf Rhetorisches, auf Geistiges bezieht. Von Nation im Sinne eines materiellen Nationalstaats ist lange nicht die Rede.

MM: Aber es bestand schon früh ein Gefühl der Zusammengehörigkeit?

Schulze: Ohne Zweifel. Das gibt es bereits im Mittelalter. Johann von Würzburg beispielsweise schreibt eine Art Handbuch für Pilgerfahrten ins Heilige Land und erklärt, dass es vor allem die Deutschen gewesen seien, die schwertgewaltigen deutschen Ritter, die Jerusalem erobert und ganz außerordentlichen Mut gezeigt hätten. Sie seien sodann glücklich über die begangenen Taten wieder nach Deutschland zurückgekehrt, und ihre Abwesenheit hätten sich die nachfolgenden Franzosen zu Nutze gemacht, sich die Krone von Jerusalem geschnappt und die deutschen Grabsteine beseitigt. Der entsprechende Bericht des französischen Kaplans Odo von Deuil sieht die Dinge ganz anders: Die Deutschen seien einfach unerträglich – so dreckig, dass man mit ihnen zusammen kein Lager errichten konnte, und sie hätten eine Sprache gesprochen, die niemand verstand.

MM: Wir gehen noch weiter zurück, wenn sowohl wir Deutsche wie auch die Franzosen Karl den Großen als Ahnherrn der Nation begreifen.

Schulze: Das ist sicher einer der großen Erinnerungsorte des deutschen wie des französischen Volkes: Karl der Große und das Aachener Münster. Die Existenz einer Nation wird ja auch dadurch gefestigt, dass es eine große Fülle von Gegenständen geistiger wie materieller Art gibt, an denen sich das Nationalbewusstsein kristallisiert.

MM: Und die Kriege?

Schulze: Ganz wichtig für die Konstituierung von Nationalgefühl. Alle Nationen feiern ihre Siege, mit Ausnahme der Deutschen. Man muss sich klar machen, wenn man die Idee der Nation beschwört, dass da immer auch eine dunkle, gewaltsame Seite beteiligt ist.

MM: Wir Deutschen haben zweimal Brand an die ganze Welt gelegt. Da bietet es sich an, Deutsche eher als Gelehrte, als Künstler zu würdigen.

Schulze: Wilhelm von Humboldt hat erklärt, es gebe zwei große Kulturnationen in Europa, nämlich die Franzosen, die von den Römern abstammen, und die Deutschen, deren Wurzeln in Griechenland liegen. Die Vorstellung, dass die Deutschen wie die alten Griechen zersplittert und machtlos, aber als Kulturnation geistig überlegen seien, ist eine Idee, die uns immer wieder begegnet.

MM: Warum sind die Deutschen so misstrauisch im Umgang mit ihrer Geschichte?

Schulze: Die allgemeine Berührungsangst vor der Geschichte hängt sicher mit dem Trauma des Nationalsozialismus und des Holocaust zusammen. Das kontaminiert im Rückblick die ganze deutsche Geschichte. In den zwanziger Jahren, mehr noch im 19. Jahrhundert, kam keine andere Nation mit, was die Produktion von mächtigen historischen Bestsellern angeht. Doch der Geschichtsfelsen Nationalsozialismus liegt alledem im Weg.

MM: Gibt es für uns eine Möglichkeit, an diesem Geschichtsfelsen vorbeizukommen?

Schulze: Man kann wohl davon ausgehen, dass spätere Generationen möglicherweise die NS-Zeit in größeren Zusammenhängen wahrnehmen werden, als wir das tun. Die Generation der Miterlebenden und Augenzeugen war noch ganz auf sich und auf ihre eigene Verantwortung konzentriert, auf die Frage von Schuld und Sühne. Das verschiebt sich jetzt.

MM: Gibt es einen Krieg in der deutschen Geschichte, der sich für Jubiläumsfeiern eignete?

Schulze: Das wären wohl am ehesten die Freiheitskriege gegen Napoleon zwischen 1809 und 1814. Die »Befreiungskriege«, wie sie der preußische König lieber nannte, sind ein kollektives Heiligtum bis weit in das Dritte Reich geblieben. Das ist, glaube ich, der letzte Krieg, in dem sich für und in Deutschland auch Zustimmungsfähiges abgespielt hat. Was danach kam, steht bereits im Schatten des Späteren.

MM: Alle Europäer gehen tief in ihre Nationalgeschichten zurück, bis sie sich im mythischen Nebel verlieren. Nationale Identitäten sind demnach viel tiefer verankert als die so genannte europäische Identität, die wiederum von niemandem so beschworen wird wie von den Deutschen. Ist das nicht eine Fluchtidentität?

Schulze: Es gibt kein Land in der EU, in dem nicht gilt, dass man überhaupt nur dann Europäer sein könne, solange man auch ein guter Bürger seines eigenen Landes, seiner eigenen Nation sei.

MM: Was ist deutsch in Ihren Augen?

Schulze: Groß sind wir, wo es um kulturnationale Aspekte geht. Ein großer Fachmann für diese Frage, Johann Wolfgang Goethe, hat dazu ungefähr gemeint: Der Deutsche hat keine Nationalbildung, er hat Weltbildung.

MM: Gibt es so etwas wie einen Nationalcharakter?

Schulze: Nach acht Jahren Aufenthalt in England zweifle ich nicht daran.

MM: Gibt es für Sie eine geschichtliche Figur, die auf exemplarische Weise verkörpert, was deutsch ist?

Schulze: Der Freiherr vom Stein zum Beispiel. Er war einer von denen, die zwischen dem Gestern und dem Morgen standen, er hatte gleichzeitig die große Vergangenheit und die große Zukunft im Blick. Er hat die französischen mit den englischen Reformideen vereint, die Bauern befreit, die städtische Selbstverwaltung vorangetrieben, Napoleon wie auch seinem König die Stirn geboten. Er war Praktiker und Visionär – was für eine Gestalt!

MM: Seit dem Mauerfall ist die alte Frage von Ernst Moritz Arndt, was des Deutschen Vaterland sei, eindeutig beantwortet. Es gibt keine Gebiete, von denen noch zu träumen wäre, es gibt keine, denen noch nachzutrauern wäre. Geschichtlich sind wir zum ersten Mal endgültig angekommen. Haben wir nicht zu wenig daraus gemacht?

Schulze: Daraus haben wir viel zu wenig gemacht. Zum ersten Mal in ihrer Geschichte haben sich die Deutschen nicht gegen ihre Nachbarn, sondern mit deren Zustimmung zusammengeschlossen. Das vereinte Deutschland wird nicht mehr als Störenfried Europas wahrgenommen: eine deutsche Erfolgsgeschichte, wie sie ähnlich kein anderes europäisches Land kennt. Mit der deutschen Identitätssuche seit Generationen hat es jetzt ein Ende.

MM: Nur zögerlich kommen selbst den Konservativen Worte wie Vaterlandsliebe über die Lippen. Gibt es die große nationale Rede nicht mehr?

Schulze: Die gibt es schon lange nicht mehr. Zum letzten Mal war sie während der 1848-Revolution in der Paulskirche zu hören – da traten noch die großen, meistens an französischen Vorbildern geschulten Politiker auf. Gewiss, es folgten noch große Redner wie Bismarck, Ludwig Bamberger, Gustav Stresemann oder Carlo Schmid. Aber das waren Ausnahmen; insgesamt wurden es immer weniger, und zwar vermutlich in dem gleichen Maße, in dem der Nationalstaat sich festigte.

MM: Sehen Sie sich als konservativ?

Schulze: Ob ich konservativ bin oder nicht, weiß ich nicht. Ich glaube, dass wir in Deutschland einen aktionsfähigen Konservatismus überhaupt nicht mehr haben. Es hat mal den rheinischen Konservatismus in der Adenauer-Ära gegeben, der ist einfach weggestorben. Der letzte große Konservative, der zweifellos diesen Namen verdient, ist Ernst Jünger gewesen. Und der gilt ja mittlerweile als akzeptiert bei uns – die Franzosen hatten ihn schon immer bewundert.

MM: Was ist konservativ?

Schulze: Die Fähigkeit, Gegenwart aus der Vergangenheit heraus zu gestalten und zu verändern. Nach 1945 haben bei uns immer nur Sozialdemokraten und allenfalls Liberale ein intellektuelles Milieu gehabt. Es wäre eine gute Sache, wenn Frau Merkel auf die Idee käme, intellektuellen Proviant an Bord zu holen. Denn eins ist klar, unter den Umständen, in denen unsere Wirtschaft zunehmend wegzusacken droht, brauchen wir die Blaupausenleute, die Leute, die sagen, wie Deutschland überhaupt weiterleben soll. Wir brauchen vor allen Dingen Menschen, die zurückblicken und aus dem Rückblick die Zukunft mitbestimmen können. Unsere Produktivkraft ist der Geist.

MM: Die zentrale Aufgabe, die sich die Politik derzeit stellt, ist die Zurüstung des Landes für die Globalisierung. Steht da nicht der Nationalstaat störend im Wege?

Schulze: Nein, das verkennt die Funktion des Nationalstaats völlig. Der entscheidende Punkt ist ja, dass der Nationalstaat als Filter dasteht, der es ermöglicht, im weltweiten Zusammenhang zu operieren, ohne die eigene Identität zu opfern. Ich meine damit, jeder Einzelne, aber auch jede Körperschaft von der Familie bis zum Staat, muss imstande sein, die eigene Identität zu sichern und nach außen zu repräsentieren und dort auch wahrgenommen zu werden. Diese Identitätssicherung ist letzten Endes eine der wichtigsten Funktionen des Nationalstaats überhaupt. Man könnte wahrscheinlich sogar sagen, dass eine selbstbewusste Nation großzügiger im Umgang mit dem Anderen sein kann, toleranter gegenüber dem Fremden.

12. GESCHICHTSUNTERRICHT

*Über die Geschichte der Deutschen von der Steinzeit bis heute
und einige bedenkliche Plot-Schwächen in der Nibelungensage*

Deutsche Geschichte gibt es auch jenseits der Nazizeit, man sollte es nicht glauben, und sie hat ihre glückhaften Momente und ihre tragischen, sie ist anrührend und heroisch und grausam, all das – aber nicht für deutsche Cineasten.

Es sind Amerikaner und Engländer, die sich über unsere großen Figuren, Mythen, Märchen hermachen und sie als Material nehmen für ihre Leinwand-Epen. Ob es nun wie jüngst der »Monty Python«-Fantast Terry Gilliam ist, der sich die »Brüder Grimm« vornimmt, oder Ralph Fiennes, der der »Luther« ist in einer internationalen Großproduktion. Die jüngere Geschichte? Es ist Steven Spielberg, der in dem Terroranschlag auf das Münchner Olympiadorf großen Kinostoff sieht.

Dass hinter solchen Projekten keine Deutschen stehen, liegt nicht daran, dass wir keine guten Regisseure oder Autoren hätten. Es liegt daran, dass sie weitgehend mit der Nazizeit ausgebucht sind. Sie leisten dabei durchaus Beeindruckendes. Die zwölf Jahre der großen Schuld sind auch die Jahre großer Stoffe. »Die Brücke«, »Die Blechtrommel«, »Jakob der Lügner« »Das Boot«, »Hitlerjunge Salomon«, »Nirgendwo in Afrika«, »Der Untergang«. Und natürlich »Sophie Scholl«, »Napola«, »Comedian Harmonists«, »Stalingrad«, »Edelweißpiraten« – die Liste ließe sich endlos verlängern.

Auch die BBC dreht endlose Serien über die Hitlerei bzw. über den britischen Sieg über dieselbe. Doch daneben entstehen große Serien über Könige und Sippenfürsten der Insel bis zurück in graue Vorzeiten. Die Artus-Saga etwa kommt in den britischen

Kinos als patriotisches Spektakel, als kollektiver Gründungs-
mythos vor: So sind wir, wir noblen Ritter! Die Insel erlebt in
diesen jüngsten Zeiten ein wahres Fest an kollektiven Appellen,
an mythologischen Überhöhungen, an Selbstfeiern als Nation.
Die Amerikaner? Sind praktisch mit nichts anderem beschäftigt.
Und wir? Keine Ritter, keine Helden, keine Träume.

Roland Emmerich setzt dem Patrioten des amerikanischen
Bürgerkriegs ein hinreißendes Denkmal. Warum nicht auch
mal eines für Helden aus den deutschen Befreiungskriegen? Blü-
cher, das nur nebenbei, genialer Stratege, hat die Engländer bei
Waterloo vor einer Katastrophe bewahrt. Er eigentlich besiegte
Napoleon. Toller Stoff, oder ist das alles auf ewig tabu, weil
Goebbels von der Ufa kostümierte Durchhaltefilme wie »Kol-
berg« drehen ließ?

In der Nachkriegszeit gab es im Wesentlichen nur einen Ver-
such, in den deutschen Mythen-Keller zu steigen. Das waren die
»Nibelungen« in den sechziger Jahren, mit Hammerwerfer Uwe
Beyer als Siegfried, doch der Streifen wurde bald wieder aus dem
Verkehr gezogen, wahrscheinlich wegen Doping.

Also müssen wir noch einmal hinunter und einen Blick in den
Fundus werfen, mit geneigter Liebe, aber ohne alle Überheblich-
keiten gegenüber denjenigen, die vom Schicksal weniger reich ge-
segnet wurden (England/Grönland). Wahrscheinlich kann es dafür keinen besseren Zeitpunkt geben, denn alles spricht dafür,
dass wir Deutschen überaltern und aussterben, also erzählen wir
unseren Kindern – den paar, die noch übrig sind – unsere Geschichte.

Die ersten paar hundert Millionen Jahre können wir eigentlich
überspringen. Es gibt davon nicht viel zu erzählen. Regen, Hitze,
Kometeneinschläge, die Dinosaurier kommen und gehen, das
Übliche. Vor zweieinhalb Millionen Jahren dann diese homini-
den Zusammenballungen in Afrika, in Asien. Plötzlich legen sich
riesige rote Pfeile über die Landkarte, die aus Asien und Afrika
nach Europa zeigen. An denen entlang tasten sich die noch reichlich minderbemittelten Spezien bis nach Heidelberg vor. Und
hier setzt sich vor 600 000 Jahren eine besonders differenzierte
Art durch: der Homo Heidelbergensis.

Von Londonern oder Parisern ist da noch lange nicht die Rede. Von den Heidelbergern schon. Sie bringen der Gattung Mensch die Kulturtechnik bei, mit einem dicken Stein auf einen anderen dicken Stein zu dreschen. Es dauert ein paar hunderttausend Jahre, bis es alle begriffen haben, auch die in den hinteren Reihen (Grönland/England).

In der Steinzeit heißen die Menschen Germanen. Sie können große Steine aufeinander legen und machen durch unglaublich spannende Comics an Höhlenwänden von sich reden. Es gibt auch Menschen, die »Ägypter« heißen oder »Griechen«, aber sie schreiben in Sprachen, die keiner versteht (Hieroglyphen), oder viel zu lang (Ilias), und verschwinden deshalb prompt wieder in der Versenkung, während die Germanen mit Eichen schmeißen, sich fit halten (Turnvater Jahn) und für den Ernstfall trainieren. Der kommt mit den Römern.

Nur kurz zur Erklärung: Die Germanen heißen so, weil sie einen Speer (Ger) tragen und weil ihre Männer sehr männlich sind (manen). Die Frauen sind blond und blauäugig und sehr hübsch. Sie haben nicht viel zu sagen, denn sonst hätten unsere Vorfahren Gerfrauen geheißen. Die Römer heißen so, weil der Name »Griechen« schon vergeben ist. Die Griechen als Kulturvolk wiederum werden 1800 Jahre später von der deutschen Klassik abgelöst, womit sich auch der Kreis geschlossen hätte.

Wir sind in der Zeitenwende angelangt. Die Römer haben Gallien, das heutige Frankreich, mit ihren Truppen unter Feldherren wie Cäsar ziemlich schnell überlaufen. Dass ein kleines gallisches Dorf Widerstand geleistet hätte, ist nicht belegt und auch ziemlich unwahrscheinlich, denn Widerstand leisten im Allgemeinen nur Germanen. Auch die Invasion von Großbritannien war für die römischen Truppen geradezu ein Spaziergang gewesen. Es war damals besiedelt von Kelten, die zwar von den Germanen gelernt hatten, große Steine aufeinander zu legen (Stonehenge), aber nicht sehr gut mit dem Speer (Ger) umgehen konnten.

An Germanien, das jenseits des Rheins liegt und von Völkern wie den Kimbern, Teutonen und Ambronen besiedelt wird, scheitern die Römer indes immer wieder. Ihr Geschichtsschreiber Tacitus schildert uns als furchterregende Ansammlung von starken Kriegern, die von Körperhygiene nichts halten, aber gottesfürchtig sind. Unsere Häuser waren nicht an die anderen gebaut, wie in Rom, sondern sie standen für sich alleine, weil die Haustiere in der Wohnung untergebracht werden mussten, ein Brauch, der sich in Berlin bis heute gehalten hat.

Wir Germanen waren geschätzte Krieger. Viele von uns verdienten sich als Haudegen bei den Römern was dazu. Besonders einer tat sich hervor: Arminius. Er hatte die römische Staatsbürgerschaft. Er war der Mann für besondere Fälle. Mit einigen seiner cheruskischen Bataillone schlug sich Arminius wacker für die Römer auf dem Balkan. Doch als er nach vier Jahren erfolgreichen Schlachtens nach Germanien zurückkam, entdeckte er, dass sich die Römer anschickten, nun auch über den Rhein nach Osten zu expandieren, also in unser Heimatgebiet vorzudringen. Römernatur eben.

Nun fand Arminius: Das hier war etwas anderes. Er hatte sich in einen Patrioten verwandelt, in den ersten Deutschen, sozusagen. Er schlug sich fortan nicht mehr nur für sich, sondern für die ganze Sippe, die ganze Horde, sein ganzes Volk, und das war trotz seiner Ausweispapiere nicht das römische, sondern das germanische. Völlig irrational, könnte man sagen. Aber so ist das wohl mit Zugehörigkeitsgefühlen – sie sind irrational, haben aber dennoch ihren Sinn.

Wahrscheinlich stand Arminius eine Weile im Wald herum, weil das Gefühl, das er spürte, damals noch kaum bekannt war, und er noch nicht so genau wusste, was er damit machen sollte. Doch dann war die Sache klar: Die Römer waren hinfort seine Feinde. Allerdings hütete er sich zunächst, ihnen davon Mitteilung zu machen, denn er musste noch, hinter ihrem Rücken, die Cherusker und die Marser, die Chatten und die Bructerer, all die Germanenstämme also, die sich normalerweise nicht ausstehen konnten, gegen den gemeinsamen Feind agitieren und vereinen.

Im Jahre 9 nach Christus ist es soweit. Seinen Dienstherren gegenüber verbreitet er das Gerücht über Aufstände im Osten, die sofort zu unterdrücken seien. An der Seite des römischen Feldherrn Varus zieht er in die Schlacht. Das heißt, er führt ihn immer tiefer hinein in den finsteren Teutoburger Wald. Das Gelände ist sumpfig. Schmale Trampelpfade zwingen die römischen Kohorten dazu, sich lang auseinander ziehen zu lassen. An die eingeübten Kampf-Formationen, mit denen die Römer sonst so erfolgreich waren, ist nicht zu denken.

Unter einem Vorwand schlägt sich Arminius irgendwann in die Büsche. Und dann beginnen die Attacken. Sie dauern drei Tage lang. In strömendem Regen, in sumpfigem Gelände, fallen die Germanenkrieger über die Römer her. Pfeile zunächst, Speere, dann der Nahkampf. Ich sehe hier Russell Crowe in einem 150-Millionen-Dollar-Film von Wolfgang Petersen, ich sehe Tricktechniker am Werk, die den »Herrn der Ringe« nur als Fingerübung benutzt haben, ich sehe: Oscars, Oscars, Oscars.

Der mörderische Guerillakrieg zerreibt im Laufe des Gemetzels drei römische Elite-Legionen, drei Kavallerie-Abteilungen, sechs Ersatz-Kohorten. Von den 20 000 römischen Soldaten soll keiner überlebt haben. Als das Ende abzusehen ist, stürzt sich Varus, wie es die Sitte befiehlt, in ein Schwert, was Kaiser Augustus im fernen Rom überhaupt nicht besänftigen konnte. Gramerfüllt rief er: »Varus, Varus, gib mir meine Legionen wieder!«

Arminius war gerade 25, als er das römische Weltreich in die Knie zwang. Was für ein Stoff! Und der birgt weitere Grausamkeiten, Intrigen, Heimtücke und Tapferkeit: Nach seinem großen Sieg versucht Arminius seine Stämme in einer Koalition beisammen zu halten. Es gelingt ihm nur fallweise und mit großer Mühe.

Eine erneute Schlacht ein paar Jahre später bringt enorme Verluste auf beiden Seiten. Dem Römer Germanicus gelingt es, Arminius' Thusnelda festzusetzen und als Kriegsbeute mit sich zu führen auf seinem Triumphmarsch durch Rom. In der Gefangenschaft wird sie Arminius' Sohn gebären, den Thumelicus, der in Ravenna zum Gladiatoren ausgebildet wird und in der Arena stirbt, bevor er 30 ist.

Und Arminius, der Held? Er, der das römische Imperium in die Schranken gewiesen hat? Er wurde von Missgünstigen der eigenen Familie ermordet. Großes Kino! Schlachten, Liebe, Heroismus, Stolz, Verrat – kein Wunder, dass der Student Heinrich Heine hingerissen davon war. Und so fängt deutsche Geschichte erst an!

Vielleicht nicht direkt deutsche Geschichte, aber unser rückwärts gewandter Traum von ihr. Immer wieder geistert die Arminius-Figur durch das kollektive Erinnern, und in schöner Regelmäßigkeit wird sie abwechselnd von links und von rechts reklamiert in einem munteren ideologischen Pingpong-Spiel.

Luther, gleichzeitig links *und* rechts, hatte Arminius' römischen Namen in das deutsche »Hermann« übersetzt. Aus Hermann des Cheruskers Heldentaten sogen dann deutsche Feuerköpfe wie der Philosoph Fichte im frühen 19. Jahrhundert Stolz und nationalen Überschwang. Es war linker Überschwang, einer der Rebellion, denn Deutschland war okkupiert von den Heeren des Napoleon, und wie Hermann seine Stämme im Kampf gegen den römischen Imperator vereinte, so wollten die deutschen Aktivisten die Einheit im Kampf gegen den französischen Imperator, der sich tatsächlich in römischer Pracht feiern ließ.

Heinrich von Kleist, der exzentrischste und gefährlichste unserer Klassiker, peitschte damals die Nerven seines Publikums mit dem subversiven Drama »Die Herrmannsschlacht« von 1821, das unseren germanischen Ahnen als totalen Krieger zeigte, der für den Endsieg im Befreiungskampf auch die zivilen Opfer nicht scheute.

Rund sechzig Jahre später war der Hermann-Kult ein rechter. Hermann war in Bronze gegossen und als monumentaler Riesenbriefbeschwerer im Teutoburger Wald abgestellt worden, als Tischschmuck für das eben gegründete Deutsche Reich, das damals die zwar fortschrittlichste Industrienation unter der Sonne war, aber seine Heldenträume aus der tiefen und allertiefsten Vergangenheit borgte.

Zurückgeholt zur Linken wurde Hermann hundert Jahre nach Kaiser Wilhelm von keinem geringeren als Claus Peymann, dem blondesten und blauäugigsten Recken des deutschen Stadttheaters. Er reanimierte Kleists »Hermannsschlacht« in Bochum. Ich unterhielt mich damals mit ihm darüber. Er sprach kurz von den deutschen Befreiungskriegen, und dann viel und lang von Franz Fanon und den Guerillakämpfen gegen die kolonialistische Unterdrückung in der Dritten Welt. Aus Hermann dem Cherusker wurde endlich Hermann »Che« Guevara, doch der Kampfruf blieb irgendwie der gleiche: patria o muerte!

Ist es nicht wundersam, dass auch die internationalsten Internationalisten der sozialistischen Internationale nie auf das Vaterland verzichten wollten, wenn es hart auf hart ging? Als Kämpfer für die sozialistische Internationale hätte Stalin seine Millionen von Soldaten nie in den Tod schicken können – wohl aber als Retter des Vaterlandes.

Heute wäre Hermann eine interessante Figur. Säße er bei Attac oder im Europäischen Parlament oder in Davos? Oder würde er eine Separatistengruppe anführen? Vielleicht genügt das Wissen, dass er nicht der schlechteste Beginn war.

In den Jahrhunderten nach ihm änderte sich die Dynamik am Limes und an der Knautschzone Rhein. Nun sind es die Römer, die kriegerische Einfälle der Germanen zu verhindern suchen. Gleichzeitig ergibt sich jedoch ein reicher kultureller Austausch, eine großartige Vermischung, sodass am Ende keiner mehr genau weiß, ob er römisch oder germanisch ist, ein Zustand, der später bekannt wird als: Identitätskrise oder das deutsche Gefühl.

Während Rom zerfällt, wird Germanien Ausgangspunkt und Durchgangskorridor für die großen Völkerwanderungen. Man kann sagen: von Deutschland gehen Impulse aus. Zum Beispiel nehmen die Sachsen den Süden Englands ein und sorgen gemeinsam mit den Angeln, die aus Schleswig dazustoßen, dafür, dass die Inselbewohner einen ordentlichen Namen bekommen, der sich behalten lässt, eben die »Angelsachsen«.

Die Vandalen, die sich nicht viel später auf den Weg machten, können als Musterbeispiel einer frühen mobilen Gesellschaft gelten, die sich in den mediterranen Städtelandschaften immer wieder neue Herausforderungen sucht. Sie ziehen in einer großen Schleife, alles zusammenfaltend, was sich ihnen in den Weg stellt, über Frankreich, Spanien, Nordafrika nach Rom, wo sie angeblich hausten wie die Vandalen, was aber nur als pure Feindpropaganda abzubuchen ist. Wikipedia dazu: »Der im 18. Jahrhundert aus dieser Begebenheit hergeleitete Begriff Vandalismus als

Bezeichnung für ›fanatisches Zerstören um seiner selbst willen‹ ist dabei historisch sowie sachlich nicht korrekt. Die Vandalen plünderten die Stadt Rom zwar gründlich und nicht ohne Brutalität, doch ohne blinde Zerstörungswut; vielmehr wurden systematisch Wertgegenstände geraubt.«

Systematisch geraubt, *das* ist der Unterschied.

Die Völkerwanderungen waren nicht zuletzt ausgelöst worden durch die Reiterheere der Hunnen, die aus dem Osten vorstießen. Und vom Balkan aus macht sich auf den Weg: Theoderich mit seinen Goten, den wir auch als den legendären Siegfried von Bern kennen. Goten und Hunnen liefern die historische Grundierung für eine weitere Heldensage der Deutschen, die Heldensage schlechthin, die unzählige Künstler inspirieren sollte: Die Nibelungensage.

Die Zeit: Spätantike.

Der Ort: Worms am Rhein, Hauptstadt der Burgunder.

Die Geschichte: verworren.

Siegfried, der den bösen Nibelungen den sagenhaften, aber dreimal verfluchten Goldschatz entrungen hat, freit die schöne Kriemhild, die auf alle Fälle von Diana Krüger gespielt werden müsste. Kriemhilds Bruder Gunther (Jan Josef Liefers, eventuell mit Oberlippenbart) ist hin und weg von der isländische Prinzessin Brunhild (Eva Mattes), aber viel zu schwach, um sich in den für die Brautwerbung erforderlichen Disziplinen durchzusetzen: Steine und Bäume schmeißen, Kämpfen bis zum Umfallen. Gunther bittet Siegfried (klarer Fall: Brad Pitt) um Hilfe, der seinen Freund, durch eine Tarnkappe unsichtbar gemacht, im Hauen und Stechen unterstützt und die Braut für ihn gewinnt. Stolz wird sie von Gunther an den Hof zu Worms geführt.

Aber ach, Brunhild kriegt raus, dass bei der Brautwerbung geschummelt wurde. Als Gunther in der Hochzeitsnacht nehmen möchte, was, wie der Dichter höchstwahrscheinlich sagt, »manniglich sin rechte sey«, wird er von Brunhild (immer noch Eva Mattes) gefesselt und geknebelt und die Nacht über an einen Haken gehängt und wahrscheinlich auf isländisch verhöhnt. Als Siegfried die Schandtat vernimmt, ist er außer sich. Erneut setzt er sich die Tarnkappe auf und erzwingt den den Burgundern rechtmäßig zustehenden Geschlechtsverkehr. Obendrein zieht er Brunhild einen besonders schönen Ring vom Finger.

Zehn Jahre später kommt es zu einer sehr unschönen Szene vor dem Dom. Brunhild und Kriemhild wollen gleichzeitig hinein. »Ich bin die Höherstehende«, sagt Brunhild schnippisch, »denn mein Menne ist der König und deiner nicht, sondern nur sein Angestellter.«

»Is' er nicht!«, sagt Kriemhild, noch schnippischer. »Mein Mann ist niemandes Angestellter. Wir haben unser eigenes schönes Königreich in Xanten am Niederrhein. Und im Übrigen war es Siegfried, mein blonder Recke, der dich bezwungen hat, und nicht Gunther, der ja wohl ein bisschen schwach auf der Brust ist – warum sonst wird er wohl von Jan Josef Liefers mit Oberlippenbärtchen gespielt?« Und zum Beweis, dass sie die Wahrheit gesprochen hatte, zeigte sie Brunhild den Ring, den er ihr in jener stürmischen Nacht vor zehn Jahren abgenommen hatte.

Brunhild weinte. Brunhild tobte. Brunhild schwor ewige blutige grausame Rache, und sie zog den finsteren Hagen von Tronje zu Rate, der eine Augenklappe trug, damit er leichter als böse zu identifizieren war. Tronje ist Brunhild ergeben und zu allen Schandtaten bereit. Er heckt einen Plan aus. Er fingiert eine Kriegserklärung durch die Dänen, denen man schon damals allen möglichen Ärger zutrauen konnte, und stellte einen Feldzug zusammen. Unser blonder Siegfried meldet sich freiwillig. Er weiß sich ja unverwundbar, denn damals, als er den Drachen erschlug, um an den Hort der Nibelungen zu gelangen, badete er im Blut des Viechs, das ihn fortan wie ein Panzer schützte.

Eine kleine Stelle allerdings ist damals frei geblieben, irgendwo am Rücken, durch ein blödes Lindenblatt, das im falschen Moment vom Baum gesegelt war. Und das will Klappe ausnützen. Er überzeugt Kriemhild (blond, sehr blond) davon, dass es gut wäre, besagte Stelle zu markieren, denn dann könne man » ... äh ... irgendwie im Kampf darauf achten, dass man da ... äh ... irgendwo nicht selber aus Versehen ... höhö ... reinsticht.«

»Tolle Idee«, ruft Kriemhild, »Hagen, du bist ein Schatz.« Und summend stickt und strickt sie auf sein Gewand ein Kreuz, das schon von weitem wie eine Zielscheibe aussieht. Diese unglaubliche Plot-Schwäche in der Nibelungensage schleppt sich übrigens durch alle späteren Bearbeitungen, obwohl sich die besten Fachkräfte diese Szenen vornehmen (Walther von der Vogelweide, Uwe Beyer, Uli Edel).

Zurück: Die Dänen haben den Krieg überraschend abgesagt, behauptet Tronje, aber man könne ja stattdessen zum Jagen gehen. Als Siegfried sich, erschöpft vom wilden Treiben, unter einer Linde über eine Quelle beugt, um zu trinken, schleudert ihm »Klappe« den eigenen Speer in den Rücken, genau ins von Kriemhild aufgestickte Fadenkreuz. Weh, Ach, Jammer. Vor dem aufgebahrten Leichnam hat Kriemhild, die an den Jagdunfall nicht glauben mag, so blond ist sie dann auch nicht, schließlich Gewissheit. Denn als Hagen von Tronje herantritt, brechen des toten Helden Siegfrieds Wunden wieder auf. Ein eindeutiges Zeichen, das auf die Täterschaft deutet, bei »Columbo« passiert so was dauernd: Zum Schluss versammeln sich alle im Billardsaal, und einer fängt an zu bluten.

Kriemhild trauert. Dreizehn Jahre nichts als Trauer und Schikanen. Nachdem sie begonnen hatte, das arme Volk mit kleinen Gaben aus dem Nibelungenschatz zu beglücken und damit ihre Popularität im Volk gewaltig steigert, wird er ihr von Klappe weggenommen und im Rhein versenkt. Dreizehn lange Jahre der Demütigungen gehen so für Kriemhild ins Land – und dann kommen Boten, von König Etzel alias Atilla dem Hunnen alias Yul Brynner, die Brautwerbung betreiben. Die blonde Kriemhild zögert, zunächst. Doch dreizehn Jahre, sagt sie sich schließlich, sind genug. Sie weiß: auch sie wird nicht jünger, und irgendwann wird sie selbst für einen Hunnen uninteressant sein. So willigt sie ein.

Jahre verstreichen am Hofe Etzels, und meistens ist Kriemhild depressiv. Eines Morgens, ganz überraschend, wendet sich Kriemhild an den Gemahl und spricht: »Ich bin einsam, bitte gestattet mir, meinen Bruder und seinen Hofstaat einzuladen.«

Dreizehn Jahre lang eine depressive Gattin – das zermürbt auch den härtesten Hunnen, und Etzel würde alles geben, um die Gemahlin *einmal* lächeln zu sehen, und so willigt er sofort ein, »na klar«, und kurz darauf schon nähert sich die halbe Bevölkerung Burgunds, an der Spitze Gunther und Klappe.

175

Etzels Gast Dietrich von Bern jedoch, den wir ganz am Anfang der Geschichte einfach herumstehen ließen, hat Verdacht geschöpft. Er traut der sehr kühlen blonden Kriemhild nicht und er reitet Hagen von Tronje entgegen und beschwört ihn, den Burgundertross zur Umkehr zu bewegen, denn:»Kriemhild weint noch jeden Morgen um ihren Siegfried«.

Doch Gunther und die Seinen lassen sich nicht beirren. Sie setzen ihren Weg fort, und bald gibt es ein Bankett im Schlosse Etzels. Mehrere Male versucht Kriemhild mithilfe bestochener Hunnen-Soldaten die Mannen um»Klappe« abzumetzeln, doch stets sind sie auf der Hut. Schließlich gewinnt Kriemhild das Vertrauen des Etzel-Bruders Blödelin.

An dieser Stelle müssen wir kurz innehalten und versichern: Er heißt wirklich so. Im Ernst. Blödelin stürmt mit tausend Mann die Schlafbaracke Hagens, und, na ja, was soll man erwarten bei dem Namen – gleich wird ihm der Kopf abgeschlagen.

Von nun an wird ohne Unterlass gekämpft, geschlachtet, gemordet. Es werden Schwüre gegeben und gebrochen, Dietrich von Bern zieht ab und kehrt zurück, das Schloss brennt nieder, es wird weiter gekämpft –»die Schlacht um Troja war ein Klacks dagegen«, sagt Jan Josef Liefers später. Endlich sind alle tot. Fast alle. Hagen und Gunther, von Dietrich von Bern bezwungen, schmachten halbirre im Kerker, in Kriemhilds Gewahrsam.

Kriemhild musste Dietrich von Bern hoch und heilig versprechen, den beiden Gefangenen kein Haar zu krümmen. Er selber, Dietrich, muss wegen dringender Geschäfte für ein paar Tage weg. Was natürlich eine weitere haarsträubende Plot-Schwäche ist, denn wir haben Kriemhild in den letzten Wochen als blutsaufende Psychopathin kennen gelernt, als komplett Wahnsinnige in ihrer Rachelust und Skrupellosigkeit – was wird die wohl machen? Sich an ihr Versprechen halten? Come on, Nibelungendichter!

Wie es so geht im Kerker, ein Wort gibt das andere, die einen sind gefesselt und wehrlos, die andere hat ein Schwert zur Hand, das zufällig Siegfrieds Schwert ist, und schwapp und schwupp kollern zwei weitere Köpfe über den Boden.

Und da heißt es:»hie hât daz mære ein ende: daz ist der Nibelunge liet«, in dieser mittelhochdeutschen Handschrift aus dem 13. Jahrhundert – »hier ist die Geschichte zu Ende: das ist das ›Lied von den Nibelungen‹«. Wahrscheinlich ist der Verfasser am Bischofssitz zu Passau zu suchen, namentlich erwähnt in einer Rechnung aus jenem Kreis wird der mittelhochdeutsche Dichter-Star Walther von der Vogelweide.

Die Nibelungensage ist die deutsche »Odyssee«, ein unvergleichliches Epos aus dem deutschen Hochmittelalter, das, es muss gesagt werden, Vergleichbares in englischer Sprache nicht kennt, und wahrscheinlich wirft »google« bei dem Eintrag »Nibelungenlied« deshalb fast ausschließlich englischsprachige Nennungen und Verweise aus: alle kommen bei uns gucken. Gleichzeitig ist der traurige Schluss erlaubt, dass sich zu wenig Deutsche für ihr Epos interessieren.

Es stammt aus der Blütezeit des deutschen Kaiserreiches, die als glückhafteste in der deutschen Geschichte immer wieder beschworen wird. Der deutsche Kaiser leitet sich etymologisch aus »Cäsar« ab, und er verstand sich als Erbe des römischen Weltreiches und als Schutzherr der Päpste, schon seit sich Karl der Große, der Ost- und Westeuropa vereint hatte, um 800 in Aachen zum Kaiser krönen ließ. Als erster deutscher Kaiser gilt Otto I., der seine Residenz im prächtigen Magdeburg hatte. Er nahm Egdith, die Tochter des angelsächsischen Königs Aethelstan zur Frau, die natürlich froh war, die verregnete Insel mit den aufeinander geschichteten Steinen (Stonehenge) gegen ein zivilisiertes Schloss im lieblichen Sachsen eintauschen zu können und ihren unaussprechbaren Namen in das schöne deutsche »Edith«.

Sie war gerade noch rechtzeitig gewechselt. Gut hundert Jahre nach ihrem Tod gab es überhaupt keine angelsächsischen Könige mehr – die normannische Eroberung hatte die Insel zur französischen Kolonie gemacht. Bis ins 13. Jahrhundert hinein weigerten sich die Könige auf der Insel, Englisch zu sprechen, nicht, weil es so schwer zu lernen gewesen wäre – drei Tage! – sondern weil es so grauenvoll klang. »Es ist nicht zu glauben«, sollte Heinrich Heine später schreiben, »dass der liebe Gott den Engländern einen Shakespeare geschenkt hatte.« Es sollte dann auch bei diesem einen Shakespeare bleiben, aber zurück zur deutschen Heldengeschichte.

Das dritte große Epos der Deutschen, das in Wahrheit ein Sehnsuchts-Epos ist, ist die Geschichte von Kaiser Barbarossa. Auf dem Weg ins Heilige Land, wo es darum ging, alle Ungläubigen in Angst und Terror zu versetzen – was haben wir Deutschen seither alles dazu gelernt! – ertrank der beliebte Regent im Fluss Saleph in Kleinasien.

Doch bald entstanden Gerüchte und aus diesen die Sage, dass er nicht tot sei und wiederkommen werde. Er soll mit seinem gesamten Hofstaat verzaubert in Höhlen des Kyffhäusers im Harz sitzen. Dort drinnen, verschlossen im Berg, sitzt der Kaiser an einem Tisch mit seiner goldenen Krone auf dem Kopf. Des Kaisers Bart ist durch den Tisch gewachsen und reicht schon zweimal um diesen herum. Wenn die Zeit reif ist, wird Barbarossa aus dem Berg herauskommen und das Reich wieder einen und zu neuer Blüte führen.

Friedrich Rückert hat in den beiden Schlussstrophen seines Barbarossa-Gedichts beschrieben, wann es soweit ist. Das heißt eigentlich, wann es noch nicht soweit ist:

> Er spricht im Schlaf zum Knaben:
> Geh hin vors Schloss, o Zwerg,
> Und sieh, ob noch die Raben
> Herfliegen um den Berg.

> Und wenn die alten Raben
> Noch fliegen immerdar,
> So muß ich auch noch schlafen,
> Verzaubert hundert Jahr.

Hundert Jahre als kleinste Zeiteinheit! Hundert Jahre für jeden Traum! Das heißt: Unsere Hoffnung wird nie erlöschen, wir können warten …

Nach dem Tod des letzten Staufenkaisers Friedrich II. im Jahre 1250 war das deutsche Kaiserreich nach einer etwa einhundertjährigen Blütezeit in viele Kleinststaaten mit teilweise sehr gegensätzlichen Interessen zerfallen. Die Sage spiegelte die Sehnsucht des einfachen Volkes nach einem einheitlichen Staat und einem weisen und gerechten Herrscher wider, und diese Sehnsucht suchte sich durch die deutsche Geschichte hindurch immer wieder neue Träger, einige Gute darunter, einige fatale.

Im 19. Jahrhundert lebt Barbarossa mächtig auf. Es war, als erhob er sich für eine Proberunde durch die deutsche Gegenwart, aus »dem strahlenden Nebel eines mehr erträumten als wirklichen Mittelalters«, wie es Hagen Schulze nannte.

Die deutschen Kaiser sind überall zu Hause und nirgends, sie vagabundieren pausenlos durchs Reich, und kein anderes europäisches Land hat im Laufe seiner Geschichte mehr glanzvolle Hauptstädte: Aachen, Goslar, Frankfurt, Nürnberg, Prag, Wien, Berlin, Bonn und wieder Berlin.

Das alte Reich ist schwach in der Folge, doch seine Städte blühen, sie liegen an den zentralen Handelswegen durch den Kontinent. Die Zünfte bereichern sie mit ihren Künsten, die Universitäten bilden ihre Gelehrten aus, Dürer oder Gutenberg oder Luther. Auch wenn es die deutschen Städte sind, die den Preis zahlen für die Plünderungsmärsche der Großmächte im Dreißigjährigen Krieg und folgender Feldzüge, und darin weniger glücklich als London oder Paris, so stellen sie doch ein unvergleichliches kulturelles Gedächtnis dar.

Das Reich zerfällt unter den Hammerschlägen Napoleons. Es war schwach über Jahrhunderte hinweg, immer eher eine romantische Idee als eine militärische Macht. Doch es bietet eine unglaublich reiche Geschichte voller Heldentaten und Poesie, Legenden und Mythen, aus denen Heinrich Heine und viele andere deutsche Dichter geschöpft haben. Sollten wir uns den Weg zu ihnen versperren lassen, nur weil ein österreichischer Psychopath seine Wahnsinnsfeldzüge »Unternehmen Barbarossa« oder seine SS-Divisionen »Hohenstaufen« oder »Nibelungen« genannt hat? Unsere Geschichtsschreibung ist vorsichtig geworden, wenn es um das Erbe des alten Reiches geht, und vermeidet peinlich alles, was an die nationale oder gar faschistische Großmannssucht und Hybris anklingen könnte. Dabei verdünnt und verklausuliert sie die Sprache so sehr, dass von Bewunderung oder Liebe oder Erstaunen über dieses Massiv geschichtlicher deutscher Identität kaum mehr etwas übrig bleibt.

Im politisch korrekten Neudeutsch, das jede Verklärung des alten Reiches scheut, klingt das so: »In neuer europäischer Weite betrachten wir das mittelalterliche Reich heute nicht mehr in nationaler Engführung. Wieder wandelt die Gegenwart den Blick der Historikerinnen und Historiker. Das Reich wird uns zum Raum von Begegnung, Kommunikation, Leben, Denken, Kunst, Kultur, Sprache, Literatur, Wirtschaft, Gesellschaft, zum Zeichensystem und zur Imagination.«

Ein Eiertanz, dabei ist es doch so einfach. Wir können stolz auf unsere große Geschichte sein, auf die tausendjährige Geschichte des alten deutschen Reiches, das vor 200 Jahren zu Ende ging. Das obenstehende Zitat stammt aus dem Buch »Heilig-Römisch-Deutsch«, das entsprechende Ausstellungen in Berlin und Magdeburg begleiten wird, und drückt unser Dilemma aus. Man will das alte deutsche Reich gleichzeitig feiern und nicht feiern, ein schwieriges Unterfangen.

Dabei ist es zunächst einmal ein tolles, ein interessantes, ein spannendes Unterfangen, denn es erzählt uns, wo wir herkommen. In anderen Worten: Es enthält so etwas wie unseren eigenen Einbürgerungstest, und darüber hinaus jede Menge Drehbuchideen für richtig großes Kino.

13. DEUTSCHLAND. EINE SOMMERREISE

Zweite Exkursion zu den Deutschen, die Potenzial haben
und sich in aller Ruhe auf den Sturm vorbereiten,
sowie ein Gespräch mit Peter Sloterdijk

Wie er da stand, unser neuer Bundespräsident, unter der hohen gläsernen Kuppel im weiten Plenum des Reichstags. Wie er den Aufbruch wollte für uns alle, in seiner Antrittsrede, wie er ein Land der Ideen und der Erneuerungen wünschte und wie er »auch die 68er und ihre Impulse und Auswüchse« nicht vergaß zu würdigen. Ich mochte ihn.

Vielleicht mochte ich ihn, weil er so linkisch dastand und trotzdem die wenigen wichtigen Worte fand, die gemeinhin als »Vision« bezeichnet werden. Und weil er gerade angekommen war, nach langen Jahren der Auslandsaufenthalte. Er hatte genau jene Portion an Naivität, die es braucht für Neuanfänge. Ich fand, wir saßen in einem Boot. Er lächelte viel, und es wurde viel gelacht in diesem Sommer in Deutschland im Jahre 2004.

Die Lage war hoffnungslos auf der Regierungsbank, aber nicht ernst. »Diese zweite Amtszeit haben wir unterm Gürtel«, las ich in den Gesichtern, »die kann uns keiner mehr nehmen.« Und der Mann mit dem freundlichen schwäbischen Akzent am Rednerpult wirkte wie ein gütiger Schuldirektor, der die Lümmel aus der ersten Reihe mit sanften Mahnungen in den Urlaub schickt. Ich mochte den Bundespräsidenten an diesem Morgen, vor allem, wenn er sich versprach. Mich störte überhaupt nicht, dass in der Ehrenloge links von mir zwei frühere Bundespräsidenten vor sich hindämmerten, die ähnliches an »Ruck«-Reden auch schon gehalten hatten. Es ist die Aufgabe von Bundespräsidenten, Ruck-Reden zu halten, überall auf der Welt. Und diese war wunderschön.

Unwillkürlich musste ich an Heines Verse aus dem »Wintermärchen« denken

> Ein kleines Harfenmädchen sang.
> Sie sang mit wahrem Gefühle
> Und falscher Stimme, doch ward ich sehr
> Gerühret von ihrem Spiele.

Wie wohltuend unzeremoniell und hell alles war, hier im Reichstag. Und wie schön und zivilisiert die anschließenden Begegnungen in den hellen Foyers, der freundliche Herr Bresser mit seiner
Frau, Bischof Lehmann im Gespräch mit Bischof Kruse, der erstaunlich kleine Müntefering vor den Mikrophonen, moderne
marmorne Weite, so demokratisch, verglichen mit der düsteren
neugotischen Muffigkeit des House of Commons und den ange-
strengten Bosheiten in den engen Parlaments-Bänken.

Ich war aus London angereist und freute mich auf Deutschland und auf meine Reise durch die Republik, und ich hatte Heines »Deutschland. Ein Wintermärchen« im Gepäck. Genau 160
Jahre zuvor war der in Kutschen nach Deutschland gejagt, aus
Paris, weil er das Heimweh nicht mehr ausgehalten hatte. Er hatte
darüber geschrieben:

> Und als ich die deutsche Sprache vernahm
> Da ward mir seltsam zu Muthe;
> Ich meinte nicht anders, als ob das Herz
> Recht angenehm verblute.

So sentimental, so schön. Das hindert ihn überhaupt nicht daran,
im Folgenden in derselben deutschen Sprache hart und ätzend
mit dem deutschen Michel abzurechnen und den Lakaien und
mit Hermann und Karl dem Großen. Doch dieser hammer-
schwingende Polemiker hatte das Ohr für genau jene geheimnisvolle kleine Klang-Verschiebung des Harfenmädchens, die es ihm
unmöglich machte, sein Land nicht zu lieben.

Es gibt diese provinzielle deutsche Freundlichkeit und Bescheidenheit, die besonders spürbar wird, wenn man aus triumphalistischen Metropolen wie New York oder Paris kommt oder aus London, wo kein Gespräch ohne Niederträchtigkeiten zu denken ist, und das ist auf die Dauer anstrengend. Hier dagegen: das wahre Gefühl und die falsche Stimme, beides zusammen. Ein schwäbelnder Bundespräsident, völlig unpompös, rührend im besten Heineschen Sinne.

In den Wochen zuvor war ich kreuz und quer über die britische Insel gefahren und hatte versucht rauszukriegen, wie es sich lebt im britischen Wirtschaftswunder. Ob in Cornwall im Süden, in Birmingham in der Mitte oder im Seebad Blackpool im Norden – ich traf auf keinen Einzigen, der freundlich von seinem Land redete oder gar von seinem Premierminister Tony Blair schwärmte. Niemanden.

Dafür jammerten sie über die unpünktlichen und oft entgleisenden Züge, die dreckigen Krankenhäuser, die schlechten Schulen, die hohen Mieten. Die Liste der Klagen war endlos.

Waren Missmut und Jammerei nicht unsere Sache, ein deutsches Privileg? Wie konnte das sein? Berlin dagegen schien so relaxed und freundlich. Am Berliner Dom vorbei lief irgendein Prominenter mit der Olympia-Fackel, die von Samsung war und aussah wie ein großes Feuerzeug, und dahinter stand ein Kastenwagen im Stau, auf dessen Tür geschrieben stand: »Wir bleiben ›uff'm Boden‹ – Linole und Parkette«, und das alles sah so friedlich aus und so eindeutig nicht nach Olympiade 1936.

Vielleicht waren die Deutschen in diesem Sommer ein wenig müde von den ganzen schlechten Nachrichten, den neusten Arbeitslosenzahlen, von den politischen Talkshows, die seit Jahren Sonntag für Sonntag im deutschen Niedergang stocherten. Und hatten sich entschlossen, das alles dann doch nicht mehr so ernst zu nehmen in diesem Monaten.

So machte ich mich auf, um einer Republik im Stillstand den Puls zu nehmen, ein Jahr vor dem großen politischen Sturm.

Die Hauptstadt feierte das politische Saisonende mit Presse-Partys. Auf der des Auswärtigen Amtes zeigte sich Joschka Fischer in seiner Eigenschaft als Kohl. Er entschuldigte sich bei seinen Mitarbeitern für Ausfälle, Beleidigungen, Ungerechtigkeiten des zurückliegenden Jahres mit den Worten: »Es wird ganz sicher wieder vorkommen.« Die Macht lachte, und der Beamtenchor lachte mit. »Mehr davon«, rief einer. Und die Macht sattelte drauf. »Ich sehe, es sind Masochisten unter Ihnen«, dröhnte Fischer.

Mir gelingt es, zu ihm vorzudringen. Welche Zensur er sich selbst geben würde fürs vergangene Schuljahr? »Ach wissen Sie«, sagt er, nach einer misstrauischen Pause, eingekeilt zwischen Büfettkante und Lautsprecher, deutlich genervt, »ich hab's ja nie so mit Zeugnissen gehabt.«

Über dem Lichthof des Außenministeriums hängen zwei eiserne Seiltänzer spiegelverkehrt auf einer Stange: Ist der eine oben, dreht der andere nach unten. Und umgekehrt. So ist die Politik, so ist das Leben selber, alles ändert sich so schnell. »Das kommende Jahr wird noch härter«, sagt Fischer, und er weiß da ja noch gar nicht, wie Recht er hat.

Es gibt nur zwei Frauen auf dieser Party, die neue von Fischer und Claudia Roth, und schon aus diesem Grund ist die Party des Gegners die lustigere: viele, viele Blondinen, und die meisten sehen aus wie Michelle Hunziker.

Die »Bild«-Zeitung bietet das agonale Spektakel. Sie feiert in einer Arena am Fuße des Springer-Hochhauses, mit Fußball-Großbildwand und Schweinebraten. Und die Stimmung ist bald in einer äußerst gepflegten Art und Weise außer Rand und Band, denn Holland verliert in diesem Europa-Pokal-Spiel. Auch Springer-Vorstand Matthias Döpfner lächelt, und es macht mir überhaupt nichts aus, zu ihm aufzuschauen. Jeder muss das. Er ist souverän und einfach sehr groß. Er muss über zwei Meter sein. Er könnte Center in der NBA sein, natürlich müsste der Oberkörper mehr aufgebaut werden.

Wir unterhalten uns über die Entgleisung von Desmond Morris, dem Chefredakteur des »Daily Express«, der wütend und »Heil Hitler«-brüllend im Stechschritt durch seine Vorstandsetage gestampft war, weil die Eigner des »Daily Telegraph« erwogen hatten, nicht an ihn, sondern an Springer zu verkaufen. »Ein Eigentor«, sagt Döpfner, und schon sind wir wieder beim Fußball und beim Sieg über Holland. Das allein, darin sind sich so ziemlich alle einig an diesem Abend, darf nicht genügen für die Zukunft der Nation und für all die Reformen, die auf uns zukommen werden. Aber es ist doch schon ein schöner Anfang.

Deutschland braucht Mut, sagte der Bundespräsident in seiner Rede. Da Mut aber keine kollektive Kategorie ist, sondern eine individuelle, frage ich herum in diesem bunten Maskenzug der Berliner Republik.

Was das Mutigste war, das er in seinem Leben gemacht hat? »Bild«-Chef Kai Diekmann bietet einen beachtenswerten haarsträubenden Biker-Trip durch Mittelamerika an und CDU-Generalsekretär Laurenz Meyer, auch nicht schlecht, seinen Wechsel zu Angela Merkel. Dann erzählt er einen schweinischen Witz, und Franz-Josef Wagner, der kettenrauchende Jacques Brel unter den deutschen Kolumnisten, steckt sich eine weitere Gitanes an und lacht ein Lachen, das klingt, als kollere eine Tonne die Straße hinunter.

Da sitzt Peter Gauweiler, einer der letzten wirklich Konservativen des Landes! Ein Mann von systemverachtender Melancholie. In der Union ist der CSU-Bundestagsabgeordnete ein Einzelgänger. Mit den Konservativen in diesen Tagen verhält es sich ja so, dass sie nur die besseren Betriebswirte sein wollen. Das ist leider alles. Der wahre Konservative ist ein Subversiver in dieser durchgesetzten 68er Republik, einer wie Gauweiler.

Gauweiler knurrt, »unsere können es auch nicht«; und zum Mannesmann-Prozess: »Völlig richtig, die Anklagen«; und zur Gesamtlage: »Wir haben doch keine Unternehmer mehr, sondern Unterlasser.« Dann beschwört er eine neue Gründerzeit im Osten, Schnellzüge nach Moskau, und dann bemerkt er, dass ihm keiner mehr zuhört.

Alle fünf Minuten schwebt huldvoll TV-Moderatorin Sandra Maischberger vorbei. »Hallo«, ruft sie mir und Franz-Josef Wagner zu, »na, ihr beiden«, und sie weiß ganz genau, dass die beiden lästern.

Deutschland ist im Eimer, das ist der Tenor an diesem Abend, aber man hat durchaus Spaß dabei, es gibt eine Fußball-Torwand, es gibt Schweinebraten, und am Ende bekommt jeder ein

Berliner Landbrot in die Hand gedrückt. Das ist der Cäsarenwitz, die plebejische Pointe dieser Nacht in der Hauptstadt: Brot und Spiele.

Der Reichtum des Ostens

Der Kran zum Richtfest der Frauenkirche in Dresden steht noch. Er steht da wie zum Bungee-Springen, trivial. Der Wiederaufbau, so kommt es mir an diesem Sommerabend auf dem Domvorplatz vor, war ein poetischer Prozess. Solange die Dresdner bauten, so lange wurde von einem gemeinsamen Aufschwingen geträumt. Nun hat man den Traum fertig und zugemauert, und gleichzeitig hat man vor aller Augen einen Zeugen verschwinden lassen für ein Kriegsverbrechen, eines, das an Deutschen verübt wurde.

Nun ist der Platz leer und sauber, und aus der frischverputzten Nähe sieht sie banal aus, die Frauenkirche, und das ist wohl der Preis für den gelungenen Wiederaufbau, den einer Kirche genauso wie den eines ganzen Landes: die Banalität. Ein Jahr später, mit ihrer Einweihung und der ersten Messe und mit dem Stolz von Hunderttausenden wird diese Kirche ihre Aura zurückgewinnen – jetzt aber ist sie nur Stein. Kann sie etwas zurückbringen, was verloren gegangen ist? Hat sie ein Gedächtnis?

Weiter vorn, an einer gusseisernen Laterne, steht ein Teenager-Pärchen vor einem Pappschild: »Dresden wie es einmal war – Erleben Sie 40 Minuten die Kunststadt Dresden vor der Zerstörung in einmaligen Original-Tonfilmaufnahmen aus den 30er Jahren. Im Verkehrsmuseum. Täglich außer montags«.

»Lass uns gucken, was sonst so läuft«, sagt das Mädchen.

Es sind nur zwei Stunden von Dresden nach Hoyerswerda, bis zum Wohnkomplex VI einer Straße, die voller Wohnkomplexe ist, und die sicher früher »Straße der Völkerfreundschaft« hieß.

»Wir brauchen alle mehr Mut«, rufe ich nach oben.

»Wer sochtn däs?«

»Der neue Präsident.«

Der Mann im Unterhemd nickt. Dritter Stock, zweites Fenster von links. Sanierte Platte. In den Spalten wuschelt Unkraut. Der Mann schaut in die Ferne, hinüber zum anderen Wohnsilo. Dann ruft er mir nach unten zu:

»Mer gönn ja nisch alle in der Egge sitzenbleim.«

Er arbeitet in einem Möbel-Großlager. Plackerei bis vier Uhr nachmittags, aber immerhin Arbeit, und er schaut aus dem Fenster, als sei er hier in der Ecke vergessen worden. Er ist einer der Letzten im Wohnblock. Der gegenüber ist bereits leer. Wird abgerissen. Hoyerswerdas Bevölkerung schrumpft wie die im ganzen Osten, doch von hier rennen die Einwohner am schnellsten weg. Vor der Wende gab es über 70 000, jetzt sind es gerade noch 44 000.

In Wohnblocks wie diesem war es, wo 1991 der Hass ausbrach. Vietnamesen und Mosambikaner wurden mit Molotow-Cocktails und Steinen aus der Stadt getrieben. Frauen in wattierten Morgenmänteln standen auf den Grasnarben, aufgeregte Teenager riefen: »Guck mal, was die alles haben.« Und die meisten sagten: »Die nehmen uns die Arbeit weg.« Jetzt ist es tags und ruhig, und das alles ist vorbei wie ein böser Alptraum.

»An 91 will ich nicht erinnert werden«, sagt der lokale PDS-Vorsitzende Dietmar Jung. »Mittlerweile haben wir beispielhafte Projekte gegen den Fremdenhass, da kommen die Leute aus ganz Deutschland.«

Gibt es denn überhaupt noch Ausländer? Marcel und zwei Mädchen, die so um die 15 sind und vor einem Hauseingang stehen, nicken. Die Klingelschilder sind leer oder mit Heftpflaster überklebt, auf denen russische Namen stehen. Das eine Mädchen, das »Miss Piggy« auf dem T-Shirt trägt, mag die Türken nicht besonders. Einer da hinten hat eine Dönerbude. Der ist doof. Allerdings, wenn der weg wäre, gäb's keinen Döner, oder? »Stimmt«, sagt Miss Piggy, nachdem sie lange nachgedacht hat. Alle drei wollen sie weg hier. »Nach Italien vielleicht«, sagt Marcel. »Oder in die Nähe von Nürnberg.« Das klingt genauso weit.

Dietmar Jung hat während des Gesprächs verlegen zu Boden geschaut. Früher mal, in einem anderen Leben, war er FDJ-Sekretär und hat den Internationalismus in Grußadressen gefeiert. Früher gab es die »Schwarze Pumpe«, Braunkohleabbau, 18 000 Leute hatten da Arbeit. Heute sind es noch 1000. Heute liegt die Arbeitslosenquote bei 25 Prozent. Der Sozialismus war eine Erscheinung des Industriezeitalters, und er ist mit ihm untergegangen. Er bleibt als trotzige Erinnerung: Die PDS hat hier gut 30 Prozent.

Heute sind die Gruben zugeschüttet und überforstet, als hätte man ein Tuch darüber glatt gezogen. Es kann keine blühendere Landschaft geben. Hier sind drei Meere, sagt Dietmar Jung: »Das Sandmeer, das Bäumemeer, das Nichtsmehr.«

Dieser Winkel der Republik wirkt wie verwünscht. Er ist real und doch so geisterhaft wie eine Erinnerung. Was sich hier über den ehemaligen Maschinenraum der DDR gesenkt hat, ist wie die Kulisse der Truman-Show. Fest steht nur eines: Die Behauptung, dass da in den vergangenen 15 Jahren 600 Milliarden Euro in den Aufbau Ost versickert seien, stimmt nicht. Versickert ist gar nichts. Man sieht jeden Cent. Die Straßen von Hoyerswerda sind neu, und neu ist das gewaltige Lausitzer Einkaufszentrum. Um die Infrastruktur würde man Hoyerswerda in ehemaligen englischen Kohlegegenden beneiden. Das Problem ist nur, dass man in erster Linie Infrastruktur sieht und wenig Menschen.

Jung zeigt mir das Geschäft, das seine Frau im historischen Stadtkern aufgemacht hat, eine Geschenkboutique, die gerade geschlossen ist. Es ist einer der Läden, an deren Schaufenstern man sich als Kind die Nase platt gedrückt hat. Morgenländische Papierlampions, der Eiffelturm aus Zink, Clownsmasken, Porzellanballerinen, Ledertruhen, Zwerge, die Skat spielen.

Und deutsche Dichter, Denker, Komponisten als Briefbeschwerer. Als kleine und größere Gipsbüsten. Beethoven, Mozart, Goethe, Heine. Welch ein Reichtum!

Das Potenzial des Südens

So sieht die Feldküche für die Anschlussschlacht um die Weltspitze aus: »Feinkost Käfer« am neuen schimmernden Münchner Flughafen. Die Gemüsesuppe wird im Nachkriegseinweckglas serviert und damit als ironisches Zitat aus den Entbehrungsjah-

ren, aus den Wiederaufbaujahren, aus den »Wir-schaffen-es-ge-
meinsam«-Jahren. Truppenverpflegung für die iPod-Generation.
So was läuft nur in München. Die Boss-Krieger, die hier anlan-
den, haben mit Nanotechnologie zu tun, oder sie schließen Deals
ab oder melden wenigstens ein Patent an. Kurz: Hier landen genau die, die sich der Bundespräsident in seiner Rede als Avantgar-
de zusammengeträumt hat.

Ein paar Minuten von hier, zwischen Feldern unter weißblau-
em Himmel, stehen die Hallen des Forschungszentrums Gar-
ching, der Reaktor der TU München, die Forschungslabors von
BMW und seit ein paar Wochen das neue europäische For-
schungs- und Entwicklungszentrum von General Electric. Der
profitabelste Konzern der Branche hat sich den Standort
Deutschland ausgesucht, trotz seiner hohen Lohnnebenkosten,
und der 38-jährige Chef Thomas Limberger erklärt, warum:
»Ausbildungsstandard, Logistik, Infrastruktur, es gibt kaum was
Besseres weltweit.«

Limberger ist Optimist, was das Land angeht. Selbst die deutsche Nationalmannschaft, sagt er, hat »up-side-potential«. »Potäntschl« ist sein Lieblingswort. Ein Hoffnungswort. Auch Wind-
kraft hat Potäntschl. Wasserstoff erst recht. »Das mit Autos
zusammenzubringen, das wird das nächste große Ding.« Er führt
Prototypen vor, dreidimensionale Herzscanner, Securityschleu-
sen, Carbonkarosserien und diesen kleinen Roboterflitzer, den
Molch, der mit Ultraschall durch Pipelines zischt, um sie auf Risse oder Brüche zu testen. »Zurzeit dauert der Technologietransfer
von der Erfindung zur Anwendung acht Jahre, wir werden das
auf drei Jahre runterbringen.«

Einer wie Limberger wird das schaffen. Von der Politik erwartet er, dass sie für den Standort Deutschland wirbt und ansonsten
nicht im Weg steht. Dass das Land gut ein Jahr später von einer
Physikerin geleitet werden wird, die völlig leidenschaftslos für
nichts anderes sorgen möchte als für Verwirklichung des »Potäntschl«, kann Limberger noch nicht wissen. Aber alles, was er
an diesem Vormittag von der Politik erhofft, klingt wie eine Stel-
lenausschreibung für die künftige Kanzlerin.

Von seinen Mitarbeitern erwartet Limberger, dass sie sich an

Wochenenden für gemeinsame Sozialprojekte engagieren. »In den letzten Wochen haben wir einen Kindergarten angelegt. Alle haben mit angepackt. Es hat uns zusammengebracht.« Für solche Einsätze gibt es wichtige Sozialpunkte, die durchaus für Beförderungen relevant werden können.

Was das Mutigste war, das er je gemacht hat?

Von einem wie Limberger erwartet man eigentlich so was wie Bungee-Springen, Löwenreiten, die Besteigung des Nanga Parbat. Er sagt: »Eine Familie gründen.«

Ich fahre mit dem Taxi in die Innenstadt, denn da spricht der Kanzler. Er spricht im deutschen Museum und will für seine Reformen werben. Ich mag ihn, denn er hat Mut bewiesen. Er hat den Irakkrieg nicht mitgemacht, und er hat in einer Weise ins soziale Netz geschnitten, die sich die Kohl-Geißler-Blüm-Bagage der CDU sechzehn Jahre lang nicht getraut hat. Und er hat diese Agenda gegen die eigene Partei und die Öffentlichkeit durchgesetzt. In jenem Sommer hat der Mann Nerven, das immerhin. Ein Jahr später wird er wieder als Populist auf Stimmenfang gehen, doch in jenem Sommer steht er unbeugsam als Reformer. Der Kanzler beschwört Deutschlands Stärken, Deutschlands Zukunft. In Heines Gedicht klingt das so: »Ein neues Lied, ein besseres will ich euch singen …«

Wo wäre dieser Gesang besser angebracht als hier, im Deutschen Museum, unter den Büsten großer Erfinder, der Röntgen und Daimler und Planck. Noch immer ist Deutschland nach den USA das Land, in dem die meisten Patente angemeldet werden. Draußen protestieren Kleinunternehmer und Tüftler wie Uli Sommer, der an einem Ein-Liter-Auto bastelt, gegen die Monopolisierungen von Entdeckungen durch marktbeherrschende Giganten, und drinnen ist das Pantheon geschmückt mit einem Spruch von Konfuzius, der klingt wie Gorbatschow: »Das Entscheidende am Wissen ist, dass man es beherzigt und anwendet.« Drinnen sagt Schröder, dass er an Hartz IV festhalten werde, egal, was komme, und der Siemens-Chef in der ersten Reihe nickt anerkennend, denn er hat wie jeder die letzten Umfragewerte für die SPD gelesen, die mittlerweile auf dem Grund der Isar angekommen sind.

Nach seiner Rede, zwischen Schinkenröllchen und Spargelspitzen auf dem Stehempfang, auch die Frage an den Kanzler: Was war das Mutigste in seinem Leben?

»Wie jetzt, privat oder politisch?« fragt er.

Privat wäre natürlich schön.

Er schaut sich um. 380 Kameras sind auf ihn gerichtet. Er lächelt und sagt: »Also, politisch auf alle Fälle das jetzt zurzeit.«

Und schon zieht ihn sein Pulk weiter.

Währenddessen trifft sich seine Partei in Katakomben. Sie sammelt sich im taubengrauen Untertagehörsaal der philosophischen Fakultät der Universität München zu einem Programmforum mit dem Titel: »Die neue SPD – Menschen stärken – Wege öffnen«.

»Ja, was ist denn soziale Gerechtigkeit?«, ruft die SPD-Vizechefin Ute Vogt den rund hundert dämmernden Greisen und Sonderpädagogen zu, die sich hinter Hans-Jochen Vogel, der aufrecht und schlohweiß und hochrot in der ersten Reihe sitzt, versammelt haben, um sich, nun ja, Gedanken um soziale Gerechtigkeit zu machen.

»Ja, und da kommen die Leute zu mir und sagen zu mir ›das find ich nicht gerecht, da kann ich nicht mittun, das geht ans Eingemachte‹, und dann geht es natürlich um die Pflegeversicherung, um was denn sonst, Genossinnen und Genossen.« Ute Vogt macht schon durch ihren modisch-glänzenden Overall deutlich, dass sie zur neuen SPD-Generation gehört, aber wo werden all diese alten Reden gebacken? Im Auditorium erhebt sich eine Frau und schiebt sich dem Ausgang zu. Sie murmelt: »Ich glaube, diesen Textbaustein kenne ich schon.«

München war schon immer so anders, dass es Heine in seinem »Wintermärchen« nur beiläufig erwähnte. Es ist anders bis heute. Es ist die Stadt der höchsten technologischen Bewegung und gleichzeitig ein Ort absoluter Windstille. Historische Störungen im Gesamtablauf wie die deutsche Einheit werden hier eher ungnädig zur Kenntnis genommen. Markerschütternder ist da schon, dass Charles Schumann seine Bar von der Maximilianstraße an den Odeonplatz verlegt hat.

Dort, im Schumanns, trifft man alle, die man eigentlich treffen wollte in München, auf einmal, was praktisch ist. Stefan Sattler zum Beispiel, »Focus«-Kulturchef und einer der witzigsten Köpfe in Deutschland. Jeder von uns kann Marcel Reich-Ranicki nachmachen – aber Stefan Sattler kann Habermas und Enzensberger, und das kann sonst niemand. Seine Frau ist Rachel Salamander, die Literaturchefin der »Welt« und Buchhändlerin. »In München gibt es die meisten Buchverlage«, sagt sie, »viel mehr als in Berlin.« Hm. Wer nach München kommt, muss darauf gefasst sein, dass es gegen Berlin verteidigt wird, egal, was ist. Es ist ein Reflex.

Später ziehen wir durchs nächtliche München, die Leopoldstraße, die Feldherrenhalle, Jugendstilfassaden und Rokokoleichtigkeit und dann in die Fürstenstraße durchs italienische Viertel mit den klassisch gegliederten Wohnhäusern, und dann ist da Rachels Buchladen, der so orientalisch in die Nacht leuchtet wie eine Gedichtzeile von Else Lasker-Schüler. Rachel hat nur Literatur zum Judentum im Sortiment. Des Weiteren verkauft sie Chanukka-Konfetti, Kipas, Menoras.

Das Jammern über den enormen Finanztransfer in den Osten hält sie für völlig verfehlt. Sie hat die sinnigste, die unneidischste, die saloppste Deutung für all die Gelder. »Es sind Reparationszahlungen für einen verlorenen Angriffskrieg«, sagt sie. »Und dazu noch sind es Zahlungen in die eigene Tasche – was gibt es da zu jammern?«

Das Kapital des Westens

Der deutsche Wirtschaftskrimi spielt in Düsseldorf. Das war schon immer so, denn der rheinische Kapitalismus war der Motor des deutschen Wirtschaftswunders. Jetzt steht er vor Gericht, mit Ackermann und Zwickel und Esser, Herren in dunklen Maßanzügen, umringt von Scharen teurer Anwälte. Was hätte Heinrich Heine, der Düsseldorfer, der Jurastudent, für einen Spaß gehabt beim Mannesmann-Prozess, mit all den Angeklagten und Verteidigern und Staatsvertretern und Prozessbeobachtern, all den »spitzbübischen Manufakturwarengesichtern« und »Bierstimmen«.

Vor dem Sitzungssaal L 111 des Landgerichts hängt ein Triptychon, das das religiöse Gefühl ansprechen soll. Himmlische Heerscharen für die Geretteten, der Weltenrichter in der Mitten, ein finsterer Teufel für die Verdammten. Thema: Abgerechnet wird zum Schluss. Früher einmal hatte der Gedanke an eine letzte ausgleichende Gerechtigkeit die Niedrigen getröstet. Früher einmal hatte er sie versöhnt mit dem Skandal des ungleich verteilten Glücks.

Der Himmel gehört mittlerweile, auch dank Heine, nur noch den Engeln und den Spatzen und der trivialen Aufklärung. »Wir wollen hier auf Erden schon / Das Himmelreich errichten.« In den heutigen Zeiten heißt das, in der Vulgärform: Jetzt will jeder ran. Jetzt kann jeder ran. Jetzt ist es überhaupt das einzige wirklich große Ding, dass jeder so viel Geld und Glück rafft wie er kann. Das ist übrig geblieben von Heines Säkularisierung und seinem Kampf gegen die Pfaffen und seiner Vision eines kommunistischen Paradieses – ein kapitalistischer Sauhaufen.

Die, die es geschafft haben, grinsen in die Kameras und machen das Victory-Zeichen. Das Triptychon bleibt ein unbeachteter metaphysischer Ladenhüter an diesem Morgen, an dem es um die Bedingungen des Aktienrechts geht und den kapitalistischen Triumphalismus eines Deals, in welchem die Angeklagten zweistellige Millionenbeträge verteilten.

Es sind die Tage, in denen in Deutschland die Arbeitsmarktreform Hartz IV endgültig beschlossen ist und damit der Beginn des Abbaus des nachkriegsdeutsche Wohlfahrtsstaates. Das Land redet über Beträge wie 345 Euro. Und hier in Düsseldorf redet man über Honorare von 57 Millionen. Die Verteidigung spricht von »angemessenen Vergütungen für den Vorstand« und davon, dass es zwischen dem Aktienrecht und dem Strafrecht ein »strafrechtliches Niemandsland« gebe.

»Zwischen innerbetrieblicher Transparenz und Bekanntmachung am schwarzen Brett des Betriebsrats gibt es doch wohl noch einen Unterschied«, sagt der Verteidiger und schmeckt seiner Formulierung stolz hinterher, als wartete er auf einen anerkennenden Knuff von Josef Ackermann. Schwarzes Brett! Betriebsrat! KÖSTLICH!

Die Sitzungspause wird unterschiedlich genutzt. Deutsche-Bank-Chef Ackermann plaudert unter dem »Jüngsten Gericht«, einige eher alternativ gekleidete Besucher sind auf dem Klo verschwunden, wahrscheinlich, um abzukotzen oder Bomben zu basteln, einige andere sind sitzen geblieben. Wie der 22-jährige Christian B. im blauen Blazer, der einen Freispruch völlig in Ordnung fände und Prämien in Millionenhöhe erst recht. Die Hatz auf Unternehmer muss aufhören, sonst gehen alle ins Ausland. Sein Vater ist Unternehmer. »Der steht morgens um fünf auf, der arbeitet hart für sein Geld.« So viel zum Thema 35-Stunden-Woche!

Gibt es eine höhere Gerechtigkeit? Bei genauerem Hinsehen herrscht auf dem Triptychon da draußen einige Verwirrung. Dort, wo die Gerechten glückselig in den Himmel fahren sollten, greifen sich fromme Frauen an den Kopf, Petrus grübelt über Sündenregistern, während der andere Flügel, die Höllenseite, wenigstens eine flotte Nackte bietet und damit einen absoluten Hingucker. Im Grunde genommen heißt die Szene: Himmel und Hölle sind Auslegungssache, und seit wann ist Spaß verboten?

Unten auf einer Steinbrüstung vor dem Gericht wartet der 17-jährige, schulfreie, arbeitslose Dennis aus Mazedonien auf seinen Freund Mahmud, der ein paar Flure hinter dem Mannesmann-Prozess wegen Ladendiebstahls rangenommen wird.

»57 Millionen? Boah eh!«, sagt Dennis bewundernd. Er liebt das freie Unternehmertum. Er findet Deutschland geil, und er denkt überhaupt nicht dran, seinen eigenen Firmensitz ins Ausland zu verlegen. Das Mutigste, das er je gemacht hat? Will er lieber nicht drüber reden, du verstehst, ey.

Da kommt sein Freund aus dem Portal.

»Zwanzig Stunden Sozialarbeit«, ruft Mahmud.

»Siebenundfünfzig Millionen«, sagt Dennis.

Ich wünsche den beiden alle Millionen der Welt und schlendere durch Düsseldorf, Heines Geburtsstadt, schlendere die Kö hinab, über den Laufsteg des rheinischen Kapitalismus, der sich nie so verschämt weggeduckt hat wie der schwäbische und der neben allem anderen der Ibiza-Stiefelette und dem weißen Nietengürtel zum Sieg verholfen hat. Vor dem Pelzgeschäft Slupinski bleibe ich stehen.

Slupinskis Auslage wird dominiert von einer neuen Kollektion schwarzer Chinchillas mit brillantenbesetzten Gürtelschnallen. Die Pelze sehen sündhaft aus, teuer sind sie sowieso. Der Paletot könnte Nitribitt heißen und kostet 11 989 Euro. Wer kauft so was? Haben die Leute überhaupt noch Geld dafür? Herr Slupinski steht zwischen den Capes und den Mänteln, unter äußerst vorteilhaftem indirektem Licht und er lächelt rosig. Er sagt: »Ach wissen Sie, im Luxusbereich ist eigentlich alles in Ordnung.« So ist die Wirtschaftslage, die er noch mal verdeutlicht: »High geht, und low geht. Es ist die Mittellage, die Probleme hat.«

Es ist die Mittellage, die Angst vor dem Abrutschen hat.

Auf den Hartschalenstühlen im ersten Stock der Agentur für Arbeit in Düsseldorf wird die Mittellage an diesem Vormittag verkörpert von Monika B., 36, blond, Weißgoldkettchen. Früher hat sie Messeveranstalter betreut. Heute ist sie Alleinerziehende und betreut keine Messen mehr, denn mehr als 35 Stunden Arbeit pro Woche sind bei ihr nicht mehr drin. Und das ist schwer zu vermitteln.

Aber immerhin, sie bekommt ihr Geld und überlegt eine Umschulung. »Auf der Straße muss keiner landen in diesem Land, Gott sei Dank«, sagt sie.

Weiterhin sitzt da Programmierer Jürgen F., 34, Lederjacke, der mit seiner Ich-AG hängen geblieben ist, weil ein paar Kunden ihre Schulden nicht bezahlt haben. Doch er hat neue Ich-AG-Anträge laufen. Dann Abdullah M., 54, weißes offenes Hemd, seit 15 Jahren arbeitslos, weil er »Probleme mit dem Rücken hat und auch mit dem Sitzen und dem Stehen«. Seine Kinder studieren alle, mit Bafög. Dann ist da noch Srolek, korpulent, den Abdullah nicht mag, weil er Israeli ist.

Hier findet plötzlich eine ganz andere Verhandlung statt über den Wirtschaftsstandort Deutschland, eine härtere, und alle reden durcheinander und dabei immer lauter.

»Der Deutsche hat nun mal Angst, das ist sozusagen eine Charaktereigenschaft des Deutschen.«

»Angst bringt uns nicht weiter, wir brauchen Mut, das hat auch der Bundeskanzler gesagt.«

»Das war der Bundespräsident.«

»Wer hierher kommt, hat keine Chance mehr.«

»Viele nützen das nur aus.«

»Musst du gerade sagen, du bist doch Ausländer, bei euch zu Hause gibt's doch gar nichts.«

Eine aufgebrachte Sachbearbeiterin hat den Chef auf den unruhestiftenden Reporter aufmerksam gemacht und herbeitelefoniert. Herr Jäger, der Chef der Behörde, steht plötzlich vor mir. Erst mal fühle ich mich schuldbewusst. Die anderen schauen weg. Wie heißt das Vergehen? Erschleichung von Behörden-Interviews in einer Behörde ohne behördliche Genehmigung, so in etwa? Herr Jäger bittet mich, ihm in sein Büro zu folgen.

Der Weg ist weit. Die Zimmertüren haben vierstellige Nummern. Rund 700 haben Arbeit im Arbeitsamt, Psychologen und Existenzgründer-Spezialisten an Computerterminals, und sie bieten alles an hier, nur eben selten Arbeit. Aber genau das soll sich mit Hartz IV ändern. Das sei ja überhaupt das Ziel von allem: weniger Arbeitslosengeld, dafür aber schneller wieder Jobs. Zunächst aber müssen einige Millionen Formulare gedruckt werden.

Das ist dann wohl die gründliche deutsche Art, Reformen zu machen, sehr viel Papierkram, alles sehr durchdacht. Manchmal eben ist es so durchdacht, dass gar nichts mehr hinhaut, aber das sage ich nicht, das scheint Herr Jäger selber zu ahnen, denn als wir schließlich sein Büro erreicht haben und Herr Jäger hinter seinem Schreibtisch Platz genommen hat, ist es einen Moment lang still. Wir schauen beide zum Fenster hinaus, weil es uns peinlich ist, plötzlich in diesem Zimmer zu sitzen und zu wissen, dass ich eigentlich gar kein Interview mit ihm wollte, sondern nur von den Arbeitslosen im Korridor.

Dann sagt Herr Jäger: »Wir haben keine Zeit mehr zu verlieren.« Hinter seinem Schreibtisch hängt ein Druck von Salvador Dalís Bild mit den zerfließenden Uhren.

Abends gehe ich ins Düsseldorfer Schauspielhaus, das sich wie eine weiße Welle am Glaspanzer des Thyssen-Hochhauses bricht. Die Gründgens-Bühne. Heute Abend wird hier der rheinische Kapitalismus nachverhandelt. Heute Abend wird dem Wirtschaftswunder-Deutschland nachgetaucht, in die Gründgens-

Ära und weiter zurück, hinunter zum Nullpunkt, hinab zur Niederlage, zur Scham, zur Schuld.

Gezeigt wird Rainer Werner Fassbinders Melodram »Die Ehe der Maria Braun«. Deutschland nach dem Zusammenbruch. Trümmerfrauen mit ihren Koffern, die auf ihre Männer warten und traurig tanzen mit GIs. Maria Braun liebt ihren Mann, der in Haft sitzt, und sie schläft sich mit anderen Männern nach oben. »Ich stelle mir ein anderes Leben vor«, sagt Maria Braun, »aber ich habe es nicht.« Das ist der Realismus nach dem Krieg. Maria schafft es, indem sie sich verleugnet, wie sich das ganze Deutschland verleugnet. Das ist der Boden, auf dem wir alle laufen gelernt haben.

Dieser Boden zerbricht am Ende wieder. Was aus Trümmern auf der Riesenbühne zusammengefügt wurde, zerfällt in einer groß kreisenden, gespensterhaften Pirouette. Der Schluss zeigt auch: Wie groß der Luxus eines so mondänen Selbstgespräches ist wie das des deutschen Subventionstheaters. Keine andere Nation der Welt leistet sich das.

Maria Braun hat große dunkle Augen, einen Bubikopf und heißt Bettina Engelhardt. Ich treffe sie nach der Vorführung im Theaterrestaurant. Sie kommt aus Thüringen, aus dem Osten, und ist damit lebensgeschichtlich, sozusagen, einem anderen deutschen Trümmerhaufen entstiegen, einer anderen zerbrochenen Welt. Deutschland ist ein Land von Nullpunkten und deutsche Biographien erzählen von Neuanfängen. Wer behauptet, die Deutschen seien ein risikoscheues Volk? Paul Nolte, der Politprofessor? Was ist an einer Professur riskant? Was dieses Volk in seinen ständigen Neuanfängen leistet, ist durchaus beachtlich.

Während ich dem munteren Geplapper der Schauspielerin zuhöre, ihrem Leben von Erfurt über Berlin in eine Ehe und jetzt nach Essen, wo sie eine ganz dufte Truppe gründen werden, glaube ich ihr aufs Wort, dass sie vor der Zukunft überhaupt keine Angst hat. Sie ist eine schöne, wundervolle, praktische Person. Frauen wie Bettina Engelhardt gibt es nur in Deutschland, und hier wahrscheinlich nur im Osten.

Wir schauen noch in der Kantine vorbei, wo das Ensemble die letzte Vorstellung vor der Sommerpause feiert. Der Dramaturg versorgt mich mit einem Stapel von Programmheften. Bettina Engelhardt schätzt am deutschen Publikum, dass es das Theater liebt, vor allem die Klassiker. Ihr Junge schläft an einem runden Tisch. Plötzlich muss ich an den Wilhelm Meister denken, an Mignon und das fahrende Volk. So viel Poesie im trüben Kantinenlicht. Nun heben sie Schnapsgläser und singen, und es klingt wie ein Burschenschafts-Lied, und für einen Moment könnte man denken, dass sich auch Heine amüsiert hätte.

Auch Bettina Engelhardt und ihren Jungen muss er gemeint haben, als er die bereits zitierten Schlussverse zum »Wintermärchen« dichtete, und weil sie schön sind und voller Anfang, hier gleich noch einmal:

> Es wächst heran ein neues Geschlecht,
> Ganz ohne Schminke und Sünden,
> mit freyen Gedanken und freyer Lust –
> dem werd ich alles verkünden.

Am nächsten Tag fahre ich weiter nach Bocholt. Ich kenne die Gegend, ich bin nicht weit von hier im Ruhrgebiet aufgewachsen. Ich kenne es aus der Zeit der Zechen und der Schlote. Damals waren alle kleineren Orte gleich: grau. Doch die Gesichter der Menschen leuchteten. Weshalb mir alle Ruhrpotter als Leute in Erinnerung sind, die Herzen aus Gold hatten. Anders konnte ich mir die Freude und das Strahlen damals nicht erklären.

Heute gibt es keine Schlote mehr, und das Ruhrgebiet ist nicht mehr grau, aber auf mich wirkt es immer noch so, als strahle es in diesem gemütlichen Jürgen-von-Manger-Deutsch. In Bocholt gibt es das Café Dragone, acht Kinos und den kleinen Siemens-Ableger, der Deutschland gerettet hat, weil er die 35-Stunden-Woche erledigte. So jedenfalls steht es in der »Zeit«: Die Belegschaft von Siemens in Bocholt hat den Startschuss zur Reform Deutschlands gegeben, weil sie sich freiwillig bereit erklärt hat, länger zu arbeiten.

Auf dem Weg zu Siemens regnet es. Im ganzen Ruhrgebiet regnet es, und im Radio der Taxifahrerin höre ich, dass auch die 40-Stunden-Woche bereits überholt ist. Im Radio sagt BDI-Präsident Michael Rogowski, dass man ruhig auch mal 50 Stunden arbeiten könne. »Also ich arbeite 60 Stunden«, sagt die Taxifahrerin. Offenbar revolutioniert sich das Land ganz atemlos. Alle arbeiten wie verrückt. Was soll man auch machen, bei dem Wetter?

Im Bocholter Werk, in dem in langen automatisierten Fertigungsstraßen Mobiltelefone zusammengesetzt werden, sieht man übrigens kaum noch Arbeiter. Ab und zu eine weiße Schürze, die an einem Regler dreht. »Mechatroniker«, sagt der Mann, der durch den Betrieb führt. »Das ist der neue Beruf.« Hier stehen Maschinen, die rund um die Uhr arbeiten können. Nur Sonntagmittags fällt mal eine Schicht aus. Nicht wegen der Kirche, sondern weil die Maschinen geputzt werden müssen.

Der Betriebsratsvorsitzende Michael Stahl, 42, der einen randscharfen Schnurrbart trägt, hat »TV-Angebote bis zum Abwinken«. Alle sind scharf darauf, zu sehen, wie er es erklärt, dass in Bocholt länger gearbeitet wird. Natürlich steht Christiansen bei ihm auf der Matte. Er soll zwischen lauter Unternehmern und Politikern als wahlweise vernünftiger oder zorniger Arbeiter herumsitzen. Doch das lässt er nicht mit sich machen. Er hat alles abgesagt. Er ist wütend, denn die Bocholter Malocher haben nicht aus höherer staatsbürgerlicher Einsicht gehandelt, sondern weil sie erpresst wurden. Konzernchef Pierer, sagt Stahl, habe das eiskalt gespielt. »Sie haben gedroht, das Werk nach Ungarn zu verlagern.« Letztlich habe die Belegschaft nur unter dieser ungeheuren Drohung einem 25-prozentigen Lohnverlust zugestimmt. Stahl sagt: »Wir standen mit dem Rücken zur Wand.«

Seit 50 Jahren, sagt er, hat Siemens hier alles mitgenommen. Und jetzt drohen sie damit, wegzugehen. Natürlich, fügt er leise hinzu, habe er bei alldem auch an seinen eigenen Arbeitsplatz gedacht. Wenn das hier zu Ende wäre, wüsste er nicht, wohin. Wer nimmt schon einen aktiven Betriebsrat? Stahl hat drei Kinder. Mit denen fährt er nun in den Urlaub nach Kroatien, im Wohnmobil. Ob er ein Buch mitnimmt? Vielleicht das von Walter Riester: »Mut zur Wirklichkeit«. Ist ihm geschenkt worden. Hat Riester selbst signiert. Er kommt einfach nicht dazu. Entspannung findet er eher mit seinen Hunden, denen er das Apportieren beibringt. »Die hören auf mich«, sagt er. »Wenigstens die.«

Die Magie der Mitte

Im Zug nach Wolfsburg lese ich alles, was ich über Peter Hartz lesen kann, ohne wegzudämmern. Es ist hart. Das Dossier zeigt einen freundlichen Grauhaarigen, einen Mann so bieder, so rechtschaffen, so kantenlos, dass kein einziger Satz aus den zahlreichen Interviews, die er gegeben hat, haften bleibt. Wenn ich gewusst hätte, dass der gleiche Peter Hartz ein Jahr später in einen Skandal involviert ist, in dem es um Prostituierte und Gefälligkeiten und Rio-Reisen geht, wären mir wahrscheinlich nicht dauernd die Augen zugefallen.

Doch im Sommer 2004 ist Peter Hartz nur als Kanzlerfreund und Personalvorstand beim Volkswagenkonzern bekannt, als tüchtiger Familienmensch, als Konsenswunder und Reformer, der normalerweise keine Wunden hinterlässt, und doch trägt das, was als einer der schmerzhaftesten Sozialeinschnitte in der Nachkriegsgeschichte gilt, seinen Namen. Der Beginn der Armut, sagen die Leute, ist die Hartz-IV-Reform. Ein Lunch mit ihm ist in Aussicht gestellt.

Am Fenster des ICE fliegt das Ruhrgebiet vorbei, und später in der Ferne liegt tatsächlich der Harz, den Heine durchwandert ist. Satte Maisfelder, Schulhöfe, ein Fußballfeld mit vier Männern in roten Trikots, und alle sehen aus wie Gerhard Schröder, und die Sonne hängt so tief wie auf den IG-Metall-Plakaten, auf die eine »35« gemalt ist. Der ICE schnurrt so sanft, dass sich der Kaffee-Spiegel in der Tasse nicht bewegt. Nirgendwo auf der Welt wird man so in den Schlaf geschaukelt. Über Kopfhörer Peter Sloterdijks Stimme, eine Vorlesung des Philosophen, die letzte vor der Sommerpause. Es geht um Nullpunkt-Phantasien, um Neubeginne.

Ich hatte ihn am Tag zuvor besucht und über die Zukunft des deutschen Kapitalismus mit ihm geredet.

»Na, wie kommen Sie in der Politik auf null?«, fragt Sloterdijk. Unverständliches im Hörsaal. »Richtig«, sagt die Stimme sanft, »durch Massenmord, wie noch?«

Die Stimme murmelt, bleiche Tücher wehen auf Leinen, romantische Gesichter aus Heines Reise tauchen in der Brunnentiefe auf, dann klingelt das Handy, und der Schriftsteller Joachim

Lottmann sagt, dass es keine Generationen mehr gibt, keine Unterschiede zwischen 20- und 60-jährigen mehr, dass alle in der Jugend-Rille hängen geblieben sind, und in Berlin, das ist am Handy zu hören, tobt ein Gewitter.

Wolfsburg hat einen milden Sommerabend. Der Zug hält praktisch auf dem Werksgelände. Ein chinesisches Drachenboot schiebt sich vor dem Kraftwerk den Mittellandkanal hinab. Ein Trommler sitzt im Bug. Die VW-Betriebsmannschaft trainiert fürs Drachenboot-Rennen. Dann fällt eine Nacht über Wolfsburg, über Deutschland, wie sie surrealer nicht sein könnte. Der See schimmert blau, die Pavillons sind giftgrün, und in den gläsernen bernsteinfarbenen Rundtürmen stehen abholbereite Autos wie eingegossene Insekten.

Deutschland, ein Sommernachtstraum. Er sieht aus wie die Dur-Auflösung eines Alptraums.

Wolfsburg. Natürlich ist es der ideologische Kern der Regierung. Natürlich leben wir nicht in der Berliner Republik, sondern in der Wolfsburger. Kanzler Schröder saß hier im Aufsichtsrat, und Wolfsburgs Personalchef Hartz ist der Name auf seinen großen Reformprojekten, den Ich-AGs, den Arbeitsagenturen, den Einschnitten jetzt.

Wolfsburg ist die interessanteste Stadt Deutschlands, behauptete Peter Sloterdijk zuvor in diesem Wiener Caféhaus, in dem wir uns getroffen hatten. In Wolfsburg wird seine philosophische Debattierrunde mit Rüdiger Safranski aufgezeichnet, welche von der VW-Kreativ-Abteilung gesponsert wird. Philosophie und Phaeton, zwei Minderheitenprogramme, in Wolfsburg geht das in diesen Tagen leicht zusammen. In England wäre das nicht möglich. Rover hat dicht gemacht, und mit den englischen Philosophen ist es auch nicht so weit her.

In unserem Gespräch gibt Sloterdijk freundliche Entwarnung für den Standort Deutschland, für die Nation.

MM: Herr Sloterdijk, der Schlussessay Ihres Buchs »Sphären«, provoziert mit der These, unsere Gesellschaft befinde sich »jenseits der Not«. Fürchten Sie angesichts der neuen Armutsdiskussion nicht, dafür Prügel zu beziehen?

Sloterdijk: Allenfalls von Seiten übereifriger Verbandssprecher. In Wahrheit mache ich dem Publikum einen therapeutischen Vorschlag: Lasst uns die Mechanismen untersuchen, derentwegen eine der materiell und mental reichsten Nationen aller Zeiten einer permanenten verdrießlichen Selbstagitation zum Opfer fällt. Nutzen wir die Verwöhnungspause, die mit der aktuellen Rezession kommt, für eine Untersuchung über Bewusstseinsverzerrungen in der entlasteten Zivilisation.

MM: Zurzeit geben sich viele Intellektuelle als Wirtschaftsfachleute und debattieren über Wohlstandssicherung und Renditen. Halten Sie diesen Primat des Ökonomischen für falsch?

Sloterdijk: Sich um Materielles zu kümmern ist nicht unter dem Niveau menschenwürdiger Sorgen. Wir leben in einem politökonomischen System, das mit einiger Plausibilität ein Wohlstandsversprechen an vier Fünftel der Bevölkerung abgibt.

MM: Was es nie zuvor in der menschlichen Geschichte gab.

Sloterdijk: Die aktuelle Verwöhnkultur betrifft nicht mehr eine winzige Adelsgruppe, sondern den größten Teil der Population. Anthropologisch gesehen ist das eine Weltneuheit. Zu deren Betriebsgeheimnissen scheint aber zu gehören, dass von dem beispiellosen kollektiven Luxus nicht gesprochen wird. Stattdessen müssen ständig neue Mangelfiktionen publiziert werden. Im Übrigen war Mangelalarm bisher eine Sache von Intellektuellen, doch jetzt haben die Verbandsfunktionäre diesen den Rang abgelaufen.

MM: Systemkritik äußert sich trotz der aktuellen Demonstrationen neuerdings meist von oben nach unten – viele Unternehmer, die mit Volk, Gesellschaft und Politikern nicht einverstanden sind, sitzen in der Talkshow von Sabine Christiansen und jammern.

Sloterdijk: Das Mediensystem – auch darüber finden Sie in »Sphären III« Auskünfte – beutet in der Komfortsphäre den Unterhaltungswert des Jammerns aus.

MM: Sie spielen heute den Moderator der ZDF-Sendung »Das philosophische Quartett«, sind der »Nationalmoderator«, wie Sie mal gesagt haben. Wo sehen Sie Ihre Rolle in der gegenwärtigen Diskussion?

Sloterdijk: Zwei Jahrzehnte lang stand ich auf ziemlich verlorenem Posten, seit ich in meinem ersten Buch gesagt habe, dass Aufklärung über Aufheiterung läuft. Inzwischen haben viele eingesehen, dass man bei allem mit den atmosphärischen Tatsachen beginnen muss.

MM: Der Philosoph als Fachmann fürs Positive?

Sloterdijk: Solange der Medienbetrieb vom Gejammere und Meta-Gejammere lebt, besteht keine Gefahr, das Positive könnte mächtig werden.

MM: Kritiker sind vom Wesen her Schlechtmacher, das ist Teil ihrer Profession.

Sloterdijk: Man darf aber nie vergessen, dass die deutsche Kritik eine Spätform des deutschen Idealismus darstellt. Nach diesem gehört die Seele zur Basis, die Wirtschaft hingegen zum Überbau. Man macht schlecht, weil man einer von den Guten ist. Ein deutscher Kritiker sein heißt: aus dem Stand eine Mahnpredigt halten können.

MM: Finden Sie es nicht beunruhigend, dass der Wirtschaftsriese Deutschland stolpert und die europäischen Nachbarn mit einer Mischung aus Sorge und Schadenfreude zuschauen?

Sloterdijk: Eher bin ich beruhigt, dass man uns jetzt mit ganz normaler Häme behandelt. Das beweist, ringsum hat man sich an den vormals unheimlichen Nachbarn gewöhnt. Vorher, während der deutschen Resozialisierungsphase, beleidigte man den ehemaligen Delinquenten besser nicht. Da beobachtete man mehr oder weniger nervös, was aus dem Tunichtgut in der Völkerfamilie noch werden kann. Jetzt endlich sind wir, die notorischen Ausreißer der Geschichte, vom Hauptfeld eingeholt worden.

MM: Also findet das Land in der Krise zu seiner Normalität?

Sloterdijk: Jedenfalls haben die Deutschen durch ihr Zurückfallen von der Spitze aufgehört, Sonderschüler der Demokratie zu sein, bei denen man dauernd den Schulpsychologen bestellt. Sogar die wachsamen Mahner, die den Deutschen Rückfallneigungen und Mördergene andichten wollten, haben es jetzt um vieles schwerer. Kein Volk kann gewöhnlicher sein, als die Deutschen es heute sind.

MM: In den achtziger Jahren haben Sie die herrschenden Verhältnisse als »unglücklich aufgeklärt« beschrieben – und dagegen den heiteren, subversiven Einspruch gesetzt. Heute herrscht auf der Linken Flaute. Wo ist der große Drang nach Veränderung geblieben?

Sloterdijk: Wir haben von 1967 bis zur Baader-Meinhof-Krise 1977 Volksfront gespielt und tapfer Hitlers Aufstieg verhindert. Doch immerhin, man hatte ein Drehbuch, auch wenn es um ein halbes Jahrhundert verrutscht war. Heute hingegen fehlt ein Spielplan für die Linke, ob gemäßigt oder radikal. Die Altersgruppe, die jetzt in Stellung ist, bildet die verwirrteste Generation der deutschen Geistesgeschichte.

MM: Dass die 68er an der Spitze der Gesellschaft angekommen sind. Ist das ein beklagenswerter Zustand?

Sloterdijk: Die verwirrte Generation kann nur Verwirrung weitergeben. Das tut sie erfolgreich.

MM: Wurden nicht jetzt von der SPD jene Reformen auf den Weg gebracht, die eigentlich die CDU in den achtziger Jahren hätte vorantreiben müssen?

Sloterdijk: Man sollte vielleicht begreifen, dass das deutsche Parteiensystem seit bald 25 Jahren den Wählern die Auswahl zwischen vier Spielarten von Sozialdemokratie anbietet: Die Einheitspartei des Wohlstands verteilt sich über das ganze so genannte politische Spektrum.

MM: Das hat der ehemalige Bundeskanzler Helmut Kohl als Erster verstanden, indem er seine Politik sozialdemokratisierte. Seine Ära wurde geprägt durch den Glücksfall Deutsche Einheit, und all das, was danach liegen blieb.

Sloterdijk: Kohl ist und bleibt der unbestrittene Herr der deutschen Lethargie. Er hat die Deutschen ans Ende der Geschichte geführt. Das Versprechen der Nachgeschichte, allgemeine Lethargie bei hohem Wohlstand, hat er mit sichtbarem Erfolg somatisiert. Seit schlankere Männer an der Regierung sind, wird es entschieden ungemütlicher. Man droht uns sogar den Wiederbeginn der Geschichte an.

MM: Auch die neuen Männer werden wieder dicker.

Sloterdijk: Keiner kann Kohl auf der Waage schlagen. Nun aber kommen die neuen Ungemütlichen und möchten die deutsche Lethargokratie in den Wettbewerb mit den Besten der Welt zurückführen. Kein Wunder, dass die große Mehrheit, wie zu erwarten, sagt: Moment mal, das war nicht ausgemacht! Für Spitzenleistung haben wir nicht trainiert! Darum nehmen so viele Journalisten und Soziologen den deutschen Fußball als Orakel der Nation ernst. Auch auf dem Rasen zeigt sich, dass man mit Selbstlob allein nicht immer durchkommt.

MM: Es scheint, dass in Deutschland zum ersten Mal Armut ganz offiziell geduldet wird.

Sloterdijk: Was die neue Sichtbarkeit der Armut angeht, so hat das auch mit dem Verschwinden des deutschen Sonderklimas nach 1945 zu tun: Damals, als das ganze Land aus Verlierern bestand, war die sozialpsychologische Klammer ums Ganze viel dichter als heute. Der Wiederaufbau war eine kollektive Anstrengung. Inzwischen wird das Verlierersein wieder mehr als eine Sache Einzelner gedeutet.

MM: Stimmt die These vom abgeschlossenen Wiederaufbau eigentlich? Berlin zum Beispiel ist längst eine Stadt, die aus Baustellen, Unkrautnarben, Brachen und Gedenkstätten besteht.

Sloterdijk: Im Sonderbiotop Berlin hat man ein halbes Jahrhundert lang geübt, die Einkesselung als Attraktion zu erleben. Nach der Öffnung kam dann, neben all den neuen Repräsentationsbauten, der permanente Wettbewerb um die Gedenkstätten hinzu, die auch die historische Erinnerung repräsentativ machen sollten.

MM: Reue, made in Germany.

Sloterdijk: Deutsche Reue war ein Markenartikel auf den Moralmärkten der Welt. Inzwischen ist er nur noch wenig gefragt.

MM: Sichtbar wird vielmehr ein neues deutsches Selbstbewusstsein, zumindest in der Außenpolitik, die sich sogar den Widerstand gegen den amerikanischen Messianismus erlaubt hat.

Sloterdijk: Ich habe mir eine Menge Feindschaften eingehandelt, als ich vor Ausbruch des Irak-Kriegs davon sprach, dass Schröder mit seinem Votum gegen die amerikanisch-britische Politik die Stimme des freien und vernünftigen Europa vertrat – gegen die Opportunisten im Süden, im Osten und im Bundestag.

MM: Liegt da die neue deutsche Rolle, vielleicht sogar eine deutsche Identität: Europa voranzutreiben?

Sloterdijk: Es gibt ein gemeinsames europäisches Drehbuch: Hier ist das antimiserabilistische Programm zu Hause, nach dem die Menschheit im Ganzen, oder doch ein großer Teil von ihr, in eine weltweite Komfortgemeinschaft einbezogen werden soll. Hinter den Menschenrechten, wohlgemerkt, stehen ja immer die Komfortrechte, die man zu Unrecht bloß als »materielle Interessen« bezeichnet.

MM: Ist das nicht eine ziemlich harte Demystifikation der Menschenrechte?

Sloterdijk: Keineswegs. Menschenrechte beginnen als Rechte auf einen Anwalt; sie schützen zunächst jene, die noch nicht für sich selber reden können. Kann man erst für sich selber sprechen, erhebt man sofort materielle Forderungen. Diese Sequenz ist unvermeidlich.

MM: Also weist der neue Bundespräsident den richtigen Weg, wenn er ruft: »Die Nation braucht Mut zur Veränderung«?

Sloterdijk: Er muss die eingeschlagene Linie einhalten. Es ist de facto so, dass Menschen im Wohlstandsraum nur die Veränderungen hinnehmen, die ihnen die Gewissheit geben, dass die Dinge alles in allem bleiben, wie sie waren. Komfortsysteme werden über Tautologien gesteuert. Wenn zum Beispiel Günter Netzer nach einem schlechten Fußballspiel sagt: »Wir haben ein schlechtes Spiel gesehen«, dann geht ein Leuchten durch das Land, weil alle dasselbe gesehen haben. Wahrscheinlich sagt er »ein bedenklich schlechtes Spiel«, um seinen intellektuellen Rang zu verteidigen.

MM: Er sagt, was alle hören wollen.

Sloterdijk: Er sagt, was jeder gesehen hat. Er hat zurzeit das höchste informelle Staatsamt inne – das des Chef-Tautologen. Nur der kann ein schlechtes Spiel ex cathedra ein wirklich schlechtes Spiel nennen. Zurzeit ist das höchste Amt geteilt, die eine Hälfte besetzt Günter Netzer, die andere der Bundespräsident. Letzterer hat das Vorrecht zu sagen, dass wir es dennoch schaffen können.

Wahrscheinlich ist Peter Sloterdijk der gelassenste Mensch Deutschlands, ein philosophierender Zen-Meister mit Seehundschnauzer, der mit Heine wohl einer Meinung ist: »Das Vaterland wird nicht verderben ...«

Zurück in Wolfsburg, zurück in der Autostadt, wo ich spüre, was einen wie Sloterdijk an ihr fasziniert. Es hat eine interessante Mischung aus Geld und Kunst, aus Wellness und Fabrik, aus Geschichte und Moderne. Das Ritz-Carlton-Hotel auf dem Werksgelände, in dem mich der Kommunikationschef der Firma empfängt, hat nur ringförmige Flure, orangefarbene, sparsam unterbrochen von Schwarzweißfotos von Birken. Der Kommunikationschef trägt Schwarz. Eigentlich sieht er aus wie ein Theaterdramaturg, und er spricht auch so. Irgendwie vermeidet man das Thema Auto. Man spricht über Gott und die Welt und da das

Restaurant auch noch einen sensationellen Küchenchef hat, ist die Welt, über die man spricht, ohne alle Probleme.

Der Weg ins Herz der Nation führt über Wolfsburg. Man muss das verhexte Wolfsburg verstehen, um Deutschland zu verstehen, die Rüstungsschmiede, den Wiederaufbau, die Gastarbeiter, den Käfer als Volksauto, und nun das neue Wolfsburg, dessen Emanation die Autostadt ist, die vor vier Jahren an die Stelle von Lagerflächen, Kohlehalden, Öltanks gesetzt wurde wie eine Geisteraustreibung.

Die Autostadt ist ein Themenpark, der sein Thema – das Auto – buddhistisch belächelt. Es gibt kein Logo, keine Werbung. Dafür gibt es den Dufttunnel des dänischen Künstlers Olafur Eliasson. In die grünen Hügel sind Pavillons gestreut wie Tempel für die verschiedenen Hausgötter der gewachsenen Konzernfamilie, den Bentley, den Bugatti, den Skoda. Die Autoabholer können trommeln, große Eier rollen, ihre Kinder Gokart fahren lassen. Oder sie können durch einen Überraschungstunnel aus gleißend weißen Wülsten laufen, der mit Nebel gefüllt ist. Man läuft also durch eine Wolke ins Nichts, in ein unbekanntes Jenseits, in einen Neuanfang hinein, und dann steht doch nur wieder der eigene Ehemann am anderen Ende, und die Angst vor der Arbeitslosigkeit, die seit neuestem messbar ist – sie hat vier Billionen Euro angespart in deutschen Haushalten, und sie verhindert, dass zum Beispiel VW gekauft werden.

Diese ganze Anlage ist eine gegen die Angst. Sie ist die schöne neue Welt. In der hässlicheren alten geht der Termin mit Hartz baden. Hartz hat Vorstandsrunden, den ganzen Tag. Das Werk Wolfsburg ist nur zu 70 Prozent ausgelastet, das hässlichste aller Wörter – »Gewinnwarnung« – hängt im Raum wie eine dunkle Wolke. Dagegen hilft zunächst mal keine Trommler-Zeremonie, kein Dufttunnel. Knapp ein Drittel der Personalkosten soll eingespart werden.

Der Vorstand fährt durchs Werk. Und da auch wir die Fertigungshallen besuchen, geht die Jagd nach Hartz irgendwie weiter. Herr Edge, der als britischer Besatzungssoldat in Wolfsburg hängen geblieben war, fährt uns vorbei an nickenden Robotern, an Laufbändern, unter himmelhohen Schienenzügen hinweg, an denen verpuppte Autos hängen wie Aliens, bevor sie gereizt werden und die Fruchtblase platzt.

Dort! Ein verlassenes offenes Besichtigungsgefährt mit Blinklicht, am Rand einer Fertigungsstraße geparkt. Es ist leer. »Der Vorstand«, sagt Herr Edge. Er muss hier irgendwo ausgestiegen sein, zu Gesprächen mit Maschinenführern. Herr Edge fährt gegen alle Proteste scharf um die nächste Ecke und rollt weiter zur Touran-Fertigung, zu »einem weiteren Triumph von Hartz«, den man sich als Visionär vorstellen muss. Das Modell 5000 mal 5000.

Es ist gleichzeitig Arbeitsbeschaffungsprogramm und profitable Idee. 5000 Arbeitslose sollen für 5000 Mark brutto Autos zusammenbauen. Chef der Gruppe ist Thomas Ulbrich, 38, kurz geschorener Schädel, Muskeln bis zur Lächerlichkeit, früher Kampfsportler. Im Kino stellt so einer Spezialkommandos zusammen, die hinter feindlichen Reihen abspringen. Was das Mutigste in seinem Leben war? »Bin mit'm Fallschirm abgesprungen.« Na bitte. Seinen Trupp hat er aus ganz Deutschland rekrutiert. 45 000 Bewerbungen gingen ein, 3800 sind schließlich, nach mehreren Tests, genommen worden.

Loyale Frontsoldaten wie Carsten Fehse, 29, Magdeburg. Fehse mag das Team, das er »eine verschworene Gemeinschaft« nennt. Fehse hat noch keine Urlaubspläne. Er wird es machen wie immer: Er wird am nächsten Tag nach Berlin-Tegel fahren, sich eine Zahnbürste kaufen und den erstbesten Billigflug nehmen, irgendwohin. Das Leben ist ein Abenteuer. Fehse, das ist der mobile, ungebundene, proletarische Prototyp der neuen Zeit.

Die Kantine für Abteilungsleiter und Vorstand ist seit den Gründungstagen in den 30er Jahren nicht verändert. Himmelhohe Decke, lange, schmale Lichtkörper, ernstes Art déco.

Tief darunter, so tief, wie Heines geträumter Brunnen nur sein kann, verlaufen die Fluchtwege zu einem Luftschutzbunker, der von den Nazis beim Bau der Fabrik gleich mit eingeplant worden war. Hier sollte nie nur der Volkswagen gebaut werden. Hier war von Anfang an an Rüstung gedacht worden. Heute ist der Bunker eine Erinnerungsstätte, die so neu ist wie die glitzernde Autostadt oben, so, als hätte man sich um eine moralische Symmetrie bemüht, um eine Kompensation für den Millenniums-Wohlstand über Tage. Historische Aufnahmen flackern über zwei Monitore, mit langen Trecks von Zwangsarbeitern.

In der Ecke eine Art Sarkophag mit zerbrochener Deckplatte, hüfthoch, darin eingemeißelt die Jahreszahl 1938 und das Haken-kreuz. Es ist der Grundstein des Volkswagenwerks. Er soll auf dem Werksgelände in den fünfziger Jahren, nachdem die Trüm-mer weggeräumt waren, als Vogeltränke gedient haben.

Es ist der Grundstein des Volkswagenwerks.

Es ist nicht der Grundstein Deutschlands.

14. WIR SIND WIR

*Gespräch mit MTV-Moderatorin Sarah Kuttner über
deutschen Pop, den Mauerfall und warum jetzt die schönste
aller Zeiten ist*

»Noch vor ein paar Jahren«, sagte Eva Briegel von der Pop-Grup-
pe »Juli« bereits vor ein paar Jahren, »fanden wir es uncool,
deutsch zu singen.«

An dieser Stelle muss ich den ausgewogenen Gleichklang des
Buches unterbrechen und mir selber auf die Schulter klopfen
und rufen: Ich nicht! Ich fand es immer cool, deutsch zu singen,
früher Kirchenlieder, dann Ernst-Busch-Lieder, dann »Macht kaputt was euch kaputt macht«, und zwischendrin »Zwei Apfelsi-
nen im Haar«, aber das mit dem französischen Akzent von
France Gall.

Ich bin der Erfinder meiner eigenen Neuen Deutschen Welle,
denn ich habe sogar deutsch gesprochen, wenn ich englisch gesprochen habe. Schon damals, Anfang der neunziger Jahre, als wir nach
New York umzogen. Aus dieser Zeit wusste ich ein sicheres Zeichen, woran ich deutsche Landsleute erkennen konnte. Ich erkannte sie daran, dass sie besser englisch sprachen als alle anderen.

Sie sprachen akzentfrei. Sie leisteten sich höchstens innerame-
rikanische Akzente. Viele bemühten sich um diesen texanischen
»drawl«, um nur ja nicht als Deutsche aufzufallen. Nun spricht
aber kein Mensch in New York korrektes Englisch, selbst die
New Yorker nicht. Man konnte also die Deutschen an ihrem Versuch der Überanpassung erkennen.

Ich selber sah die Sache eher so: Da die Amerikaner und die Engländer sich gar nicht erst darum bemühen, andere Sprachen zu
lernen, geben sie ihre eigene Sprache als Lingua franca frei, also als
Truppenübungsplatz, auf dem jeder seine eigenen Runden drehen

kann und rumballern, wie er will. Englisch ist mittlerweile zu einer Art globaler Mickey-Maus-Sprache geworden, die jeder, der sich halbwegs konzentriert, in drei Tagen erlernen kann.

Ich sprach englisch mit deutschem Akzent. Kissinger tat es sein Leben lang sehr erfolgreich. Er kultivierte es. Ich holte meine nationale Identität in die amerikanische hinein und gab mir keine große Mühe, sie zu verbergen, und meine Umwelt honorierte es, denn auch die anderen lieben es, wenn man es ihnen einfach macht, einen zu identifizieren.

Aber zurück zu »Juli«. Von meiner Sommerreise durch Deutschland blieb mir vor allem das hängen – sie sangen deutsch. Man spielte deutschen Pop im Radio, und er hörte sich gut an. Er war poetisch, war politisch, war in Teilen dada. Das war für mich bis dahin unerhört. Denn es galt als uncool bis dahin. Pop war englisch oder gar nicht.

Doch plötzlich waren da Bands wie »Silbermond«, wie »Wir sind Helden«, wie »2raumwohnung«. Auf dem Hofplatz vor der alten Nationalgalerie, in der die »Goya«-Ausstellung lief, wohnte ich, auf dem Rasen zwischen den zernarbten und zerschossenen Säulen sitzend, neben mir eine kühle Apfelschorle, »2raumwohnung« bei einem Soundcheck bei, und ich sah, wie ein kleines, zehnjähriges Mädchen vor der Bühne an der Brüstung stand und hinaufschaute und die Lippen zum Lied bewegte in der allerschönsten Selbstverständlichkeit, inmitten dieser wunderbaren Mischung aus alter Kunst und neuem Klang, aus Zerstörung und neuem Leben.

So unverblümt, so locker war deutscher Patriotismus kaum je zu hören. Mieze von der Popband »Mia« aus Berlin sang: »Fragt man mich jetzt, woher ich komme, tu ich mir nicht mehr selber leid«. Und sie traten in Schwarzrotgold auf und riskierten ein paar Eier bei ihrem Auftritt, und auch wenn sie später wieder brav von »Ökostrom« sangen, pappten ihr die Feuilletons das Etikett »umstritten« an.

Aber es machte der deutschen Pop-Musik, dieser »ersten deutschen Nationalkultur«, wie sie Ulf Poschardt nannte, überhaupt nichts aus, und die aus Brandenburg stammenden Jungs von »Virginia Jetzt!« reklamierten eindeutig: »Das ist mein

Land, meine Menschen.« Noch vor zehn Jahren hätten SPD-Parteitage Resolutionen verabschiedet, die sich von »Texten dieser Machart« distanziert hätten, und natürlich hätte Andrea Nahles ausgerufen: »Der Schoß ist fruchtbar noch aus dem das kroch.«

Jetzt aber brachten nur noch die ödesten politisch korrekten Langeweiler Bedenklichkeiten gegen die trotzige Romantik dieser Texte an, und nur das marginalisierte »Spex« raunzte: »Halt's Maul, Deutschland«, aber Deutschland hörte nicht hin, sondern sang mit, ziemlich gut gelaunt. Der deutsche Pop hatte seine eigene Antwort auf »Cool Britannia« gefunden, und sie hieß »Das ist mein Land«.

Und es klang durchaus stolz, als Peter Heppner und Paul van Dyk, dieses Ost-West-Gespann, ein wenig später den Song »Wir sind Wir« abmischten. Gut, dass es die Briten nicht mitbekamen. Die waren zu jener Zeit damit beschäftigt, einer humanoiden Scheußlichkeit namens »Darkness« zuzujubeln, die einem schlechten Glamrock-Song der siebziger Jahre entstiegen waren. Was hätten sie gemacht? Wahrscheinlich wieder Schleswig-Holstein angegriffen.

Der Text von »Wir sind wir« ist stolz und radikal melancholisch. Er feiert den Wiederaufbau, er feiert das Erreichte, und er will mehr.

> Wir sind wir, wir stehen hier
> Aufgeteilt, besiegt und doch
> Schließlich leben wir ja noch.

Das Wirtschaftswunder genügte uns in Wahrheit nie, die deutsche Seele will mehr als nur noch einmal davongekommen sein.

> Jetzt können wir alles haben was wir wollen
> Aber wollten wir nicht eigentlich viel mehr?

Es ist langweilig, es ist unglaublich öde, alles zu bekommen, was man will, deshalb wurde im deutschen Westen das Wirtschaftswunder von einer Welle von Studentenprotesten begleitet und abgelöst, weil es den inneren Hunger nicht genommen hat, und der plötzliche Reichtumsschub im Osten nach der Wende, zwanzig Jahre später, hat ebenso wenig alle Fragen beantwortet:

> Wir sind wir, wir stehen hier
> Wieder eins im Land
> Superreich und abgebrannt

Das kriegt keine andere Nation hin, diese Zeile: Superreich und abgebrannt. Das Video zu dem Song zeigte den Wiederaufbau Deutschlands im Zeitraffer, die Trümmerfrauen, den sozialen Wohnungsbau, die geteerten Straßen, und er löste eine Menge in mir aus, denn in jenem Sommer feierte meine Mutter ihren 80. Geburtstag, und es war einer der Rückblicke.

Jeder von uns Söhnen schrieb ein besonderes Geschehnis aus der Kindheit auf, und mein ältester Bruder erinnerte sich an jene Nacht, als meine Mutter die frischen Teerflecken aus seinem Mantel rieb. Damals, in den frühen 50er Jahren, wurde viel geteert. Überall standen Teertonnen herum, und mein Bruder konnte der Versuchung nicht widerstehen und schmiss einen Stein in eine der Tonnen hinein. Der Teer war flüssig. Es spritzte. Es spritzte auf den Mantel.

Ein Kindermantel war damals eine Kostbarkeit. Abends, nachdem meine Mutter ihn zu Bett gebracht hatte, setzte sie sich unters Licht, und rieb vorsichtig, um die Teerspritzer zu entfernen. So dämmerte mein Bruder ein. Spät in der Nacht wachte er noch einmal auf. Und er sah, wie meine Mutter noch immer im Schein der Lampe saß und vorsichtig und geduldig an dem Flecken herumrieb. Sie muss die halbe Nacht damit zugebracht haben.

Nur ein Flecken, und die ganze Wiederaufbauzeit liegt darin und der Aufopferungswille einer Frau, die in den folgenden Jahren fünf Söhne großgezogen hat und in den frühen Nachkriegstagen mit Englisch-Nachhilfe-Stunden das Geld für die Familie verdiente, denn ihr Mann studierte noch.

Das ist lange her. Und es wurde lebendig in diesem Sommer, auch durch einen dämlichen Popsong. Die Mythen und Geschichten einer Nation werden nicht nur in dickleibigen Büchern der Hochkultur aufbewahrt, sondern eben auch im Pop, in der Trivialkultur.

Eine der wesentlichen deutschen Pop-Figuren ist die MTV-Moderatorin Sarah Kuttner, die frech und schnell und witzig ist und in ihre Late-Show alles kriegt, was sonst auch Fußball-Arenen füllt. Als sie acht war, ließen sich ihre Eltern scheiden, und als sie elf war, fiel die Mauer, und sie hat kaum Erinnerungen daran. Sarah Kuttner ist das neue Deutschland.

Ich besuche sie im Büro ihrer Produktionsfirma am Maybachufer in Kreuzberg.

MM: Wie war die Show gestern?

Kuttner: Nicht schlecht. Moritz Bleibtreu war da. Aber mein Heizungsinstallateur war sehr kritisch.

MM: Inwiefern?

Kuttner: Er sagte, »also wirklich, Hut ab, ich finde es gut, was Sie im Fernsehen machen, aber es ist ja in dem Sinn nichts Neues«, und ich sagte: »Ja, Sie befinden sich mitten in der Zielgruppe mit Ihren 50 Jahren.« Der war schon nett, das war nur zu privat, er stand ja da neben meinem Bett.

MM: Sind Sie sicher, dass er wirklich was mit Heizungen zu tun hatte?

Kuttner: Ich hoffe sehr. Er hatte wahnsinnig gute Geräte dabei. Einen Koffer voller kleiner cooler Apparate.

MM: Wie alt darf man heutzutage als Berufsjugendliche sein?

Kuttner: Das ist ein Asi-Wort, Berufsjugendliche. Das ist ein Schimpfwort. Wer hat das eigentlich erfunden?

MM: Keine Ahnung. In der Zeitung werden Sie als Berufsjugendliche bezeichnet.

Kuttner: Dann können die sich vielleicht mal ein neues Wörterbuch der Diss-Sprache zulegen, die feinen Herren Schreiberlinge.

Immer die gleiche langweilige verbale Backpfeife. Neue Wörter braucht das Land.

MM: Also wie alt?

Kuttner: Weiß ich nicht. Sind doch viele noch irgendwie jugendlich. Ich bin 27. Wobei, ich gehe auf die 30 zu. Oh. Na ja, aber im Ernst: mit 27 ist man ja wohl noch jugendlich. Die können alle nochmal vorbeikommen, wenn ich die 40 ansteuere.

MM: Was ist mit der Jugend von heute? In Ordnung?

Kuttner: Keine Ahnung. Eine Menge sicher. Ich kenne die doch nicht.

MM: Aber die gucken doch Ihre Sendung.

Kuttner: Aber ich rede doch mit denen nicht.

MM: Warum nicht?

Kuttner: Weil ich doch da meine Sendung mache. Ich bin doch kein Umfrageinstitut. Alle Leute glauben immer, dass ich weiß, wie es der Zielgruppe geht. Woher denn?

MM: Ja, aber Sie könnten doch Vermutungen anstellen über die Jugend. Ist sie eher politisch, interessiert sie sich für Fußball, möchte sie gerne eine Geschlechtsumwandlung?

Kuttner: Die Fragen bekomme ich seit vier Jahren gestellt und lerne es nie, mir eine vernünftige Antwort darauf zurechtzulegen.

MM: Was war die grausamste Interview-Erfahrung? Campino?

Kuttner: Campino war ganz weit vorne.

MM: Er hat Sie eine ganze Sendung lang auflaufen lassen.

Kuttner: Er kam mit dem Vorsatz, das zu tun. Das fand ich link. Nur weil ich in einer Kolumne mal ein Witzchen gemacht habe, das hat er mir danach gesagt. Campino ist ja wahnsinnig eitel.

MM: Können Sie sich noch an das Witzchen erinnern?

Kuttner: Irgendwas wie Stadion-Rock, Schweine-Rock, es ging um »Rock am Ring«, glaube ich. Und dass die doch bitte aufhören sollen, sich mit 40 alle Kuddel, Breiti und Schmuddi und so zu nennen. Ich glaube, das hat er gelesen und war da von vornherein richtig angepisst und dachte, ich will ihm Böses. Dabei hatte ich ein total kritikfreies Interview vorbereitet: »Ist es nicht wahnsinnig aufregend und schmeichelnd, dass MTV...?« – »Na, frag doch deine Programm-Chefs da.« Also wirklich, noch eine Minute mehr und ich hätte ihn rausgeschickt. Das wäre der erste Gast gewesen, dem ich gesagt hätte: »Guck mal, Campino, ist doch für dich und für mich schöner, wenn du jetzt schon mal gehst.« Dann war aber die Sendung schon zu Ende.

MM: Ist Ost und West noch ein Thema?

Kuttner: Für mich echt nicht. Sicher gibt es da noch genügend Unterschiede, allein die unterschiedlichen Löhne, die gezahlt werden. Aber rein vom Gefühl her existiert das für mich nicht mehr. Wenn ich 20-Jährige sagen höre: »Voll die Ossi«, dann wundert mich das schon sehr. Ich denke mir, nö, lass mich kurz nachdenken, du warst drei, als die Wende war. Du kannst dich doch überhaupt nicht mehr erinnern! Ich meine, ich selbst, ich kann mich kaum noch erinnern an den Mauerfall. Ich war elf, da ist das wichtigste Umfeld Mama, Papa, Schule und der Weg zurück nach Hause.

MM: Wann haben Sie zum ersten Mal gedacht: »Hoppla, ich bin deutsch«?

Kuttner: Gar nicht. Ich denke nicht: »Hoppla, ich bin deutsch.« Ich habe neulich – was sehr gruselig war – eine amerikanische Familie erlebt in der S-Bahn, wo der Opa an einer bestimmten Station leise sagte: »Und hier haben sie die Juden deportiert«, aber keiner aus der Familie hat sich um den Alten gekümmert, die mussten dauernd ihr anstrengendes Arschlochkind unter Kontrolle halten.

MM: Gibt es einen Kampf der Kulturen hier in Kreuzberg? Statt des Ost-West-Konflikts nun den zwischen Deutschen und Türken?

Kuttner: Ich merke davon nichts. Aber ich wohne halt in Prenzlauer Berg, in Kreuzberg ist das wahrscheinlich nochmal eine andere Sache.

MM: Offenbar gibt es aber auch unterschiedliche Lebensstile. Die türkische Familie ist eine Großfamilie. Die Deutschen haben eher kleine Familien.

Kuttner: Natürlich. Aber es gibt auch Unterschiede zwischen Ihnen und mir. Ich halte das für keinen Konfliktgrund. Sie und ich sind ja auch freundlich zueinander, obwohl wir total verschieden sind.

MM: Sie sind im Osten groß geworden. Ihr Vater ist weggegangen, als Sie acht waren.

Kuttner: Ja, da haben sich meine Eltern getrennt. Der war natürlich noch da. Hat mich regelmäßig gesehen, ist mit mir auf Konzerte gegangen. Und später habe ich ihn auch im Radio gehört.

MM: Haben Sie etwas von ihm gelernt?

Kuttner: Das weiß ich nicht. In erster Linie habe ich wohl ein paar seiner hervorragenden Gene. Wir brauchten auch eine gewisse Zeit, um beide so ein bisschen damit klarzukommen, dass wir jetzt einen ähnlichen Job haben. Und weil er mein Papa ist, wollte er mir natürlich dauernd Tipps hinsichtlich der bösen Medienbranche geben, aber die wollte ich selten. Ich wollte Fehler selber machen und wusste auch schon sehr genau, was böse und was gut ist und was ich von dem Bösen und dem Guten wollte.

MM: Wann waren Sie zum ersten Mal vorm Mikro?

Kuttner: Bei »Radio Fritz« schon. Als Reporterin. Ich hatte dort sogar schon ein Schülerpraktikum gemacht.

MM: Haben Sie früher Westfernsehen geguckt?

Kuttner: Ich erinnere mich nicht mehr genau. Ich glaube, ich habe manchmal heimlich »Loveboat« bei meiner Freundin Jenny geguckt. Die hatte aber wahnsinnig sozialistische und strenge Eltern, insofern weiß ich gar nicht, wie wir das geschafft haben …

Wir saßen mal beim Frühstück miteinander und ich habe ein Brötchen gehabt, da lief der Honig runter und ich wollte einen Witz machen und habe gesagt: »Es läuft, es läuft nach…«, und wollte irgendeine Stadt sagen. »Es läuft, es läuft nach Hamburg.« Und dann meinte der Vater: »Bei uns läuft es höchstens nach Dresden.« Und das war so ein Moment, wo ich dachte: »Oh, ich muss weg.«

MM: Was fehlt Ihnen heute von der DDR?

Kuttner: Nichts, weil ich mich auch nicht an die DDR erinnere.

MM: Was sagen Sie zur Kampagne »Du bist Deutschland«?

Kuttner: Aber ich verstehe das gar nicht, warum mir gerade alle sagen müssen, wer ich denn bin. Ich meine: ich bin Papst, ich bin WM-Gastgeber, es ist MEIN Heimspiel … lauter Kampagnen, die mich dauernd daran erinnern wollen, wer ich bin. Aber offenbar braucht das Deutschland. Ich habe gerade Umfragewerte gelesen, dass angeblich schon von den elf Millionen, die die Kampagne kennen, sich 38 Prozent wohler fühlen. Herzlichen Glückwunsch.

MM: Früher hieß es »Wir sind ein Volk«. Wer sind die drei coolsten Deutschen?

Kuttner: Keine Ahnung, ich kenn die doch nicht alle. Ich entscheide mich diplomatisch für meinen Papa, meine Mama und meine Oma. Die drei sind coole Deutsche.

MM: Was ist das coolste deutsche Produkt?

Kuttner: Roggenbrot.

MM: Was ist mit Audi?

Kuttner: Ist Audi deutsch? Ich fahre einen Volkswagen.

MM: Ist deutscher Pop cool?

Kuttner: Kommt drauf an, wen man so meint. Ich mag »Mia« nach wie vor gerne, und die »Helden« machen es auch sehr gut.

MM: Ist das nicht »rot-grüne Wohlfühlmusik«, wie ein Kritiker schrieb?

Kuttner: Na ja, Nora Jones, Jack Johnson, DAS ist Wohlfühlmusik im negativsten Sinne. Judy Holofernes macht einfach wahnsinnige Texte. Das ist die Meisterin des Wortspiels, ja. Und dann ist das in Wohlfühlmusik eingepackt, ey, aber warum nicht? Wohlgefühl ist doch eine sehr schöne Sache, spricht doch nichts dagegen. Leute, die das plötzlich ganzganz schlimm finden, haben »Wir sind Helden«, als sie noch nicht so bekannt waren, ganz toll und innovativ gefunden. Jetzt plötzlich nicht mehr. Solche Leute sind Abgrenzungsfetischisten.

MM: Alle schunkeln so ein bisschen und fühlen sich als gute Menschen, so ist das wahrscheinlich gemeint.

Kuttner: Aber ist doch in Ordnung. Es gibt doch viel blödere Sachen. Es gibt auch noch viel schlimmere englische Sachen. Ich bin weder dafür, eine Fahne hochzuhalten für den deutschen Pop, bin aber auch nicht bereit, ihn in Grund und Boden zu stampfen. Teile von deutschem Hip-Hop, Bushido, Fler und so, das ist teilweise für mich nicht vertretbar. Aber wer bin ich denn, deren Leidenschaft und Kultur zu kritisieren.

MM: Gibt es für Sie als Frau Grenzen, was Texte angeht? »Bitch« und so.

Kuttner: Klar gibt es diese Grenzen für mich, aber das hat nichts damit zu. tun, dass ich Frau bin. Dieses ganze »Bitches« und »Asses« und »Tits« gehört augenscheinlich zur Rap-Kultur. Finde ich öde und unnötig, aber muss man sich eben mit abfinden.

MM: Was ist mit der patriotischen Provokation, mit »Wir sind wir«, die den deutschen Wiederaufbau feiern. Ist es okay, oder sollte man besser nicht?

Kuttner: Ich finde diese ganzen patriotischen Kampagnen immer sehr zweifelhaft. Warum müssen wir wieder wer sein? Waren wir bisher niemand? Ja, wir haben diese Schuld, wir müssen mit ihr leben. Und ich möchte aber natürlich auch nicht mein Leben lang und jede Minute von Schuld gebückt durch die Straßen gehen. Trotzdem denke ich nicht, dass eine »Wir sind wir«-Kampagne für irgendwas nötig ist.

MM: Es gibt zum Beispiel die Parole »Nie wieder Deutschland«. Es gibt den Wunsch mancher Deutschen, die sagen: »Nie wieder Deutscher, lieber Europäer sein oder lieber Weltbürger sein.«

Kuttner: Das ist genauso dämlich.

MM: Es ist geradezu ein Kennzeichen für die Deutschen, sagte Nietzsche, dass bei ihnen die Frage nie ausstirbt, was eigentlich deutsch sei.

Kuttner: Ja, sollen sie ja machen, nur geht das nicht auch ohne Volks-Kampagnen? Die Franzosen reden sicher auch über die Franzosen. Und was wäre denn die Alternative? Deutschland aufzulösen?

MM: Was war Ihr erstes Idol?

Kuttner: Ich hatte nie Idole. Aber in »New Kids on the Block«, in die war ich mit 12 oder 13 sehr verliebt. Ich hatte Poster von denen im Zimmer hängen und habe mir immer vorgestellt, dass die mich sehen können durch dieses Poster. Also habe ich mich immer schön mit dem Rücken zu ihnen umgezogen, damit die nichts sehen können.

MM: Was war die schönste Zeit der Deutschen? Um 1200, um 1800 – das wäre Weimarer Klassik, Goethe, Schiller, Revolution war vorbei. Oder 1989. Oder jetzt?

Kuttner: Wenn Sie mich persönlich fragen, müsste ich mich wohl für die heutige Zeit entscheiden. Die anderen Zeiten habe ich gar nicht oder nur schemenhaft erlebt.

MM: Aber wie haben Sie 1989 erlebt?

Kuttner: Ich weiß nur, dass ich am Morgen danach zur Schule ging, meine Mutter schlief dann immer noch, und ich sagte »Tschüs«, und meine Mama murmelt: »Musst du denn zur Schule? Die Mauer ist doch gefallen.« Und ich: »Ja, klar muss ich zur

Schule.« Ich glaube, ich wusste noch nicht mal richtig was sie meint.

MM: Gab es eine Phase, als Sie die Welt verbessern wollten als Kind?

Kuttner: Ach nee, dafür schäme ich mich ja immer so ein bisschen.

MM: Ihre Schule hieß John-Lennon-Schule. Und ihr habt alle »Imagine« gesungen.

Kuttner: Ja, wir haben alle möglichen Beatles-Songs gesungen im Unterricht. Wahnsinn. Nee, schade eigentlich, dass ich nicht so ein politisches Weltverbesserungskind war.

MM: Gibt es heute Sachen, die Sie gerne in der Welt verbessern würden?

Kuttner: Da gibt es ja so einiges. Der einfachste Weg ist es ja, etwas mit dem eigenen Gesicht oder Geld zu unterstützen. Ich finde es immer schön, wenn man vor der eigenen Haustüre kehren kann. Ich sage mal, es ist genauso wichtig, sich um benachteiligte Kinder in Deutschland zu kümmern wie um die in der Dritten Welt. Es ist immer so komisch, wenn alle Promis direkt nach Afrika fahren und sich da fotografieren lassen mit kleinen, dickbäuchigen Kindern, und in Brandenburg gibt es diese Asi-Eltern, die ihre Kinder so sehr verprügeln, dass sie nicht mehr zu Hause wohnen können. Ich gebe dann da ein, zwei Gelder hin.

MM: Wie finden Sie unsere Bundeskanzlerin?

Kuttner: Na ja, ich habe sie nicht gewählt. Mich beschleicht trotzdem langsam das Gefühl, dass sie sich soweit ganz gut schlägt. Die kriegt ja immer dermaßen viel auf die Mütze, aber ich finde, dass sie einige Feuerproben sehr souverän gemeistert hat.

MM: Soll man sie toll finden, weil sie eine Ostdeutsche ist oder weil sie eine Frau ist?

Kuttner: Das sind doch beides keine Gründe, jemanden im Allgemeinen oder die Frau Bundeskanzlerin im Speziellen toll zu finden. Entweder die macht ihren Job vernünftig oder nicht.

MM: Brauchen wir eine deutsche Pop-Quote? Die Franzosen haben eine Französisch-Quote.

Kuttner: Wir müssen uns nicht beklagen. Deutsche Musik läuft so gut und so oft wie schon lange nicht mehr, außerdem kann man doch dem Volk nicht vorschreiben, was es hören soll. Und die Leute, die andere Musik gut finden, sollen die gut finden.

MM: Was ist der größte deutsche Beitrag zur Geschichte der Popmusik?

Kuttner: Nena wahrscheinlich.

MM: »Kraftwerk« hat Techno erfunden, die waren die Urgroßväter des Techno.

Kuttner: Dann eben auch Kraftwerk. Nena ist vermutlich am bekanntesten in Amerika. Oder Rammstein? Oder gar die Scorpions? Keine Ahnung. Nena stöhnt beim Singen häufig so doll. Vor allem auf »Liebe ist«. Schade, weil ich ihre Musik soweit ganz gut finde. Vermutlich ist das ein Stilmittel, gefällt mir aber nicht. Ist mir zu sexy auf Knopfdruck.

MM: Wird diese Sendung irgendwann mal zu einem Problem?

Kuttner: Vielleicht insofern, als dass mir mit voranschreitendem Alter ein bisschen die Lust auf einfachste Provokation verloren geht. Ich habe keine Lust mehr, im Fernsehen dauernd böse Pfui-Worte zu sagen. Genauso wenig macht es Spaß und Sinn, über allzu leichte Opfer zu lästern. Klar sind beispielsweise die Leute am Nebentisch ein Horror, natürlich sehen die langweilig aus, aber die sind glücklich so wie sie sind. Und ich glaube, die Zuschauer und auch MTV möchten streckenweise gerne, dass ich Sachen wie Tokio Hotel scheiße finde, während ich finde, die haben alle ihre Berechtigung, und es gibt echt interessantere Phänomene zum scheiße finden. Nur dass sich auf die eben nicht so leicht zu einigen ist.

MM: War es nicht geschmacklos, als Sie sich zum Jahrestag von Barschels Selbstmord in eine Badewanne legten und moderiert haben?

Kuttner: Finde ich nicht. Es war vielleicht grenzwertig. Und vor allem war es nur der Anlass für die Feststellung in der Sendung, dass sehr viele wichtige kulturhistorische und politisch bedeutsame Ereignisse in einer Badewanne stattgefunden haben. Die alten Ägypter, die Römer, wir fanden: Die Badewanne ist ein Ort, der unterrepresented ist.

MM: Gibt es eine neue deutsche Bürgerlichkeit?

Kuttner: Man liest ja viel, dass sich die Werte wieder verschoben haben beziehungsweise zurückkommen. Ich glaube, wenn sich das verschoben hat, schön, wenn sich das nicht verschoben hat, auch egal. Soll das Volk doch so leben, wie es das für richtig hält.

MM: Eine Zeit lang galt Familie als Gefängnis und bürgerliche Hölle, und das scheint sich mittlerweile geändert zu haben.

Kuttner: Galt das wirklich für so viele Leute?

MM: Ja, die moderne Frau hat sich gesagt: »Ich will unbedingt Sarah Kuttner werden und nie im Leben eine Familie und drei Kinder haben.«

Kuttner: Sarah Kuttner will aber irgendwann auch eine Familie und mindestens ein Kind haben.

MM: Ja, das sagen ja alle.

Kuttner: Na ja, ich habe ja noch ein bisschen Zeit, oder? Ab wann wird es für eine Frau kritisch?

MM: Ab 40, glaube ich.

Kuttner: Da habe ich doch noch alle Zeit der Welt für Kinder. Jetzt versaue ich MTV erst mal weiter die Quote.

15. ZWEI MÄNNER AM MEER

Über den Thrillerautor John le Carré, den Maler Karl
Weschke und die deutsch-britische Freundschaft

Man kann sich niemanden vorstellen, der in jenen Märztagen 2004 stolzer auf die Deutschen gewesen wäre, als der englische Thrillerautor John le Carré.

Le Carré, der bürgerlich David Cornwell heißt, hat lange Jahre in Deutschland verbracht. Sein Deutsch ist nahezu akzentfrei. Nach dem Krieg arbeitete er als Attaché in Berlin und für den englischen Geheimdienst. Sein frühester Roman in einer langen Reihe von Welterfolgen, »Der Spion, der aus der Kälte kam«, spielt in Deutschland und sein jüngster »Absolute Freunde« ebenso.

Er liebt Deutschland, sagt er, und in diesen Tagen liebte er es ganz besonders, und zwar aus pazifistischen Gründen. Dass Deutschland nicht mitmachte beim Krieg gegen den Irak, war für ihn der Beweis, dass die Deutschen »gelernt« hätten. »Wir Briten haben nie eine Besatzung erlebt, nie einen Krieg verloren, und das ist unser Verhängnis.«

David bewohnt mit seiner Frau Jane ein hübsches Backsteinhaus in Hampstead, in einer unauffälligen und absolut legendären Nachbarschaft mit der weltweit wahrscheinlich höchsten Dichte an Nobelpreisträgern. Joseph Brodsky lebte um die Ecke. Freud praktizierte, Keats dichtete hier, alle lebten hier.

David hat einen Cäsarenschädel und weiße kurz geschnittene Haare und darunter unwahrscheinlich blaue, unbestechliche Augen. Er ist groß und athletisch, und er könnte immer noch glaubwürdig einen Football-Coach geben trotz seines Alters, hoch in den Siebzigern. Er ist der bescheidenste und geistig anregendste

Gesprächspartner, ein vollendeter Gentleman. Ich bat ihn um ein Autogramm für eine Freundin von uns, eine bildhübsche Studentin. Sie hatte ihn bei einer Lesung erlebt und sich in ihn verliebt. »Er sah schon immer verdammt gut aus«, sagte seine Frau Jane lächelnd, »aber erzählen darf man ihm das nicht, sonst wird er eingebildet.«

David hatte uns zu einem Sonntagslunch eingeladen, zu dem er auch noch den Schauspieler Ralph Fiennes gebeten hatte, sowie den Human-Rights-Watch-Director Steve Crawshaw und Tim Sebastian, die letzteren mit ihren Frauen. Tim Sebastian ist die Bulldogge der BBC-Fragestunde »Hard Talk«, eine der härtesten und brillantesten Interviewsendungen der Welt. Ich mochte seine Sendung sehr und sagte es ihm. Er schaute müde durch mich hindurch. Wahrscheinlich hat er es einfach zu oft gehört.

Bei diesem Lunch ging es schnell hart zur Sache, ging es um Krieg und Frieden, um England und Deutschland, um Tony Blair und Gerhard Schöder. Ich teilte Davids Enthusiasmus über Schröder. Ich glaube, dass er für den deutschen Sonderweg, den er so unbeirrt gegangen ist, in die Geschichtsbücher eingehen wird. Natürlich hatte er Glück, dass die Franzosen diesen Weg, aus purer Aversion gegen Amerikaner und Briten, mitgegangen waren. Unser Interesse konnte dieser Blödmann-Feldzug nie sein, denn er förderte den Terrorismus wie nichts anderes auf der Welt und er öffnete, wie jetzt der amerikanische Botschafter im Irak zugab, eine Büchse der Pandora, die mittlerweile die ganze Region in eine Bürgerkriegs-Zone verwandelt hat.

Dieser Krieg war aus dem halbstarken Politik-Verständnis von Videospielen heraus begonnen worden – bamm, bamm, und das Böse ist erledigt. Keine Frage, dass die Entfernung des Blutsäufers Hussein ein ehrenwertes Ziel war. Keine Frage aber auch, dass es anders erreicht werden musste. So aber war der Preis zu hoch. Drei Wochen militärische Angeberei und seither an die hunderttausend zivile Tote und täglicher Bombenterror.

Und Tony Blair war so begierig darauf, in diesen unseligen Krieg zu ziehen, dass er die Öffentlichkeit über eine angebliche unmittelbare Bedrohung durch Massenvernichtungswaffen belog und weiter log, was eine nicht endende Kette von Lügen und deren Aufdeckungen, von Rücktritten, von Entschuldigungen und weiteren Lügen nach sich gezogen hatte.

Man stelle sich vor, wir Deutschen hätten uns da mit hineinziehen lassen. Alle in dieser Lunch-Runde konnten Blair mit seinen Augenaufschlägen, seinen hohlen Beteuerungen, seinem falschen Kumpel-Ton bis in die feinsten Manierismen hinein nachmachen. Sie machten ihrem Zorn auf die Kriegspolitik ihres Premiers in höhnischen Witzen Luft. Wir waren uns einig. Und dennoch wurde es zusehends zu einer der qualvollsten Mittagsrunden, die ich je erlebt hatte. Denn noch spürbarer als die Wut auf Blair, war die Wut auf die Deutschen, denen man nun wohl applaudieren musste. Ausgerechnet den Deutschen!

Das antideutsche Ressentiment saß tief, besonders bei BBC-Sebastian. Er knurrte und druckste. Er nuschelte Sottisen, die zunehmend gegen mich gerichtet waren. Auch Crawshaw begann, mich als Deppen zu sehen. Sonst war Steve ein netter Kerl. Allerdings schrieb er in seinen Büchern über die Deutschen wie über Hilfsschüler der Demokratie, die zwar zunehmend ordentliche Noten mit nach Hause bringen, aber noch unter Beobachtung gehören. Und nun saß da ein deutsches Ehepaar mit am Tisch, sie aus dem Osten, er aus dem Westen, und beide aus dem Land der demokratischen Hilfsschüler, die plötzlich die Meister waren, und diesen illegalen, blösinnigen Krieg nicht mitmachten, in den sich die eigene Nation verstrickt hatte. Man konnte geradezu schmecken, wie sie sich darüber ärgerten. Sie wollten über ihr Land lästern, sicher – ABER DOCH NICHT MIT DEUTSCHEN!

Wir Deutschen haben in der britischen Psyche eine Sonderrolle zu spielen. Die Briten brauchen uns, weil wir sie an ihren größten Sieg erinnern. Als der »Daily Telegraph« nach den U-Bahn-Bomben vom 7. Juli 2005 das Lesepublikum danach fragte, was ganz besonders britisch sei, rangierte an der Spitze der Liste: der Sieg über Nazideutschland.

Wir Deutschen sind eine ständige Quelle nationalistischer Selbsterhöhung für die Briten, quer durch alle Kreise, und das ist durchaus im persönlichen Kontakt spürbar, nicht nur bei diesem Lunch mit Tim Sebastian. Mein Sohn wurde mit »Nazi, Nazi«-Rufen von englischen Jugendlichen durch Londoner Parks gejagt, aber gleichzeitig wissen rund achtzig Prozent der britischen Kinder noch nicht einmal, was es mit dem Holocaust überhaupt auf sich hatte.

Als meine Frau und ich nach einem Abend mit dem Schriftsteller Ian McEwan vor dem »Sheekeys«, einem Londoner In-Restaurant, in diesen sehr berühmten Oscar-Preisträger-Regisseur hineinliefen, der mit Elton Johns Verlobtem unterwegs war, riss er den Arm zum Hitlergruß hoch, als er mitbekam, dass wir Deutsche waren. Er hielt es für komisch. Meine Frau war schockiert. Ich nicht mehr.

Ich habe das längst als Komplex der Briten abgebucht, der absolut nichts mit uns zu tun hat, sondern nur mit dem erhitzten Psychotheater der Briten, die insgeheim eine enorme Bewunderung für Adolf Hitler haben und immer schon hatten – liest man heute nach, wie die britische Aristokratie von Hitler schwärmte.

Man kann da nur noch witzeln und abhaken. Deshalb konnte ich auch überhaupt nicht verstehen, warum die deutsche Botschaft in London diese peinliche Einladung an ein paar zusammengewürfelte britische Geschichtslehrer ergehen ließ. Statt ihnen, die ihre Klischees nicht loswerden wollen, zuzurufen: Ihr könnt uns mal gern haben!, bettelten die deutschen Diplomaten um Respekt und Anerkennung. Ein Bestechungsversuch auf allerhöchster Ebene, der peinlicher und vielsagender nicht verlaufen konnte.

Wie wäre es, sagten sich jene Beamten, wenn wir ein paar englische Geschichtslehrer auf Kosten des deutschen Staates in denselben einflögen und sie hofierten wie kleine Potentaten? Schließlich werden die Weichen im Geschichtsunterricht gestellt. Wer dort gütig gestimmt ist, wer mehr weiß über Heines Gedichte, Claudia Schiffers güldenes Haar, Beethovens Symphonien, Humboldts Abenteuer, Willy Brandts Biographie und, nun gut: Dieter Bohlen – wird es an die Schüler weitergeben. So entsteht schon an der Basis das gute, differenzierte, demokratische, prickelnde Deutschland-Bild, das wir für angemessen halten.

Also wurden knapp zwei Dutzend Lehrer nach Berlin, Dresden

und Bonn gebeten. Sie logierten in Fünf-Sterne-Hotels, besuchten die Oper, schlenderten im Reichstag umher, schüttelten die Hände der Repräsentanten der deutschen Nation, sozusagen als Repräsentanten der englischen. Der Kotau als PR-Strategie: Rund 52 000 Euro kostete den Steuerzahler diese ganz persönliche PR-Rundum-Versorgung von ein paar Provinzlern, bei denen man offenbar auf den Multiplikatoreffekt setzte. Sicher, sagte man sich, die Überzeugungsarbeit kam erst mal pro Nase ziemlich teuer, aber erstens zahlen wir das nicht aus der eigenen Tasche, sondern der Steuerzahler, und zweitens würden die Hofierten, so die Erwartung, nach ihrer Rückkehr in der englischen Presse von ihren Eindrücken schwärmen und wie verrückt Werbung für Deutschland machen und so die Kosten auf ihre Art wieder einspielen.

Die Umworbenen ließen, um es kurz zu machen, die Zuwendungen an sich abprallen wie ein schmutziges Angebot. Und sie sprachen nicht ohne lässigen Stolz über den Korb, den sie den »Krauts« gegeben hatten. Die englische Presse hatte das, was man in Großbritannien einen »field day« nennt. Ganz besonders der »Guardian« brüllte vor Lachen und war ganz und gar entzückt. »Es war nicht gerade umwerfend«, zitierte das Blatt einen der Lehrer, einen gewissen Peter Liddell. In der Oper sei die Frau neben ihm eingeschlafen. Normalerweise könne man sich ja so teure Hotels nicht leisten, deshalb sei man da mal mitgefahren, aber an der Unterrichtsgestaltung werde das nichts ändern, und die sehe nun mal Hitler-Hitler-Hitler vor.

»Die Kids finden die Nazizeit interessant«, sagte Mr. Liddell. »Eine Menge Sachen passieren da. Es gibt viel Gewalt. Vergessen Sie nicht, dass sie, mit 14, Geschichte auch ganz abwählen können.« Da ist man schon froh, wenn man sie so weit unterhalten kann, dass sie es nicht tun. »Deutsche Nachkriegsgeschichte ist einfach verworrener und schwieriger zu unterrichten.«

Aber wie wäre es denn mit Willy Brandt, dem großen Völkerverständiger und Brückenbauer zum Osten hin, dem guten Deutschen, dem Kanzler des Kniefalls und des Nobelpreises?

»Ein bisschen trocken das Ganze, nicht wahr?«

Einer seiner Kollegen präzisiert noch einmal, zum Mitschreiben: »Die Nazis sind sexy. Das Böse fasziniert.«

Unterm Strich kann es keine einfachere Lektion geben.
Erstens: Briten haben kein Interesse am neuen Deutschland.
Zweitens: Briten haben kein Interesse am alten Deutschland.
Drittens: Briten haben lediglich Interesse an der Nazizeit.

Das führte Prinz Harry vor, als er auf einer Party der gehobenen Jeunesse dorée das Hakenkreuz spazieren führte, und zwar unter einer Bundeswehrjacke, was aller Welt zeigte, dass das alles in der gequirlten Viertelbildung englischer Kids zusammengehört, die Swastika und der Bundesadler, und die gebildeteren Briten nehmen solche Entgleisungen durchaus lächelnd in Schutz. Germaine Greer, die linke Intellektuelle, meinte, man solle doch bitte Prinz Harry in Ruhe lassen, er habe doch nur einen Scherz gemacht.

Wieso dann noch diese Bitte-bitte-habt-uns-lieb-Geschenk-körbe mit dem Stempel der Bundesregierung? Wieso eine stupide Meinungsmacher-Kaste umwerben, die auf die Tatsache, dass ein Deutscher von den Kardinälen der Welt nahezu einstimmig zum Papst gewählt wurde, wie im Reflex »Panzerkardinal« und »Hitler-Junge« herausrülpst, und das ist gar nicht mal nur die »Sun«, sondern der gehobene »Guardian«. Natürlich lacht man sich da tot. Sollte man nicht beginnen, Witze über die englischen KZs in Kenia, den Sklavenhandel, die Burenmassaker zu machen? Sicher nicht! Das Beste ist es, die Insulaner in ihrer eigenen Geschichts-Hölle in Ruhe zu lassen.

Am besten ist es, sich vor ihren Tretern in die Büsche zu schlagen und zu hoffen, dass man nicht wieder aufgestöbert wird, etwa von der englischen Kulturministerin, die die Liebe der Deutschen zur klassischen Musik rühmte und die fehlende Leidenschaft bei ihren Landsleuten beklagte, die also begann, über deutsche Kultur zu rhapsodieren, und das alles, ohne den britischen Sieg über die Nazis zu erwähnen, was ein Fehler war, eine Todsünde, die sofort bestraft wurde. Die »Daily Mail« holte aus und schoss zurück. »A load of old Sauerkraut!«, befand sie und erinnerte in einem wahren Feuerwerk feinen britischen Humors daran, dass Deutsche Lederhosen tragen und sich an den Hintern greifen und daher schwul und wahnsinnig sind wie König Ludwig.

Selbstverständlich sind längst nicht alle Briten für diese antideutschen Idiotien anfällig. Wir haben viele Freunde gehabt, bei denen es nicht so war, und ganz bestimmt war es nicht der Fall mit David Cornwell, den wir eines Tages auf seinem Anwesen im Südwesten der Insel in Cornwall besuchten.

Was für ein Blick übers Meer! Das Anwesen lag über einer Steilwand und verfügte über ein geräumiges lichtes Wohnhaus, eine Schwimmhalle, ein Gästehaus und einen wildromantischen Blumengarten. Wir planschten in seinem geheizten Indoor-Pool, während Jane ein paar Hühner in die Bratröhre steckte und David wie jeden Vormittag an seinem neuen Roman arbeitete.

Beim Mittagessen unterhielt er uns mit absurden Geschichten aus der absurden Welt der Geheimdienste. Er erzählte über seinen Vater, den »talentierten Betrüger«, der immer mal wieder im Gefängnis saß. Er liebte ihn und meinte, er habe viel gelernt von ihm, zum Beispiel, eine gute Geschichte zu schätzen. Er erzählte über seine Besuche bei Fidel, bei der Queen und dann über seine Kinder und Enkel. Anschließend spielten wir eine Runde Croquet, und er gab meinem Sohn die allerbesten Vorlagen, und natürlich gewann er mit ihm.

David hat sehr oft gewonnen in seinem Leben.

Vielleicht hat deshalb keiner so viel Verständnis für Verlierer, für die Schwächen und die Anfälligkeiten der menschlichen Seele, für die verwickelten und irregeleiteten Biographien der Deutschen, die in seinen Romanen mit einem immensen Gefühl für Nuancierung und Gerechtigkeit beschrieben sind. Und besonderes Verständnis hatte er für seinen deutschen Freund Karl Weschke, einen Maler, der in der Nachbarschaft lebte und dessen Bilder er sammelte. An diesem Nachmittag fuhr er uns zu ihm hinaus. Womöglich gehörten wir zu den letzten Besuchern. Weschke ist bald darauf gestorben, mit 79 Jahren.

Weschke war ein kleiner Mann, kaum größer als mein Sohn. Mit seinem kahlen Schädel und den großen ruhigen Augen erinnerte er an den alten Picasso. Er trug ein kariertes Hemd und Jeans. Sein Haus war aus Natursteinen errichtet, ebenso hart auf der Klippe wie das von David, und er bewohnte es mit seiner jungen energischen Frau, einer englischen Literaturwissenschaftlerin.

Er zeigte, woran er gerade arbeitete. Es war ein riesiges nicht-figuratives Bild, doch rau und mystisch wie die Landschaft draußen, wie die grüngrauen Hügel mit dem windgekämmten Gras unter dem schweren grauen Himmel. Er erklärte meinem Sohn, was er an der Farbe Grün schön fand, und dann rätselten beide gemeinsam darüber, was der wuchtige Monolith bedeuten könnte, den Weschke da auf eine Riesenleinwand gemalt hatte. Es war eine von beiden mit großem Eifer betriebene Expedition. Weschke war völlig vorurteilsfrei, selbst dieser eigenen Kreation gegenüber. Er war neugierig. Er staunte wie ein Junge, wie mein Sohn.

Weschke war in der Nähe von Gera geboren, als uneheliches Kind, und nach einem Jahr von seiner Mutter, die noch drei andere Kinder hatte, zur Adoption freigegeben worden. Er wuchs in einem Waisenhaus auf und lebte »wie ein Straßenhund«, alles sei chaotisch gewesen in diesen frühen 30er Jahren, doch plötzlich gab es da die Hitlerjugend und den Sport und die Kameradschaft, und man lernte die Ordnung zu lieben und »ganz selbstverständlich die Juden zu hassen«. Und als die Briten ihn gefangen nahmen während des Krieges und auf die Insel brachten und in ein Umerziehungsheim steckten, hasste er die Juden weiter.

Nach einiger Zeit sollte er aus der Haft entlassen werden, doch als er nach seiner inneren Einstellung befragt wurde, gab er wieder einen antisemitischen Rap von sich und musste weiter brummen. Weschkes Sonderweg. Er dauerte. »Alles, was ich wusste, stammte von den Nazis.«

Nach seiner Entlassung aus der Internierung blieb er auf der Insel. Er wusste nicht mehr, wo er hingehörte. In gewisser Hinsicht, sagte er, blieb er Waise, sein Leben lang. Nach Deutschland fuhr er nicht mehr, und den britischen Pass nahm er nicht an, weil er sich nicht britisch fühlte. Mitte der fünfziger Jahre stieß er zur Künstlerkolonie in St. Ivves, doch er konnte mit deren Abstraktionen nicht viel anfangen und blieb Außenseiter auch dort. Nur seine Bilder verrieten kulturelle Spuren zur Herkunft und so etwas wie seelische Ureindrücke.

Weschkes Bilder hängen heute in der Tate Gallery. Seine Kunst ist durchgesetzt, und sie ist sicher einer der Gründe, warum man uns gerne haben kann auf der Insel. Er wählte sich seine Motive aus Mythologie und Geschichte und übertrug sie in eine harte, moderne, zerrissene Welt. Seine Bilder erzählen expressionistisch: Kämpfende Hunde, Vergewaltigungen, Reiter im Moor, Leichen unter der brennenden Sonne – ohne Zweifel haben ihn die Erinnerungen an die Schlachtfelder seiner Jugend ein Leben lang verfolgt.

Mein Bruder hatte ihm kurz vor unserem Besuch das große Verdienstkreuz der Bundesrepublik Deutschland verliehen. Stolz zeigte uns Weschke die Urkunde und den Orden in der Schatulle. Seine Augen glänzten. Er war gerührt. Er freute sich einfach darüber, dass sein Vaterland, das ihn vergessen hatte, sich wieder an ihn erinnert hatte, an ihn, den Waisenjungen. Es war, als ob er nach Hause gekommen wäre.

»Wahrscheinlich hat dein Bruder nie einen wichtigeren Orden verliehen«, sagte David später zu mir.

16. DAS NEUE DEUTSCHE WIRTSCHAFTSWUNDER

Was Patriotismus mit der Wirtschaftskraft eines Landes zu tun hat und warum es kreativitätsfördernd ist, durch eine Krise zu gehen

In keinem anderen Land ließe sich ein Unternehmer wie Ernst-Wilhelm Händler vorstellen, der uns die Rückkehr zu unserer Haupttugend empfiehlt, die darin bestehe, eben genau *nicht* ans Geldverdienen zu denken.

Händler ist gleichzeitig Unternehmer und Romancier und beides erfolgreich. Im Feuilleton der »Zeit« gab er eines der entspanntesten Interviews, die ich in den letzten Jahren gelesen habe. Er sagte: »Wir Deutschen gelten bekanntlich als Dichter und Denker, also machen wir doch das, was wir können. Die Deutschen waren noch nie bekannt dafür, dass sie Geld verdienen wollen. Der Affekt gegen das Geld ist ein Erbe der Romantik. Den Deutschen können Sie nicht zum Profit bringen, sein Herz ist dagegen.« Stattdessen? »Wir sollten Geist produzieren, Intelligenz jeder Art.«

Wir verdienen Geld nebenher oder auch eben gerade nicht. Wir können es uns zum Beispiel leisten, den MP3-Player zu erfinden, und die wirtschaftliche Nutzung Apple und Sony zu überlassen, die damit ein paar hässliche Milliarden machen.

»Wie cool ist *das* eigentlich!«, würde Moritz von Uslar sagen.

Und wie cool ist es, dass wir Deutschen keine Wirtschaftswundernation mehr sind und unser Selbstwertgefühl nicht mehr nur aus den ökonomischen Zuwachsraten beziehen! Schauen wir uns doch mal eine der bedauernswerten Nationen an, bei der das der Fall ist, nehmen wir als abstoßendes Beispiel irgendeine, sagen wir … Großbritannien!

Das britische Wirtschaftswunder der letzten 12 Jahre, das mit den Brutalo-Reformen der Margret Thatcher eingeleitet wurde, hat auf der Insel zu einem Selbstbestätigungsrummel geführt, der mindestens so komisch ist, wie es die deutsche Wirtschaftswunder-Kultur der fünfziger Jahre bei uns gewesen war: nach langen Zeiten der Entbehrung nun die Einübung in »Geschmack«.

Der neureiche englische Mittelstand kauft die Bretagne auf und die Costa Brava und lernt, französische Weine französisch auszusprechen. Im Fernsehen laufen Schönheitsoperationen, Immobilien-Shows und andere Besitzstandspornos, in denen man Geld anbetet, quasi nonstop. Wahrscheinlich ist England gegenwärtig der geistloseste Ort im Universum.

Dass unter die 50 besten Restaurants der Welt nun ein Dutzend britische gezählt wurden, darüber konnte man sich gar nicht genug einkriegen, obwohl die Liste wahrscheinlich von zwei gelangweilten »Guardian«-Redakteuren an einer Fish & Chips-Bude ausgeheckt worden war. Man ist angekommen! Ja, wenn es eine Errungenschaft während der New-Labour-Ära gab, dann ist es offenbar diese, denn sie wurde am allerausdauerndsten kommentiert. England, das sich bisher durch unverdaubaren Matsch, der wahlweise Stew oder Pudding genannt wurde, unrühmlich auszeichnete, ist zu einer Insel der Gourmets geworden.

»Marks & Spencer« bietet nun Kartoffelchips mit Normandie-Kräutern und Meersalz, und die Politkolumnisten schwärmen nur noch von irgendwelchen Chicken-Tikka-Restaurants in der Provinz und erledigen Weltpolitik allenfalls noch zum Nachtisch: die üblichen Gehässigkeiten zum deutschen Hitler-Panzer-Papst oder zu den EU-Hinterwäldlern mit den dicken Saucen. Und in den Verdauungspausen fordert Bob Geldof Afrika zum letzten Mal auf, die Demokratie einzuführen und dann, okay, jetzt die Welt, ultimativ den Hunger dort zu beenden. Rülps.

Schatzkanzler Brown hält in der Zwischenzeit Grundsatzreden über die Segnungen der *Britishness,* und die Schulbücher tun sich, laut »Independent«, jetzt erst recht schwer damit, über die historischen Schattenseiten des Empire auch nur nachzudenken. Ja, das Land, das ständig an der Vergangenheitsbewältigung der Deutschen arbeitet, ist merkwürdig stumm, wenn es um die eigene geht. Am britischen Wesen soll wieder die Welt genesen, das gilt für Afrika genauso wie den Irak, und für Europa gilt es ganz besonders, wo die britische Präsidentschaft mit einer dieser tremolierenden Menschheitsaufbruch-Reden Tony Blairs begann und sich dann in einem hässlichen britischen Geschacher um ihren EU-Rabatt und andere Kleingeldbeträge verzettelte.

Wollen wir Deutschen das wirklich? Wollen wir wirklich so fett, so laut, so uninspiriert in der Welt auftreten und uns mit der faden Ersatzidentität wirtschaftlichen Erfolges begnügen?

Wir wollen?

Nun gut.

Reden wir über die Wirtschaft, über die drittgrößte der Erde, den Exportweltmeister und Investitions-Favoriten – reden wir über Deutschland, den »Sorgenfall«, der die Talkrunden der Republik erhitzt wie nichts sonst und bei einem Lunch im März 2005 in der deutschen Botschaft in London besonders Graf Lambsdorff in Rage brachte.

Unter den imponierenden Jagdszenen im Stadt-Palazzo am Belgrave Square führte Lambsdorff englischen Unternehmern, Bankern und Journalisten die deutsche Misere vor, 15 Jahre nach der Wiedervereinigung. Seine Muschelsuppe und sein Rinderfilet blieben unangetastet, denn der Graf hatte eine Menge zu sagen. Durchweg Düsteres. Er las Deutschland von London aus die Leviten. Das Land sei eine reformunfähige, gelähmte, verarmende Nation. Die Arbeitslosigkeit sei beängstigend, die Sozialabgaben seien zu hoch, ebenso die Steuern.

Die britischen Gäste nickten, leicht verwundert über die schnarrende Kompromisslosigkeit des Balten und die Deutschen starrten irgendwie melancholisch auf ihre Bestecke. Deutschland im Eimer. Deutliche Sprache, Graf! Klare Worte. Eigentlich sei die Kritik die gleiche, so sagte einer in der anschließenden Frage-Session bei Cognac und Kaffee, die der Graf in seinem berühmten »Lambsdorff-Papier« zu Beginn der Kohl-Regierung niedergelegt habe. Schon damals habe er bemängelt: Zu hohe Arbeitslosigkeit, zu hohe Lohnnebenkosten, zu hohe Unternehmenssteuern.

Lambsdorff nickte. So isses. »Eben.« Er war der Rufer in der Wüste, und nun sehen es alle: Deutschland kaputt. Dem Grafen schien entgangen zu sein, dass er ein prächtiges Eigentor geschossen hatte. Hatte nicht die von Lambsdorffs FDP mitgebildete Regierungskoalition 16 Jahre lang Zeit gehabt, all diese Übel zu beheben? Hier zögerte der Graf.

Und noch während er zögerte, stand ein Wirtschaftsjournalist des »Economist« auf und legte dar, warum Deutschland viel besser dastehe als sein Ruf. Er sagte all das, was kurz darauf in einer Titelgeschichte zu lesen war: Der Standort Deutschland sei offenbar für Investoren wieder sehr attraktiv, die Produktivität sei enorm, die Lohnrunden seien sehr zurückhaltend gewesen, die Gewinne seien überdurchschnittlich, im Export seien die deutschen Weltmeister.

»Aber der Export«, blaffte der Graf, »ist doch Schaumschlägerei.« Das alles seien doch geschönte Bilanzen, denn die Wertschöpfung geschähe doch im Ausland und komme der Binnenwirtschaft gar nicht zugute. Alles in allem bot dieser frühe Nachmittag ein hinreißendes Schauspiel: Ein englischer Journalist nimmt good old Germany vor den schnarrenden, schnaubenden Attacken eines der prominentesten deutschen Politiker in Schutz.

Lambsdorffs Rede war ein ambivalentes Erlebnis. Darüber, dass es mit dem deutschen Wirtschaftswunder vorbei sei, bestand Einigkeit, und eine gewisse Erleichterung darüber war spürbar. Dieses teutonische Tüchtigkeitswunder hatte der Insel Angst gemacht all die Jahre, ein Land, das zerbombt war und verwüstet und moralisch bankrott, ein Volk, das große Teile seiner Kreativen und Intelligenten für eine wahnsinnige, mörderische Idee geopfert hatte und das nur zwei Jahrzehnte später wirtschaftlich mächtiger war als die britische Insel, die doch den Krieg gewonnen hatte.

Ganz offenbar hat sich die deutsche Erfolgsgeschichte abgeflacht, und das ist ganz sicher ein Grund für unsere Nachbarn, uns gern zu haben. Mit fünf Millionen Arbeitslosen, mit einem irreparablen Rentensystem, mit einem bis dahin lähmenden föderativen System ist diese Wirtschafts-Großmacht, nun, immer noch Großmacht.

Das Wirtschaftswunderland Großbritannien dagegen hat durchaus auch seine Schattenseiten, und auch diese kamen an jenem Nachmittag in der deutschen Botschaft zur Sprache. Einiges spreche dafür, dass die britische Wirtschaft in eine Rezession rutsche. Tatsächlich ist das britische Wirtschaftswunder in den letzten 12 Jahren eines gewesen, das zu zwei Dritteln über den privaten Konsum getrieben wurde. Nun aber sind die privaten Haushalte mit gut einer Billion Pfund verschuldet, und jeder einzelne Haushalt mit rund 130 Prozent des Jahreseinkommens. Der Schuldenstand steigt weiter, und bei vielen ist die Oberkante bereits erreicht. Mein Freund Jason, der einen Laden für Auslegeware in Twickenham hat, kommt jetzt nur noch »gerade so« über die Runden.

Viele Analysten sehen auch für den Immobilienmarkt schwarz, und da der Reichtum der Briten in ihren Häusern steckt und in den inflationären Wertschüben der letzten Jahre, würde ein Platzen der Immobilienblase und ein Absturz der Preise viele in den Bankrott treiben. Auch die Industrie fährt zurück. Die Pleite des letzten großen englischen Autobauers, MG Rover, hat 6000 Leute auf die Straße gesetzt. In weiten Gebieten außerhalb Londons ist der Staat mittlerweile der größte Arbeitgeber. Die bescheidenen Wachstumszahlen, die die Insel derzeit noch erreicht, gehen fast ausschließlich auf öffentliche Investitionen zurück. Trotz all dieser Zahlen sind die britischen Blätter gern und ausgiebig mit dem »deutschen Wirtschaftselend« beschäftigt.

Modell England? Rund 2,8 Millionen Menschen sind erwerbsunfähig geschrieben. Sie tauchen in der Arbeitslosenstatistik gar nicht mehr auf. Noch im letzten Jahr versuchte die Post mit Tombolas – Hauptgewinn ein Auto – den Krankenstand zu reduzieren. Glücklich geht anders: Auf der Insel werden mehr Antidepressiva genommen als anderswo. Die Insel hat in Westeuropa das verheerendste Alkoholismus-Problem, die höchste Teenager-Schwangerenrate, die breiteste Unterklasse, die meisten Schulschwänzer, die schlechtesten öffentlichen Schulen und Hospitäler mit den längsten Warteschlangen.

Doch trotz all dieser Malaisen ist die Stimmung auf der Insel letztlich immer noch hoffnungsfroher und zukunftsgewandter.

Die Engländer bekommen mehr Kinder als die Deutschen, und die wirtschaftliche Wachstumsrate ist derzeit immer noch größer. Briten konsumieren nach wie vor mehr. Sie trauen sich mehr zu. Warum das so ist? Ich habe einen Verdacht: Die Identifikation der Briten mit ihrer Nation ist sehr viel intensiver als es bei uns der Fall ist, und das, offenbar, treibt die Wirtschaft mit an. Man fühlt sich wohler, wenn man an das eigene Land glaubt.

In einem soeben erschienenen Buch beschreibt der Wirtschaftsjournalist Henrik Müller den »Patriotismus als Wirtschaftskraft«. Es gibt tatsächlich unwiderlegbare Zusammenhänge zwischen der Bindungskraft einer Nation und ihrem wirtschaftlichen Erfolg. Und es gibt eine nationale Wirtschaftspolitik in Großbritannien, die ihre Interessen rücksichtslos verfolgt. Warum etwa sind wir immer noch der größte Nettozahler der EU, und warum kassieren die besser aufgestellten Briten immer noch Rabatte? Die britische Regierung schafft erhebliche Anreize, um etwa mit niedrigen Steuern ausländische Firmen auf die Insel zu locken. Sie lockt ausländische Fachkräfte. Sie bewirbt sich selber wie ein Unternehmen. Bei uns geht man den umgekehrten Weg. Bei uns subventioniert die Regierung sogar noch den Umzug von Unternehmen ins Ausland. Warum?

Die Nation als Einrichtung des 19. Jahrhunderts hat in Zeiten der Globalisierung mächtige Gegner. Sie wird nicht mehr nur von bösen linken Internationalisten bedroht, längst nicht mehr, sondern in erster Linie von bösen rechten Kapitalisten, von den so genannten Heuschreckenschwärmen, die keine Grenzen kennen, sondern von Land zu Land ziehen. Unternehmen heutzutage operieren global. Manager wie Josef Ackermann fühlen sich in erster Linie den Aktionären verpflichtet und nicht Deutschland, was er selber gar nicht bestreiten würde, denn Vaterlandsliebe, die in seinem Fall ohnehin der Schweiz zu gelten hätte, ist eine allzu sentimentale Antiquiertheit und eine überhaupt nicht quantifizierbare Größe und sie kommt nicht vor in den Kalkulationen, die Managern wie ihm zugerechnet werden. Kann sie gar nicht, darf sie gar nicht, sonst würden die Manager ihren Job nicht richtig machen und gefeuert werden.

Oder?

Es sind global operierende Wirtschaftsleute, die, so das »manager magazin«, »im Ruf stehen, von ruchloser Heimatlosigkeit« erfüllt zu sein. Es sind Manager, die unser alter Kapitän Helmut Schmidt »vaterlandslose Gesellen« schimpfte. Es sind Manager, die in Deutschland Arbeitsplätze streichen und ins Ausland verlagern und sich einen Dreck um soziale Belange kümmern. Sie nutzen die durch Entlassungen gewachsenen Erträge dazu, weiter zu entlassen, um weitere Gewinnsteigerungen zu erzielen, um weiter zu entlassen und ein paar deutsche Aktionäre und sehr viele ausländische reicher zu machen. Das Unwort des Jahres 2005 war: »Entlassungsproduktivität«.

Beispiel Manfred Wennemer, Vorstandsvorsitzender von Continental, der eine Produktionsstätte mit 320 Jobs in Hannover-Stöcken auflöste, obwohl sie profitabel war, und kurz darauf in der »Welt« erklärte, die Proteste dagegen seien nur Ausdruck einer »lokalen Moral«. Denn: »International interessiert das Thema doch gar nicht.«

Irrtum.

Tut es doch.

Hier kommt nämlich der Patriotismus ins Spiel. Wir müssen umdenken!

Unternehmensberater Roland Berger zum Beispiel findet die nationale Standortsicherung wichtiger als eine kurzfristig höhere Wertschöpfung durch die Ausnutzung internationaler Kostenunterschiede bei einer Betriebsverlagerung. Die meisten der großen internationalen Firmen erwirtschaften tatsächlich den Großteil ihrer Gewinne im Herkunftsland. »An solch positiven Visionen für die langfristige Existenz ihres Unternehmens in Deutschland«, so Berger, »müssen manche Manager allerdings noch arbeiten.«

Martin Kannegiesser, Präsident des Abeitgeberverbandes und Bügelautomaten-Hersteller, hat es vorexerziert. Statt nach China zu verlagern, hat er seine Produktionspalette differenziert. Er ist in Westfalen geblieben bei seiner Belegschaft, und ist mittlerweile wieder äußerst profitabel mit hochkomplexen Waschstraßen. »Die Verwurzelung in der eigenen Region«, so Kannegiesser, »kann Kräfte freisetzen.« Er hatte einfach keine Lust, nach China umzuziehen.

Nationen, so der italienische Ökonom Guido Tabellini, funktionieren als Gemeinschaften von Sesshaften. Unternehmen brauchen Werte und Normen. Und sie müssen mit ihren Belegschaften in der Region verankert sein, in der sie produzieren. Sie brauchen die Infrastruktur eines funktionierenden Gemeinwesens, brauchen Straßen, Schulen, Rechtssicherheit. Henrik Müller stellt fest:»Vaterlandsliebe in den Zeiten der Globalisierung« ist ein wesentlicher Faktor. Einen der»Gründe für die wirtschaftliche Dauerkrise Deutschlands« sieht er in der»gebrochenen nationalen Identität«.

Offenbar nehmen deutsche Unternehmer die soziale Stabilität Deutschlands als Selbstverständlichkeit hin, weshalb sie, einer internationalen Befragung zufolge, die sozialen Konsequenzen ihrer Unternehmenspolitik viel weniger ins Kalkül stellen als französische, amerikanische, sogar englische Unternehmen. Unser Staat, so die Erwartung, wird die Erschütterungen schon ausfedern. Nur 35 Prozent der befragten deutschen Unternehmer befürchten das Ausbrechen von gesellschaftlichen Krisensymptomen, etwa bei Betriebsstilllegungen oder Stellenkürzungen. Bei den Briten sind es 88 Prozent. Die deutschen Unternehmer verlassen sich sehr auf das Konsens-Modell Deutschland. Und nutzen es bisweilen so radikal aus wie die viel geschmähten Sozialschmarotzer am anderen Ende der Stufenleiter.

»Auch Manager«, so Marmelade-Fabrikant Arend Oetker, »müssen sich fragen, was sie der Gesellschaft zurückgeben sollten.« Auch Wirtschaftsführer wollen irgendwo zu Hause sein. Auch sie haben Familie. Auch sie haben Kinder. Auch sie sind sesshaft. Ist es zu viel verlangt, von ihnen eine gewisse Loyalität zum eigenen Gemeinwesen zu verlangen?

Sicher, es gibt diesen kapitalflüchtigen Unternehmensjetset, der in Liechtenstein versteuert, in Polen produziert, die Kinder auf Internaten in St. Bimbam hat und ab und zu auf Charity-Events in Bad Homburg vorbeischaut, um über das provinzielle Blumengesteck den Kopf zu schütteln. Pfui. Aber sie sind nicht besonders zahlreich.

Schon zahlreicher sind diejenigen, die deutsche Sicherheit, deutsche Schulen, deutsche Krankenhäuser nutzen, und wenn diese es dann trotzdem verstehen, ihre Millionengewinne steuerlich auf null zu rechnen, platzt nicht nur der Wählerschaft der PDS der Kragen. Und die PDS ist dann wiederum schon habituell so verlogen und doppelzüngig, dass sie Steuerreform-Pläne wie die Kirchhoffs verleumdet, obwohl gerade diese mit allen Ausnahmebeständen aufräumen und Gerechtigkeit bringen würden.

Unser Steuersystem ist voller Lücken. Angestellte wie ich bekommen die Steuer gleich abgezogen und weit heftiger, als es in Großbritannen der Fall wäre, doch Großunternehmen rechnen sich steuerlich auf null, was einen milliardenschweren Reeder jüngst derart empörte, dass er durch die Talkshows zog und eine höhere Besteuerung für sich und seinesgleichen verlangte. In diesem Mann sprach sich so etwas wie Liebe zum Vaterland aus, und man konnte eine lächelnde Irritation nicht übersehen in der Runde bei Sabine Christiansen. Der Mann war wie ein Außerirdischer. Was war faul mit ihm? Man muss doch blöde sein, freiwillig mehr zu zahlen, oder man hat einfach zu viel Geld. Oder?

Die Liebe zum Vaterland ist eine Kraft, schon seit der Antike. Sie lässt sich zum Aufbau verwenden, und sie lässt sich zur Zerstörung entfesseln. Es gibt sie als Urimpuls, der sich wahrscheinlich gebildet hat, seit sich die erste Horde zusammenfand, um sich zu schützen und gegen Gefahren von außen zu verteidigen. Man steht zu seinen Leuten. Und diese Kraft müssen wir revitalisieren. Warum? Aus Eigeninteresse. Wir müssen sehen, dass es dem Land gut geht, damit es uns selber gut geht. Als Einzelne sind unsere Überlebenschancen nicht sehr groß. Wir brauchen die Gruppe, die Familie, die Nation, und wir brauchen sie mehr denn je.

Sicher gibt es Leute, die mit dem Herumhacken auf Deutschland Geld verdienen, wie jener deutsche Toupet-Träger es regelmäßig auf BBC tut, wenn er mal wieder ganz vehement mit der Vorstellung von den deutschen fleißigen Arbeitsbienen aufräumt und sie, seine Landsleute, ganz besonders faul findet, diese arbeitslose Mischpoke zwischen Rostock und Tegernsee, und ausführt: »Engländer arbeiten doppelt so hart wie die Deutschen, sie gehen sogar doppelt so schnell.« Nun, Engländer arbeiten tatsächlich 200

Minuten länger pro Woche, ohne allerdings die deutsche Produktivität zu erreichen. Über das Schritttempo liegen keine vergleichenden Untersuchungen vor.

Während die Briten also über ihre Erfolge lärmen und sich von derart angeheuerten Journalisten dabei auf die Schulter klopfen lassen, finde ich es schön, dass wir Deutschen leise und effektiv, wie es unserer Natur entspricht, zu unseren Tugenden zurückfinden. Wir bauen das Land um. Die Wirtschaftsprüfer von Ernst & Young kamen im Jahr 2004 nach einer Umfrage bei 500 internationalen Unternehmern zu dem Ergebnis, dass Deutschland nach den USA und China der drittattraktivste Standort für Investitionen sei. Wir sind nicht mehr nur Schwerindustrie, wie es das Klischee will, sondern Giganten im Dienstleistungssektor. Mittlerweile sind 70 Prozent unserer Beschäftigten dort tätig. Es gibt 3,2 Millionen registrierte Unternehmen in Deutschland, die allermeisten sind kleine und Kleinstbetriebe, die sich wendig und flexibel ihre Lücken sichern. Nur 10 000 all dieser Betriebe beschäftigen mehr als 250 Mitarbeiter.

Deutschland bleibt nach den USA das Land, in dem die meisten Patente angemeldet werden. Deutsche Facharbeiter, deutsche Intelligenz ist international nachgefragt. Auf chinesischen Baustellen werden deutsche Bauführer, deutsche Logistiker eingestellt, aus dem ganz einfachen Grunde, weil die chinesischen Bauherren dann davon ausgehen können, dass die Hölzer aus Malaysia und die Beläge aus Indonesien pünktlich auf den Baustellen eintreffen. Den Schock der Globalisierung hat unser Land nach Ansicht des »Economist« »bemerkenswert gut« verarbeitet. Wir sind auf dem besten Wege.

Der ehemalige Chefredakteur der »Financial Times«, Andrew Gowers, sieht sogar ein »deutsches Come-back«. Er entdeckt Anzeichen, die auf eine »Umkehr der wirtschaftlichen Rollen Deutschlands und Großbritanniens hindeuten«. Die Blair-Regierung habe »ihre Erfolge in den ersten beiden Amtsperioden übertrieben dargestellt«. Geblieben seien »Strukturprobleme, niedrige Produktivität, unzureichende Infrastruktur und öffentliche Dienstleistung, geringe Investitionsneigung und ein erschreckend niedriges Ausbildungsniveau«.

Die deutsche Wirtschaft holt auf, die britische schwankt. Das Institut für Weltwirtschaft setzte die Wachstumsprognose für das Jahr 2006 von 1,5 % auf 2,1 % nach oben. Der Geschäftsklima-Index ist so gut wie zuletzt in den boomenden neunziger Jahren. Die Deutschen sind insgesamt weit optimistischer unter ihrer neuen Regierung.

Doch eines können wir von den Briten lernen, und das ist, uns selber gern zu haben. Die unverklemmte Identifikation mit der eigenen Nation ist neben allem anderen ein Wettbewerbsvorteil. Auch in Zeiten der Globalisierung wird die deutsche Nation nicht überflüssig, nicht für uns, die wir hier arbeiten, hier unsere Kinder in die Schulen schicken, hier unsere Steuern bezahlen und uns hier auf Krankenhäuser und Müllabfuhr verlassen müssen, und das gilt für unsere Arbeitgeber und Arbeitnehmer gemeinsam. Für uns gibt es nationale Interessen, die über denen anderer Nationen rangieren sollten.

Wir Deutschen haben gewaltiges geleistet in den letzten 15 Jahren. Wir haben uns unsere Einheit als Volk errungen und sind nicht mehr abhängig von Blöcken und Alliierten und Siegermächten. Wir sind ein selbstbestimmtes Volk, eine große Nation in der Mitte Europas, die stolz auf sich sein kann. Wir haben den gewaltigsten finanziellen Transfer geleistet, den je eine Nation in eine eigene strukturschwache Region gelenkt hat. Rund 700 Milliarden Euro sind seit der Wiedervereinigung in die neuen Bundesländer geflossen und haben dort für neue Strassen, Häuser, Fabriken gesorgt, in Regionen, die unter der sozialistischen Planwirtschaft völlig abgewirtschaftet waren. Das Chemiekombinat in Bitterfeld zum Beispiel mit seinen 14 000 Arbeitsplätzen hatte nur eine einzige, mechanische Reinigungsstufe! Es war die Region der Giftdämpfe und Schwefelpfützen. Kinder starben. All das ist Vergangenheit.

Heute sieht es dort und in Dresden oder Leipzig besser aus als in vielen englischen Städten außerhalb Londons. Es gibt die bessere Krankenversorgung, die bessere Verkehrsanbindung, die bessere Infrastruktur. Der Aufbau Ost ist trotz aller Pannen und Irrungen ein sehr guter Grund für die Nation, mit sich selber einverstanden zu sein. Deutschland wächst zusammen durch diesen Aufbau, und damit wächst auch die Gesellschaft zusammen. Es ist ein neues, ein altruistischeres Deutschland entstanden, und die Krise hat diesem Land gut getan. Es tritt leiser auf. Es ist angenehmer für die Nachbarn und für uns selber.

Wir üben. Ich übe. Ich wurde zu »Richard and Judy« eingeladen, der populärsten Nachmittags-Talkshow im britischen Fernsehen, um über eine deutsche TV-Show zu reden, der vorgeworfen wurde, sie hätte ein britisches Format imitiert. Ich gab Judy völlig Recht und sagte, das größte Plagiat in der Geschichte sei wohl der »Faust« gewesen, den Goethe von Christopher Marlowe einfach abgekupfert hätte. Richard fuhr auf, und Judy lächelte ein wenig ratlos, als ob sie weder von dem einen noch dem anderen gehört hätte, und einer der Kombattanten nutzte die entstandene Pause, um ganz ohne Ironie und Sophistication dazwischen zu bellen: »So ist das mit euch Krauts – ihr versucht uns alles nachzumachen, und bei euch gibt es einfach nichts, was uns interessiert.« An dieser Stelle wäre es eigentlich meine staatsbürgerliche Pflicht gewesen, meine Abscheu und Empörung über dieses menschenverachtende Verhalten auszudrücken und den jungen Mann zu bitten, er möge sich doch umgehend den Finger so tief wie möglich in den eigenen Hintern stecken.

Doch ich musste lachen, denn in diesem Moment war mir klar: Die fetten, die lärmenden, die unerträglichen Wirtschaftswunder-Rülpser sitzen jetzt auf der anderen Seite des Ärmelkanals. Ist das nicht die schönste aller Pointen?

17. BEI HEIDI KLUM ZU HAUSE

Das Fräuleinwunder Heidi Klum und die typische
deutsche Familie zwischen Couch und Schrankwand

Unser Wohnzimmer sieht so aus: Ein 3er-Sofa und ein 2er-Sofa über Eck gestellt, Knautschleder Terrakotta, das alles auf blauem Veloursteppich. An der Wand die »Erfurt-Classico«-Raufasertapete. Über der hellen Kommode neben der Tür hängt schwarzgerahmt das berühmte Poster mit den Bauarbeitern, die auf einem Gerüst hoch über New York ihr Pausenbrot essen.

Gegenüber der Sitzecke die Schrankwand aus hellem Holz, mit unterschiedlichen Tiefen und Höhen, damit sie nicht so kompakt wirkt. Acht Bücher, davon eines der Duden und keines »Mein Kampf«. Im Eckfach der Fernseher, daneben ein Ficus-Baum. Der Efeu ist gerade eingegangen und wurde weggeräumt. An der Decke die Ikea-Lampe »Leding«. Auf dem Couchtisch die aufgeschlagene Fernsehzeitung. Es gibt Filterkaffee und Sandkuchen.

Karen Heumann und ich sitzen in Deutschlands »häufigstem Wohnzimmer« im vierten Stock der Agentur Jung von Matt in Hamburg, der gleichen Agentur, die auch für die »Du bist Deutschland«-Werbung zuständig ist. Das Zimmer ist ein Modell. Sofort verwandeln wir uns selber in Modelle, in deutsche Muster. »Der Kuchen ist selbst gebacken«, sagt Karen. »Die deutsche Frau backt selbst.«

Jeden Tag wird die Seite im Fernsehprogramm umgeblättert. Jeden Tag wird die Grünpflanze gewässert. Die GEZ-Gebühren werden pünktlich bezahlt. Ab und zu wird ein Bild ausgetauscht. Der Raum lebt. Er hält Schritt mit den Gewohnheiten der Deutschen, die ständig neu abgefragt werden von der Agentur.

Das Wohnzimmer ist ein »Trainingsraum« für die Kommunikationsstrategin. Es unterscheidet sich nicht so sehr von Wohnzimmern in Österreich und in der Schweiz, vielleicht noch nicht einmal von anderen Mittelstandswohnungen der Welt. »IKEA gibt es überall. Die multinationalen Marken demokratisieren und nivellieren.«

Ist Deutschland eine Marke? »Eine Unternehmensmarke, keine Produktmarke, das ist entscheidend.« Und die Nazizeit, die uns immer noch um die Ohren gehauen wird?

»Tja, das ist natürlich eine erhebliche Markenschwäche«, sagt Heumann. Und ganz sicher wird die Schwäche im internationalen Konkurrenzkampf ausgenützt. »Aber es normalisiert sich. Deutschland ist ein normales Land geworden. Schon unter Schröder, und nun unter Merkel, die aus dem anderen Landesteil kommt, erst recht.«

Wann sie gemerkt hat, dass sie deutsch ist? »Als ich mit einem Franzosen liiert war.« Karen Heumann lacht. Bestimmte Stereotypen, wie die größere Ernsthaftigkeit, stimmen ganz einfach. Und plötzlich denkt man sich: »Na und? Ist das jetzt so schlecht? Nöö, ist es eigentlich gar nicht, im Gegenteil.« Im Übrigen finden 87 Prozent der Franzosen die Deutschen mit all ihrer Ernsthaftigkeit das coolste Volk überhaupt.

Und sie würden sich ganz sicher mit den Müllers verstehen, die in der Musterwohnung wohnen, schon deshalb, weil sie selber nicht sehr anders wohnen würden:

Unsere häufigste deutsche Familie besteht aus Thomas Müller, 43, kaufmännischer Angestellter, Sabine Müller, 40, halbtags bei der Diakonie beschäftigt, und Alexander Müller, 13, der Harry Potter und Computerspiele mag. Die Müllers fahren im Sommer mit einem VW-Passat an die Ostsee oder nach Bayern, sie haben eine Tageszeitung abonniert und kaufen einen Großteil der Grundnahrungsmittel bei Aldi ein. Die Kleidung bei C&A oder H&M. Die dreieinhalb Zimmerwohnung im Reihenhaus in einem Vorort von Köln kostet sie 408 Euro.

Es ist die bescheidenste, netteste Familie, die man sich nur vorstellen kann. Allerdings ist Vorsicht geboten, denn wir wissen ja mittlerweile, dass sich »das nationalsozialistische Erbe im gereizten Kern der Gesellschaft« versteckt, also durchaus irgendwo in Müllers Sitzgruppe verborgen sein kann.

Alle zwei Jahre streicht Thomas die Wände neu. Derzeit sind sie hellgelb, was vor allem Sabine gefällt. Thomas ist geschickt mit den Händen. Eigentlich macht er alles selber. Wenn es Sabine sich alleine im Wohnzimmer gemütlich machen will, zündet sie sich schon mal eine Kerze an und trinkt ein Glas Rotwein.

Sabine ist die Kreative, wenn es um das Anschaffen von Deko-Artikeln geht. Das Foto aus dem Postershop mit den Bauarbeitern stammt von ihr. Auch den Weihnachtsstern hat sie angeschafft. Thomas möchte am liebsten immer alles so lassen wie es ist.

Auf den ersten Blick: Alles normal. Auf den zweiten Blick: auch. Die Vermutung liegt nahe, dass von dieser Familie nie wieder Krieg ausgehen wird. Sicher, ab und zu gibt es Streit, besonders, wenn Thomas wieder schnarcht oder wenn Alexander seine Computerspiele herumliegen lässt oder wenn Sabine ihren »Putzfimmel« kriegt. Aber wo gibt es das nicht?

Seit neuestem arbeitet Thomas wieder länger, nämlich 40,2 Stunden in der Woche. Er verdient 3946 Euro brutto im Monat. Obwohl sie sparsam sind, die Müllers, gehen Sabine und Thomas öfter ins Kino. Zuletzt haben sie »Good-bye Lenin« und »Drei Engel für Charlie« gesehen. »Werner – gekotzt wird später« hat Thomas ohne Sabine gesehen, dafür war Sabine mit einer Freundin in »Was Frauen wollen«.

Beim letzten Geburtstag hat Thomas Sabine die neue »Anastacia«-CD geschenkt. Diesmal lässt er sich was Besonderes einfallen: einen Kurztrip nach Paris, in die Stadt der Liebe, die im Übrigen von Köln aus mit dem Auto ganz gut zu erreichen ist. Alexander kommt für die zwei Tage zu den Großeltern. Sie bringen ihm ein gefälschtes Yamamoto-T-Shirt für 15 Euro mit, und alle sind zufrieden mit der Situation.

Ihr Musikgeschmack ist international, um nicht zu sagen internationalistisch. Der Lieblingshit der Deutschen ist englisch, nämlich die Feuerzeug-und-Mauerfall-Ballade »Wind of Change« von den Scorpions, noch vor der nicht minder völkerverbindenden »Ode an die Freude« (Platz 3), und »Ein bisschen Frieden«(Platz 7). Die Nationalhymne? Ein schäbiger 21. Platz.

Zu Weihnachten schenkt man sich dieses Jahr weniger bei den Müllers, wegen der anhaltend angespannten Wirtschaftslage. Die beliebtesten Geschenke sind Bücher (43 %), dann kommen CDs oder DVDs mit 33 %. An dritter Stelle stehen Anziehsachen. Die Erwachsenen schenken sich eher weniger, dem Kind eher mehr. Mittlerweile werden 91 % der Weihnachtsgeschenke übers Internet gekauft.

Sparsam, das ist richtig, sparsam sind sie. Aber auch hier muss man sich vor herablassenden Kosmopoliten-Klischees hüten. Kürzlich wurde die so genannte »Geiz-ist-Geil«-Mentalität der deutschen Konsumenten im »Zeit«-Feuilleton gegeißelt, die immer nur auf Schnäppchen aus sei und im Gegensatz zu den Gewohnheiten der sinnesfreudigen Franzosen oder der leichtsinnigen Italiener selbst beim Essen auf Nummer billig gehe.

Allerdings war der Artikel – redaktionell gedankenlos – mit einem Ländervergleich illustriert, der ihn prompt ad absurdum führte. Die Kegel-Tabelle ergab nämlich, man sah und staunte: Gerade die leichtsinnigen Italiener, die genusssüchtigen Franzosen sparen noch mehr als wir Deutschen.

Dass die Müllers sparen, ist im Übrigen durchaus vernünftig. Ich tue es genauso, und der Verfasser des »Zeit«-Artikels hoffentlich auch, denn für jeden, der rechnen kann, ist klar, dass wir für unsere Altersvorsorge zusätzlich Geld aufbringen müssen; die Rente wird längst nicht mehr das abwerfen, was wir einst eingezahlt haben. Wir verhalten uns also klug, wenn wir sparen. Und natürlich gleichzeitig schädlich, denn indem wir unser Geld festhalten, verschlechtern wir die Chancen für einen Wachstumsschub, der die geschwächten Sozialsysteme wieder stärken könnte. Paradox, aber das ist nun mal die Lage.

Zurück zu Müllers ins Wohnzimmer, wo Alexander öfter seine Videogames am Fernsehmonitor spielt. Er ist ein fröhliches Kind. Lesen mag er nicht so. Er treibt viel Sport mit seinen Freunden, von denen keiner rechtsradikaler Skinhead ist. Wenn er Probleme hat, wendet er sich an seine Mutter. Er findet, sein Vater hat zu wenig Zeit für ihn. (Allerdings meint er das nur bei solchen Umfragen, denn wenn der Alte wirklich mal zu Hause ist, weiß er auch nichts mit ihm anzufangen und hockt lieber vor seinen Videospielen, da spreche ich aus Erfahrung!

Seinen ersten Vollrausch wird Alexander mit 15,5 Jahren haben. Die Wahrscheinlichkeit ist hoch, dass er Nichtraucher bleibt. Allerdings ist es möglich, dass er in den kommenden Jahren einmal Cannabis ausprobiert. Um härtere Drogen wird er einen Bogen machen.

Und wie sieht es bei Müllers im Bett aus? Alle vier Tage schlafen Sabine und Thomas miteinander. Angeblich gefällt ihnen das Vorspiel am besten. Allerdings ist Sabine zunehmend unzufrieden mit ihrem Sexleben. Um sich und Thomas ein wenig aufzuheizen, kauft sie, wie 63 % der deutschen Frauen, ein Sex-toy, oder sie schaut sich, wie 54 % aller Frauen, mit Thomas einen Porno an.

Sowohl Sabine als auch Thomas werden fremdgehen, wenn sie 45 sind. Sie werden es dem anderen aber nicht erzählen. Hier gäbe es also einen Grund, »den Deutschen nicht zu trauen«, besonders, wenn sie 45 werden und Sabine oder Thomas heißen. Aber Hand aufs Herz, Jessen: haben wir nicht alle unsere kleinen Fehler?

Wenn wir mit den Müllers zusammen die bedeutendsten Deutschen wählen, kommen wir zu folgenden Leitfiguren: Politiker, Dichter, Widerstandskämpfer, Komponisten, Erfinder. Für alle würde ich mich persönlich verbürgen, denn die meisten haben gewirkt, bevor der Nationalsozialismus sein Erbe hinterlegen konnte, aber man weiß ja nie. Es gibt deutsche Essayisten, die bereits in Luther den Wegbereiter des Totalitarismus sehen.

Die Müllers haben es gleichzeitig modern und gemütlich. Da sie in der Nähe von Köln wohnen, machen sie beim Karneval mit. Auch wir haben früher da gewohnt und mitgemacht. Mitmacher war auch Karen Heumann, die aus Düsseldorf stammt. Kurz: Die Müllers könnten auch Heumann oder Matussek heißen. Oder Klum.

Die Klums wohnen in Bergisch-Gladbach. Papa Klum malochte über 25 Jahre bei Bayer Leverkusen. Davon hat er sich ein Häuschen gebaut. Mit Couch-Ecke. Und heute managt er aus dem Wohnzimmer heraus die Weltkarriere seiner Tochter. Aus dieser deutschen Normalität heraus ist Heidi Klum in die Spitze der Modelwelt emporgestiegen, zum Superstar, in jene Region also, in der man die Mädchen bei ihren Vornamen kennt.

Naomi. Kate. Claudia. Und nun eben Heidi, diejenige mit dem allerdeutschesten Namen und dem allerdeutschesten Normalo-Hintergrund. Ein beträchtlicher Teil ihrer Ausstrahlung, besonders in Amerika, besteht in dieser Normalität. Heidi Klum ist das Gesicht Deutschlands geworden. Sie ist der Beweis dafür, wie sehr Klischees stimmen können.

Als sie mit ihren Engelsflügeln für »Victoria's Secret« den Catwalk hinunterlief, und blond und vollbusig und strahlend all die englischen Heroin-Models in Grund und Boden stolzierte, war sie für die Amerikaner die jüngste Inkarnation des deutschen Fräuleinwunders. Heidi Klum lebt kosmopolitischer, als es sich Hamburger Feuilletonisten je träumen können, in New York und Beverly Hills und, tja, Bergisch-Gladbach, das sie »Schabbisch-Gläbbisch« nennt. Sie ist mit dem schwarzen Sänger Seal verheiratet, einem Briten, und alle zusammen gehen sie zum Karneval, dahin, wo sich einmal im Jahr der schwer gereizte Kern der Gesellschaft zum Feiern und Schunkeln trifft. Ich finde sie toll. Sie ist mit beiden Beinen auf dem Boden geblieben und hat in Beverly Hills Bergisch-Gladbach nicht vergessen.

MM: Von wem stammen die Zeilen »Denk ich an Deutschland in der Nacht…«?

Klum: »…dann bin ich um denn Schlaf gebracht«, das ist Heinrich Heine, sozusagen ein Nachbar, aus Düsseldorf. Er ist H. H. und ich bin H. K.

MM: Warum sind die deutschen Frauen so schön?

Klum: Woran es liegt? An unseren Kühen natürlich!

MM: An den Kühen?

Klum: Klar, an den glücklichen deutschen Kühen mit der glücklichen deutschen Milch für glückliche deutsche Kinder. So viel Glück macht einfach schön. (lacht)

MM: Sind die deutschen Frauen die schönsten der Welt?

Klum: Ja natürlich, klaro. Da kann keine andere Nation mithalten. Nicht umsonst spricht man immer wieder vom deutschen Fräuleinwunder. Das ist etwas, das gibt es in keiner anderen Sprache. Oder kennen Sie etwa ein englisches Fräuleinwunder?

MM: Das Wort »Fräuleinwunder« haben die Amerikaner 1950 geprägt. Da kam die erste Miss Germany in die Staaten, und die Zeitungen dort haben sich überschlagen. Wie definieren Sie Schönheit?

Klum: In unserem Job ist Schönheit ein Schauspiel, ein Schein. So, wie Sie mich jetzt sehen, gibt es mich gar nicht, wenn ich privat bin. Ich bin jetzt geschminkt, ich trage Make-up, mein Haar ist toll, die Nägel sind gemacht. So sieht kein Normaler auf der Straße aus, auch ich nicht. In diesem Job tendieren die Mädchen auch dazu, dünner zu sein als der Mensch an der Straßenbahnhaltestelle. Wir verkaufen Illusionen. Man sagt immer 90, 60, 90 ist so das Idealmaß. Das Idealmaß habe ich auch nicht, hat kaum einer.

MM: Was sind Ihre Maße im Moment?

Klum: Müssten wir jetzt mal nachmessen, weiß ich auch nicht.

MM: Darf ich?

Klum: Sie dürfen. Haben Sie etwas zum Messen da?

MM: Sie haben diese Fernsehshow produziert, mit lauter schönen Mädchen, die alle Supermodel werden wollen. 11 000 haben sich beworben. Einige von ihnen waren sehr dünn. Man warf Ihnen vor, der Jugend falsche Rollenbilder zu geben.

Klum: Ach, wissen Sie, jede Woche wird eine andere Sau durchs Dorf getrieben. Und diesmal war ich wohl dran. Im Übrigen: Ich steh gar nicht so auf dünn. Ich bin ja selber keine Bohnenstange, sondern stehe eher für das Kurvige. Aber was die Mädels angeht: Es ist eine Unterhaltungssendung und ein Wettbewerb, für den das Business die Regeln macht: Diese Mädchen haben sich beworben und wollten daran teilnehmen, statt sich einer Modelagentur vorzustellen.

MM: Man braucht offenbar ein sehr dickes Fell, wenn man es in der Modelwelt schaffen will.

Klum: Auch deshalb, weil das Gewicht natürlich immer ein Thema ist. Und trotzdem, ich sage den Mädchen, die diesen Job wollen, dass es nicht darum geht, dass sie mit allen Mitteln abnehmen und nichts essen. Sie müssen besser auf gesunde Ernährung achten und sie müssen ein bisschen Training machen. Sport ist unheimlich wichtig. Es geht ums Toning, der Körper muss straff sein. Dann passen sie auch in die Klamotten, die von den Designern gemacht werden. Das ist einfach so.

MM: In den USA hatten Sie eine ähnliche Show. Gab es da vergleichbare Reaktionen?

Klum: Nicht, dass ich mich daran erinnern kann, die ist schon ein paar Jahre draußen.

MM: Sie sind derzeit das Gesicht Deutschlands. Wann immer man Werbung sieht, sieht man Heidi Klum. Was haben Sie, was andere nicht haben? Liegt es daran, dass Sie nicht so eine ätherisch Unerreichbare sind, sondern real sind und Optimismus ausstrahlen?

Klum: Das Verrückte ist, dass ich am Anfang, also vor rund zehn Jahren, kaum einen Job bekommen habe in Deutschland. Und jetzt, richtig, da bin ich sehr angefragt.

MM: Die Zeit ist reif jetzt für Sie.

Klum: Es sieht so aus. Ich arbeite gerne in Deutschland und bin sehr dankbar für diesen tollen Job, den ich machen darf. Ich lebe in New York und Los Angeles, aber ich komme immer wieder gerne zurück, nach Bergisch-Gladbach, dahin, wo meine Eltern wohnen und wo ich aufgewachsen bin. Dieses Deutschland brauche ich. Es gibt mir Kraft. Wir leben einen verrückten Beruf. Ich muss auf Knopfdruck lachen oder weinen können. Und ich kann es. Ich stelle mich vor die Kamera, und bumm. Wenn ich da tanzen muss, dann fange ich an zu tanzen. Da ist es ganz gut, sich ab und zu zu erden.

MM: Ist die Mädchenwelt heutzutage härter als die Jungenwelt?

Klum: Ja, glaube ich schon. Wenn man Karriere machen möchte und wenn man irgendwo da oben mitspielen möchte, schon.

MM: Wollten Sie schon immer Model werden?

Klum: Überhaupt nicht. Ich wollte gerne Modedesignerin werden. Ich habe viel mit meiner Mutter gemacht zu Hause mit der Nähmaschine, ich habe für meine Barbie-Puppen genäht und meine Kostüme für den Karneval, so aus Spaß. Ich habe immer gerne mit meinen Händen gearbeitet, ob es nun ein Töpferkursus war oder Fotografie, ich habe Tiffanylampen gebastelt, alles Mögliche. Ich habe 15 Jahre lang getanzt.

MM: Und wie sind Sie ans Modeln gekommen?

Klum: Ich habe diesen Coupon in der Zeitschrift entdeckt. Da haben sie für die Show von Thomas Gottschalk das ›Gesicht 92‹ gesucht. Also: Ausgeschnitten, ausgefüllt, hingeschickt.

MM: Wussten Sie, dass Sie schön sind?

Klum: Ich habe mir nie viel dabei gedacht, wenn es mal jemand in der Schule gesagt hat. Das war dann mehr so, mach mal einfach, schick mal hin. Eigentlich hat meine Schulfreundin Karin mich dazu überredet. Man hat ja nicht wirklich gedacht, dass man von dem Veranstalter was hört, dass man wirklich ernst genommen wird und dass wirklich einer anruft und sagt, du bist mit dabei.

MM: Aber dann will man schon gewinnen, oder?

Klum: Ich bin hingefahren und hab erst mal gedacht: O, whow, so viele tolle Mädchen hier. Wir sind von 30 000 Bewerbungen ausgewählt worden, das war eine riesige Nummer. Dann Castings, jede Woche lief der Wettbewerb im Fernsehen, so 6 Monate lang. Also das war schon total aufregend.

MM: Es gab schon damals die Ära der Supermodels. Claudia Schiffer, auch deutsch und blond, war an der Spitze. Hatten Sie da Idole?

Klum: Diese Welt war mir sehr fremd. Bei uns zu Hause lag auch nicht die »Vogue« herum, sondern »Tina« oder »Freundin«, was man so las, wenn man beim Friseur war oder beim Zahnarzt. Ich habe mir keine Modezeitschriften gekauft.

MM: Was ist das coolste deutsche Produkt?

Klum: Das coolste? Wir haben so viele. Maggi…

MM: … Tempotaschentuch, Audi…

Klum: … Lufthansa … es gibt eine ganze Menge. Unsere Produkte, die stehen schon für was, finde ich.

MM: Für was?

Klum: Dafür, dass bei deutschen Firmen etwas nicht so schnell kaputtgehen muss. Bei denen hat man sich etwas gedacht. Die wurschteln nicht einfach und machen irgendwie so etwas dahin.

MM: Leitungen sind unter Putz verlegt, und die Türen schließen.

Klum: Ja, genau, das ist nicht so wie in Amerika, wo überall der Wind durchpfeift.

MM: Kann man für eine Nation so werben wie für ein Produkt?

Klum: Nein. Wieso?

MM: Sie treten in einer Deutschland-Werbung des Auswärtigen Amtes auf. Warum geht das eigentlich nicht?

Klum: Eine Nation hat so viele Facetten, da kann man nicht einfach eben mit einem Lächeln auf den Lippen drübergehen. Ich mache einiges, um zu helfen, aber es ist schon sehr oberflächlich, das Ganze. Andererseits hätte ich es auch negativ oder blöd gefunden, »nein« zu sagen. Natürlich will man fördern und möchte Leute positiv stimmen. Ein bisschen reicht manchmal, um einen kleinen Schritt nach vorne zu gehen, und viele kleine Schritte machen den Braten dann doch oft fett. Aber natürlich ist so eine Aktion erst mal oberflächlich.

MM: In diesem Spot sagen Sie: »Ich zische zwar in der ganzen Welt herum, aber im Herzen bin ich gerne deutsch.« Was bedeutet das, deutsch zu sein?

Klum: Das ist das Einzige, was ich kenne. Ich bin keine Amerikanerin. Ich weiß, wer ich bin, deswegen habe ich auch zum Beispiel eine deutsche Nanny. Ich kenne ihren Kopf. Ich kenne sie natürlich nicht so, wie ich mich selber kenne, aber das Vertrauen in die Person ist da, weil wir unter ähnlichen Umständen, eben in diesem Land aufgewachsen sind.

MM: Was ist denn eine typische deutsche Eigenschaft?

Klum: Was mir immer nachgesagt wird, ist, dass ich pünktlich bin. Obwohl ich zu unserm Gespräch mächtig zu spät war. Aber es war nicht meine Schuld.

MM: Was noch?

Klum: Ich glaube schon, dass man uns Deutschen auch vertrauen kann. Dass ich Dinge halte, die ich verspreche. Das Ehrenwort, das ist wichtig.

MM: Und Fleiß?

Klum: Die sprichwörtlichen fleißigen Deutschen! Ich ziehe meine Sachen immer durch, ohne auf die Stunden zu achten, manchmal des Nachts wie die Heinzelmännchen. Ich kenne viele, die das genauso machen. Nicht nur Deutsche. Aber manchmal denke ich, das nimmt ab, die Leute bewundern eher den, der ohne viel zu tun sein Geld verdient, als den, der dafür ackert.

MM: Was ist das richtigste Klischee über Deutsche, das Sie kennen?

Klum: Dass wir muffig sind. Das sind wir wirklich oft. Ich habe auch schon mal das Auto mit einem Vorderreifen auf dem Bürgersteig geparkt, und dann kommt einer an und mault, das ist so richtig typisch. Da kann keiner weitergehen und einfach mal mit dem Kopf schütteln. Die maulen dich direkt an. Sicher, es stimmt, wahrscheinlich darf ich da nicht stehen, aber da kann man doch mal ein Auge zudrücken.

MM: Was ist mit Humor. Sind wir wirklich so humorlos, wie die Engländer immer behaupten?

Klum: Das hört man immer wieder, das stimmt. Und dann sagen sie zu mir: Du bist gar nicht so richtig deutsch, du kannst ja richtig lachen. Ich halte das für ein falsches Klischee.

MM: Was passiert, wenn die sagen, Sie seien gar nicht richtig deutsch?

Klum: Ich denke einfach, die kennen sich nicht aus. Es sind schon viele Freunde von mir aus Amerika gekommen und haben mal den Karneval mitgemacht, die haben so etwas noch nie gesehen. Die fanden das toll, witzig, ausgelassen, das gibt es nirgendwo sonst auf der Welt. Die finden uns Deutsche eigentlich sehr locker, und ich auch. So, wie wir zum Beispiel mit unserem Körper umgehen, mit Nacktheit und so weiter. Wir sind ja viel offener als andere Leute.

MM: Offener als die Amis.

Klum: Oder auch andere Länder.

MM: Als Saudi Arabien.

Klum: Gut, andere Länder, andere Sitten.

MM: Ich habe vier Jahre in Rio gewohnt. Da ist es verpönt, oben ohne am Strand zu liegen, da kommt sofort die Polizei. Und das in Rio. Da sind wir Deutschen freizügiger.

Klum: Komisch, nicht wahr? Die tragen nur Bindfäden, aber oben ohne geht nicht. Da könnte man sich doch irgendwas auf die Brustwarzen kleben.

MM: Dann ginge es wieder. Spontan – Ihr Lieblingsdeutscher? Wer sollte jetzt hier am Tisch sitzen?

Klum: Meine Oma. Die ist jetzt im Himmel. Die hätte ich schon gerne hier, dass sie meinen Mann kennen lernen würde und meine Kinder.

MM: Sprechen Sie deutsch oder englisch zu Hause?

Klum: Beides. Die Kinder wachsen zweisprachig auf.

MM: Warum sind Sie so gesund geblieben in diesem Modelwahnsinn?

Klum: Für mich ist es nicht schwierig, gesund zu sein. Mir schmecken gesunde Sachen gut, und ich brauche sie, um fit zu sein, um reisen zu können, um eine gute Haut zu haben, tolle Nägel zu haben und so weiter und so weiter. Wenn ich jetzt immer nur schlecht essen würde, dann wäre es ein bisschen schwierig durchzuhalten, und für mein Äußeres wäre es auch nicht so gut.

MM: Ich meinte eher Ihre geistige Gesundheit. Sie stehen mit beiden Beinen auf dem Boden, dabei verläuft Ihr Leben zwischen New York, London, Hamburg, Sie haben zwei Kinder, einen Popstar zum Mann, und Ihr Beruf ist verrückt. Und Sie strahlen und sind völlig normal. Wie machen Sie das?

Klum: Ich beschäftige mich sehr mit meiner Familie. Ich schau nicht so viel fern, und vor allem lese ich nicht alles, was über mich geschrieben wird.

MM: Was geht Ihnen durch den Kopf, wenn Sie die Fernsehnachrichten sehen?

Klum: Dann möchte ich am liebsten wieder ausmachen. Dann habe ich Angst um meine Kinder. Man hört nur noch über Bombenattentate, über Atombomben, über Naturkatastrophen, Seuchen. Wir werden auch nicht über alles informiert. Glauben Sie etwa, das Klima ändert sich von alleine?

MM: Macht die Politik zu wenig, um das zu stoppen?

Klum: Ja, nicht nur bei uns, in der ganzen Welt. Wir machen und machen und machen, aber irgendwie wird es eigentlich immer schlimmer.

MM: Sind Sie mit der jetzigen deutschen Politik zufrieden?

Klum: Ich bin mit überhaupt keiner Politik zufrieden.

MM: Finden Sie es toll, dass wir nun eine Kanzlerin haben, dass eine Frau die Richtlinien unserer Politik bestimmt?

Klum: Ob Mann oder Frau ist doch egal, Hauptsache der Job wird ordentlich gemacht. Und was ich so sehe, ist, dass viele Leute großen Stress haben, viele keine Arbeit, es sieht alles nicht so rosig aus...

MM: Im Moment sind alle wieder ein wenig positiver. Spielt es eine Rolle, dass sie eine Ostdeutsche ist? Wie ist Ihr Verhältnis zu Ostdeutschen? Merkt man heute noch, wer wo herkommt?

Klum: Na ja, wenn jemand sächsisch spricht, lässt sich die Heimat nicht verleugnen, genauso wie bei den Schwaben oder Bayern. Es kommt darauf an, was jemand sagt und vor allem tut. Das gilt für die Frau in der Bäckerei genauso wie für die Kanzlerin. Sie muss jetzt zeigen, ob sie das kann.

MM: Wie haben Sie 1989 den Fall der Mauer erlebt? Was ist Ihnen durch den Kopf gegangen? Freude? Angst vor dem, was auf uns zukommt?

Klum: Ich fand es unglaublich toll. Mit meinen Eltern bin ich sofort hin, ich habe selbst aus der Mauer ein paar Brocken gehauen.

MM: Woran erkennt man den deutschen Mann?

Klum: An der Geldbörse, die um den Hals hängt. Im Ausland. Das kann man überall sehen, er ist total rot im Gesicht vom Sonnenbrand, hat den Brustbeutel um, die Socken hochgezogen. Die deutschen Touristen kann man immer schon von weitem erkennen. Und wir sind überall. Ich glaube schon, dass die Deutschen das meistgereiste Volk sind. Egal, wo man hinkommt, da ist immer schon ein Deutscher da. Am winzigsten, kleinsten Örtchen, wen triffst du? Einen Deutschen. Das heißt ja auch, dass wir ein neugieriges Volk sind.

MM: Von den Amis kann man das nicht sagen.

Klum: Überhaupt nicht. Die meisten haben ja gar keinen Reise-pass. Ich glaube, nur ein paar Prozent in Amerika haben einen Reisepass. Vielleicht, weil das Land selber so groß ist. Die wollen gar nicht irgendwo anders hinfahren. Wat de Buur nit kennt, dat frisst er nich.

MM: Die schönste Kindheitserinnerung?

Klum: Da habe ich eigentlich viele. Meine Geburtstage waren im-mer schön. Einkaufen mit der Mama, wenn der Papa Geld auf den Tisch gelegt hat, beim Ausverkauf.

MM: Was hat der Papa gemacht beruflich?

Vater Klum: Ich bin gelernter Industriemeister Chemie. 10 Jahre Bayer Leverkusen und dann 25 Jahre Produktionsleiter Farina am Dom, damals 4711.

MM: Und am Monatsende gab es die Gehaltstüte, und zwei Frau-en im Haus, die shoppen gehen wollten.

Klum: Da haben wir einen Zettel am Abend hingelegt: Papa, lass uns doch ein bisschen Geld da, wir wollen zum Ausverkauf ge-hen. Und dann war es immer die Frage, welche Farbe hat der Schein. Ist er rot oder ist er blau?

MM: Das war damals entweder 500 Mark oder 100 Mark.

Klum: Da hat man einiges dafür gekriegt. Das kriegten wir kaum ins Auto rein.

MM: Wann haben Sie sich zum letzten Mal so richtig patriotisch gefühlt?

Klum: Das weiß ich nicht. So sind wir ja eigentlich gar nicht, oder sind wir so?

MM: Die Amis sind patriotischer.

Klum: Ich hänge mir nicht unbedingt die Deutschlandfahne draußen hin. Ich muss das nicht irgendwie nach draußen hängen. Wenn mich einer fragt, ja, ich bin stolz darauf. Aber ich muss das auch nicht so herumposaunen wie andere.

MM: Fühlen Sie sich patriotisch, wenn Deutschland im Fußball gewinnt?

Klum: Nein. Ich meine, der Bessere soll gewinnen.

MM: Das ist nicht Ihr Ernst! Wenn wir im Endspiel gegen Brasilien stehen, da sind Sie kein bisschen parteiisch?

Klum: Ich finde immer, der Bessere soll gewinnen.

MM: Sie haben die WM-Gala in Deutschland moderiert und sind der Meinung, der Beste soll gewinnen?

Klum: Mann, war das aufregend. 155 Länder hatten zugeschaltet. Da wollte ich am liebsten nach Hause gehen. Die stellen einen da hin, üben das zweimal schnell, und dann mach mal eben. Dann ist Fußball auch nicht unbedingt mein Thema.

MM: Sie haben das gut gemacht. Sie dürfen nur nie wieder sagen, der Beste soll gewinnen. Das tut man nicht. Im Fußball ist man parteiisch bis zum Umfallen. Aber am Schluss haben Sie den Ball gut geschossen, das muss man sagen, den haben Sie richtig gut erwischt.

Klum: Darauf habe ich den ganzen Abend gewartet. Jetzt ist es endlich vorbei, nicht weil ich keinen Spaß hatte, ich war bloß aufgeregt. Und dann habe ich den weggedonnert.

MM: Außer Deutschland, was ist Ihr Lieblingsland?

Klum: Ich finde Afrika toll. Nicht nur, weil die Vorfahren meines Mannes aus Nigeria kommen, sondern ich liebe einfach die Landschaften. Ich habe eine Safari da gemacht. Und die Leute waren alle sehr nett und das Essen schmeckte. Ganz anders war die Mongolei. Da gab es überhaupt nichts, was mir geschmeckt hat. Da kam ich als Bohnenstange wieder nach Hause.

MM: Ihr Mann Seal ist Engländer. Was ist typisch englisch an ihm?

Klum: Bei den Engländern kann das Haus einbrechen, da heißt es immer um Punkt 5 Uhr, jetzt machen wir uns erst einmal eine schöne Tasse Tee, dann ist die Welt wieder in Ordnung. Die lösen alles damit.

MM: Wann war Deutschland das tollste Land auf Erden? In den zwanziger Jahren oder zur Goethe-Zeit oder jetzt zur deutschen Einheit?

Klum: Ich fand eigentlich alles ganz in Ordnung, bis zum 11. September 2001. Danach hat sich die Welt verdüstert, auch bei uns. Jetzt ist nur noch Unruhe. Die Kontrollen an den Flughäfen, fürchterlich. Man wird behandelt wie ein Terrorist. Es wird so richtig fies mit einem gesprochen, wie so ein Tier wird man da durchgepfercht manchmal.

MM: Was hat sich noch geändert in den letzten Jahren?

Klum: Das Internet hat alles verändert. Alles ist nah geworden. Es gibt keine Länder mehr, die zu entdecken wären, keine Dinge, nach denen man auf Reisen sucht. Jetzt geht alles zack-zack, per Mail-Order. Die Welt ist kleiner geworden, und alles was man will, kriegt man sofort. Es gibt nichts Besonderes mehr, keine Klamotten, wonach man ein bisschen stöbert. Du willst das und das wissen, du gehst an deinen Computer und googelst ein bisschen, und schon hast du es. Du hast 5000 Stücke auf deinem iPod und du weißt nicht mehr, wie das Album aussieht. Oder in meinem Job: Die Fotos sind jetzt digital, alles auf Knopfdruck, sofort. Man wartet nichts mehr ab, nichts mehr. Früher hat man den Film weggebracht und dann hat man gesehen, was man hatte. Jetzt geht alles sofort, und noch ein Foto, noch ein Foto.

MM: Die Welt ist geheimnisloser geworden und schneller und einförmiger?

Klum: Genau.

MM: Aber das heißt doch auch, dass wir über Unterschiede froh sind, oder? Atmen Sie auf, wenn Sie bei ihren Eltern sind, in der ländlichen Stadt, im Winkel, wo alles langsamer wird und menschlicher?

Klum: Ja, aber ich atme auch auf, wenn ich bei mir selber zu Hause bin.

MM: Wo ist das?

Klum: In L. A. in Beverly Hills und in New York im West-Village.

MM: Wer ist Ihr Nachbar in New York?

Klum: Grace Jones.

MM: Was assoziieren Sie mit dem schönen Werbespruch »Morgens um halb 10 in Deutschland«? Was stellen Sie sich da für ein Bild vor?

Klum: Ich bin dann schon längst auf. Heute Morgen schon um 5 Uhr, wegen der Kinder.

MM: Können Sie ein deutsches Gericht kochen?

Klum: Ja.

MM: Was?

Klum: Egal was, das koche ich.

MM: Schweinebraten mit Klößen. Das können Sie?

Klum: Klöße ist schwieriger, aber das kriegen wir auch hin, mit Klöße ins Handtuch und schleudern und allem Drum und Dran.

MM: Was muss sich in der Welt ändern, natürlich auch in Deutschland?

Klum: Es wäre schon schön, wenn für jeden ein gewisser Lebensstandard da wäre. Wenn es mehr Gleichheit auf der Welt gäbe. Dass jeder einen Arbeitsplatz hat, ein Dach über dem Kopf, was zu essen auf dem Tisch hat, dass man versorgt ist, dass man das Nötigste haben kann. Es gibt zu große Unterschiede, auf der ganzen Welt.

MM: Welche Stadt täte Deutschland gut?

Klum: Mir gefällt New York schon, obwohl es da so dreckig ist.

MM: Ist es immer noch? Ich dachte, die letzten beiden Bürgermeister hätten da ziemlich sauber gemacht.

Klum: Es ist trotzdem noch dreckig. Es wird immer nur darüber gemalt. Keiner kratzt das Alte ab. Es wird immer einfach darüber gepinselt, schon zum zehnten Mal. Und dann haut man einen Nagel in die Wand, und dann kommt alles wieder runter.

MM: Was war die aufregendste Situation in Ihrem Leben?

Klum: Ich bin einmal mit 40 bis 50 Haien im offenen Meer geschwommen.

MM: Aber warum machen Sie denn so was?

Klum: Ich hatte es zugesagt, für die große »Haifisch-Woche« auf dem Discovery-Channel-Fernsehsender. Und das ist eben das Deutsche an mir: Ich halte meine Zusagen.

MM: Sprechen Sie nun die letzten Worte, die Sie je über Adolf Hitler sprechen werden.

Klum: Möge es so einen Mann nicht noch einmal geben.

MM: Erklären Sie einem Ausländer in zwei, drei Sätzen wie wir Deutschen wirklich sind.

Klum: Ich finde schon, dass wir ein correct bunch of people sind, also ziemlich in Ordnung als Volk.

MM: Stimmt es, dass wir mehr von der Liebe verstehen als alle anderen Nationen?

Klum: Aber wer sagt das denn?

MM: Mozart. Im Film »Amadeus«. Da sagt er zu Salieri, einem italienischen Komponisten: »Ihr Italiener mit eurem Augenrollen und den Kastraten-Stimmen, das ist doch nicht Liebe, das ist Quatsch! Nur wir Deutschen verstehen etwas von der Liebe, von der wahren, tiefen, treuen Liebe.«

Klum: Der muss es wissen, der alte Mozart.

MM: Wer war Ihr erstes großes Idol?

Klum: Meine Tanzlehrerin Daggi Polnow. Ich war 7 Jahre und wollte so toll tanzen können wie sie.

MM: Was war Ihr Lieblingsschlager bzw. deutscher Song?

Klum: Alles von Nena, die fand ich super.

MM: Und unter Frauen? Wen verehrten Sie?

Klum: Verehrt, das war nie mein Ding, aber ich war als Kind total von Sissi gerührt, von Romy Schneider. Ich mochte diese Heimatfilme, mit Sissi in den Bergen, wo das Gras noch grün war und die Butterblumen so schön gelb.

MM: Und Heidi ins Tal ruft.

Klum: Richtig (lacht). Wo die Heidi auf der Alm saß, bis sie dann ins Dörfli runtergekommen ist, nach Schabbisch-Gläbbisch (Bergisch-Gladbach).

MM: Und dann weiter nach New York, mit ihren blonden Zöpfen, und den Agenturen gesagt hat: Hi, I am Heidi, from Germany.

Klum: Das war gar nicht so schlecht, aus Germany zu kommen, da war man dann schon wieder ein bisschen interessanter. Und dann sprach sich rum, dass ich sehr professionell und umgänglich war, da hieß es: Ach ja, die Heidi, die macht das schon, die hat ein Lächeln auf den Lippen, und wenn es dann eine halbe Stunde später ist, gehe ich auch nicht direkt.

MM: Welches Land hat denn ein besseres Verhältnis zu sich selber als die Deutschen?

Klum: England.

MM: Ja, die Engländer finden es toll, Engländer zu sein. Kennen Sie ein Gedicht auswendig?

Klum: Nicht mehr. Mein Vater kann noch viele Gedichte aufsagen.

Vater: Das Häsele von Christian Morgenstern. Das haben wir in der Schule gelernt.

Spiegel: Können Sie's noch?

Vater: Unter'm Schirme tief im Tann habe ich heut gelegen, durch die Zweige rann reicher Sommerregen, plötzlich rauscht das nasse Gras, Stille, nicht gemuckt, vor mir duckt sich ein junger Has. Junges Häschen bist du blind, hat dein Näschen keinen Wind, doch das Häschen unbewegt, nutzt das ... 4. Schuljahr.

MM: Das vergisst man nicht.

Klum: Das ist so ein rührendes Gedicht. Dagegen, wenn ich meinen Kindern jetzt vorlese, merke ich: es ist schwierig, weil in den Märchen einfach zu viel Gewalt vorkommt. Auch diese ganzen Lieder, die sind ja furchtbar, oder? Zehn kleine Negerlein! Überlegen Sie mal, was da los ist. Dann der Weihnachtsmann und Knecht Ruprecht. Oder: fällt er in den Graben, dann fressen ihn die Raben, fällt er in den Sumpf, dann macht der Reiter plumps...

MM: Macht es Spaß, Mutter zu sein?

Klum: Ja, auf jeden Fall. Früher war man immer nur für sich selber verantwortlich und jetzt ist man für jemand anders verantwortlich, das ist ganz etwas anderes. Nichts ist wie vorher. Man wird gebraucht und man muss überlegen, was man macht.

MM: Was war der ungewöhnlichste Job, den Sie gehabt haben?

Klum: Ich habe mit einer Python gearbeitet. Ich musste reiten, obwohl ich es gar nicht kann. Ich habe einmal zwölfmal an einem Tag geheiratet. Bin im Bikini den Sunset-Boulevard rauf- und runtergelaufen, mit total auftoupierten Haaren und ganz viel Schmuck und ganz viel Make-up, und dann mit hohen Hacken zwischen den Autos hin- und hergerannt. Das ist auch nicht unbedingt normal. Wenn dann Leute zugucken, dann schämt man sich vielleicht ein bisschen.

MM: Was ist das für ein Gefühl zu wissen, dass 90 Prozent aller Männer gerne mit Ihnen schlafen würden?

Klum: Lassen wir sie weiter träumen, die kennen mich ja alle nicht. Wir wollen ihnen ja nicht das Wirkliche erzählen, wie ich zu Hause aussehe, wenn ich mir die Sachen vom Gesicht spachtel.

MM: Wenn die Gummimaske runterkommt.

Klum: Und ich in meinen Flanellpyjama schlüpfe.

MM: Zum Abschluss: Wann können uns die anderen alle mal gern haben?

Klum: Wenn ich »Mama« höre.

18. SICHERHEIT UND ORDNUNG AM STRAND

Wie schön die deutschen Sekundärtugenden sind,
wenn man sie wirklich braucht

Ich finde es angenehm, in Sicherheit zu leben und nicht erschossen zu werden. Ich habe eine Schwäche für pünktliche Züge. Ich halte einen sauberen Bus für einen Gewinn. Ich bin wahrscheinlich »typisch deutsch«.

Das war nicht immer so. Früher hatte meine Generation eher Schwierigkeiten mit dem typisch Deutschen, mit Disziplin, Ordnung, Pünktlichkeit, mit den so genannten Sekundärtugenden, mit allem, was nach Unterdrückung des inneren Menschen aussah, also besonders mit dem Abwasch in der WG. Und es war Oskar Lafontaine, dieser dämonische Verführer aus dem Saarland, der diesen Verirrungen auch noch höhere Weihen erteilte.

Als sich nämlich Helmut Schmidt einmal über den zunehmenden Verfall an Pünktlichkeit und Disziplin bei jungen Deutschen beklagte, konterte Oskar Lafontaine: Mit solchen Sekundärtugenden könne man »auch ein KZ führen«. Von da an waren Unpünktlichkeit und der Schmutz im Abwaschbecken antifaschistisch, und jeder, der den Abwasch organisieren wollte, war ein KZ-Wärter. Das hat naturgemäß zu Bergen schmutziger Teller und jeder Menge guter Gesinnung geführt.

Oskar Lafontaine übrigens hatte völlig Recht. Bei dem Betreiben von Auschwitz, so Philosophie-Professor Hermann Lübbe, sei es »um ein Organisationsproblem außerordentlicher Dimension« gegangen, das ohne tätige »Ausübung von Sekundärtugenden« nicht zu lösen gewesen wäre. Allerdings, so Lübbe, wäre es eine unsinnige Konsequenz, die Sekundärtugenden deswegen zu diskreditieren. Schließlich wären »die Angehörigen der Roten Armee, die doch den KZ-Schergen in Auschwitz das Handwerk gelegt haben, niemals dorthin gelangt, wenn sie nicht ihrerseits die Sekundärtugenden der Pünktlichkeit, der Disziplin und Ordnung eingesetzt hätten«.

Sprechen wir also von den Wonnen der Pünktlichkeit, sprechen wir von Sicherheit und Ordnung. Von Pflichtbewusstsein und Geradlinigkeit, von all den kryptofaschistischen Hausmeistertugenden, die so gerne von unseren linken Populisten als Nazierbe demaskiert hat.

Wahrscheinlich lernt man sie erst zu schätzen, wenn man eine Weile in einer Stadt gelebt hat, in der man nachts tunlichst nicht vor roten Ampeln hält. In der es passiert, dass der Schulfreund des Sohnes auf dem Weg zu seiner Geburtstagsparty in eine Automatikwaffe starrt. Oder der beste Freund innerhalb von drei Jahren dreimal mit dem Gesicht auf dem Pflaster liegt, den Pistolenlauf im Genick.

Man lernt sie zu schätzen, wenn der Schwiegervater am helllichten Tage beim Spaziergang ausgeraubt wird und die Hausmeister auf ihren Klappstühlen auf der Straße nicht etwa eingreifen, sondern teilnahmslos zuschauen.

Man lernt die Pünktlichkeit zu schätzen, wenn man drei Tage lang auf die Reparatur einer Stromleitung wartet. Man lernt die Ordnung zu schätzen, wenn man jemanden bestechen muss, um an eine Telefonleitung zu kommen. Man lernt pedantische Gesetzestreue zu schätzen, wenn man dem Verkehrspolizisten einen Schein unters Clipboard schieben muss, damit er auf eine völlig unsinnige Anschuldigung bei einer der vielen Straßensperren verzichtet.

Und wir sprechen von Rio de Janeiro, der schönsten Stadt der Welt, und nicht vom trostlosen Caracas oder von Medellin oder anderen, noch gefährlicheren Ecken.

Sicherheit und Ordnung sind ein Glück, und sie sind demokratisch, und in einer Stadt wie Rio, wo die Bandenchefs die Favelas kontrollieren, sind sie ein rares Gut. »Es gehört zu den Menschenrechten, wenn Mütter ihre Kinder auf die Straße lassen können, ohne Angst haben zu müssen, dass sie erschossen werden.« Das sagte Eduardo Soares, der Sicherheitsexperte der linken PT, der sich mit eben diesen Drogenchefs anlegte und mit einer korrupten Politiker-Clique in der Stadtregierung, und Morddrohungen erhielt.

»Totalitäre Regime schüchtern Menschen ein«, sagte er, »insofern sind die Drogenbosse Faschisten, denn die Favelas, über die sie herrschen, sind Orte der Angst.« Sicherheit und Ordnung werden da zu linken Kategorien.

Interessanterweise nennen die Gangster ihre Gegner, die Polizisten, »os alemaes«, »die Deutschen«. Die Deutschen sind diejenigen, die für Sicherheit und Ordnung sorgen sollen, und sie sind der Feind derjenigen, die von Chaos und Einschüchterung und Korruption leben. Man muss also nur den Globus ein bisschen hin- oder herdrehen, und sofort ändern Begriffe ihre Wertigkeit. Sicherheit und Ordnung werden plötzlich zu absoluten Blumenwörtern selbst für einen ehemaligen Chaoten wie mich – wie gesagt, es ist einfach ein wunderschönes Gefühl, nicht erschossen zu werden und keine Angst haben zu müssen.

Sicherheit und Ordnung helfen insbesondere, wenn es um die Wahrnehmung demokratischer Rechte geht, wie zum Beispiel das Recht, frei und ungehindert wählen zu können. Zum Funktionieren eines Rechtsstaates ist das, was Lafontaine »deutsche Sekundärtugenden« nennt, unerlässlich.

Im Sommer 2002 wurde in Brasilien und in Deutschland gleichzeitig gewählt. In Deutschland kämpfte Gerhard Schröder um eine zweite Amtszeit und in Brasilien griff ein einfacher Stahlarbeiter namens Lula nach der Macht. In Rio warf der Urnengang ernsthafte Sicherheitsprobleme auf, denn zur gleichen Zeit eskalierte der Kampf der Drogenbosse gegen die Staatsmacht. Aus seiner Zelle heraus dirigierte der berüchtigte Beira-Mar seine Truppen vom »Roten Kommando«. Er hatte mehrfach die Stadt lahmgelegt und selbst in feinen Vierteln wie Ipanema die Schließung von Geschäften erzwungen – man widersetzte sich nicht, wenn man Besuch von einem 20-jährigen Kapuzenträger mit Automatik bekam.

Beira-Mar, der bessere Haftbedingungen und Zusammenlegung mit anderen Bossen erzwingen wollte, demonstrierte seine

Macht. Die Gerüchte besagten, dass er auch die Wahlen verhindern wollte. Zunächst war ein weiterer »Tag der Angst« verkündet worden. Die Gouverneurin forderte Bundestruppen an.

Für alle außer für die Gangster hat »Alemão« also, der Deutsche, einen guten Klang in Rio. Man liebt uns für unsere Sekundärtugenden. Umgekehrt scheuen Deutsche bisweilen den Besuch in der Stadt, weil sich herumgesprochen hat, dass es dort einen bedenklichen Mangel an deutschen Sekundärtugenden gibt.

Und hier kommt mein Sprachprofessor und Freund Antonio ins Spiel, der über die Abtönungspartikel »ne« und »so« in Brechts dramatischem Werk promoviert hat. Das heißt, er spricht besser deutsch als ich. Er hat 15 Jahre in Bonn gewohnt. Gleichzeitig ist er ein echter »Carioca«, ein Riobewohner von jener Kreativität, die es braucht, um im Dschungel zu überleben.

Und an diesem »Tag der Angst«, den die Gangster über Rio verhängt hatten, gelang ihm ein Illusionstrick, der selbst für seine Verhältnisse enorm war. Er zauberte Sicherheit und Ordnung nach Rio de Janeiro, für einen wichtigen Besucher, den er aus Deutschland erwartete.

Er sollte einen potenziellen neuen Kunden vom Flughafen abholen, den leitenden Ingenieur eines großen globalen deutschen Konzerns, der sich Rio als möglichen Standort aussuchen sollte und einen Sprachlehrer brauchte. Und Antonio brauchte diesen Job. Der neue Klient, das wusste er, war ein wenig angstnervös. Schon in den Monaten zuvor war er beunruhigt gewesen über das, was er über die Sicherheitslage Rios gelesen hatte, auch in meinen Artikeln, und hatte Antonio davon Mitteilung gemacht. Antonio beschwichtigte ihn und verfluchte mich. Eine Absage hätte für ihn eine mittelschwere Katastrophe bedeutet. Er hasste mich für meine, wie er es nannte, »Panikmache«.

»Was, wenn der Kunde abspringt?«, fragte er mich wütend. Seine Frau wünschte sich eine neue Küche, er einen leistungsstärkeren Computer, die Liste war lang.

Doch er kritisierte mich nicht nur wegen meines »geschäftsschädigenden« Verhaltens, sondern auch aus lokalpatriotischen Gründen. Er mochte es nicht, wenn seine Stadt in ausländischen

Presseorganen kritisiert wurde. Ähneln wir uns nicht irgendwie alle auf dieser Welt in diesem Punkt? Man seziert die eigenen politischen Miseren erbarmungslos – aber Kritiken aus dem Ausland, da werden die Reihen geschlossen.

In den vergangenen Wochen hatte Professor Antonio seinen Kunden in überschwänglichen E-Mail-Depeschen beruhigt. Alles sei übertrieben, »Kommen Sie mal ruhig, Sie werden nie wieder wegwollen.« Und dann kam der Kunde.

Die Stadt war tot. Die Soldaten der Drogengangster hatten dafür gesorgt, dass die Geschäfte geschlossen blieben. Antonio hatte den Kunden am Flughafen abgeholt. Er hatte ihm auf dem Weg nach Hause in aller Ausführlichkeit auf jene beiden Fragen befriedigende Antwort gegeben, die jeder Besucher stellt, der in Rio landet: »Wie steht's a) mit dem Wetter und b) mit der Sicherheit?« Sein Kunde fragte nur nach b).

Antonio warf die Hände in die Luft und rief: »Sie sind hier so sicher wie in Wiesbaden!« Die Regierung greife durch, und man müsse ja nicht unbedingt mitternachts an den Strand, nicht wahr, haha!, da sei es in den Kneipen doch viel gemütlicher. Dann betrat er, den Gast im Schlepptau, seine Wohnung und hörte den Anrufbeantworter ab. Seine Frau war drauf. Viermal.

Antonio solle die Wohnung nicht verlassen. Gerade hätten die Emissäre des Roten Kommandos Kneipenbesitzer und Ladeninhaber zum Ausstand genötigt. In der Innenstadt seien 30 000 Militärpolizisten zusammengezogen worden. Man sollte vor dem TV-Gerät sitzen bleiben. Professor Antonio hörte all das, was er an diesem Morgen nicht hören wollte.

Nach seinem langen Flug drängte es den Gast ans Licht. Hinaus, an Ipanemas Strandpromenade. An diesem Morgen sah Ipanema tatsächlich ungewöhnlich aus. Nur das Meer war wie sonst. Blaugrün, mit ein paar tausend Diamanten. Ansonsten nichts – auch keine Fußballspieler. Gar nichts. Alles menschenleer. An den Straßenecken Polizeitrupps.

Man kennt solche Szenen aus Nicaragua-Filmen mit Nick Nolte. Doch in Ipanema!? Der Gast erkundigte sich verwundert über die verriegelten Kioske und Geschäfte.

»Ach«, rief Antonio, »hab ich ganz vergessen, heute ist ja der Tag des Beamten!«

Und er knüpfte daran eine weitschweifige, historische Betrachtung über den Beamtentag, wie er einst von den kleinen Beamten auf den Barrikaden erkämpft wurde, sehr blumig und romantisch. »Ein Tag der Freude«, schloss Antonio enthusiastisch, und der Gast nickte beglückt.

Er mag es vielleicht ein wenig übertrieben gefunden haben, dieses Theater um Beamte, aber es gefiel ihm. Er hatte früher eine Verwaltungsfachschule besucht, und hier gab es offenbar Inspektoren, die einst auf Barrikaden gestorben waren! Gleichzeitig gefiel ihm die leere saubere Strandstraße. Was man so las, stimmte offenbar gar nicht. Rio war sauber. Hier zu leben war das Paradies. Besonders für Deutsche. Tag der Beamten! Verrückte Idee! Sie müssen halt immer irgendwas feiern, die Brasilianer.

Komisch allerdings, diese ganzen Polizisten. »Wie in Wiesbaden, hm?«, fragte der Gast leicht amüsiert.

»Ich wusste gar nicht, dass Wiesbaden so viel Polizei hat.«

»Das brauchen sie wegen der ganzen Banken«, sagte Antonio.

An den Eingängen des Supermarktes Rio Sul, der vernagelt und verriegelt war, stand eine Schäferhundestaffel. »Die machen Inventur heute«, kommentierte Antonio so lässig wie möglich. »Die Schäferhunde gehören zur Standardnummer bei so was.« Der Gast war beeindruckt. »Da können ja unsere noch was lernen«, sagte er mit Nachdruck.

Als sie später am Arpoador, dem berühmten Ipanema-Felsen, noch einen Drink nahmen, waren sie bald umringt von Jugendlichen in Gummilatschen, halbwüchsigen Drogensoldaten, die grölten: »ta dominado, tudo dominado«.

Das heißt: Wir Verbrecher regieren die Stadt, wir haben alles im Griff!

»Was singen die da eigentlich?«, fragte der Gast.

Ohne auch nur einen Moment zu zögern – und das beweist seine Klasse – erklärte Antonio mit leuchtenden Augen: »Sie feiern ihren Fußballverein. Sie freuen sich, weil er gewonnen hat. Sie wissen ja, hier ist Fußball einfach das Wichtigste.«

273

Und so hat Antonio tatsächlich Sicherheit und Ordnung nach Rio gezaubert, am gefährlichsten Tag des Jahres.

Als sein Gast am andern Morgen nach Hause telefonierte, hörte Antonio Kaskaden der Begeisterung. »Wie in Wiesbaden! Schäferhunde bei der Inventur! Saubere Straßen. Beamtentag!« – »Wollten die mir alles gar nicht glauben«, sagte der Kunde anschließend beglückt.

Die letzte Hürde, die der Professor an diesem Morgen zu nehmen hatte, bestand in den Kiosken. Die Zeitungen sahen uniform aus. Alle hatten Zeilen wie »Medo na Cidade«, auf dem Titel. »Stadt in Angst« und »Furcht« und »Panik« in drei Meter hohen Lettern auf der Titelseite.

Schwungvoll war der Professor an drei Kiosken vorbeimarschiert, während er den Schüler in Gespräche über dessen Cousine in Dortmund verwickelte. Doch am vierten blieb der Kunde hängen.

»Was heißt ›medo‹?«, fragte er.

»Angst«, sagte der Professor.

»Angst wovor?«, fragte der Kunde.

»Hmm, keine Ahnung«, sagte der Professor gleichmütig: »Ich glaube, es geht um den Krieg im Irak.«

So viel Sicherheit war nie in Rio wie an jenem Tag, als Professor Antonio Deutschland aus dem Zylinder zauberte.

19. DER POET ALS ABENTEURER

Warum der deutsche Humanist und Forscher Alexander von Humboldt in Lateinamerika so verehrt wird

Wir hatten uns vor dem Tropenregen, der den Budenbetrieb auf dem Kirchenvorplatz von São Gabriel de Cachoeira in Sekunden in Schlamm versacken ließ, ins Kollegium geflüchtet. Einige spanische Padres waren zu Besuch hier in der Missionsstation am oberen Rio Negro, und einer von ihnen sprach uns, als er mitbekam, dass wir Deutsche waren, auf Alexander von Humboldt an. Voller Bewunderung.

»Was für ein Gelehrter, was für ein vollkommener Mensch«, rief er überschwänglich aus.

Einer der ansässigen Padres brachte kurz darauf aus der Bibliothek einen wurmstichigen, von Insektendreck gesprenkelten Folianten herbei, der Auszüge aus Humboldts Reisenotizen aus dem Rio-Negro-Gebiet auf Spanisch enthielt, und jenes berühmte romantisierende Bild, auf dem der deutsche Klassiker in tadelloser gelber Weste unter Urwald-Baumriesen abgebildet ist.

Als forschender Poet hätte Humboldt an diesem Bild vielleicht Gefallen gefunden, als Abenteurer und Wissenschaftler hingegen hätte er sich darüber schief gelacht, denn die Strapazen, denen er sich damals ausgesetzt hatte, waren so enorm, dass gelbe Westen dabei bestimmt nicht blütenrein geblieben waren.

Er hatte vor über 200 Jahren die Verbindung der beiden großen lateinamerikanische Flusslandschaften gesucht und gefunden: den Kanal Casiquiare, der vom Orinoco aus senkrecht nach Süden in den Rio Negro fällt und so mit dem großen Amazonas-Stromsystem verbindet.

Je weiter er nach Süden reiste, desto dichter wurde der Wald, notierte er. »Die Nächte wurden immer finsterer, je näher wir dem Rio Negro und dem Innern Brasiliens kamen.« Vor allem regnete es ständig. Bonpland, Humboldts Reisegefährten, »gingen die Exemplare, die er mit künstlicher Wärme zu trocknen versuchte, größtenteils zugrunde«.

Wir waren froh an diesem Nachmittag, dass wir im Trockenen saßen, wenn auch die Kleidung stets feucht bleibt in diesen Breiten. Der Regen prasselte auf die Dachschindeln und ergoss sich von dort wie ein silberner Vorhang vor der offenen Aufenthaltshalle hinab. Wir tranken Matetee und aßen süße Kekse, und Padre Jorge aus Madrid erinnerte daran, dass es der spanische König gewesen war, der Humboldt mit einem Freibrief ausgerüstet hatte für sein großes südamerikanisches Abenteuer.

Ein Abenteuer, das die Salons und Bürgerstuben in Europa vor über 200 Jahren in Atem gehalten hatte. Als der Deutsche Alexander von Humboldt 1804, nach fünfjähriger Amerikareise, europäisches Festland betrat, wurde er gefeiert wie ein Wiederauferstandener. Bereits mehrfach war er von den Zeitungen für tot erklärt worden. Pariser Blätter behaupteten, er sei von den Indianern Nordamerikas getötet worden, der Hamburger Korrespondent meldete, er sei in Acapulco am Gelbfieber gestorben.

Doch Humboldt lebte, und er glänzte. Er kehrte zurück als romantischer Eroberer, und er stahl Napoleon die Show als Haudegen. Das Erstaunliche an seinem Ruhm war, dass er schließlich keine Völker unterjocht, sondern Schmetterlinge gefangen hatte. Seine Geländegewinne warfen nichts ab an Gold, an Sklaven, an Schürfrechten, sie galten ausschließlich dem Weltwissen. Dabei waren seine Feldzüge mit äußerst schmalen Expeditionstrupps durchaus strapaziöser als manche militärische Erstürmung. Er hatte Urwaldströme befahren und den damals höchsten bekannten Berg, den Chimborasso, bezwungen. Er war gleichzeitig Extremsportler und universeller Gelehrter.

Er war 35 und sah äußerst »einnehmend« aus, wie die Salondamen damals tuschelten. Hohe Stirn, blaue Augen, vollendete Manieren. Er hatte Witz und Verstand und an den Stulpenstiefeln den Lehm des Rio Negro, was für eine Mischung. Er hatte die unwiderstehliche Aura des Abenteurers.

Er war genauso alt wie Napoleon. Er war genauso berühmt wie Napoleon. Und er war einen Kopf größer. Napoleon mochte ihn nicht. »Er war voller Hass gegen mich«, notierte Alexander von Humboldt. Das Zusammentreffen der beiden verlief eher knapp, und Napoleons Tiefschlag war klassisch: »Sie beschäftigen sich mit Botanik? Auch meine Frau betreibt sie!«

Sicher, der statistische Vergleich fiel zunächst zuungunsten des deutschen Pazifisten aus. Napoleon hatte ein paar Völker unterworfen, den Kirchenkampf beendet, Europa befriedet und stand kurz vor der Kaiserkrönung, die er an sich selber vorzunehmen gedachte. Humboldt dagegen konnte lediglich 45 Kisten mit gepressten Blättern aus dem Regenwald vorweisen, mit ausgestopften Vögeln und Stapeln von Manuskripten voller Berechnungen und Karten.

Seine Zeichnungen allerdings, die waren sehr schön.

Um es kurz zu sagen: Humboldt war der zugleich strahlendste und mutigste und sanfteste Held, den Deutschland je hervorgebracht hat. Humboldt, der Entdecker, der Kosmologe, der Weltbürger – wenn es einen Vorzeigehumanisten geben sollte in diesen Tagen, dann ihn. In diesen Zeiten, in denen Folter und Massenmorde das großartige Projekt der Aufklärung täglich annihilieren, leuchtet aus Humboldt das, was der Mensch sein kann.

Der amerikanische Philosoph Ralph Waldo Emerson verglich ihn mit Aristoteles und Cäsar und nannte ihn »eines jener Weltwunder, die von Zeit zu Zeit auftauchen, so als wollten sie uns die Möglichkeiten des menschlichen Geistes vorführen, die Kraft und den Rang seiner Fähigkeiten – einen universellen Menschen«.

Humboldt hat Friedrich dem Großen, Goethe, Thomas Jefferson, Napoleon die Hand geschüttelt, aber in der ZDF-Hitparade »unserer Besten« rangierte er nur auf Platz 61, knapp hinter dem Formel-1-Fahrer Hans-Harald Frentzen, aber noch vor Campino von den »Toten Hosen«. Da ist also noch Luft nach vorne, müssen sich die Verleger Hans Magnus Enzensberger und Franz Greno gesagt haben, als sie Humboldts Schriften neu herausbrachten.

Sie hatten die bisher nie auf Deutsch erschienenen »Ansichten der Kordilleren und Monumente der eingeborenen Völker Lateinamerikas« in einer prachtvollen, fernverrückten Ausgabe gedruckt sowie Humboldts Hauptwerk »Kosmos«, das prompt den Sprung in die Bestsellerlisten schaffte. Humboldts Rückkehr unters große zeitgenössische Publikum ist die Rückkehr eines Ausnahmemenschen, eines bedeutenden Deutschen, für den Wissen und Abenteuer immer zusammengedacht waren.

Im ursprünglich fünften Band des »Kosmos« bricht das Manuskript ab, inmitten einer Meditation über den Granit, über Versteinerungen, als sei der Alte von seiner eigenen Monumentalisierung eingeholt worden. In den Skizzen zu diesem Kapitel findet sich ein Wort aus der Genesis. »Also war vollendet Himmel und Erde mit ihrem ganzen her.« Das war sein Ehrgeiz. Alexander von Humboldt war nichts Geringerem als der Schöpfung auf der Spur, und er war in seiner Wissenswelt selber zum Schöpfer geworden. Sein »Kosmos«, der sollte, wie der göttliche, voller Ordnung und Schönheit zugleich sein.

Ja, es war Alexander von Humboldt, 1769 geboren, der die Fenster zur Welt aufgerissen hatte in jenem vermufften, verspießerten Berlin, das außerhalb der jüdischen Salons der Rahel Varnhagen und der Mendelssohns absolute geistige Steppe war.

Der naturwissenschaftliche Vorlesungsbetrieb ließ, um es moderat zu sagen, durchaus zu wünschen übrig. Es gab einen Professor, der die Sonne als eine Art Küchenofen erklärte, und deren dunkle Flecken als Rußhaufen, während ein anderer sich dafür entschied, die Pyramiden seien in Wahrheit Vulkane. Ziemlich früh entschied sich Alexander von Humboldt dagegen, beidem auf die Spur zu kommen, der Sonne wie den Pyramiden, und er wollte sich nicht auf Mutmaßungen verlassen, sondern auf Berechnungen. Und auf Reisen.

Seine Phantasie hatte sich entzündet an den Beschreibungen Forsters, der Captain Cook auf seinen Weltumseglungen begleitet hatte. Von politischen Idealen ließ er sich durchaus forttragen. Mit Forster zusammen erlebte er, als 21-Jähriger, den nachrevolutionären Einigungs- und Befreiungstaumel in Paris, den ganzen Enthusiasmus und aufgerissenen Horizont einer neuen Zeitrechnung, bevor der Aufbruch im sinistren Takt der Guillotine ertränkt wurde.

Seine Kindheit beschreibt Alexander als »trübe und öde«. Seine Mutter ist gefühlskalt. Immer will er diesem Tegeler Familiensitz entrinnen, von dem er Briefe in alle Welt hinausschickt, die er unterzeichnet mit den Worten »Schloss Langweil«. Sein Bruder Wilhelm liebt ihn zwar, aber mit leichtem Tadel: Alexander, schreibt er, sei geltungssüchtig und müsse immer im Mittelpunkt stehen. Allerdings verstand auch kaum einer, den Mittelpunkt so prächtig auszufüllen wie Alexander. Es war schwierig, ihn in einem überfüllten Raum zu übersehen. Er wirkte auf Männer und auf Frauen. Er war ein Götterkind, ein lautes.

Er interessierte sich für alles, und insbesondere für Geologie: Bereits mit 23 war er Oberbergmeister und übersah die Minen des Reiches, deren Erträge er, aufgrund genauer Berechnungen und Modernisierungsvorschläge, enorm steigerte.

Es war eine noch mittelalterliche kleindeutsche Welt, die er rastlos in seinen Kutschen durcheilte, eine, die in oben und unten, in Junker und Bauern aufgeteilt war und Schlafmützen in allen Lagern hatte. Bis auf Goethe und Schiller, jene Leuchttürme in Jena und Weimar, deren Kegel die Humboldtbrüder durchaus interessiert erfassten.

Wilhelm Humboldt, der Sprachforscher, war wohlgelitten. Bruder Alexander, der Unruhige, schlug ein wie ein unkontrollierter Blitz. An ihm schieden sich die beiden großen Weimarer Geister. Goethe, der Naturforscher, schrieb seinem Herzog: »Sie können in einer Woche nicht so viel aus Büchern lernen, wie er Ihnen in einer Stunde erklärt.« Schiller dagegen, der idealistische Naturschwärmer, sah bei »allem ungeheuren Reichtum des Stoffes, eine Dürftigkeit des Sinnes« sowie »nackten schneidenden Verstand, der die Natur, die immer unfasslich und in allen ihren Punkten ehrwürdig und unergründlich ist, schamlos ausgemessen haben will«.

Womit der edle Schiller natürlich völlig Recht hatte. Wenn Humboldt irgendetwas wollte in dieser halbdunklen, von My-

then und theologischen Erwägungen durchwobenen Welt,
dann war es das: schamlos ausmessen. Hinausgehen, selber erleben. Reisen, in fremde Kontinente, auf Berge und in den Regenwald, unter die Indios gehen, Fieber ertragen und Mücken,
um zu entdecken. Höhenkegel anfertigen. Gesteinsproben ent-
nehmen. Blätter sammeln.

Ende 1769 stirbt seine Mutter, gerade zur rechten Zeit, wie man
herzlos anfügen muss, denn sie hinterlässt das Vermögen, das
Humboldt nun finanziell völlig unabhängig stellt. Bei so etwas
gibt es immer zwei Möglichkeiten. Man benutzt sein Wissen, um
das Geld zu mehren, oder das Geld, um sein Wissen zu mehren.

Klar, dass sich Humboldt für Letzteres entschied. Was von ihm
zu lernen ist, ist das: seinen Traum, wie immer er auch aussehen
mag, mit allergrößter Zähigkeit zu verfolgen, und selbst wenn es
letztlich in den finanziellen Ruin führt. Humboldts Traum ist
nicht geringer als die Welt. 1799 rüstet er für seine erste große
Expedition. Eine Audienz beim spanischen König verschafft ihm
einen Freibrief mit Zugang zu allen spanischen Besitzungen in
der Neuen Welt. Humboldt hält, unverhofft, den goldenen
Schlüssel zu Amerika in den Händen.

Die folgende Reise ist das Kernunternehmen seines Lebens.
Humboldt ist nichts ohne diese Reise. Sie ist sein »Faust«, sein
»Don Giovanni«, seine »Relativitätstheorie« – sie ist die Rechtfer-
tigung seiner irdischen Existenz. Mit ihr, mit diesem Unternehmen, hat er die Welt berührt.

Bewunderer – wie Padre Jorge in jener Missionsstation am Rio
Negro – sprechen später von der »zweiten Entdeckung Amerikas«. Fünf Jahre sollte die Reise dauern, doch die Auswertung
wird die restlichen 35 Jahre seines Lebens in Anspruch nehmen
und sein ganzes Vermögen verzehren.

Humboldts Abenteuertrip ins Ungewisse beginnt mit einer
Art Auflockerungstraining. Er führt rund 50 Instrumente mit,
Sextanten, Längenuhr und Teleskope, Inklinometer für geomag-
netische Messungen, Hygrometer und alles, was damals *state of
the art* und für teures Geld zu kriegen war. Er gibt ein wenig an.
Er nimmt Vermessungen und Klimabestimmungen des Pico del
Teide in Teneriffa vor, und legt dabei eine kleine sportliche Son-

derzugabe hin. Er besteigt den Vulkankegel, der ihm den Frack versengt, in 15 Stunden ohne nennenswerte Verschnaufpausen.

Beobachtet wird er dabei von den Damen der Gesellschaft über Fernrohre, die er selber zur Verfügung stellt. Die Damen übrigens zeigen sich darüber hinaus entzückt von weiteren interessanten Gerätschaften des jungen Adligen, besonders von dessen Mikroskop: Sie können damit die Flöhe in ihren eigenen Haarflechten beobachten.

Die sich anschließende zwanzigtägige Überfahrt zur venezolanischen Küste findet auf einem übel ausgestatteten spanischen Seelenverkäufer statt, auf dem, als auf Höhe der Antillen die Hitze unerträglich wird, Typhus ausbricht. Humboldt muss feststellen, dass noch nicht einmal chininhaltige Chinarinde mitgeführt worden war. So beklagt die Expedition ein frühes Todesopfer, einen armen asturischen Jungen, den seine Mutter in die Neue Welt geschickt hatte, damit er dort sein Glück finde.

Indianer, stoische Bronzefiguren in Einbäumen, lotsen den spanischen Schoner in den Hafen von Cumana. Doch bevor Humboldt von Bord geht, setzt er sich mit einem der Indianerhäuptlinge auf Deck zusammen und unterhält sich mit ihm, auf Spanisch, über die Wunder, die vor ihm liegen. Ein beschwörender glänzender Vorgriff auf Heldentaten unter dem Kreuz des Südens, dem endlosen Tropenhimmel.

Womöglich hat Napoleon am Vorabend entscheidender Schlachten ähnliche Gespräche geführt. Doch Napoleon hatte nur Generäle bei sich, mit denen er über Proviant und Truppenstärken sprach, Humboldt dagegen einen gemeinsamen Träumer am Vorabend seines lebensentscheidenden Aufbruchs, der mit ihm die Poesie des Forschers teilt: Die Vision einer allumfassenden Natur.

Im Zweifelsfalle ist Humboldts Traum der kühnere.

Und von diesem vorgreifenden Traum, diesen imaginierten Reichtümern schwärmt er seinem Bruder in einem Brief vor, von der ganzen tropischen Üppigkeit, die er vor sich sieht. »Wunderbare Pflanzen, Zitteraale, Tiger, Armadölle, Affen, Papageien … Welche Bäume! Kokospalmen, 50–60 Fuß hoch.«

Nach der Erkundung der geheimnisumwitterten Höhlen von

Cumunai rüstet Humboldt zum großen Abenteuer schlechthin: Zur Beschiffung des Orinoco, zur Lokalisierung jenes vermuteten Zusammenflusses zu den Schwarzwassergebieten des Amazonas. Wer sich je auf den stinkenden, moskitoverseuchten Wasserstraßen durch den Regenwald gekämpft hat, weiß, dass das Ganze mit Romantik nichts zu tun hat, sondern mit Fieber, mit Parasiten, mit unnennbaren Strapazen.

Es regnet jeden Tag, Stunde um Stunde, bis zur absoluten Zermürbung. Man lernt, von Nüssen zu leben und von Maden. Gelegentliche Delikatesse ist das glitschig weiße Alligatorfleisch, das wie Hühnerbrust schmeckt. Humboldt aß Affenfleisch, er aß buchstäblich alles, und es ist erstaunlich, dass er, der in seiner Jugend kränkelte, geradezu aufblüht. »Nie«, notierte er in seinem Tagebuch, »habe ich mich in meinem Leben gesünder gefühlt.«

Manchmal fällt das schiere Atmen schwer, weil man Moskitos verschluckt. Moskitos überall. Sie fressen einen bei lebendigem Leibe. Es gab zu Humboldts Zeiten keine Netze, keine Mittel, sich einzureiben. Zum Schlafen graben sich die Expeditionsmitglieder ein und legen sich ihre Hemden über den Kopf.

Parasiten fressen sich unter die Haut, in langen Kanälen, um dort ihre Eier zu legen. Sie werden von geduldigen Indiofrauen in stundenlangen Prozeduren mit langen Dornen freigestochen. Was muss es für eine Erleichterung gewesen sein, auf eine Missionsstation gestoßen zu sein, wie wir es mit São Gabriel erlebten. Humboldt notiert: »Sobald wir aus dem Pimichin in den Rio Negro gelangten und durch den kleinen Katarakt am Zusammenfluss gegangen waren, lag auf etwa einen Kilometer die Mission Maroa vor uns. Dieses Dorf mit 150 Indianern sieht so sauber und wohlhabend aus, dass es angenehm auffällt. Wir kauften daselbst schöne lebendige Exemplare einiger Tukan-Arten, bei denen sich die Intelligenz wie bei unseren zahmen Raben entwickelt.«

Von dieser Stelle des Flusssystems aus, errechnet sich Humboldt, wäre eine Weiterfahrt stromabwärts hin zum Amazonas durchaus in Frage gekommen. »Wir hätten dann den Amazonasstrom hinab bis zur Küste von Brasilien nicht viel mehr Zeit gebraucht, als um über den Casiquiare und den Orinoko an die Nordküste von Caracas zurückzukehren.«

Allerdings tritt er von diesem Plan zurück, denn der portugie-sisch-brasilianische König Dom Pedro hatte verfügt, Humboldt zu verhaften, sollte man auf brasilianischem Gebiet seiner hab-haft werden. Der Grund? Man witterte in ihm einen Spion in spa-nischem Auftrag oder gar dem Napoleons. Man kann Humboldt buchstäblich lächeln sehen, während er dies in sein Tagebuch schreibt, und kopfschüttelnd fährt er fort: »Es war der Befehl er-gangen, sich meiner Person und meiner Instrumente zu ver-sichern, ganz besonders aber der Verzeichnisse astronomischer Beobachtungen, welche die Sicherheit der Staaten so sehr gefähr-den könnte.«

Doch Humboldt war mit seiner Ausbeute zufrieden: Er hatte gesammelt und notiert und später 3800 Arten verschiedener Pflanzen identifiziert. In seinen Tagebüchern pflegt Humboldt einen nüchternen Stil. Er war Wissenschaftler genug, um Roman-tisierungen gegenzuwirken: »Man macht sich im Allgemeinen nicht klar, dass die uralten Wälder in Südamerika, die so frucht-bar scheinen, tatsächlich eine Art Wüste sind und dass es durch-aus möglich ist, dort zu verhungern.«

Er hat seinen eigenen Körper zur Beobachtungsstation für Gifte und Halluzinogene gemacht. Es gab kaum etwas, das er nicht an sich selber ausprobiert hätte. Das berüchtigte Niope, notierte er, erzeuge Wahnsinnszustände. Das Pflanzengift Curare, das Schwei-ne innerhalb von sechs Minuten tötet, schmecke dagegen ange-nehm bitter – man müsse nur darauf achten, keine offenen Stellen im Mund zu haben. Einmal war einer seiner Socken versehentlich mit Curare vollgetränkt, er war gerade im Begriff, ihn sich über seinen mit aufgekratzten Flohstichen wunden Fuß zu ziehen – knapp entging er dem Tod. Beileibe nicht das einzige Mal.

Den Rousseau'schen edlen Wilden traf er durchaus, doch der war gewöhnungsbedürftig. Einer erklärte ihm stolz, dass er seine Frau mäste, um sie anschließend zu verspeisen. Er stieß auf Kan-nibalen, er stieß auf Skelette, und er blieb dabei von geradezu kaltschnäuzigem wissenschaftlichen Interesse. Die Natur war grausam und schön zugleich, und sie interessierte ihn.

Padre Jorge, der sich zu den linken Befreiungstheologen rechnete und über »seinen Verein«, die katholische Kirche, die oft an der Seite der Kolonialisten auftrat, durchweg kritisch sprach, rühmte an jenem Nachmittag in der Missionsstation Humboldt als sanften Völkerverständiger. »Er hat nie jemanden totgeschlagen im Zeichen des Kreuzes. Er hat mit den Indios geredet, nicht, um sie zu bekehren, sondern um ihre Alphabete zu studieren, ihre Mythologien zu erkunden.«

So saßen wir zusammen und sprachen bewundernd von einem, der diese Strapazen ohne alle Klagen auf sich genommen hatte, der nicht von Gier oder Herrscheralüren getrieben war, sondern von der schieren Faszination über Gottes Schöpfung.

Dazu ein Mann, der die praktische Erkundung allem Gerede vorzog. Das übrigens war, mit einem Wort, der Unterschied zwischen Humboldt und dem derzeit populären Philosophen Hegel. Letzterer erklärte die Welt vom Schreibtisch aus. Humboldt zog hinaus und vermaß sie. Hegel in seinem Vorlesungssaal hielt den neuen Kontinent für eine »schwächliche Angelegenheit«. Humboldt, der Wissenschaftshaudegen, machte vor, dass man ein Kerl sein musste, um in ihm zu bestehen.

Dem Regenwaldabenteuer folgte der Höhenrausch. Vor Humboldts Besteigung des Chimborasso, des damals bekannten höchsten Berges, müssten Extremsportler noch heute den Hut ziehen. Er trug seinen Frack. Gegen die Kälte hatte er sich gerade mal einen Poncho übergeworfen. Die Stulpenstiefel hatten sich bald mit Schneewasser vollgesogen, zudem litt er an einer schmerzhaften Fußverletzung. So stieg er, manchmal auf allen vieren, über einen kaum 30 Zentimeter breiten Grat bergan.

Der Gipfel blieb unerreicht, da der Grat kurz unterhalb des Kraters weggebrochen war. Doch er hielt den Höhenweltrekord für immerhin 30 Jahre. Und typisch für ihn war, dass er seine Notizen machte: in welcher Höhe er den letzten Schmetterling antraf und welche Form die Hagelbrocken hatten, die sie beim Abstieg überraschten.

Sein Leben lang war Humboldt beseelt von den Idealen der Aufklärung, und er wird bis heute vor allem von lateinamerikanischen Linken als Ikone verehrt. Man behauptet, dass er Simón

Bolívar zur Befreiung des Kontinents von spanischer Herrschaft inspiriert habe.

Tatsächlich hatte Humboldt Bolívar in Paris getroffen. »Der Kontinent ist reif für die Befreiung«, soll er gesagt haben. »Es fehlt nur derjenige, der das Werk ausführt.« Zwei Jahre später führte Bolívar den erfolgreichen Aufstand gegen die Spanier an und ließ sich zum Protektor Großkolumbiens krönen. Und setzte, das ist die blutige Ironie der Geschichte, eine endlose Kette von Revolten und Putschen und die blutgetränkte Tradition des Caudillismo in Gang.

Humboldt, der Weitgereiste, der Diplomat, tafelte mit den Herren der Welt, doch stets war er derjenige, der unerschrocken für die Emanzipation, für die Befreiung des Menschen durch den Menschen eintrat. Seine Waffe war nicht das Gewehr, sondern das Wort. Wie er über die Emanzipation dachte, kann kaum schöner, kaum poetischer illustriert werden als mit jenem Stich aus seinem Andenbuch. Es zeigt die Reisegesellschaft am Quido-Pass. Zu jener Zeit war es üblich, dass sich weiße Herren tragen ließen, auf Stühlen, die auf die Rücken ihrer Diener geschnallt waren.

Humboldt ging lieber zu Fuß. Und er hielt die Szene fest, wie die schaukelnde Lastgesellschaft mit den Trägern sich durchs Tal schlängelte, doch mittendrin einer, der aufrecht steht und dessen Stuhl, der ihm noch auf den Rücken geschnallt ist, leer ist. Es ist der Träger, der Humdoldt zugedacht ist. Er schaut auf ihn, auf den Betrachter Humboldt, der die Szene festhält. Mit einem leichten Staunen. Er übt den aufrechten Gang. Und er lächelt. Es ist der freie Mensch, der aus Humboldts Blatt grüßt, einer, der die Fesseln abgeworfen hat und etwas aus sich macht.

In den folgenden Jahrzehnten beschäftigt sich der Forscher mit der Auswertung seiner Reise, und er tut es in Paris, der damaligen Welthauptstadt, die die besten Illustratoren, Drucker, Wissenschaftler versammelt hatte.

Doch 1827 ruft der preußische König ihn zurück nach Berlin, um der neu gegründeten Akademie der Wissenschaften Glanz zu verleihen. Die Großen der Welt suchen seine Nähe und korrespondieren mit ihm, und der preußische König ist stolz auf seinen

Wissenschaftsstar. Humboldt wird der Glanzpunkt der Berliner Gesellschaft. »Sein Kommen und Gehen«, notiert der Journalist Gutzkow, »ist wie Posaunenklang. Er tritt auf wie Shakespearsche Könige.«

Humboldt genießt die Bewunderung des Gebildeten. Die Mächtigen und die Gekrönten wollen alles von ihm wissen. Der Horizont hat sich geweitet durch Humboldt. Er berichtet, wie es in Kuba zugeht und wie im Regenwald und am Amazonas. Er beginnt eine Vorlesungsreihe, die den Berliner Wissenschafts-betrieb regelrecht elektrisiert. Humboldt will das, was er er-forscht und erlebt hat, unter die Leute bringen. Der Eintritt ist frei. Die Singakademie mit ihren 800 Plätzen ist dem Ansturm nicht gewachsen.

Alle pilgern dorthin: Lehrer, Bäckermeister, Ladenmädchen, Laufburschen, Professoren, Adlige, Handwerker, die große bunte demokratische deutsche Utopie der Wissensgemeinschaft. »Der Saal fasste nicht die Zuhörer, und die Zuhörerinnen fassten nicht den Vortrag.« Das sind so die Sottisen, die ein nie erlebtes derar-tiges Event begleiteten. Humboldt präsentierte Naturwissen-schaft als hinreißendes Erlebnis.

Trotz seiner wissenschaftlichen Arbeiten, die ihn die Nächte hindurch beschäftigen, ist sein Abenteurertum längst nicht aus-geglüht. Der russische Zar finanziert ihm einen lang gehegten Traum, eine Reise bis zum Ural. In weniger als sechs Monaten legt er rund 15 500 Kilometer zurück, davon 750 auf Flüssen. 12 244 Postpferde werden dabei verschlissen. Alexander von Humboldt ist zu jenem Zeitpunkt bereits sechzig Jahre alt.

Seine Kondition und seine wissenschaftliche Ausdauer sind er-staunlich. In seinen späten Lebensjahren, hoch in den Achtzigern, können ihn die Berliner noch nachts um drei am erleuchteten Fenster des ockerfarbenen Hauses in der Oranienburger Straße Nr. 61 sitzen sehen. Manuskripte auf seinem Schoß. Notizen krit-zelte er auf seinen Fichtentisch. Wenn nichts mehr drauf passte, wurde er abgehobelt.

Der dritte Band des »Kosmos« war gerade erschienen, als er im Trauerzug hinter den Gefallenen der Märzrevolution hinterher-schritt und ihnen seinen Tribut zollte. Er stand im Solde eines reaktionären Königs, doch sein Herz schlug für die Emanzipation, die doch immer auch die der Wissenschaft war.

Er war ein deutscher Volksheld eigener Art, und selten hat die Menge ein so feines Gespür für die Zwangslagen eines so Großen gehabt. Die revoltierende Menge vor dem Schloss rief nach ihm. Er trat heraus und verneigte sich stumm.

In seinem »Kosmos« sah Humboldt einen universellen Bauplan, in dem das Ganze und der Mensch in steter Wechselwirkung stehen. Er hatte den Ehrgeiz, in allen Einzeldisziplinen das damals Beste aufzubieten: die Geologie genauso zu beherrschen wie die Botanik, die Zoologie, die Kosmologie, den Galvanismus, die Meteorologie, die Elektrophysiologie. Er untersuchte die Atmung der Fische, die Beeren des Regenwaldes, die Meteoritenschauer über Mexiko. Was Humboldt in seinem »Kosmos« vorgeschwebt haben muss, war das Gedicht der Welt.

Und das ist, was dieser große Deutsche heute noch in uns entzünden kann, nämlich die Begeisterung über die Poesie des Wissens. Er hat ein beispielhaftes Leben vorgeführt, das man sich als geglücktes vorzustellen hat und das vermochte, andere Menschen zu berühren und das Glück weiterzugeben.

Da ist diese treffende Geschichte des jungen schönen Mädchens, das einen Pariser Frisiersalon betrat und seine schwarzen Haare zum Kauf anbot, verzweifelt, weil es die kranke Mutter mit dem Geld unterstützen musste. Der Friseur wollte ihr statt der geforderten 60 Franc nur 20 dafür geben.

Da erhob sich ein alter weißhaariger Herr aus seinem Stuhl, erbat sich die Schere des Friseurs, und wählte vorsichtig ein einzelnes Haar, das er abschnitt. Und er drückte dem Mädchen zwei Geldscheine dafür in die Hand, die sie erst später als zweihundert Franc identifizierte.

Von Alexander von Humboldt aber ist zu vermuten, dass ihn von all den zigtausenden Proben, die er in seinem Forscherleben aufgenommen hat, ob am Chimborasso oder am Rio Negro, diese eine, dieses Haar, mit einem besonderen Glücksgefühl erfüllt haben muss. Denn er war ein Menschenfreund.

Er erlebte die Vollendung des fünften Bandes des »Kosmos« nicht mehr. Er schlief ein, über der Arbeit, friedlich.

Hinter seinem Sarg formierte sich der preußische Staat. Es war der imposanteste nichtmilitärische Trauerzug in der Geschichte Berlins. Königliche Kammerherren schritten zu Chopins Trauermarsch, gefolgt von Staatsministern, Standartencorps, Parlamentariern und Studenten.

Das Volk nahm Abschied von einem Abenteurer, einem Universalgelehrten, einem Weltbürger, und von einem guten Deutschen. Alexander von Humboldt war einer der Ersten der deutschen Wissensgesellschaft, die das 19. Jahrhundert dominieren und die das Reich schließlich zur fortschrittlichsten und entwickeltsten europäischen Macht werden lassen sollte.

Humboldt – ein guter Grund, die Deutschen gern zu haben. Rund 150 Jahre nach seinem Tod sitzen am Rio Negro katholische Padres aus Brasilien und Spanien mit ein paar Deutschen zusammen, und sie trinken Matetee und schauen in den Tropenregen hinaus und sie reden begeistert über Humboldt. Kann es eine schönere Hinterlassenschaft geben?

20. DAS GESAMTDEUTSCHE ROULETTE

Wie Ost und West das Spiel mit den Aktien erlernten und
die Deutschen plötzlich reich wurden und aller Sorgen ledig

Wir waren kurz vor dem Millenniumswechsel nach Brasilien umgezogen, und wir verließen ein Deutschland, das vor Optimismus strotzte. Mehr als das. Es fieberte. Die Deutschen hatten das Spiel mit den Aktien entdeckt. Von Mitte der neunziger Jahre an befanden sich die beiden Deutschlands in Ost und West zum ersten Mal in einer gemeinsamen Lernerfahrung. Für Amerikaner und Engländer war Aktienbesitz eine der Säulen persönlicher Altersvorsorge, eine ganz normale Angelegenheit. Für die Deutschen war es neu, und da es Kursfeuerwerke ohne Ende gab, war die Welt nun ein Casino. Nach der gesamtdeutschen Vereinigung gab es das gesamtdeutsche Roulette.

Das Wirtschaftsverständnis in beiden Teilen Deutschlands stammte noch aus den Aufbaujahren nach dem Kriege. Im Westen erlebte man, dass man es durch harte Arbeit und Glück ganz nach oben schaffen und reich werden konnte. Es unterschied sich von dem Wirtschaftsverständnis im Osten dadurch, dass es dort ganz egal war, wie hart man arbeitete, alle blieben gleich arm. Im Osten verachtete man das kapitalistische System, weil es den Menschen zur Ware machte. Im Westen verachtete man das sozialistische System, weil es dort keine Waren gab, für die man Geld ausgegeben hätte.

Nun aber gab es jede Menge Geld zu machen und jede Menge Waren damit zu kaufen. Ständig sah man in den Illustrierten irgendwelche Dotcom-Milliardäre in ihren Yachten übers Mittelmeer düsen, und es konnte keine subversivere Strategie geben, dem Kapitalismus und dem protestantischen Arbeitsethos die Glaubwürdigkeit zu nehmen.

Als Weg zum Glück galten doch bis dahin Tüchtigkeit und Fleiß, besonders bei den Deutschen. Auf deutsche »Tüchtigkeit« wollte selbst die DDR-Propaganda nicht verzichten. Damit grenzte man sich, immerhin, von den Nachbarn im Osten ab.

Das Wort »Tüchtigkeit« stammt von »taugen« und »Tugend« ab, und es bezeichnete nie nur die Beherrschung einer bestimmten Tätigkeit, sondern es verlieh ihr auch noch einen ethischen Wert. Der Tüchtige ist nie nur geschickt und fleißig, nein, ihm steht der ehrliche Schweiß auf der Stirn. Man sieht ihm an, dass er sich anstrengt. Er ist alles andere als ein Glücksritter.

Der englische Gentleman, so der Anglist Hans-Dieter Gelfert, trainierte darauf, sich seine Anstrengung nicht anmerken zu lassen. Da Großbritannien bereits führende Weltmacht war, war eine Steigerung des Erfolges sinnlos. Von nun an arbeitete man daran, den Erfolg mühelos aussehen zu lassen. Der Deutsche dagegen definierte sich über Leistung, und er erbrachte sie, so dass er am Ende des 19. Jahrhunderts England als führende Industrienation abgelöst hatte.

Die deutsche »Tüchtigkeit«, die sich weder ins Englische noch ins Französische übersetzen lässt, hatte sich also als Grundtugend in Deutschland gehalten. Und nun galt sie als entwertet und dumm? Nun war Geld über Nacht zu machen? Waren das die neuen Regeln?

Meine ostdeutschen Freunde und Kollegen lachten sich schief. Sie hatten den Kapitalismus ohnehin für ein irrationales System gehalten, mal abgesehen davon, dass es menschenverachtend und ausbeuterisch war. Und seit der Einheit hatte sich ihre Einstellung kaum geändert, nur, dass sie das menschenverachtende System ziemlich talentiert und mit wachsender Begeisterung zu nutzen verstanden. Sie machten jetzt in Marktwirtschaft, und nachdem sie mit angesehen hatten, wie ihre maroden Großbetriebe der Reihe nach zusammengefaltet wurden, hatten sie ziemlich schnell gelernt.

Niemand verstand damals so richtig, dass der Westen genauso am Ende war wie der Osten und Reformen dringend nötig hatte.

Der neue Goldrausch hatte die Sinne derart benebelt, dass der Gedanke absolut fern lag, dass man eigentlich einen Kassensturz hätte machen, die Sozialsysteme durchrechnen und die demographischen Horrorzahlen genauer studieren müssen, um mit den dringend erforderlichen Umbauten zu beginnen.

Die Einsichtsfähigkeit war getrübt, denn die blühende Landschaft lag bei jedem vor der Tür, es ging nur noch um die Frage, ob man in Siemens oder EM-TV investieren sollte. Das war ein völlig amoralischer Vorgang, und da die Ossis unter meinen Freunden den Kapitalismus von vornherein nicht als logisches und tugendhaftes System von Belohnungen betrachteten, sondern als Schweinesystem, fiel es ihnen leichter, hemmungslos damit umzugehen.

»Raubtierkapitalismus«, wie Helmut Schmidt das System nannte? Aber klar! »Entfesselte Habgier«, wie Fritz Stern warnte. Und wie!! Wir alle waren skrupellos und hypnotisiert. Es war die Ära, in der der Kapitalismus glänzend und für immer zu triumphieren schien, so unwidersprochen und alternativlos, dass wirklich eine neue Zeit angebrochen war. Hier ist ein Frontbericht, der die Stimmung jener Tage wiedergibt und der bereits den Verdacht enthält, dass alles ganz anders sein könnte, denn er wurde nach dem ersten ernüchternden kleinen Kursrutsch verfasst, einem harmlosen Vorläufer jenes Crashs, der zwei Jahre später Billionen vernichtete.

»Erschieß dich«

Das Blutbad kündigte sich schon vor Wochen an – auf dem Spielplatz. Wir schauten zu, wie sich unsere Sprösslinge an die Kehle gingen, und mein Freund Kai fragte: »Meinst du, der Chinese wertet ab?«

Das Bedenkliche war: Ich hatte mit der Frage gerechnet. Die Knirpse würden ihre Angelegenheiten regeln, aber China drückte erheblich auf die Stimmung.

Früher hatten wir übers Kino geredet oder die Bundesliga. Doch in Tagen wie diesen sind Kleinanleger in erster Linie Kleinanleger und als solche auf Insidertipps angewiesen, auf ein gutes Informantennetz.

Kai zum Beispiel kennt einen pensionierten Broker und mich. Ich wiederum kenne China aus Zeiten, als ich die »Peking Rundschau« abonniert hatte, und ich weiß, was Schweinefleisch süßsauer auf Chinesisch heißt. Nummer 32.

Unsere Sprösslinge waren mittlerweile in einen ausdauernden Stellungskrieg verwickelt, beschmissen sich mit Sand, andere Kinder gerieten in die Schusslinie, Mütter schrien auf – ich behielt die Nerven.

Für den Kleinanleger ist das Wichtigste: Nerven behalten. Der Chinese, meinte ich, würde nie abwerten. Der Asiate im Allgemeinen werte ungern ab. Damit würde er sein Gesicht verlieren. Kai nickte befriedigt. Dann begannen wir vorsichtig, unsere Söhne zu entzerren, und verloren kurzfristig mächtig an Gesicht.

Glückliche Tage. Da war diese leichte Nervosität, dieses untergründige Rumoren, aber die Kurse hielten sich noch. Sie notierten nur ein wenig »leichter«, wie wir Börsianer sagen. Es war eine andere Epoche, damals, vor vier Wochen, als die Asienkrise noch im Wesentlichen dort stattfand, wo sie hingehörte: in Asien.

Kai und ich sind Aktionäre. Viele sind es, seit die Telekom die Volksaktie erfand. In Amerika hält jeder Aktien, weil er den staatlichen Sicherungssystemen mit Recht misstraut. Hier sind es gerade mal über acht Prozent. Dennoch: In Espresso-Bars und Altersheimen zwischen Passau und Flensburg wird gezockt, dass sich die Kurse biegen, und wir sind dabei. Wir sind vor allem dabei, seit Anlageberater als konservativ gelten, wenn sie auf Wertpapiere Gewinne von nur 20 Prozent versprechen.

Selbstverständlich leisteten auch die großen Publikumszeitschriften sanfte Überzeugungsarbeit. Die Titelgeschichten des Frühjahrs hatten alle den gleichen Tenor: Noch keine Aktien, du Idiot? Alle anderen werden Millionär und du nicht, du Versager! Erschieß dich!

Unsere Portfolios waren prächtig bestückt. Ein Portfolio ist die Gesamtheit der Aktien, die man sich zulegt. Aktien kaufen macht Spaß, wenn dich jede einzelne anbrüllt: Ich bin das Los der Woche. Hier was und da was, und davon darf's ein bisschen mehr sein, und auf dem Weg zur Kasse nimmt man noch was für die Kleinen mit. Wir hatten Blue Chips und Exoten, also solide Großunternehmen und Namen, von denen keiner wusste, was sie eigentlich herstellen. Man wusste nur, dass sich ihr Wert ständig verdoppelte. Wahrscheinlich druckten sie Geld.

Vor allem setzten wir auf Branchen, denen wir die besten Zukunftschancen einräumten. Kai hatte sich auf Technologie-Werte spezialisiert, ich auf Altersheime und Potenzmittel. Später nahm ich noch eine Telefongesellschaft an Bord. Wir leben in einer Gesellschaft, die altert und sexbesessen ist und telefoniert wie verrückt, denn man kann mit Telefonieren so viel Geld sparen, dass man bald Millionär ist und sich zu Manfred Krug auf die Dachterrasse setzen kann.

Es war ein schöner Sommer. Sicher, man litt ein wenig unter dem Dauerregen an der Ostsee, aber die Notierungen auf dem Computerschirm waren alle im grünen Bereich. Beschwingt warf man sich am Strand die Regenhaut über und freute sich des Lebens, ganz nach dem Motto: Geld allein macht auch glücklich.

Der 20. Juli brach den Rekord nach oben. Ich versprach meiner Frau ein neues Auto und meinem Sohn neue, strengere Eltern, wenn er nicht sofort den Gummidelphin herausrückte, der dem netten Mädchen vom Strandkorb nebenan gehörte. Auch wenn es in den nachfolgenden Wochen sanft weiterbröckelte: Ich hatte ein geregeltes Familienleben, geregelte Mahlzeiten, und abends las ich meinem Sohn hektographierte Börsenbriefe vor, die von Verfassern mit Doktortiteln und Kinnbart in kleinen Auflagen gegen Gebühr vertrieben wurden. Man sollte die wesentlichen Dinge des Lebens früh vermitteln. Dazu gehört Insiderwissen!

Börsentechnisch gesprochen waren Kai und ich unglücklich auf hohem Niveau, denn der Dax, der gerade den Sechstausender-Gipfel erklommen hatte, lag nun irgendwo in den hohen Fünftausendern. Eine verdiente Pause, sagten wir uns, eine Art hohes Basislager, um Kräfte für den nächsten Gipfelsturm zu sammeln.

Über den einen oder anderen Kursausreißer nach unten lächelten wir noch abgebrüht, besonders, wenn er nicht die eigene Aktie betraf. Schließlich weiß jeder, dass eine Veba unter 100 ein Schnäppchen ist und ein kleiner Kurseinbruch nur eine »notwendige Korrektur«.

Sicher machten wir uns Sorgen um Clintons Lewinsky-Verhör. Laien können das nicht wissen, aber der Dow Jones ist prüde. Ein belastender DNA-Test genügt, und er rutscht nach unten wie eine Präsidentenunterhose. Ob man amerikanische Werte abstoßen sollte?

Kleinanleger sind Kosmopoliten, und sie sind kosmopolitischer und solidarischer, als es die Protestgeneration je war. Den Kleinanleger geht alles ganz persönlich an. Während sich der Protestler in den sechziger Jahren ganz auf unterjochte asiatische Kolonialvölker konzentrieren konnte, muss der Kleinanleger indonesische Mietwagenfirmen und Scherings brasilianische Antibabypillen-Prozesse gleichzeitig im Auge behalten.

Der Kleinanleger drückt den Volkswirtschaften der Welt den Daumen. Er weiß: Wirtschaften und Geldströme sind verflochten. Das schafft Leidensgemeinschaften über Grenzen hinweg. Ich begann in die Tischgebete den Wunsch einzuschließen, dass Venezuela nicht abwertet.

Plötzlich jedoch begann der Berg zu rutschen. Ich legte mentale Übungen ein. Ich murmelte den Namen des japanischen Premiers. Offenbar patzte ich bei der Aussprache, denn meine Frau wurde rot, und mein Sohn wies mich zurecht: »So was sagt man nicht, Papa.« Ich fand es bedenklich, dass die Drachme unter Druck geriet. Dann kaufte ich Veba nach, um zu verbilligen. Ein Schnäppchen.

Das hatte ich bei n-tv gelernt, das ich nun öfter einschaltete. Dann zugreifen, wenn eine Aktie an Boden verloren hat. Allerdings hörte Veba einfach nicht auf, an Wert zu verlieren. Zu spät erfuhr ich, dass es noch eine andere Börsenweisheit gab: »Never catch a falling knife« – versuch nie, ein fallendes Messer aufzufangen. Allerdings: Wann weiß man, ob eine Aktie nur eine fallende Aktie ist oder ein fallendes Messer, dass dir die zuschnappenden Finger durchtrennt?

Die Börsianer auf dem Frankfurter Parkett wussten es auch nicht, weshalb sie sich darauf verlegten, was am meisten Spaß macht. Kaufen. Lächelnde Analysten großer Bankhäuser, die später nie wieder gesehen wurden, empfahlen, jetzt zuzugreifen.

Man lernt eine neue Sprache. Börsensprache. Es gibt zum Beispiel keine schlechten Papiere. Es gibt nur solche, die »langfristig sicher eine gute Anlage sind«. Dann heißt es: Finger weg für Rentner und alle anderen über 20, denn man wird sich über diese stinkende Depotleiche jahrzehntelang ärgern, Morgen für Morgen.

Natürlich hatten wir, neben Werten des Neuen Marktes, solide deutsche Edelmarken als Unterfutter mit im Portfolio. Schließlich sind wir keine Spekulanten, sondern Investoren.

Ein großer Unterschied. Ein Spekulant ist, pfui Deibel, nur an der schnellen Mark interessiert. Ein Investor dagegen kann die Namen der Unternehmen buchstabieren, an denen er Anteile hält, und ist ansonsten ganz besonders an der schnellen Mark interessiert. Kurz gesagt: Ich hätte nie gedacht, dass ich irgendwann in meinem Leben einmal einem Spritzdüsenhersteller die Daumen drücken würde.

Plötzlich ging alles sehr schnell. Der erste Kurssturz des Dow Jones am 4. August, der bis dahin dritthöchste der Geschichte, traf mich völlig unvorbereitet in den Rücken. Ich war nämlich mit der Asienkrise beschäftigt und paukte gerade eine Liste mit Kaufempfehlungen total »unterbewerteter Aktien« der Zeitschrift »Capital«, als der mir völlig unbekannte Analyst Ralph Acampora den Markt kaputtredete.

Natürlich versuchte ich sofort, ihn wieder hochzureden. Aber bei Kai war besetzt, und im Weißen Haus meldete sich nur der Anrufbeantworter mit der Mitteilung, dass der Präsident im juristischen Sinne nie eine sexuelle Beziehung zum Dow Jones unterhalten habe.

In der Zwischenzeit hatte die internationale Finanzgemeinschaft mich persönlich für die amerikanische Konjunkturabflachung verantwortlich gemacht und mein Portfolio entwertet.

Ich bekam kalte Füße. Ich lag noch knapp vorne. Meine Kriegslist: Ich würde die fallenden Messer an mir vorbeiregnen lassen und sie dann unten einsammeln. Aussteigen, verkaufen.

Kai hatte dafür überhaupt kein Verständnis. Weder er noch Carola Ferstl von n-tv. Keine Blondine der Welt ist cooler. Sie hat den Ansatz zu Grübchen und eine Stimme aus Stahl. Und wenn sie von Bullen und Bären spricht, klingt es so, als habe sie jeden Einzelnen von ihnen persönlich mit Blicken in die Knie gezwungen.

Alle also redeten auf mich ein: Das musst du durchstehen, du Kleinanleger! Du blutest, na und? Wir bluten alle. Offenbar ist das Börsenspiel eine Art Mutprobe. Wer in der Raserei auf den Abgrund hin am längsten auf dem Gas bleibt, hat gewonnen.

Merkwürdige Aktienphilosophie. Die Idee ist: alles stehen lassen, auf alle Ewigkeit. Das Geld komplett in den virtuellen Raum einsperren und nicht antasten, denn den richtigen Zeitpunkt zum Verkauf gibt es nie.

Eine steigende Aktie zu verkaufen ist dumm, weil sie weitersteigen und weitere goldene Eier werfen könnte. Eine fallende Aktie zu verkaufen hieße, Verluste zu realisieren, und ist daher doppeldumm, denn sie könnte die Verluste schon am nächsten Tag mit einem kleinen Anstieg wettgemacht haben. Es ist wie mit der Bankräuberbeute: Das Geld ist vergraben, und du darfst es nicht anrühren, sonst fliegst du auf.

Allerdings gilt diese Logik offenbar nur für Kleinanleger. Wenn Kurse nach unten rauschen, heißt das ja, dass viele, viele Aktien verkauft werden. Erwiesenermaßen waren es jedoch nicht Kleinanleger, sondern große Häuser, die da »Gewinne realisierten«. Es waren Profis, die Massen abwarfen. Es waren Unternehmenspräsidenten wie der meiner LHS Group, die auf dem Weg nach draußen ihre Aktienoptionen verscherbelten. Und die Kleinanleger standen brav im Regen herum, tapfere Frontschweine, die die Stellung hielten.

Nichts für mich. Meine Anlageberaterin schien persönlich enttäuscht von mir. Ich solle doch nicht kopflos werden. Immerhin, ich war ihr wichtig. Ich reimte mir ihre Widerstände so zusammen: Wenn ich jetzt aussteige, ich, der typische Kleinanleger, steigen alle anderen auch aus. Dann ist die Börse kaputt, Deutschland geht den Bach runter, die Banken entlassen Personal, ihr Mann würde die Scheidung einreichen, und Aufständische würden die Innenstädte plündern. Das ganze System stand auf dem Spiel. Würde ich ein zweites 1929 verantworten wollen?

Aber sicher. Die Solidarität des Kleinanlegers hat Grenzen, besonders wenn es um eigene Ersparnisse geht. »Nun gut«, seufzte sie pikiert, »wenn Sie meinen ...«

Ich schlief eine ruhige Nacht. Und dann wurde das Leben zur Hölle. Ich hatte mich entschlossen, gegen den Dax zu wetten – und wiederum gewann der Dax. Das grausame Schicksal hatte ihn gedreht. Auf meinem Computerbildschirm: alles grün. Die Messer fielen nicht mehr, sie hatten Flügel bekommen. Und ich Idiot war auf dem Tiefpunkt abgesprungen (oder der Marke, die wir alle damals – selige Dax-Zeiten von 5270 – für den Tiefpunkt hielten).

Es gibt nichts Dümmeres. Ich schämte mich. Und nun wurde ich abgestraft von der Lottogemeinschaft der Aktionäre. Kai blickte auf mich herab, Passanten schüttelten den Kopf, wenn sie mich sahen, mein Sohn fragte mich unter Tränen: »Papa, stimmt es, dass du Siemens bei 118 abgestoßen hast?«

Nun waren die Kurse auf und davon. Ich würde mich ihnen ein Lebtag hinterher kaufen müssen. Dann las ich noch, dass Abby Cohen, die große alte Dame der Wall Street, bei ihrer Prognose für ein neues Rekordhoch am Jahresende blieb. Diejenigen also, die die Nerven behalten hatten, würden demnächst mit ihren neuen Jaguars und BMW-Roadstern am Spielplatz vorfahren und ihre Kinder in teuren Privatschulen anmelden.

Ich begann, mir Argumente fürs öffentliche Schulsystem zurechtzulegen und mit den Grünen zu sympathisieren, die den unrechtmäßig erworbenen Reichtum der Jaguar-Fahrer wenigstens über den Benzinpreis wieder abschöpfen würden. Ich murmelte Beschwörungen über den Kursseiten der »Frankfurter Allgemeinen«. Das Wunder – es trat ein. Der Dax hatte Mitleid. Ein paar Tage später holte er mich dort wieder ab, wo ich abgesprungen war. Ich stieg wieder ein, mit lauter Schnäppchen im Portfolio, ab nach oben.

Das Glück hielt zwei Tage. Dann blieb der Dax ächzend hängen. Dann rasselte er abwärts. Zunächst dachte ich, er wollte nur schnell noch ein paar andere Feiglinge einsammeln. Doch nun hielt er überhaupt nicht mehr an. Er wollte nur runter. Das Tageslicht verschwand, und ich saß festgeschnallt im Express nach unten, hinab in den siebten Kreis der Hölle.

Es sind andere Lebensbedingungen hier unten. Die Tage sind klarer strukturiert. Sie beginnen um 7.15 Uhr mit »Märkte am Morgen« auf n-tv. Diese berichten halbstündlich von der Stimmung auf dem Parkett.

Man muss sich diese Morgenmeditationen als permanent tagende Selbsterfahrungsgruppe von Börsensüchtigen vorstellen. Sicher, sie reden von »Kurskorrekturen« und tragen Anzüge und zaubern »Unterstützungslinien« aus dem Hut, aber eigentlich sagen sie: Hallo, ich bin der Michael von der Deutschen Bank, und ich hasse mich und meinen Beruf und bin mit meinem Latein am Ende.

Nach diesen Übungen vor dem Fernseher, die wir Kleinanleger so peinlich genau einhalten wie Strenggläubige die Gebete nach Mekka, beginnt der Tag.

Nun kommt es darauf an, den Sohn einzukleiden, Frühstück zu bereiten, die Wirtschaftsseiten zu lesen und 80 Zigaretten zu rauchen, ohne das Tickerband aus den Augen zu verlieren. Es folgen die Telebörsen von n-tv um 11.30 Uhr, 12.30 Uhr und 13.30 Uhr.

Bis dahin sollte man sich rund tausendmal gefragt haben: Warum bin ich Idiot nicht zwei Jahre früher eingestiegen und zwei Wochen früher ausgestiegen, und dann sollte man sich zutiefst für diesen Fehler verachten.

Es sind Tage der Selbstbegegnung, denn die Börse ist pures Zen. Du hast deine Gefühle unter dem Vergrößerungsglas. Schau sie dir genau an: Gier, Neid, Schadenfreude, Hass, Angst, Panik, alles gute alte Bekannte, von denen du nie etwas wissen wolltest und die jetzt mit dir qualmend auf der Sofakante sitzen und n-tv gucken.

Es gibt ein paar eiserne Regeln, um hier unten in der Börsenhölle zu überleben.

Erstens: Nimm nie das Telefon vor acht Uhr morgens ab, denn es könnte Kai sein, der dir rät, jetzt in thailändische Banken zu investieren.

Zweitens: Nimm auch später nicht das Telefon ab. Es ist Zeitverschwendung. Man meldet sich selbstvergessen mit »Mannesmann«, stammelt Entschuldigungen, und es gibt ohnehin nichts, absolut nichts, das wichtiger sein könnte als der Kurs deiner LHS-Aktie.

Drittens: Bitte deine Ehefrau, die Batterien in der Fernbedienung zu ersetzen, bevor sie die Wohnung verlässt, um mit Kind und Kegel zur Mutter zu ziehen. So viel Zeit muss sein.

Viertens: Meide den Umgang mit aktienlosen Freunden, die du wegen ihrer nackten, blöden Aktienlosigkeit früher offen verhöhnt hast.

Fünftens: Wenn ein Experte künftig über einen Wert am Neuen Markt die Wendung gebraucht,»da ist Phantasie drin«, mach es wie Odysseus: Wachs in die Ohren, am Mast festbinden, Kreditkarte verbrennen, Selbstsperre für Wall Street, Frankfurt und Tokio.

Sechstens: Die Börse ist pure Psychologie. Sie hat nichts mit Fakten zu tun. Jeder Experte wird jeden erdenklichen Börsenverlauf mit vernünftig klingenden Argumenten belegen können, den neuen Rekordflug genauso wie den Supersupercrash. Mach dich darauf gefasst, dass der Dax auf minus 18 000 fällt. Dann freust du dich schon, wenn er bei minus 17 000 für eine Weile unentschlossen herumzappelt.

Im Börsen-Voodoo gibt es verschiedene Gruppen. Die exotischsten sind wohl die Charttechniker. Wenn sie auftauchen, ist die Party vorbei. Dann wandern die Stühle auf den Tisch, und vom Parkett werden die Blutlachen gewischt.

Die Charttechniker sind vergleichbar mit den Leuten, die todsichere Systeme für den Roulettetisch entwickeln. Sie tragen rosa Hemden zu grünen Jacketts, sprechen süddeutsche Dialekte und erläutern auf großen, selbst gefertigten Schautafeln die verschiedenen»Unterstützungslinien« der Aktienkurse.

Das sind dicke, rote Balken, unter welche die Aktienkurse nicht fallen dürfen, bei Strafe allergrößter Verachtung. Sollten sie es dennoch tun, werden sie von der nächsten unteren Linie aufgefangen. Der Dax hasste diese Linien in den vergangenen Wochen. Er durchschlug sie wie ein beleidigter Karatekämpfer. Zack, wusch. Dann schmiss er uns die Bretterreste um die Ohren und zog weiter. Nach unten.

Wir Kleinanleger also lagen im Börsenkeller und bluteten. Kai und ich schworen uns stündlich: Sollten wir hier je halbwegs heil wieder herauskommen, würden wir alles auf Postsparbücher transferieren und bei ehrlichen Mikrozinsen ein fortan rechtschaffenes karges Langeweiler-Leben führen.

Das Todesurteil kam schneller als erwartet. Es wurde von Carola Ferstl verlesen. Am Montag vergangener Woche begann sie die Telebörse mit den Worten:»Wenn Sie in den vergangenen Tagen kalte Füße hatten, sollten Sie jetzt besser ausschalten. An der Wall Street gab es ein Blutbad.« Innerhalb von drei Minuten war der Dow Jones um 500 Punkte gefallen.

Der Grund waren, wie sollte es anders sein, die Russen. Nachdem der junge Premier Kirijenko den Rubel abgewertet hatte, war er selbst abgewertet worden. Nun aber war der von Jelzin vorgeschlagene Kandidat Tschernomyrdin von den Kommunisten in der Duma im ersten Wahlgang abgelehnt worden. Sein Gegenspieler, ein finsterer Altsowjet mit steifem Hut, hatte die freie Börsenwelt zertreten.

Mir war zwar nicht ganz klar, warum Disney-Chef Eisner seine Aktien abstoßen sollte, weil Sjuganow »njet« gesagt hatte, aber Börse ist, wie gesagt, Psychologie. Rot hatte gewonnen.

Kai keuchte von einer neuen Existenz irgendwo auf Mallorca. Ich blieb merkwürdig gefasst. Mein Sohn würde sich auch in einer Gesamtschule eingliedern lernen. Vielleicht könnte man ihn zur Vorbereitung in einen Selbstverteidigungskurs stecken? Solange unser altes Auto noch nicht auseinander fällt, könnte ich ihn dorthin fahren.

Der New Yorker Kurssturz war der zweittiefste in der Geschichte. Der Dax stand vor der Börseneröffnung früh am nächsten Morgen auf dem Fenstersims, um zu springen. Doch merkwürdig: Er sprang nicht. Sicher, er begann schwach. Doch dann stand dort Friedhelm Busch, der n-tv-Veteran, auf dem Frankfurter Parkett und – war gut gelaunt. Nicht nur, weil er seinen 60. Geburtstag feierte, wie wir im Keller mit großer Rührung vernahmen.

Busch beschenkte uns. Mit seinem grauerzausten Dirigentenhaupt sieht Friedhelm Busch aus, als sei er in jedem Crash seit 1929 unter die Räder gekommen – und jedes Mal wieder aufgestanden. Und nun stand er dort wie ein siegreicher General.

Tokio hatte eine satte Plusvorgabe geliefert. Der Dax kletterte, er fiel, er fuhr Achterbahn, aber er kletterte. Plötzlich strömte Geld aufs Parkett. Institutionelle Anleger kauften, statt abzustoßen. Das New Yorker Blutbad vom Vortag blieb in Frankfurt aus. Im Gegenteil.

Als New York später noch mit über 1,2 Milliarden gehandelten Aktien einen neuen Rekord aufstellte und der Dow Jones fast vier Prozent zulegte, läuteten die Osterglocken. Die Erde hatte uns wieder, Kai und mich.

Am nächsten Spätnachmittag traf ich ihn auf dem Spielplatz. Wir waren beide gealtert, beide gereift. Wir blinzelten in die Sonne. Unsere Söhne spielten einträchtig mit einem neuen Modellauto, einem Jaguar.

»Willst du jetzt tatsächlich aussteigen?«, fragte ich ihn. Er war entgeistert. »Bist du wahnsinnig?« Er hatte zugekauft. Ich auch.

So sind wir Kleinanleger. Die wahren Profis. In Schweden ließ man kürzlich einen Analysten gegen einen Affen antreten, der seine Aktien mit Dartpfeilen auswählte. Der Affe gewann.

21. TERRA INCOGNITA

Dritte Exkursion zu den Deutschen, an die Grenzen
und über die Grenzen hinweg, tief zurück in die Geschichte

Schon in den neunziger Jahren setzte diese merkwürdige Doppel-
bewegung ein, die heute der Normalfall ist in Europa: ein Verblas-
sen der Grenzen und das gleichzeitige Aufflammen lang unter-
drückter Nationalismen. Jahrzehntelang hatten die nationalen
Impulse unter dem Permafrost der Blöcke geschlummert, doch
sie ließen sich nicht abtöten. Und nun, nach den friedlichen Re-
volutionen Osteuropas, durften die Völker wieder patriotisch
sein, und sie gaben den schläfrigen Nationen im Westen wahre
Lehrstunden. Sie kramten ihre Fahnen heraus, erinnerten sich
ihrer Nationalhymnen und gruppierten sich um das, was noch
nicht verschüttet war an Erbe und Tradition.

Die Blockränder verflüchtigten sich, weil es keine Blöcke mehr
gab, und auf dem Balkan führte der plötzliche Wegfall der Block-
disziplin in eine Übergangszeit aus Blutbädern und neuen Grenz-
ziehungen und Genoziden, in einen Horror, der die schlimmsten
Formen des Nationalismus vorführte. Im restlichen Europa wurden dessen beste Formen vorgeführt, nationale Bewegungen, die
zu Freiheitsbewegungen geworden waren, mit all den romantischen historischen Echos aus dem frühen 19. Jahrhundert.

Für uns Deutsche waren jene Jahre wie ein Aufwachen aus der
Narkose. Noch reichlich schlapp in den Gliedern, frisch zusam-
mengenäht und noch wacklig, aber durchaus neugierig auf das,
was es jenseits des Klinik-Geheges zu entdecken gab.

Im Rückblick erschienen nun Bundesrepublik und DDR als die
Kunstgebilde, die sie immer waren. Diese Jahre, so Arnulf Baring,
waren eine »Atempause der Weltgeschichte für uns Deutsche«.

Nun meldeten auch wir uns zurück in die Geschichte, und aus der Bundesmarine wurde »Deutsche Marine«. Wir gewöhnten uns an »Deutschland« ohne Zusätze. Es gab zögerliche Versuche zu Patriotismus-Debatten und die obligatorischen heftigen »Nie-wieder-Deutschland«-Gegenbewegungen. Es gab den Historiker-Streit über die totalitären Sünden der Faschisten und die der Stalinisten, und all das waren notwendige Umwege und Sortierungs- und Lockerungsbewegungen des Patriotismus auf dem Weg zu sich selbst. Die Nation debattierte über ihr neues Selbstverständnis in der Geschichte.

Vor allem aber waren die neunziger das Jahrzehnt, in dem sich die beiden Hälften Deutschlands kennen lernten und einen Schritt zurücktraten und sich musterten, nachdem sie sich 1989 am Brandenburger Tor so heftig in die Arme gefallen waren. Die Wunde, die mitten durch Deutschland verlaufen war, begann zu verheilen. Nun verlief die Grenze weiter im Osten. Es war eine Grenze, die sich ebenfalls darauf vorbereitete, in einer größeren europäischen Gemeinschaft zu verschwinden. Doch noch gab es sie, unsere neue Ostgrenze. Und diese Grenze fuhr ich ab.

Keine meiner Reisen war spannender. Ich hatte einige extravagante Trips hinter mir. Den üblichen Hippie-Treck in meiner Jugend nach Indien in den siebziger Jahren. Als Reporter dann in den USA auf den Oregon Trail, zu Pferd und Planwagen durch den Mittleren Westen. Später reiste ich durch den Amazonas, auf Schiffen, in einer Cessna, auf dem Rücken eines Flußpferdes sogar. Die deutsche Ostgrenze abzufahren stand den anderen Reisen in nichts nach. Es war abenteuerlich, denn ich bewegte mich durch ein mir selber völlig unbekanntes Gelände – für mich war das alles Terra incognita.

Nach vier Jahren, in denen ich in den USA gewohnt hatte, lernte ich Deutschland neu kennen und den Stand seiner inneren Gereiztheiten. Ich lernte es im Spiegel seiner Nachbarn kennen, der Polen, der Tschechen. Und ich lernte mich dabei selber ein wenig besser kennen, mich, einen eher geschichtslosen, wohlstandsverwöhnten Nachkriegsdeutschen, der nun die Narben der Geschichte abtastete. Von Nord nach Süd, vom Ostseestrand bis in den Bayrischen Wald, eine Reise auf teilweise blutgetränktem Boden.

Ahlbeck. Grenze ohne Schatten

Der Grenzstreifen ist fünf Meter breit, mit Platten ausgelegt und heißt Kurpromenade. Er verläuft mitten in Ahlbeck zwischen dem edlen Hotel Ostende hüben und dem schäbigen Imbisszentrum drüben. Hier der Nachwende-Palast für den betuchten Gast, dort die Ex-DDR-Baracke für den Billigtouristen. »Wenn der ein Wessi wäre, hätten wir ihn schon längst weg«, meint Brigitte Würzner auf der Terrasse der mondänen Strandvilla. Doch das Schicksal will es, dass sie beide aus der DDR stammen: der Budenbesitzer wie die Hotelchefin.

Das ist die Grenze, die das Seebad Ahlbeck beschäftigt – die zwischen gestern und heute, zwischen proletarisch und mondän. Ahlbeck sucht nach einer neuen Identität. Um die Jahrhundertwende war es das luxuriöse Kaiserbad, im Zweiten Weltkrieg Durchgangsstation für Millionen von Ostflüchtlingen, danach mit realsozialistischem Beton zur FDGB-Erholungsfabrik heruntergewirtschaftet, nun allmählich auf dem Weg zurück zur Flaniermeile für betuchte Berliner Bürger. Ahlbeck hat das Zeug zum Sylt der Nachwende, zum Promenadenglück im neuen Deutschland.

Nur ein paar hundert Meter östlich verläuft eine andere unscheinbarere Grenze, ein Zaun, der die deutschen und polnischen Badetücher trennt. Der nördlichste Punkt der deutschen Ostgrenze. Das Licht ist weiß hier oben am Strand, wie auf einem überbelichteten Foto, als ob die Grenze in einem absolut gegenwärtigen, geschichtslosen Gleißen verschwinden wolle.

Wenn der polnische Publizist Adam Krzeminski Recht hat mit der Behauptung, dass die »tausend Jahre deutsch-polnischer Nachbarschaft zu einem Klumpen kontaminiert« sind, der die »psychologische Ausstrahlung eines mittleren Tschernobyl hat«, so ist dieser Reaktor, zumindest hier oben, entsorgt. Eine Grenze ohne Schatten.

Napoleons Diktum, dass die Politik eines Staates von seiner Geographie bestimmt würde, hatte fast 200 Jahre lang die Geschichte hier bestimmt und Strategen und Stammtische verhext. Von Rudolf Heß' Mentor Karl Haushofer zum System ausgebaut

(»Deutschlands gefährliche Mittellage«), tapezierten die Axiome der Geopolitik nicht nur Hitlers Eroberungswahn, sondern sie wirkten noch fort im Blockdenken des Kalten Krieges, in den Domino-Theorien und Weltherrschafts-Phantasien der Großmächte. Mit einem Wimmern ging diese Ideologie des 19. Jahrhunderts nun mit dem Mauerfall in die Knie, und nirgends wurde sie harmloser dementiert als hier. Ein paar Grenzschützer im Hinterland schnappen die dreistesten Schmuggler weg, ansonsten: schläfriges Badeglück.

Die wahre Grenze aber ist in Ahlbeck selbst. Während Imbiss-Seifert den Bürgermeister ab und zu im Tennis gewinnen lässt, bemüht sich Frau Würzner mit kulturellen Aktivitäten um Stimme und Einfluss. Auf einer Pressekonferenz stellt sie die Bilder des Ahlbecker Malers Volker Köpp vor, die nun die mattweißen Restaurantwände zieren sollen. Eine mutige Wahl. Köpps Bilder versprühen keine Sommerlaune. Sie zeigen Sackgassen, Promenadenblicke, die von Spalieren von gestutzten Bäumen verstellt sind wie Gitter eines Gefängnisses. Sie zeigen Begrenzungen, Amputationen. Bilder, die in der DDR-Friedhofsruhe der achtziger Jahre entstanden sind: die Metaphysik des Stillstands.

Die Grenze nach Westen interessierte die Ahlbecker, nicht die nach Osten. Die Sehnsuchtsrichtung der deutschen Grenzbewohner lag nicht nach Polen, sondern über den schwer bewachten Küstenstreifen, übers Meer hinweg in die Freiheit. Nebenan, das war keine Grenze – lediglich eine Schweißnaht zwischen sozialistischen Brudervölkern, deren historisches Drama in der Falltür des proletarischen Internationalismus verschwunden war. Eine Linie zwischen Zwangsalliierten, die auf der »richtigen Seite« der Geschichte standen und sich nun, unter das gleiche Joch gekrümmt, den gleichen Mangel teilten.

Für die Urlauber im Ahlbeck von heute ist der Raum im Osten lediglich der Preisvorteil hinter den Dünen – in den Polenmärkten am Ende der schattigen Allee, die ins benachbarte Swinemünde führt. Die einstige preußische Hafenstadt, in der Fontane seine Kindheit verbrachte, war im Zweiten Weltkrieg Flottenstützpunkt und Anlaufstelle für Flüchtlingsboote in den letzten Kampftagen. Am 12. März 1945 wurde sie von 700 US-Bombern praktisch zerstört und erlebte ihre polnische Wiedererstehung als sozialistische Retortenstadt. Nach der Wende entstand hier einer der größten Schnäppchenmärkte des Landes.

Swinemünde: Ramsch für Deutsche

Die Betreiber bemühen sich zuvorkommend um ihre Kunden. »Hier kaufst du schnell und billig«, hat Krzysztof, der mal Architektur studierte, auf seinen Laden geschrieben, in dem es Aal gibt und »Beverly Hills Cop II« als Raubkopie. Wir Deutschen erblicken uns dort, auf dem Markt, in einem Zerrspiegel. Offenbar lieben wir Plastikrosen und Trikots von Borussia Dortmund, Marlboro und »Schuhwaren für Sie und Ihn«. Wir wollen, wie es auf Plakaten lockend heißt, »schnell und billig« kaufen, und zwar möglichst Gartenzwerge, die in Massen produziert werden. So ist die gesamte deutsch-polnische Grenze, an der einst ab 5.45 Uhr zurückgeschossen wurde, heute weitgehend bewacht von Gartenzwergen, dösenden, schuftenden, bärtigen, rotbäckigen Gnomen in Schwarz, Rot und Gelb. Es kann kein friedlicheres Land in der Mitte Europas geben als unser Deutschland.

Der Deutsche, der es schnell und billig haben will, gehört auch zu Adams Lieblingskunden. Adam führt einen gutgehenden Puff in einem ruhigen Viertel Swinemündes, wo Ingenieure und Staatsangestellte die Satellitenschüsseln auf ihren Einfamilienhäuschen nach Westen ausgerichtet haben. Adam sitzt in Shorts und Unterhemd an einem heißen Sommernachmittag am Grill seines Gärtchens, neben ihm Nadja aus Belorussland, in Lockenwicklern, Steppbademantel und roter Spitzenwäsche.

Adam mag die Deutschen. Die Schweden oder Engländer, die hier durchfegen, randalieren des Öfteren. Aber der Deutsche ist ruhig. Da ist ein Stammkunde, der kommt alle drei Wochen, nimmt sich zwei Mädchen und eine Flasche Sekt mit aufs Zimmer und ist in exakt 15 Minuten fertig. »Einmal hat es 18 Minuten gedauert. Ich wollte schon klopfen, weil ich mir Sorgen gemacht habe.«

Früher hat Adam in der polnischen Marine gedient. Gibt es auf seiner Seite historischen Groll den Deutschen gegenüber? Ach was! »Die Geschichte ist begraben, heute kommt es doch nur noch darauf an, gut zu leben.« In seinem Haus hat früher eine Deutsche gewohnt, die nach dem Krieg vertrieben wurde. »Ihre Enkel waren kürzlich hier. Sie haben sich gefreut, dass alles so schön ordentlich aussieht.« Nadja kichert.

Die 19-jährige Nadja wird diesen Job noch zwei Jahre machen und dann in die Heimat zurückkehren. Als Katholikin mit Gewissen wird sie zur Beichte gehen und ehrbare Geschäftsfrau werden. Was sie mal vorhat? »Handel«, sagt sie, auf Deutsch. Jeder in Osteuropa kennt dieses deutsche Wort.

Adam ist für den polnischen EU-Anschluss, denn Polen gehört zum Westen, war schon immer der slawische Brückenkopf des christlichen Abendlandes. Im Osten dagegen sollte der Vorhang runtergehen, denn da beginnt Asien, die Unkultur. »Wenn wir die Ostgrenze ganz aufmachen würden«, sagt ausgerechnet der Zuhälter Adam, »kämen die ganzen asiatischen Kriminellen rüber, das könnten wir gar nicht verkraften.« Doch auch er, der Abendlandbewohner, der Geopolitiker mit der Bierdose, weiß: Im Zeitalter multinationaler Konzerne werden Schlachten nicht mit Kriegsschiffen, sondern mit Firmengründungen geschlagen. Die Globalisierung scheint mit Nationalismen erst einmal aufgeräumt zu haben. Sie hat die Grenzen plattgemacht. In dieser Neuen Welt kommt es nicht mehr auf natürliche Begrenzungen durch Gebirgszüge und Meere an – heute bestimmen Marketing-Spezialisten mit ihren Laptops den Zuschnitt des Globus. Die neue Grenze ist die zwischen Arm und Reich. Und Adam ist entschlossen, auf der richtigen Seite mitzumischen.

Wo früher Boote der NVA patrouillierten, verbinden heute die »Adlerschiffe« Ahlbeck und die einstige deutsche Schwesterstadt Swinemünde. An diesem Morgen ist das Boot voll. Drei Rentner müssen zurückbleiben.

»Die anderen haben sich vorgedrängt«, protestiert der mit dem karierten Käppi.

Die Frau neben ihm, im gelben Sommertuch: »Wir wollten doch nur aus Neugier mal rüber.«

Ihre Bekannte: »Hat sich alles verändert drüben. Keiner spricht mehr Deutsch. Wir sind ja alle vertrieben worden.«

»Die sind ja auch vertrieben worden, von den Russen.«

»Und von uns. Wir haben 15 Millionen vertrieben. Habe ich kürzlich im Radio gehört.«

»Vielleicht sollten wir uns nächstes Mal vorher ein Ticket im Kurhaus besorgen.«

»Teuer ist es geworden.«

»Früher konnte man für sechs Mark hier Urlaub machen.«

»Wir zahlen ja immer noch nach drüben. Einmal muss Schluss sein.«

»Drüben ist ja nichts gemacht worden die letzten 40 Jahre.«

»Wie bei uns.«

»Schlimmer.«

Stettin. Königskinder im Niemandsland

Ein paar Kilometer nordwestlich der eleganten, geschäftstüchtigen Hansestadt Szczecin (Stettin), in deren Schlossgruft die großen pommerschen Fürsten in ihren Bleisärgen von einer ruhmreichen Vergangenheit träumen, liegt der Flecken Dobieszczyn.

Hier steht das Getreide satt, und die Grenze nach Deutschland ist grün und völlig unmarkiert. Doch mitten in den Rübenäckern ist ein Plattenweg verlegt worden, der, ungefähr 20 Meter lang von eisernen Laufgattern flankiert, auf eine Gittertür hinführt. Sie steht wie ein vergessenes Theaterrequisit in der Wiese, fünf Meter breit. Gemächlich marschiert eine Kuh daran vorbei.

Weiß-rote Grenzpfähle markieren die polnische Seite, schwarz-rot-goldene die deutsche. Die Adler auf beiden Wappen schauen majestätisch über die Auen, die menschenleeren Felder. Vielleicht unterhalten sie sich in diesen stillen Nachmittagsstunden, denn sie sind völlig allein. Das Tor im grünen Nirgendwo trägt ein Vorhängeschloss. Die Grenze ist vorübergehend geschlossen.

So viel Idyll liegt über diesem absurden Tor. Man fühlt sich versetzt in andere Welten, vielleicht in Büchners »Leonce und Lena«, wo Staaten die Größe von Gärten haben, und in Märchen, die mit den Worten beginnen: »Es waren zwei Königskinder…«

Deutsche und Polen sind tausendjährige Nachbarn, und die Benennung für das, was sie trennt, ist eine gemeinsame: die »grenitze« ist ein slawisches Lehnwort, das Mitte des 13. Jahrhunderts in den Ostseegebieten des Deutschen Ordens übernommen wurde. Die Christenritter aus dem Heiligen Land waren gegen einen ungebärdigen Baltenstamm, die heidnischen Preußen, zu Hilfe gerufen worden. Sie siegten, sie zähmten die Preußen, und in den Ordensleuten, die den Osten mit Schwert und Gebet kolonisierten, erstand den Polen ein mächtiger Partner, bald zu mächtig und nun bedrohlich für König Wladislaw II. Er schlug die deutschen Ritter 1410 bei Tannenberg vernichtend.

Preußen, lange unter polnischer Lehnshoheit, stieg im 18. Jahrhundert zur Großmacht auf, während das stolze Königreich Polen, aufgerieben in Thronfolgekriegen, fast vollständig unter russischen Einfluss geriet. Polen wurde zur Heimat der tragischen Helden, der romantischen Verlierer. Da war Tadeusz Kosciuszko, ein Freund Jeffersons und der Jakobiner, der einen heiligen Eid auf die Freiheit Polens schwor und 1794 Bauernheere mit Sensen gegen russische Kanonen bei Raclawice zum Sieg führte.

Doch die endgültige Zerteilung Polens an die Großmächte ein Jahr später konnte er nicht mehr verhindern. »Polen, das heißt Nirgendwo«, schrieb Alfred Jarry 1896. Das ganze 19. Jahrhundert hindurch blieb es von den Landkarten verschwunden und lebte nur fort in den romantischen Gedichten von Mickiewicz. Vielleicht war es dieses lyrische Politikverständnis, die romantische Fähigkeit, »mit der Hacke auf die Sonne« loszugehen, die es den Polen ermöglichte, die Ostblock-Verhältnisse zum Tanzen zu bringen. Vom Westen durch den stalinistischen Klotz DDR abgeriegelt, waren es zunächst die Polen, die den Kommunismus zum Wanken brachten.

Jetzt liegt dieser Grenzübergang bei Dobieszczyn mit seinem Plattenweg und den roten Geländern in den deutsch-polnischen Äckern wie ein abgespieltes Theaterstück. Nur ein kleines Hängeschloss. Rechts und links bequeme Wanderwege, nach hüben und nach drüben. Pollenflug, viel frische Luft. Eine aufregende Nachbarschaft. Eine schöne Grenze.

Der Oderbruch. Idyll mit blutigem Boden

In den Jahren nach dem Mauerfall war manche ostdeutsche Seele in der Klemme: Sie musste sich den Erfolg des Kapitalismus wünschen, um am ersehnten Wohlstand zu partizipieren. Und gleichzeitig musste sie sein Scheitern herbeisehnen, um vielleicht doch mit der eigenen, der sozialistischen Biographie, Recht behalten zu haben. So entstand ein identitätsverwirrender Doppelton, mit dem auch in den Tagen der Vereinigung verhandelt wurde: wohlstandsgierig, doch stets mit der leisen Hoffnung, dass sich der Westen am unbequemen DDR-Brocken verschlucken möge.

Das hat zu überraschend progressiven Ergebnissen geführt. Kurz vor der Wiedervereinigung etwa entdeckte die einstige SED den Naturschutz für sich. Buchstäblich als letzte Maßnahme brachte die DDR-Regierung, die sich sonst nie um Umweltschäden gekümmert hat, mit kostenlosem Mut ein Stück DDR in Sicherheit: Sich selbst konnte sie zwar nicht mehr unter Naturschutz stellen, aber immerhin rund 10 Prozent der Fläche der neuen Bundesländer, meist grenznahe Gebiete, von der Boddenküste im Norden bis zum Elbsandsteingebirge im Süden, die zu gesetzlich geschützten Nationalparks und Biosphären-Reservaten erklärt wurden.

Wer die entnadelten Zahnstocherwälder nördlich von Schwedt, die mächtigen Pipelines und gelb qualmenden Schlote der PCK-Raffinerie hinter sich gelassen hat, taucht ein in die sanft schimmernde Polderlandschaft des Oderbruchs, in die Auwälder und Moore des artenreichsten Überflutungsgebiets Mitteleuropas.

Der weniger berührte Teil des Parks liegt in Polen, das die im Kriege zerstörten Poldersysteme aus Geldmangel nicht mehr instand gesetzt hat.

»Die Grenze ist ein Geschenk«, meint Ralf Köhler, ein junger

Mainzer Biologe, der für den deutsch-polnischen »Nationalpark Unteres Odertal« arbeitet. »Sie hat die Naturzerstörung verhindert.« Tausende von Kranichen legen hier im Herbst eine Pause auf dem Weg nach Süden ein, und Störche und Seeadler, Segenrohrsänger und Wachtelkönige brüten ihre Jungen aus.

Während Köhler durch eine schattige Allee aus alten Kastanien im Dorfe Criewen zum Parkeingang führt, spricht er mit dem Enthusiasmus des Menschheitsretters von seiner Aufgabe, wobei ihm DDR-Rhetorik und Öko-Lyrik auf verblüffende Weise zusammenfließen. Er schwärmt von »Sicherstellung« und »Sperrgebieten«, doch diesmal geht es nicht um Staatsgrenzen und Republikflüchtige, sondern um Naturreservate und die Rohrdommel.

Die Trockenrasen mit ihrem silbrigen Federgras markieren für Köhler eine neue Grenze: die zur Zukunft, in der es nicht mehr um Polen oder Deutsche gehen darf, sondern nur noch um den Fortbestand der Natur und damit des Menschen. Grenzen, sagt Köhler, gehören der Vergangenheit an.

Plötzlich legt er den Kopf zurück und lauscht. »Wussten Sie eigentlich, dass auch Vögel Dialekte habe?« Ein polnischer Sprosser, sagt er, hört sich anders an als ein deutscher. Auch Vögel haben hier also noch die alte Welt im Kopf und ihre Nationen.

Seelow. Betonierte Geschichte

Die grüne Zukunft im Oderbruch wächst aus einem blutigen, einem zerschossenen Boden. Nicht nur grenzüberschreitende Zugvögel, sondern auch grenznostalgische Veteranen zieht dieser Streifen an, der an seinem südwestlichen Ausgang, auf den Seelower Höhen, den entscheidenden Durchbruch nach Berlin erlebte. In einem Appell an die Heeresgruppe Weichsel am 15. April 1945 beschwor Hitler noch einmal den »jüdisch-bolschewistischen Todfeind« und das Schicksal, das den Soldaten im Falle einer Niederlage bevorstünde: »Frauen und Mädchen werden zu Kasernenhuren erniedrigt, der Rest marschiert nach Sibirien.«

Die Alliierten hatten die uneingeschränkte Luftherrschaft gewonnen und mit ihren Bombardements die deutsche Rüstungs-produktion nahezu vollständig ausgeschaltet. Am Westufer der Oder stand das letzte Aufgebot von Wehrmacht und Volkssturm, schlecht ausgerüstet und zu großen Teilen unausgebildet, einer Streitkraft von insgesamt 2,5 Millionen Mann gegenüber, die von den Marschällen Rokossowski, Schukow und Konjew in ei-nem bizarren Wettlauf auf Berlin geführt wurden – Stalin wollte die Reichshauptstadt vor den Westalliierten erreichen und ein-nehmen.

Dank eines nächtlichen Stellungswechsels durch General Hein-rici ging der erste russische Artillerieschlag aus mehr als 16 000 Geschützen am 16. April um drei Uhr morgens ins Leere. Gegen Mittag kam der russische Angriff fast vollständig zum Erliegen – nicht nur wegen des zähen deutschen Widerstandes, sondern auch wegen der Fehleinschätzungen durch Marschall Schukow, der die geographischen Gegebenheiten um Seelow völlig falsch beurteilte.

Am Nachmittag eröffnete ihm Stalin am Telefon, dass der An-griff des Marschall-Rivalen Konjew im Süden wesentlich erfolg-reicher verlaufen war. Stalins Erfolgsdruck kostete. Nun befahl Schukow hektisch den Angriff über die Schützenkorps des Gene-ralobersten Tschuikow hinweg. Es entstand ein unbeschreib-liches Chaos, das nur wegen des Munitionsmangels auf deutscher Seite nicht zu einem Debakel für die Rote Armee geriet. Tschui-kow notierte: »Die Panzer der 1. Gardearmee rammten buchstäb-lich die Zugmaschinen unserer Artillerie und blockierten da-durch das Manöver der zweiten Staffeln unserer Divisionen und Korps.«

Unter schweren Verlusten trieb Schukow seine Truppen nach vorne, denen es schließlich am 17. April gelang, Seelow ein-zuschließen. Erneut verhinderte der deutsche Widerstand den Durchbruch. Erst am 19. April wurde die deutsche Verteidigung in einer Breite von 30 Kilometern beiderseits der Reichsstraße 1 überrannt – zwei Tage später erreichten Schukows Truppen als erste Berlin.

Ein Betonpavillon, der aussieht wie eine geschlossene Imbiss-bude, erinnert an die 30 000 russischen, 5000 polnischen und

6000 deutschen Soldaten, die hier verbluteten. Russisches Kriegsgerät steht auf dem menschenleeren Vorplatz in seltsam verlorenem Triumphalismus, ansonsten: betonierte, unbeachtete, restlos bewältigte Vergangenheit am Asphaltrand einer Schnellstraße.

Küstrin. Das Pompeji des Ostens

In Kostrzyn (Küstrin) dagegen, ein paar Kilometer östlich auf der polnischen Seite, wird der Boden erneut aufgerissen: Gleich hinter dem Grenzübergang, im Schatten der Abfertigungshallen, werden Mauerreste und Wegeverläufe freigelegt, wird Archäologie betrieben zwischen wildem Mohn und den Buden der Schnäppchentouristen. Eine Stadt wird ausgegraben. Küstrin – ein Pompeji des Ostens.

Kaum ein Ort belegt deutsch-polnische Geschichte eindrucksvoller: Küstrin war eine slawische Ansiedlung unter König Boleslaw dem Tapferen, Residenzstadt unter Hohenzollerngraf Johann, in der die slawische Mehrheit mit der deutschsprachigen Minderheit einträchtig lebte. In der Folge sollten Schweden, Russen und Franzosen die Stadt verwüsten.

In der Festung Küstrin arretierte der preußische Soldatenkaiser seinen unbotmäßigen Sohn, Friedrich den Großen, und ließ dessen Freund Katte hinrichten. Als preußische Handelsstadt florierte Küstrin Mitte des 19. Jahrhunderts, bis es kurz vor Ende des Zweiten Weltkriegs von den Russen dem Erdboden gleichgemacht wurde. In den folgenden Jahren wurden mit den Trümmern und Ziegeln Küstrins die Schlösser von Warschau und Stettin wiederaufgebaut. Nun hat Bauleiter Adam Szaffruga den Auftrag, mit seinen Ausgrabungen an Ort und Stelle für ein weiteres deutsches Touristenziel zu sorgen.

Der 56-Jährige, dessen Familie aus Ostpolen hier angesiedelt wurde, schüttelt den Kopf darüber. Ihm sind die Anordnungen von oben, ja überhaupt das ganze Unternehmen mehr als fragwürdig. »Was soll man hier schon finden?«, fragt er. »Ein bisschen alte Munition und Knochen. Sollen sich die Deutschen doch drum kümmern.« Wenn es nach ihm ginge, würde man das ganze Areal an einen Privaten verkaufen, und der soll damit machen, was er will.

Szaffrugas Protest gilt nicht einer historischen Fragwürdigkeit, sondern einer kommerziellen. Nicht, dass man den Deutschen ausbuddelt, was ihnen seiner Ansicht nach völlig zu Recht weggebombt wurde, ist der Skandal, sondern die mangelnde Aussicht auf finanziellen Gewinn. Die Deutschen ziehen da drüben hin, zu den Buden. Dort wird Umsatz gemacht, dort spielt die Musik. Nun gut, er wird seinen Job erledigen. Vielleicht geht es denen da oben auch nur darum, ein paar Arbeitslose zu beschäftigen und ansonsten die deutsche Regierung zu beeindrucken.

Die Besucherströme bleiben aus. Bis auf das alte Ehepaar aus Hamburg, das seit drei Jahren immer wieder nachschaut, ob die Kirche schon freigelegt wurde. Dort wurde die Frau nämlich getauft, in genau dieser Kirche, vor 70 Jahren. Irgendwann wird sie wieder sichtbar werden, Ruinen, Grundmauern, Kreuze. Ob Szaffruga Fundstücke aus jener Zeit zeigen kann? »Na klar«, sagt er. Er schiebt die brüchige Tür zu einem Schuppen auf. Dort lagern, in Marlboro-Kartons gepackt, Relikte nicht des römischen, sondern des tausendjährigen Reiches, Tassen, ein Wecker ohne Zeiger, eine verrostete Mine. Dann greift er sich einen Totenschädel heraus. Er hält ihn in der Hand und schaut sinnierend auf ihn herab.

Ein Pole, ein Deutscher? »Wer weiß das schon?« Er legt ihn in den Karton zurück. »Ist ja auch völlig egal«, seufzt er müde.

Bad Muskau. Das böse Ufer

Wie viele ostdeutsche Grenzorte träumt auch Bad Muskau davon, einst Kurort zu werden. Für die Muskauer und ihre Bürgermeisterin klingt das nach viel Geld, guter Luft, sauberem Umsatz. Doch solange der Sanatoriums-Kapitalismus noch nicht brummt, muss es der Bustourismus der Schnäppchenjäger tun, auch wenn die Abgase sich schwer auf die Lungen legen. Schon morgens kurven Kolonnen durch die winkligen Gassen, um jenseits der Grenze den üblichen Schrott zu ergattern. Kaum einer nimmt sich die Zeit für einen Besuch im schönsten Landschaftsgarten Europas, Fürst von Pücklers Park.

Womöglich übersehen sie ihn einfach. Wie eine Kriegserklärung an den grünen Fürstentraum riegelt ein HO-Klotz den Blick auf den Parkeingang ab, ein Lamellenbunker, der die Grenze zwischen der Welt der Nützlichkeit und der Schönheit markiert. Auf die graue Außenhaut ist eine Friedenstaube geschmiert, als müsse sich der hässliche Klotz für sein ästhetisches Verbrechen mit dem Verweis auf ein höheres Ideal entschuldigen.

Dabei umfängt der Park den Besucher immer noch mit jener »imposanten Ruhe«, die schon eine adlige Freundin des Grafen vermerkte. Das Herz weitet sich in diese Ruhe hinein, über die Schlosswiese hinweg, die Tränenwiese, die Gloriette, menschenleer und vogelstimmenschwer, eine botanische Sinfonie aus Buchen und Linden und Eichengruppen, mit raffinierten Blickverengungen, die Vergrößerungen bewirken in eine endlose Tiefe, weit in den polnischen Teil des Parks hinein.

Mit seinem Garten malte Fürst Pückler-Muskau zu Beginn des 19. Jahrhunderts ein Ideal in die Natur, die durch Kunst gesteigerte Landschaft, ein gigantisches Wirklichkeits-Aquarell aus Bäumen und Büschen. In Vorahnung des Maschinenzeitalters, der Welt der hässlichen Nützlichkeiten, notierte er: »Euer ist jetzt das Geld und die Macht, lasst dem armen ausgedienten Adel seine Poesie, das Einzige, was ihm übrig bleibt.«

Die rosafarbene Schlossruine mit ihren Zinnen im Stil der Neorenaissance, umgeben von einem Wassergraben, über dessen Spiegel goldene Mücken tanzen, ist von westdeutschen Baufirmen eingerüstet. »Wann das wohl endlich repariert wird«, murmelt ein Rentner, Gast des nahen Kurbades, »damit es ordentlich aussieht.« Er ist, wie viele hier, Vertriebener aus dem Schlesischen. Als Junge half er seinem Vater, die Pferde auf den Gutshöfen um Löwenberg zu beschlagen, 1945 geriet er in Gefangenschaft und in russische Arbeitslager, um sich dann später 30 Jahre lang im Gleiswerk bei Görlitz die »Schultern kaputt zu hämmern«.

Heute ist er 84, verwittert und krumm und gebrechlich wie die

Schlossruine, geschlagen von einer Biographie, die zwei Kriege kannte und ein Leben in Diktaturen. Er steht in rosa Frottee-Latschen auf dem Kiesweg, und auf seine Pantoffeln ist »Viktor« gestickt, der »Sieger«.

»Den Krieg hat das Schloss überstanden«, sagt er. »Die Polen nicht, die haben gehaust wie die Vandalen.« Das zumindest, so sagt er nach einem entschuldigenden, beinahe erschrockenen Seitenblick, sei ihm gesagt worden: Die Front ist am 16. April hier durchgebrochen. Am 20. April stand das Schloss in Flammen. Zerstört haben nicht die Deutschen, zerstört haben die anderen – ein leise gemurmelter Protest in die Schatten der Vergangenheit hinein, gegen die deutsche Täterneurose, die polnische Opferneurose. Haben nicht auch die Polen gewütet, antijüdische Pogrome veranstaltet? Gab es nicht auch unter ihnen Verbrecher, Plünderer, Diebe? Und hat er, Viktor, nicht genug gebüßt mit der eigenen Biographie?

Zerstört haben hier alle, meint Parkleiter Ekkehard Brucksch, der seit 30 Jahren um Pücklers Naturidee kämpft, nun gemeinsam mit der polnischen Seite. Er deutet auf Geschossnarben im Schaft einer mächtigen Eiche. »Bauwerke können wieder errichtet werden, diese Schäden sind irreparabel.« Er spricht mit Liebe und Hochachtung von dem Garten und seinem genialen Schöpfer. »Wenn's nicht Verrückte wie Pückler gäbe, gäb's solche Kunstwerke nicht« – das schlichte Lob auf den adligen Individualismus, aus dem Munde eines langgedienten Parteimitglieds. Ein kopfschüttelndes Lob, das dem Unbegreiflichen gilt: »Der Mann hat sich ja ruiniert.«

Ein paar hundert Meter weiter, am unteren Ufer der Neiße, steht ein Grenzpfahl in Schwarz-Rot-Gold. »Früher wurden die Grenzpfeiler immer in Ordnung gehalten«, meint Brucksch. »Ich weiß gar nicht, wer jetzt dafür zuständig ist.«

Nur eine kartographische Lässigkeit war überhaupt schuld, dass die Grenze heute durch den Park verläuft. In Jalta haben es Roosevelt und Churchill versäumt, die (östliche) Glatzer Neiße als Grenze zu Polen zu präzisieren. Stalin jedoch hatte längst begonnen, hier, an der (westlichen) Lausitzer Neiße, Fakten zu schaffen und weitere Millionen von Deutschen zu vertreiben. In

Potsdam dann gaben die Westmächte, verhandlungsmüde und im Grunde desinteressiert, kurzerhand nach.

Nun also ist das Pückler'sche Erbe ein grenzüberschreitender Traum. Pücklers harmonische Naturvision beruhte auf Durchblicken, auf Schneisen und tiefen Perspektiven. Vom Eichberg aus etwa breiten sich Sichtfächer, durch einzelne Baumgruppen gegliedert, über Lindenwiese und Schafwiese hinüber zur Neiße und auf die polnischen Anhöhen.

Dort drüben, auf der polnischen Seite der Neiße, hat sich Wildwuchs den Park zurückerobert. Die Wiederherstellung der alten Sichtschneisen war nicht unproblematisch. »Plötzlich sah man von drüben die hässlichen grauen DDR-Wohnblocks«, sagt Bruksch in überraschendem Perspektivwechsel. Das ist die Dialektik der Grenzöffnung, des gefallenen Vorhangs, des freien Blicks: der wird nun auch von außen auf hässliche Wahrheiten geworfen. Einige dieser Wahrheiten lassen sich nur im Schutze des kollektiven »man« ertragen. »Wenn man gewusst hätte, was man heute weiß«, sagt Bruksch. Er lässt den Satz unvollendet und wandert still an der Neiße entlang, hinauf zum Eichberg. »Man war ja ehrbarer Bürger«, seufzt er irgendwann. »Man hat ja alles geglaubt.«

Hier, wo in den Nachtstunden der Bundesgrenzschutz patrouilliert, beginnt der verwunschene Teil des Parks. Die Neiße wird reißender, die Böschung steiler. Manche Unkundige der rund 20 000 illegalen Einwanderer, die den Grenzschützern jährlich durch die Lappen gehen, wählen diese Stelle. Ertrunkene werden von Bewohnern der Nachbargemeinden flussabwärts bisweilen wieder zurückgestoßen, aus Angst, auf den Beerdigungskosten sitzenzubleiben.

Schon in alten Zeiten nannte man diese Stelle das »Böse Ufer«. Schon früher stürzten sich Unglückliche hier in die Fluten. Der Fürst taufte diesen Teil seines Parks, der am Horizont des feudalen Schlossausblickes lag, »Weltende«.

Görlitz. Die schlesische Renaissance

Wie Venedig von seinen Lagunen und Kanälen umschlungen und erhalten wurde, so wurde Görlitz von den Wellen des Vergessens umspült und geschützt. Den Zweiten Weltkrieg hat das niederschlesische Städtchen, ein architektonisches Juwel aus Renaissance, Barock und Jugendstil, unbeschadet überstanden. In den 40 darauffolgenden Jahren blieb der östlichste Punkt Deutschlands sich selbst und dem Verfall überlassen. Als mehrere tausend Wohnungen leer standen, plante die SED, die gesamte historische Innenstadt abzureißen und Platte hinzusetzen. Der Plan wurde nicht ausgeführt, weil das Geld fehlte. »Armut ist die beste Denkmalpflege«, heißt es seitdem in Görlitz.

Das Lied auf die Armut wird von einem Patienten gepfiffen, der gerade die kostspielige Intensivstation verlassen hat: Seit der Wende werden Görlitz'sche Schätze – 3500 ausgewiesene Denkmäler – mit Millionenaufwand poliert. Zwar stehen immer noch 1700 Wohnungen in der Innenstadt leer, aber immerhin, die Gebäude existieren noch und werden restauriert.

Nur ein paar Zigarettentouristen sind an diesem Nachmittag, an dem Deutschland gegen Russland in der Fußball-EM 1996 antritt, unterwegs auf die polnische Seite, über die Neiße-Brücke hinweg nach Zgorzelec, Görlitz' einstiger Vorstadt, die weitgehend so aussieht wie Görlitz kurz vor der Wende. Da die Geschäfte flau sind, beschließt auch Taxifahrer Wojciech Rokowski, seinen Standplatz hinter den Zollbuden zu räumen und das Fußballspiel im Fernsehen anzuschauen.

»Deutschland gegen Russland«, sagt er, »das gab es doch schon mal. Aber diesmal sitzt Polen im Sessel und schaut zu – wie schön!« Sein Vater, im Zweiten Weltkrieg Untergrundkämpfer der »Armia Krajowa«, geriet bei beiden in Gefangenschaft: Die Deutschen verschleppten ihn ins KZ Flossenbürg, nach Kriegsende kam er in ein russisches Lager, wegen seiner Guerillatätigkeit für die »bourgeoise« polnische Exilregierung in London. »Wer ist schuldiger?«, fragt Rokowski. »Der eine Henker oder der andere?«

Sie arbeiteten Hand in Hand, die Henker, während der Warschauer Aufstände, in dem auch Rokowski Familienmitglieder verlor: Im August 1944 metzelten die Deutschen die kämpfenden Polen nieder, ungestört, denn Stalin hatte seine Truppen vor der Stadt gestoppt und den Westalliierten, die Nachschub einfliegen wollten, Zwischenlandungen auf dem anderen Weichselufer untersagt. Erst nachdem die Deutschen buchstäblich jedes Haus gesprengt hatten, marschierte die Rote Armee ein, um ein Leichenschauhaus zu »befreien«.

»Wer ist da schuldiger?«, fragt Wojciech Rokowski.

Im dunklen Wohnzimmer mit den japanischen Hi-Fi-Geräten vor den blätternden Tapeten, bei süßen Keksen und Görlitzer Bier, sind die Sympathien eindeutig verteilt. Tomasz, Rokowskis 13-jähriger Sohn, hält zu Deutschland, weil er Klinsmann liebt. Und Rokowski, weil er gegen die Russen ist.

Er hatte sich stets geweigert, Russisch zu lernen, Deutsch dagegen war ihm durch seine Eltern vertraut, auch wenn es stets einen feindseligen Ton hatte. »Wenn sie sich stritten, sprachen sie Deutsch, damit wir Kinder es nicht mitbekamen.« Als das 1:0 für Deutschland fällt, jubelt Tomasz, und Rokowski lächelt anerkennend. Beim 2:0 tanzt der Junge durchs Zimmer, und Rokowski ballt die Faust. Doch als Bierhoff das 3:0 auf dem Fuß hat, runzelt er die Stirn. Bierhoff vergibt, und Rokowski scheint erleichtert. »2:0 reicht«, meint er, als das Spiel zu Ende ist. »Zu hoch sollte ein deutscher Triumph nicht ausfallen, sonst werden sie übermütig.«

Der wirtschaftliche Erfolg drüben, meint er auf der anschließenden Stadtrundfahrt, habe die Kundschaft verändert. »Seit die dort drüben mehr Geld haben als wir, schauen sie auf uns herab.«

Sicher gebe es Gründe für manche der Animositäten. »Wir Polen«, sagt er, »sind einfallsreich, wenn es darum geht, ohne große Schufterei Geld zu machen.« Viele hier decken sich in Görlitzer Supermärkten mit billigem Bier ein, lassen sich die Mehrwertsteuer am Zoll auszahlen und verkaufen es auf dem Budenmarkt von Zgorzelec noch billiger zurück an die Deutschen. Dasselbe funktioniert genauso gut mit Fahrrädern und T-Shirts. Nicht gerade der Schlüssel zum Luxus, aber Wojciech ist in Fahrt. »Wir könnten selbst den Arabern Sand verkaufen«, sagt er stolz.

Die Taxifahrer in Zgorzelec profitieren vor allem von der Angst der Görlitz-Touristen vor Autoknackern auf der polnischen Seite. Überall wird vor ihnen gewarnt. Mietwagenfirmen untersagen den Grenzübertritt in ihren Autos ausdrücklich. So geht man zu Fuß über die Grenze und lässt sich von Wojciech und seinen Kollegen chauffieren. Die sicherste Option ist wohl die, das Auto auf dem Hotelparkplatz auf der deutschen Seite stehen zu lassen, besonders, wenn es sich dabei um den umzäunten Hof des noblen Sorat-Hotels Görlitz handelt, gleich hinter Karstadt, dem einzigen erhaltenen Jugendstilkaufhaus Deutschlands.

Umso erstaunter ist der Gast, als er am nächsten Morgen feststellt, dass die Scheibe seines Autos zertrümmert ist und das Radio fehlt.

Als auf die Frage, ob so etwas häufiger vorkomme, Polizei und Hotelchefin unisono antworten:»Na, Sie wissen schon, die Grenze ist nah…«, stutzt der Gast. Wie man darauf komme, dass die Täter auf der polnischen Seite zu vermuten seien?

Die Statistiken, die kurz darauf in der Görlitzer Polizeidirektion präsentiert werden, lassen diesen Schluss nicht automatisch zu: Über die Täterprofile weiß der offizielle Jahresüberblick 1995 zu berichten:»Der prozentuale Anteil der nichtdeutschen Tatverdächtigen ging von 29,4 auf 28,4 Prozent zurück.«

Fazit: Es ist weitaus wahrscheinlicher, dass die Autos von einheimischen Dieben geknackt wurden. Dass jedoch spontan das andere Ufer verdächtigt wird, spricht Bände über die Realität der Grenze und ihre wichtige symbolische Funktion. Wie bei einer Voodoo-Puppe lässt sich das Böse auf die andere Seite projizieren und damit entsorgen.

Die Hotelchefin tröstet den Gast zum Abschied mit einem prächtigen Bildband über »Görlitz – Das Tor zum Osten«. Kostprobe: »Der Görlitzer hat einen ruhigen Charakter, hier redet man noch in Ruhe miteinander. Auch pflegt der Görlitzer gerne das Ritual des Aus-dem-Fenster-Schauens. Selbst wenn nichts passiert, so ist alles doch interessant.«

Das zumindest teilt der Gast mit dem Görlitzer, gerade wenn er im Auto sitzt. Er liebt das Ritual des Aus-dem-Fenster-Schauens. Und nur dadurch fällt dem Görlitz-Besucher das schwarzrotgoldene Schild auf, das in einem verwitterten Altbau auf der Strecke nach Bautzen im Fenster hängt:»Schlesischer Verein«.

Hier ist man glücklich über jedes neue Gesicht, denn hier passiert nicht mehr viel. Die Mitglieder sterben weg, die Gelder bleiben aus. Damals, 1990, als der Verein gegründet wurde, war die Euphorie groß. Damals hatte sich Karl Hoffmann, gerade 50 geworden, in die Vertriebenenpolitik gestürzt.»In der DDR galt so was ja als revanchistisch.« 40 Jahre lang sei das Vertriebenenproblem totgeschwiegen worden. Nun endlich könne man »das Recht auf Heimat« öffentlich einfordern. Hoffmann gesteht, dass er sich früher eher wenig »für den ganzen Kram« interessiert habe. Doch nun trage er stolz die schlesische Fahne, denn seien wir mal ehrlich:»Ohne die Schlesier wäre doch das Großdeutsche Reich gar nichts gewesen.« Nun könne man sich auch »offen und ehrlich« ganz besonders mit dem Problem der Entschädigung befassen.

Was den »Kram« angeht, den blättern die Vereinsmitteilungen in entsetzlichen Details auf: die faksimilierten Proklamationen, mit denen die Deutschen in den Ostgebieten zu Sammelstellen beordert wurden, die Androhung von Erschießungen, die Bilder der Hungermärsche, die Berichte über Plünderungen und Überfälle und Morde, das Elend der Vertreibung. Muss man sich für Unrecht entschuldigen, auch wenn es nur die Vergeltung für ein anderes, größeres Unrecht war?

Hatten umgekehrt die deutschen Kriegsverbrechen nicht erst zur Enthemmung auf den Grundinstinkt der Rache geführt, den etwa der Schriftsteller Ilja Ehrenburg in blutblinden Rhapsodien besang? »Tötet! Tötet!«, rief er den Rotarmisten zu. »Kein Deutscher ist unschuldig – weder die Lebenden noch die Ungeborenen. Gewaltsam brecht den Rassestolz der deutschen Frau. Nehmt sie euch in gerechter Revanche.« Bei Flucht, Vertreibung und Deportation verloren 1,7 Millionen Deutsche ihr Leben.

Ebersbach. Das Dunkle aus den Wäldern

Es war Räubergebiet, sagen die Leute aus dem sächsischen Ebersbach. In alten Zeiten kamen sie über die nahe Grenze, Räuberhauptmann Karaseck und Konsorten, und überfielen die anständigen Oberlausitzer Bürger in ihren schmucken Umgebindehäusern und verschwanden nach erfolgreichen Beutezügen wieder in den heimischen böhmischen Wäldern.

Heute ist Ebersbach ein properes, modernes Straßendorf. Im Reisebüro wirbt ein Papptürke für Sommerspaß in pittoresker Ferne, während die Chefin des Ladens missmutig auf die andere Straßenseite starrt, wo die »Fidschis«, die Vietnamesen, in ihren T-Shirt-Ständen Karten spielen. Man liebt die Ferne in Ebersbach, aber möglichst dort, wo sie ist, nämlich weit weg und bunt und pauschal.

Moderne Zeiten also. Doch die alten Legenden leben. Erneut wird Ebersbach heimgesucht von dunklen Gestalten aus den Wäldern. Besonders oben am Gebirgszug, wo der Videothek-Besitzer Karl-Heinz Schöbel sein Waldhaus tief in Feindesland hat. Nur ein Maschenzaun trennt seinen Garten von tschechischem Unterholz, aus dem, meist nach Einbruch der Dunkelheit, Nichtdeutsches unvermutet hervorbricht. Wer sonst soll den Passat seiner Schwägerin demoliert haben, wenn nicht die von drüben? Aber Schöbel nimmt Rache. Er hat sich aufgerüstet und eingebunkert mit seinen Gewaltträumen in seinen Video-Kellerräumen, in denen er Titel wie »Men of War«, »Die Killer« oder »Stirb langsam« verleiht, über dem Ladentisch Schöller-Eiskrem und Erdnussflips verkauft, und darunter Pornohefte.

An die darf sein Enkel noch nicht heran. Aber an die Waffen. »Bub, hol sie mal.« Und dann liegt der Plunder auf dem Tresen, eine kleine Leuchtpistole, ein Luftgewehr, ein Schlagkabel, eine Zwille. Gegen den Feind aus den böhmischen Wäldern hat er zudem Flutlicht und Bewegungsmelder installiert. Ja, er hat sich – wohl aus einer Art Phantomschmerz heraus – am Gartenzaun seinen eigenen Todesstreifen gebastelt. »Früher«, sagt er, »war die Grenze ja noch sicher.«

Früher, da war Schöbel in der Partei. Eisenbahner. 1975 ist er ausgetreten und hat gesessen, weil er »mit der Linie nicht einverstanden war«. Die Leute aus Ebersbach sehen es anders. Der Schöbel, sagen sie, ist rausgeschmissen worden, weil er Warenpakete geöffnet und verscherbelt habe. Dafür habe er gebrummt. Nein, ein Dissident ist dieser Schöbel nicht gerade. Eher einer, der versucht hat sich durchzumogeln, so gut er konnte. Es war eben knapp in der DDR, und er ist der Erste, der das weiß. Doch das Blatt hat sich gewendet. »Die Wohlstandsgrenze«, sagt er, »hat sich einfach um 300 Kilometer nach Osten verschoben.« Und da steht er an vorderster Front. Heute geht es darum, den neuen Wohlstand gegen die ehemaligen sozialistischen Brüder aus Tschechien zu verteidigen.

Dabei stammt er von drüben. Er und seine Frau sind Vertriebene. Eine Rückkehr dorthin? »Ausgeschlossen«, meint Frau Schöbel, die Wollsocken und Radlerhosen über den dürren weißen Omabeinen trägt. »Denen ihren Mist tun wir nicht aufräumen.« Aber das »Recht auf Heimat« wollen sie sich nicht nehmen lassen, egal, was nun genau damit gemeint ist – es klingt so, als ließe sich auch das irgendwann noch versilbern.

Dabei kennt sich Schöbel aus in der Welt. Er kann zwischen Ethnien unterscheiden. »Die Zigeuner wollen stehlen, der Tscheche dagegen will nur kaputtmachen.« Deshalb vermutet er, dass es Tschechen waren, die den Passat der Schwägerin auf dem Gewissen haben. Schöbel, den der Polizeirevierführer von Löbau, Kommissar Hase, als »guten Mitbürger« und »ordentlichen Deutschen« bezeichnet, verteidigt nicht nur seinen Besitz. Er wird auch aktiv. Wie damals im Februar, als ein Toyota auf dem Waldweg in der Nähe abgestellt wurde. Seinen Kunden in der Videothek hat er eingeschärft aufzupassen. »Da kommen sicher welche rüber.«

Und richtig. »Schon acht Stunden später« tastete sich eine Familie aus dem Unterholz und bestieg den Pkw. Schöbel und seine Männer rückten vor. Sie zogen den Mann, der sich hinters Steuer geklemmt hatte, vom Fahrersitz. »Die anderen sind uns leider durch die Lappen gegangen.« Die anderen: eine Frau, ein dreijähriges Kind.

Über eine Stunde lang hielten sie dafür ihren Gefangenen, einen Albaner aus dem Kosovo, im Videokeller fest. Bis der Bundesgrenzschutz anrückte. »War 'n armes Schwein«, sagt Schöbel. »Der hat 3000 Mark pro Nase an einen Schmuggler bezahlt. Hat erzählt, dass er seinen Hof dafür verkauft hat. Jetzt ist alles futsch.«

Ob der Mann geweint und um seine Freilassung gebettelt habe? »Aber sicher.« Hat er kein Mitleid mit ihm gehabt? »Na klar«, sagt Schöbel. »Aber wir können doch nicht jeden bei uns reinlassen.«

Karlsbad: Die dritte deutsche Invasion

Im Grandhotel Pupp, das 1701 von einem kaiserlichen Zuckerbäcker erbaut wurde und genauso aussieht, residiert seit einigen Monaten einer, der es geschafft hat: Hotelchef Petr Veselý, ein Mittvierziger mit großgemustertem Sakko und geschliffenen Manieren.

Seit seinen Ausbildungsjahren in Münchner und Londoner Luxushotels hat Veselý zwei Gewissheiten. Erstens: Es gibt keinen besseren Drink als trockenen Martini. Zweitens: Es gibt keine Nationalitäten, sondern nur gute Kunden oder schlechte Kunden. Und die Deutschen gehören zu den guten. Sie sind gewissermaßen Karlsbads Stammkundschaft seit 300 Jahren. Dass sie bisweilen in Panzern statt in Kutschen oder Autos anrückten – das ist Geschichte. Veselý ist absolut vorurteilsfrei, solange die Kreditkarten gültig sind.

Karlsbad, deutsches Kaiserbad und späte Liebesfalle des Dauergastes Goethe, eine böhmische Weltstadt, tschechisch seit dem Zusammenbruch der Donaumonarchie, annektiert durch Hitler, befreit und okkupiert durch die russischen Befreier – Karlsbad blieb stets ungerührt international. Dieses Karlsbad hat auch die realsozialistische Modernisierungswut halbwegs unbeschadet überstanden. Vielleicht stört das neue Thermalbad, das wie ein brutaler Betonkeil ins Tal gerammt wurde, vielleicht auch die »Gagarin«-Sprudelkolonnade aus den siebziger Jahren. Karlsbad hat sich geschüttelt, hat müde gelächelt und mit entschlossenem Unernst weitergeträumt.

»Schon immer war Karlsbad eine europäische Stadt, die nur einen Nationalismus kannte: den Karlsbader«, sagt Museumsdirektor Dr. Stanislav Burachovic, der eine deutsche Mutter und einen tschechischen Vater hat. Burachovics Mutter hat den Anschluss des Sudetenlandes ans Deutsche Reich 1938 als 14-jähriges Mädchen erlebt. Sie überstand den Zusammenbruch, den blutigen antideutschen Terror, die Vertreibung von drei Millionen Landsleuten. Dass Burachovic von der »Vertreibung« der Deutschen nach Kriegsende spricht, macht ihm, wie er sagt, »keine Freunde«.

Die Tabus bröckeln, doch immer noch gibt es Probleme damit, simple Wahrheiten auszusprechen. Auf der tschechischen Seite etwa wird kaum begriffen, dass der »Anschluss« 1938 für die Sudetendeutschen die Erfüllung jener Selbstbestimmung bedeutete, die ihnen 1918 verweigert worden war. Ein knappes Viertel des 1918 zusammengenähten tschechoslowakischen Staates wurde von Deutschen bevölkert, die, das weiß auch Burachovic von seiner Mutter, oft als Bürger zweiter Klasse behandelt wurden.

Auf der anderen Seite spielen die sudetendeutschen Verbände immer noch die Opferkarte, obwohl ihr Gleichschritt mit der Nazipropaganda vor dem Zweiten Weltkrieg die tschechoslowakische Katastrophe mit vorbereitete. Doch auch die Vertreibung der Deutschen nach dem Zusammenbruch der Naziherrschaft ist ein weiteres unseliges Kapitel der Geschichte der Inhumanität, der Revanche für Revanchen, der endlosen Kette der Gewalt des 20. Jahrhunderts. Mein Schwiegervater ist sudetendeutscher Vertriebener, und was er aus jenen Tagen erzählt, ist erschütternd.

Die Schatten dieser Vergangenheit aus geopolitischen Machträuschen und nationalistischen Besoffenheiten beschäftigen die Regierungen der beiden Staaten immer noch. Dabei wäre eine endgültige Aussöhnung so einfach: deutscher Verzicht auf sudetendeutsche Entschädigungsansprüche, und damit die Möglichkeit einer tschechischen Entschuldigung für die Verbrechen während der Vertreibung.

Wie in früheren Tagen sollten Tschechen und Deutsche voneinander lernen, meint Burachovic. Den Tschechen täte deutsche

Präzision gut und den Deutschen das tschechische Talent zur Improvisation.

Als die Deutschen damals, in den dreißiger Jahren, einrückten, war er noch nicht auf der Welt. Doch die zweite deutsche Invasion hat Burachovic persönlich miterlebt. Das war, als die DDR-Panzer gemeinsam mit den russischen die Stadt belagerten, im August 1968. Sie kamen über den Gebirgspass bei Gottesgab. Früher nannte man den Pass die Bananenstrecke, weil sich die DDR-Touristen hier mit Bananen eindeckten. »Und dann kamen sie mit Panzern.«

Oberwiesenthal. Der Lift in die neue Zeit

Gottesgab, das heute Bozi Dar heißt, besteht aus ein paar Skipensionen, die unter schweren, dunklen Wolken auf den Gebirgskamm gewürfelt sind, zwei Kirchen und einem Friedhof, auf dem seit der Wende heftig gekauft wird – von Vertriebenen, die in der alten Heimat begraben werden wollen. Unweit davon ein Gedenkstein für den sudetendeutschen Dichter Anton Günther: »Deitsch on frei woll mr sei / Weil mr Arzgebercher sei.«

Ein verschlafenes Nest. Einziger Gast in der letzten Schankstube auf dem Hügel ist der pensionierte Ingenieur Alois Vondrak. Früher hat er in den Kohlegruben bei Chomutov gearbeitet. Jetzt hat er sich in eine Klause in den Wald zurückgezogen. In der Küche der Gaststätte werden ihm zwei Plastikeimer mit Speiseabfällen für seine Gänse gefüllt.

Vor ein paar Jahren noch war Gottesgab beliebt bei den Ostdeutschen. Doch seit der Wende werden die Geschäfte mit den Skiliften jenseits des Kamms, in Oberwiesenthal, gemacht. Die Gäste sind anspruchsvoller geworden. »Sauna gehört in den Hotels drüben mittlerweile zum Standard«, sagt die Wirtin. »Da können wir hier nicht mithalten.«

Vondrak nickt. »Alles dreht sich nur noch ums Geld«, sagt er. »Die Zeit ist aus den Fugen.«

Er erinnert sich genau an jenen Tag im August 1968, als die

Panzer über dem Kamm auftauchten, in endlosen Kolonnen. »Einen Moment lang dachte ich, die Deutschen greifen uns schon wieder an.« Im Rückblick ist er den Deutschen nicht gram, dass sie sich dieser »Polizeiaktion« angeschlossen haben. Nein, Angst habe er nicht vor den Deutschen, ganz bestimmt nicht in diesen Tagen. Angst hat er vielmehr vor den Tschechen, vor dieser neuen Generation, die »nur ans Geldverdienen denkt«.

Von den tschechischen Politikern lässt er nur Staatsgründer Tomás Masaryk gelten: »Ein gebildeter Mann, ein Schriftsteller, viel zu schade für die Politik.«

Mit einem bizarren Vorfall war Masaryk Ende vorigen Jahrhunderts auf die politische Bühne gestolpert. Er wies nach, dass zwei tschechische Handschriften, die auf Zeiten vor dem Nibelungenlied datiert wurden und damit die Überlegenheit der tschechischen über die deutsche Kultur dokumentieren sollten, plumpe Fälschungen waren. »Unser Stolz, unsere Erziehung darf nicht auf Lüge gegründet sein«, rief er den schäumenden tschechischen Chauvinisten entgegen, die ihn dafür als »abscheulichen, von Wien bestochenen Verräter« brandmarkten. Der aggressive Nationalismus in jenen Tagen war sicher keine deutsche Erfindung, er war die Tonart der Zeit.

Ausgerechnet der tschechische Nationalismus, der aus der Erbmasse der Donaumonarchie am Ende des Ersten Weltkriegs einen eigenen Staat herausbrach und dabei ohne Umschweife sämtliche sudetendeutschen Gebiete beschlagnahmte, setzte ihn aus dem Exil heraus auf den Thron. Masaryk, mit einer Amerikanerin verheiratet und von einer amerikanischen Verfassung träumend, sah in der Demokratie »die politische Verwirklichung der Nächstenliebe«.

Masaryk, ein weltfremder Unzeitgemäßer im Feuerofen europäischer Zwischenkriegsgeschichte. »Ohne Masaryk hätte es weder Dubček noch Havel gegeben«, sagt Vondrak.

Vondrak geht kaum noch unter Menschen. Da ist ein Freund, auf der deutschen Seite. In seinem fleckigen Taschenkalender sucht er nach einer Adresse. »Hier, der Haeckl. Grüßen Sie ihn, wenn Sie ihn treffen. Sagen Sie ihm, dass der Alois in die Wälder gezogen ist. Er hat die Nase voll von den modernen Zeiten.«

Dann schnappt er seinen Kübel mit den Essensresten und geht zur Tür hinaus.

Gleich hinter dem Kamm mit dem Grenzübergang und den obligatorischen Gartenzwerg- und Zigarettenbuden liegt die höchste Stadt Deutschlands, der Kurort Oberwiesenthal. Unter den Sanatoriums-Dörfern des ostdeutschen Grenzgürtels ist Oberwiesenthal eines der betriebsamsten. Deshalb ist auch Vondraks Adressbuch nicht auf dem neuesten Stand – das Haus, in dem sein Freund wohnte, ist einer neuen Sparkasse gewichen, die hier am Markt hochgezogen wird, der sich mit seinen Boutiquen, den Cafés und Souvenirläden in nichts von einem brummenden, wohlhabenden Alpenkurort unterscheidet. Oberwiesenthal, so schreibt es der Bürgermeister in dem Grußwort einer Werbebroschüre, ist stolz darauf, »dass sich's mittlerweile gut fahren lässt auf den Straßen, die in unglaublichem Tempo auf Vordermann gebracht wurden«. Die Nachbarn von Vondraks Freund Haeckl wissen nicht genau, wo der hingezogen ist. Aber was das Tempo des Wiederaufbaus betrifft, da wissen sie genau Bescheid, und da sind sie ganz anderer Meinung als der Bürgermeister. »Es geht doch alles viel zu langsam hier«, sagt Frau Stengl.

Ob sie sich erinnern können an 1968? Wie die Panzer den Kamm hinauffuhren? »Also, das wusste ja keiner von uns.«

»Aber ich kann mich genau erinnern«, ruft da der Sohn dazwischen.

»Du Piefke«, fährt ihn die Mutter an, »du warst doch damals noch viel zu klein. Gerade erst vier.«

»Aber ich habe es trotzdem mitgekriegt«, insistiert der muskulöse Mittdreißiger kindertrotzig.

Worauf der Hausherr zu einem Gespräch die dunkle Treppe hinauf in sein Arbeitszimmer bittet. »Sicher«, sagt er leise, »klar waren unsere Leute dabei.« Er war gerade auf dem Weg zur Arbeit ins Motorradwerk Zschopau, als er sie kommen sah.

»Hat ja niemand drüber geredet damals. Durfte man ja nicht.« Man spricht auch heute nicht gern darüber in Oberwiesenthal.

Der Haeckl würde sicher drüber reden. Aber der Haeckl ist nicht aufzutreiben. Er ist spurlos verschwunden.

Aber all diese Geschichten sind nun nicht mehr von Bedeutung, meint Herr Stengl in seinem Arbeitsraum. Und darin ist er
Realist: McWorld kennt keine historischen, sondern nur noch
ökonomische Animositäten. Es gibt keinen Kampf der Systeme
mehr, Gott sei Dank. Nun gibt es den heißlaufenden Kapitalismus als einzige Möglichkeit. Der pure Konsum löscht Geschichte
aus. Der pure Konsum ist pure Gegenwart. Das gilt für beide Seiten der deutsch-tschechischen Grenze.

Waidhaus. Reichenbergers Grenze

Dass ausgerechnet das verschlafene Waidhaus an der bayerisch-
tschechischen Grenze Geschichte machen würde, überraschte
nicht nur die Weltöffentlichkeit, sondern auch den Juniorchef
der Familienpension Biehler. Am 22. Dezember 1989 erhielt er
einen Anruf aus Bonn, mit der Mitteilung, dass die Außenminister Genscher und Dienstbier anderntags den Grenzzaun durch-
schneiden und nach getaner Arbeit bei ihm essen wollten.

Ein Freudentag für Europa und ein logistisches Problem für
Biehler: 200-mal Forellenfilet, Rehrücken, Dessert für Politiker
und Journalisten. Aber es waren Tage, in denen ohnehin alles
sehr schnell gehen musste, die Freiheit und die Einheit und die
Bankette.

Auch seither hat sich die Pension gehalten wie ein Fels im Fluss
der Geschichte. Den Freudentaumel und den Kaufrausch der ersten Tage hat sie genauso überstanden wie die illegalen Flücht-
lingsströme während des Balkankrieges und später die russischen
Mafiosi sowie die Schlepperprofis, die versucht hatten, sich mit
ihrer James-Bond-Ausstattung, den Handys und den Nachtsicht-
geräten, hier einzunisten.

Heinrich Biehler, ein Sozi in CSU-Bayern, ein Dickschädel mit
der Gelassenheit des Erfolgreichen, hatte Mitleid mit den Flücht-
lingen. »Arme Hunde«, sagte er sich, wenn er ihnen Suppe aus-
schenkte, und er drückte beide Augen zu, wenn sie durch den
Hinterausgang verschwanden. Doch gegen die Mafiosi mobili-
sierte er den Bundesgrenzschutz, der sich auf der anderen Stra-

ßenseite einquartiert hatte und die Pension nicht aus dem Feldstecher ließ.

Heute logiert in der Pension »Biehler« die dritte Nach-Wende-Population. Leute wie Töpperwien. An diesem Abend marschiert Töpperwien, die deutsche S-Klasse, in das Fernsehzimmer der Pension, als sei er Hitler, der das Sudetenland besetzt. Er okkupiert Raum, Tische, Stühle. An diesem Abend tritt die deutsche Fußballtruppe gegen Italien an, und Töpperwien sitzt mit seinem Stammtisch in der ersten Reihe. Die anderen Pensionsgäste drücken sich verschüchtert in den Hintergrund. Töpperwien gibt den Ton an, hier sowieso. Seine Seilerei verschafft 200 Leuten Arbeit. Er erwägt, über die Grenze zu gehen, wo die Arbeitskräfte billiger sind. Die anderen Stammtischbrüder sind dort bereits vertreten. Sie alle sind zufrieden, mit dem Drang nach Osten und den Geschäften im Allgemeinen und mit dem Ergebnis des Abends im Besonderen. Das 0:0 gegen Italien bringt sowohl die Deutschen als auch die Tschechen in die nächste Runde, und ein paar Tage später stehen sich die beiden im Finale gegenüber, und Deutschland gewinnt.

An diesem Abend dröhnt Töpperwien im Fernsehraum von Befreiungsschlägen, Abwehrschlachten und Blitzangriffen, und er ist endgültig nur noch Fußballervokabular.

Es ist Alltag in Europa. In Waidhaus kehrte er schneller ein als an den anderen, den ostdeutschen Grenzübergängen. Waidhaus' Bürgermeister August Reichenberger drückt dem Besucher ein Stück Stacheldraht mit Echtheitszertifikat gern in die Hand. »Brauchen Sie noch eins?« Er hat Berge davon.

Jahrzehntelang war Waidhaus der einzige westdeutsche Grenzübergang nach Osteuropa, Kontaktstelle des deutschen Wirtschaftswunders mit dem nichtdeutschen Stalinismus. Ein gesichtsloses Retortendorf mit blankgeputzten Fassaden, Salzletenständern in den Kneipen, Kiosk mit »Tina« und Disko mit Flipperautomat. »Hier gingen die Lichter aus vor der Wende«, sagt Reichenberger.

Heute verfügt das 2500-Seelen-Nest über Supermärkte mit tschechischen, rumänischen und russischen Hinweisschildern sowie ein nigelnagelneues Bürgermeisteramt, in das Reichenberger,

CSU, was sonst, vor kurzem wiedergewählt wurde. Das Waidhauser Haushaltsvolumen stieg von sieben auf zwölf Millionen Mark. Rund 1200 Lkw donnern täglich durch die Gemeinde zur Grenze.

Reichenberger ist Steinmetz, ein vierschrötiger Kerl mit Händen wie Bratpfannen und blauen Augen, in denen das Wasser steht. Das kommt von »Gletscherwiese«, dem Schnupftabak, den er sich pausenlos in die grobporige Nase schiebt.

Für ihn brachte jener Tag im Dezember die Erinnerung an einen Schicksalsgenossen: Tschechiens Außenminister Jiří Dienstbier war als Heizer in dem Pilsener Gefängnis beschäftigt, in dem auch Reichenberger einsaß. Viele Jahre ist das her. »Ich war jung und idealistisch«, sagt er, und dass sein Blick schimmert, liegt nicht an der Rührung, sondern an der »Gletscherwiese«, die in der Nasenwurzel explodiert. In einer Pilsener Hotelhalle war er von einem Mann angesprochen worden, der sich als ostdeutscher Lehrer vorstellte und um Fluchthilfe bat. Kurzerhand verstaute Reichenberger den Mann hinter dem Rücksitz seines Autos und versuchte, ihn über die Grenze in die Freiheit zu schmuggeln.

Jahrelang hatte er noch Briefkontakt mit dem Lehrer. »Doch seit der Wende hat der sich nicht mehr gemeldet.« Reichenberger packt einen weiteren Brocken »Gletscherwiese« auf die Daumenwurzel. Hält inne und sinniert. »Merkwürdig, oder? Ob der damals gepflanzt wurde, um mich kaputtzumachen?«

Kürzlich traf er den Grenzer, der ihn damals hochnahm, bei einem Senioren-Fußballspiel wieder. Ob er ihm böse sei, hat der ihn gefragt. »Dir nicht, aber eurem System«, hatte Reichenberger geantwortet. Na ja, Schnee von gestern. »Vergessen«, sagt er, »ist manchmal so wichtig wie das Erinnern.« Jener Tag im Dezember vor sieben Jahren jedoch, der soll bleiben. Reichenberger hat ein Denkmal aufgestellt, genau dort, wo der »rostige Vorhang« (Genscher) fiel.

Die Grenzer winken Reichenberger leutselig durch. Hinter den Zigarettenbuden biegt der massige Bayer in einen Waldweg ein. Ob die Schmuggler ein Problem seien? »Tabakschmuggel ist keine Erfindung der Wende«, sagt er. »Das gab's zwischen Böhmen und Bayern schon immer.« Waidhaus hat sich daran gewöhnt – schließlich ist es seit 720 Jahren Zollstation.

Er holpert mit seinem Opel den überwachsenen ehemaligen Todesstreifen entlang. Früher, erzählt er, gab es hier alle 50 Meter einen Hochstand, alle zwei Kilometer eine Kaserne. »Früher sorgten die dafür, dass keiner rauskam. Heute müssen wir dafür sorgen, dass keiner reinkommt.« Nach einer Pause: »Aber anders.« Schließlich ist die Stelle erreicht. Reichenberger legt Wert auf die Feststellung, dass er seinen Gedenkstein selber finanziert hat – bei der letzten Wahl hatte er sich gegen Vorwürfe zu wehren, dass er sein Amt dazu benutze, seinem Betrieb Bauaufträge zuzuschanzen.

Unter ein paar jungen Birken stehen zwei graue Quader, die im oberen Teil schießschartenartig auseinander klaffen, im unteren dagegen nur durch eine schmale Rinne getrennt sind. In den oberen Teil hat Reichenberger drei Stücke des Grenzdrahtes eingesetzt. Daneben die Inschrift: »Hier haben die Außenminister Genscher und Dienstbier den Eisernen Vorhang durchschnitten.«

Doch manchmal verschwören sich Kunstwerke gegen ihre Schöpfer, und dieses hier tut es mit einer hinterhältig-dialektischen Pointe. Tatsächlich scheinen die beiden schweren Quader auseinander zu klaffen – die einzige Kraft, die sie zusammenhält, ist der Stacheldraht der Grenze. Sollte Reichenbergers Monument darauf hinweisen wollen, dass Grenzen notwendig sind? Dass sie für Stabilität sorgen, auch unter Freunden?

Das Material für sein Monument hat sich Reichenberger »aus der Umgebung besorgt«. Es ist Flossenbürger Granit. Vor über einem halben Jahrhundert haben tschechische und polnische Zwangsarbeiter im KZ Flossenbürg den gleichen Stein gebrochen, und es waren die Eltern der Biehlers und der Reichenbergers, die, kurz vor Kriegsende, die ausgemergelten Naziopfer auf ihren Todesmärschen über die Kämme haben kommen sehen und, kurz danach, die Kolonnen Sudetendeutscher Vertriebener.

Zwei Quader an der deutsch-tschechischen Grenze, an der Schwelle zum neuen Europa: eine Erinnerung.

22. DIE LETZTEN ZEUGEN

Über die deutsch-jüdischen Emigranten in New York,
ein Abendessen mit Arthur Miller und ein Theaterstück,
das darauf wartet, uraufgeführt zu werden

Wir liefen den Broadway hinauf an diesem Frühlingsnachmittag 1992, meine Frau und ich, auf dem Weg zu »Zabars«, dem jüdischen Delikatessenladen in Manhattan, wo es das beste dunkle Brot gab und Pastrami und saure Gurken und alles andere, was man für ein gutes Abendessen braucht, und wir waren enthusiastisch, denn wir waren gerade erst umgezogen in diese wundervolle Stadt, und wir unterhielten uns angeregt und alberten – bis eine Dame vor uns abrupt stehen blieb und sich umwandte und sagte: »An Ihrer Stelle würde ich hier nicht so laut deutsch reden.«

Es war wie ein Schlag ins Gesicht, denn zunächst begriff ich nichts außer ihrem wütenden Tonfall, und dann begriff ich alles.

Die Sonne verfinsterte sich. Wir litten unter der Unfreundlichkeit, wir litten unter unserer Verlegenheit, und wir litten mit der Dame über all das, was man ihr und ihrer Familie vermutlich angetan hatte.

Eine unendliche Traurigkeit und Scham überfiel mich.

Und darunter rumorten all die unformulierten Fragen, die nie restlos zu beantworten sind. Wir schlichen weiter, wie geprügelt, und als wir sprachen, sprachen wir leise.

Zwei Jahre nach der Wiedervereinigung hatte ich das Angebot, als Korrespondent nach New York zu ziehen, gerne angenommen. Auch meine Frau war dafür. Wir wollten dem wiedervereinigten Deutschland eine Weile den Rücken kehren und unsere eigene Vereinigung leben. Wir hatten gerade geheiratet. Meine Frau war aus dem Osten, ich aus dem Westen, und jetzt hatten wir die Chance, uns dem Ost-West-Gebrause ein wenig zu entziehen.

Und plötzlich waren wir Deutsche, deutlicher als nie zuvor. Mitten auf dem Broadway. Es spielte überhaupt keine Rolle, aus welchem Teil Deutschlands wir kamen, wir waren Deutsche und vereint durch die Tatsache, das wir beide zum Tätervolk gehörten.

Das Bemerkenswerte: Es blieb die einzige Feindseligkeit, die wir in diesen vier Jahren von jüdischer Seite erleben sollten. Demgegenüber stand eine bisweilen beschämende Freundlichkeit, ein unglaubliches Interesse am Nachkriegsdeutschland, an gemeinsamen deutschen Kulturerfahrungen, an den Eltern und deren Erfahrungen während des Krieges.

Deutsch zu sein in New York, das war das genaue Gegenteil eines Spießrutenlaufes.

Unser engster Freund wurde Gordon F. Sander, der mich später zu einem Bündel von Kurzgeschichten anregte, ein witziger, belesener Beat-Poet mit leichten Hörschwächen, der alles über den Blitzkrieg, den Russlandfeldzug und die Luftschlacht über England wusste, was es zu wissen gab.

Jüngst schrieb er die Geschichte seiner Mutter auf, die eine herzliche, energische Frau war und oft mit uns deutsche Sonntagnachmittag-Kaffee-Runden veranstaltete. Das Buch heißt: »The Frank-Family That survived«. Tatsächlich hieß seine Mutter auch Frank, und wie Anne Frank hatten sie sich vor den Nazis versteckt, in Den Haag, doch anders als Anne Frank hatte sie überlebt.

Wir erlebten uns deutlicher als nie zuvor als Deutsche auf der Upper West Side, doch im Gegensatz zu den Milieus kritischer Intelligenz zu Hause erlebten wir unser Deutschsein ausgerechnet hier – bis auf das eingangs geschilderte Erlebnis – nie als Handikap. Die Großwarner vor Großdeutschland saßen zu Hause. Die Wiedervereinigung, die sie nicht wollten – »In meinen Träumen kommt das wiedervereinigte Deutschland nicht vor«, schrieb »Stern«-Chef Michael Jürgs damals –, in New York fand man sie großartig. Wie auch nicht, wenn ein Volk nach über 40-jähriger Trennung durch eine friedliche Revolution wieder zusammenfindet.

Besonders meine Frau atmete auf. Besonders sie fühlte sich in ihrer Biographie in New York ernster genommen als zu Hause, bei vielen der smarten Durchblicker in Hamburg.

Und als wir Arthur Miller kennen lernten, wollte er von ihr alles wissen über *ihr* Deutschland, über das Leben vor dem Mauerfall im Osten, und wenn er auch seine Augen nicht verschloss vor dem objektiven Grauen einer gleichgeschalteten Gesellschaft, so sympathisierte er doch ganz offensichtlich mit jenem fernen utopischen Glanz, den die sozialistische Idee einst abgab, besonders im Kontrast zum »System der Raffgier«, das er in den USA sah.

Wir kochten gerade mit unseren Freunden, als er hereinschneite mit seiner Frau Inge Morath. Kurzer grauer Militärhaarsschnitt, markanter Schädel, Brille. Raumeinnehmend und groß und dampfend, als hätte er gerade Bäume gefällt. Flanellhemd, mächtiger Brustkorb, ziemliche Pranken. Er war damals Mitte siebzig. Und er kam tatsächlich gerade vom Bäumefällen.

Er tischlerte. Schreiben war für ihn ein Handwerk. »Stücke schreiben«, sagte er an diesem Abend, »ist wie Möbel bauen.«

Er erzählte von seinem neuen Stück, von seinen Begegnungen mit Fidel Castro, und wie er einst im kommunistischen China den »Tod des Handlungsreisenden« probierte – »es dauerte, bis sie ahnten, was ein Handlungsreisender ist«. Und erzählte freimütig über seine Ehe mit Marilyn Monroe.

Klaus Pohl und seine Frau Sanda hatten gerade für den Sommer genau jenes Haus in Amagansett auf Long Island gemietet, in das Miller nach seiner Heirat mit Marilyn Monroe geflohen war. Wir waren oft dort, weil unser Haus in der Nähe lag. Die Kommode stand noch da. Ein kleiner struppiger Garten, ein graues Schindeldach, nichts Protziges. Wer das Haus sieht, muss sich denken, dass sie damals glücklich gewesen sind.

Es war, sagte Miller, die beste Zeit.

Und er sprach über seine Liebe zu Deutschland. Er erzählte, wie er mit dem Stahlhelm seines Onkels gespielt hatte, den der aus dem Ersten Weltkrieg mitgebracht hatte, wie er ihn sich aufsetzte und »stolz darauf war, ein Deutscher zu sein«. Sein Großvater, erinnerte er sich, sprach ein Deutsch, das in Wien gesprochen wurde.

»Das Deutsche lag bei uns in der Luft. Als ich zum ersten Mal nach Wien kam, hatte ich das Gefühl, dass ich es bereits kenne. Deutschland war vor dem Kriege der Höhepunkt der Kultur. Die Franzosen – das waren die Antisemiten. Die Deutschen waren es nicht. Sie waren zu intelligent, zu gebildet. Sie waren das zivilisierteste Volk Europas.«

Arthur Miller gehörte, wie John Le Carré, zu den freundlichen, den bescheidenen Zeitgenossen. Offensichtlich sind große Männer so. Auch Millers Geheimnis bestand darin, zu wissen, wie sehr wir alle Verlierer sind. Kleine Leute, alle miteinander. Sein Vater machte während der Depression Bankrott, er selber brachte sich als Lastwagenfahrer und Fabrikarbeiter durch. Er kannte das Geheimnis der Niederlage früh. Er war ein Menschenfreund.

Es gab viele deutsche Emigranten in New York, besonders dort, wo wir wohnten, sowie gegenüber auf der East Side, in der 84. Straße, in Germantown. Dort in der Nähe lernte ich Gaby Lustiger kennen. Sie lud mich ein zu ihrem Stammtisch, und der Nachmittag, den ich dort erlebte, gehört zu meinen kostbarsten Erinnerungen.

Ich schrieb diesen kleinen Text darüber, und ich nannte ihn »Die letzten Zeugen«.

»Haben Sie heute die ›New York Times‹ gelesen?«, fragt Hofberger lauernd.

Ja sicher. Aber was genau?

»Sie sollten mal die ›New York Times‹ von heute lesen«, sagt er geringschätzig und nickt. »Steht alles drin. Kommentar überflüssig.«

Er ist kurz, stämmig. Flottes Sommer-Outfit, Rentner-Schick. Hofberger liebt die Andeutung, das vielsagende Schweigen, und dann und wann die brummig zugespitzte These. Hofberger, das wissen hier alle, mag nun mal Stunk.

Auf dem Büffet stehen ein kalter Braten und deutsche Leberwurst und Kartoffelsalat. Die Alten sitzen an dem großen runden Tisch oder auf dem Sofa in der guten Stube und essen von Papptellern. Sie kennen sich seit Jahrzehnten, tauschen zerstreute Nichtigkeiten aus, fahrig, stockend, selig lachend, bis sich die Gespräche wie die Gleise eines komplizierten Stellwerks in einem Knoten treffen.

»Wir brauchen keine Holocaust-Denkmäler«, sagt einer. Eine Dame mit Bernsteinkette nickt. »*Wir* wissen, was passiert ist, und den *anderen* ist es egal.«

»Die wollen sich damit doch nur sauber waschen«, sagt Hofberger. »Als ob es keinen Antisemitismus in Amerika gäbe – lesen Sie mal die ›New York Times‹ von heute.«

Gaby Glückseligs Wohnung auf der Upper East Side in Manhattan ist nicht eingerichtet, sondern gewachsen über Jahrzehnte. Gerahmte Fotos aus den dreißiger Jahren, ein Gesangvereinswappen, irgendwo ein hebräischer Gebetsschal. Möbel und Bilder und Teppiche erzählen von den Zufällen des Lebens, von Fluchten und Trennungen und Leidenschaften.

Die meisten haben die achtzig überschritten. Da ist die Witwe des Komponisten Busoni, würdevoll und schwarz und stumm über ihrem Kuchenteller. Die Olsens: Er mit prächtigem Lachen, das aus seiner breiten Brust kollert wie Salut ans Leben. Hat sein Auge bei Straßenkämpfen gegen die Nazis verloren und sieht verwegen aus mit dem weiß ausgepinselten Brillenglas. Für Trotzki in Mexiko hat er am Programm der IV. Internationale mitgearbeitet. Sie, eine resolute, hochgewachsene Auschwitz-Überlebende, tippte Oskar Schindlers Liste, weil sie zu den wenigen gehörte, die Deutsch sprachen.

»Kein Mensch interessiert sich doch heute für diese ganzen Holocaust-Denkmäler«, sagt sie.

»Lesen Sie mal die ›New York Times‹«, echot Hofberger dunkel.

Harry Asher, dessen dünner, neugieriger Hals aus einem scharfkantig gestärkten Hemdkragen ragt, nickt. »Die Amis haben sowieso kein Recht dazu«, sagt er. »Nach dem, was die mit den Indianern angestellt haben!«

»Und den deutschen Juden haben sie eh nicht geholfen«, ergänzt Hilde Olsen.

Asher sinniert kurz vor sich hin, wie es nur Alte können, geht tief in den Keller der Vergangenheit hinein, und dann kommt er mit einem Erkenntnisfund, einer Summe wieder hervor: »Da gab's

mal ein Theaterstück mit dem Titel ›Der Mensch ist gut‹. So'n
Quatsch. Der Mensch ist nicht gut. Der Mensch ist ein Egoist.«

Seit über einem halben Jahrhundert teilt Harry Asher hier auf
der East Side Manhattans mit den anderen seine Erinnerungen
an ein Leben, das ein langes, kunstvolles Überleben war. Mit einem Spezialpass gelang ihm 1941 die Flucht aus Prag. Mit dem
Schriftsteller Hans Sahl teilte er sich die Kabine während der Passage von Lissabon nach New York. Dort wurde er von Oskar Maria Graf in Empfang genommen, der für ihn gebürgt hatte.

»Kaffee in Pappe«, sagt Asher und schüttelt den Kopf. Hingerissen. »Ich kam die Reling runter, und er hat mich gefragt, ob ich
einen Kaffee will. Und dann hat er mir Kaffee in einem Papp-
becher gegeben.«

Noch in den Vierzigern haben die beiden diesen Stammtisch
in der Neuen Welt gegründet, eine Beharrungsinsel in einem Leben voller Übergänge, auch um deutsch zu reden und zu denken,
oder bayrisch, denn das war, zumindest für Oskar Maria Graf,
ein großer Unterschied.

Jetzt mischt sich die neue Sprache in die alte, jetzt sagt einer:
»Das war in der pre-Hitler-Zeit«, und ein anderer erinnert sich,
dass er »mit vielen wealthy people zu tun« hatte. Doch ihre Heimat, die in der Sprache wohnt, bringen sie immer wieder zurück
an diesen Stammtisch, und sie dichten mit ihr ihr eigenes Leben.

Ab und zu gewittert noch eine Schlagzeile, ein Tagesskandal
vorbei.

»Haben Sie Kurzwellenempfang?«, fragt Hofberger spitz. »Sie
sollten mal die antisemitischen Sendungen der Milizen in Mon-
tana hören.«

Doch die Blicke der anderen schweifen über ihn hinweg, lächelnd und ruhig.

All diese Überlebenden, diese Überfahrer, diese wunderbaren
Passagiere mit ihrem unwiederbringlichen Vorrat an Geschichte
und Geschichten. Denkmäler für ein geglücktes Leben.

Allmählich gerät ihnen das Ende ihrer Passage in Sicht.
Deutschland haben sie bei sich. Und ab und zu bleibt einer mitt-
wochabends weg.

Ich schrieb den Text 1995. Ein Jahr später, wir waren wieder nach Deutschland zurückgekehrt, sprach mich mein Freund, der Theaterregisseur Ari Zinger, auf ein Buch an, das er gerade gelesen hatte und von dem er hingerissen war. Es hieß »Der Prinz der Westend-Avenue«, sein Autor Alan Isler. Der Roman spielt in einem jüdischen Altersheim auf der Upper West Side, unter einer Gruppe alter Juden, osteuropäischer Emigranten, unter Kaufleuten, Schriftstellern, Witwen, Holocaust-Überlebenden, die den »Hamlet« aufführen wollen.

Das Problem ist, dass ihnen der Hamlet immer wieder wegstirbt und neu besetzt werden muss. Hauptfigur ist Kohler aus Berlin, der zu lange mit seiner Flucht gezögert hatte und deshalb die Familie in den Gaskammern verlor. Wie viele Juden damals in den 30er Jahren war Kohler der Meinung, dass der Hitlerspuk bald verschwinde. Und dann ist es zu spät. Kohler selber allerdings entkommt. Und er hasst sich dafür, überlebt zu haben.

Islers Roman ist in einer unwiderstehlichen Mischung aus Humor und Melancholie und nacktem Grauen erzählt, voller Witz und voller Tragik. Ich wusste sofort, was Ari Zinger an dem Stoff reizte: Er zeigte Theater im Theater, es enthielt Rückblenden zum Club Voltaire in Zürich, und er war eine wundervolle Gelegenheit, große alte Schauspieler noch einmal zu versammeln. Es gab sogar eine junge Blondine, es gab Sexszenen, Tabubrüche – was für ein Stoff!

Vor allem aber ging es um dieses Thema: die letzten Zeugen. Die Geschichte wird noch einmal erzählt, an die Nachkommen weitergereicht. Zinger fragte mich, ob ich daran interessiert sei, aus dem Roman ein Theaterstück zu machen. Als ich ihn gelesen hatte, zögerte ich keinen Moment. Ich musste an unseren Emigranten-Stammtisch in New York denken, an Gaby Lustiger, an Asher und Hofberger. Wir setzten uns mit Alan Isler zusammen, sprachen über die Komposition, und Isler gab sein Okay.

Ich verbrachte einen langen Sommer in Peter Schneiders wunderschönem verhexten Haus im umbrischen Sperlonga und schrieb das Stück. Ari Zinger kam angereist, und wir diskutierten und korrigierten, und schließlich war es fertig, eigentlich eine Ungeheuerlichkeit, denn es war ein ergreifendes, aber gleichzeitig witziges Stück über das Leben und die Erinnerungen eines deutschen Juden, der den Holocaust überlebt hat.

Das Stück fand Islers Gefallen. Mehr als das. Es erinnere ihn, so schrieb er mir in einem tatsächlich schamlosen Kompliment, an den jungen Noel Coward. Und nachdem seine Änderungswünsche eingearbeitet waren – Isler spricht perfekt Deutsch –, war Ari guter Hoffnung, bald eine der großen Bühnen für das Stück interessieren zu können und es zu inszenieren.

Wir warten bis heute darauf.

Die Theater zögerten. Es gab Ansätze zu Verhandlungen, Interesse, Absagen. Es war wie verhext. Es sei schwierig zu besetzen, sagten einige, wegen der ganzen Alten, die darin auftauchen. Machten die Witze? Wir leben in einer Altersgesellschaft, die Theatergeher sind im Schnitt um die sechzig, und hier ist eine Komödie übers Alter, und in den Ensembles wimmelt es vor grandiosen alten Theaterlegenden. Den Lear kann man schließlich immer nur einmal besetzen, hier gibt es Rollen für viele.

Waren die nur zu höflich zu sagen, dass sie das Stück schlecht fanden? Aber es ging nie um den Innenbau des Stücks, um Verbesserungsvorschläge und Manöverkritik, sondern immer nur um das Projekt als solches.

Sie wollten, hatte ich den Eindruck, eigentlich das Thema nicht, wollten nicht die Erinnerungen. Das heutige Bühnengeschehen ist oft laut, radikal, kraftmeierisch, oberflächlich. Dieses Stück war leise und hatte ein melancholisches Lächeln. Vielleicht war es zu leise?

Ari Zinger war ratlos, und er ist es bis heute.

Unlängst traf ich die Lektorin eines großen Theaterverlages, der ich das Thema erzählte. Und sie sagte mir unumwunden: Für das Thema interessiere sich »derzeit keine Sau«.

Es gibt endlose Selbsterfahrungsepisteln auf unseren Bühnen, endlose Jammereien über das harte Schicksal, von Hartz IV leben zu müssen, und die wagemutigsten Interpretationen moderner Klassiker – Ibsen auf der Fensterbrüstung –, aber für eine humane tragisch-komische Geschichte über die letzten jüdischen Zeugen ist offenbar in Deutschland kein Intendant zu gewinnen.

23. DIE NACHT DER DEUTSCHEN EINHEIT

Kulturkampf in Neukölln, Aussöhnung mit England und
warum meine Frau auch im neuen Palasthotel Recht hat

Wir gingen nicht einfach ins Kino in Berlin an jenem März-Abend 2006, wir bewegten uns über unsichtbare Feuerlinien. Wir begaben uns in die Gefechtszone. Wir fuhren von Berlin-Charlottenburg nach Berlin-Neukölln, in eine türkische Gegend, um uns »Tal der Wölfe« anzuschauen, einen türkischen Rambo-Film, in dem die Amis die Bösen sind. Dem Vernehmen nach sollte hier in allerheftigster Weise der Krieg der Kulturen toben, und wir waren als Journalisten unterwegs, also Kriegsreporter.

Das Kino war im obersten Geschoss eines fünfstöckigen Shopping-Centers an der Karl-Marx-Straße untergebracht, eine Mall, die genau so auch in Birmingham oder Rio oder Dubai ausgesehen hätte, mit exakt dem gleichen Mix aus Jeans-Shops, Seifenboutiquen und Junkfood-Abfütterungen. Diese Mall war McWorld.

Und drum herum leuchteten eher tribalistische Neon-Signaturen in den Abend, also die Döner-Imbisse und Gemüseläden, die »Marketer« hießen, oder der Swingerclub »Zwanglos« und »Berliner-Kindl«-Kneipen wie »Stammtisch« oder »Full House«. Türken und Deutsche eben.

Vor einem Vierteljahrhundert, in vordschihadistischen Zeiten, als es die beiden Deutschland-Provisorien waren, die den Riss durch die Welt zu verkörpern hatten – auch das eine Art Glaubensriss, die Welt kommt ohne Riss nicht aus –, hatte ich ein paar Querstraßen weiter meine Studentenbude bewohnt, nicht weit von der Mauer, anderthalb Zimmer mit Kachelofen und Außenklo, vierter Stock, in bösartigster Berliner Malocher- und Alkoholiker-Gegend.

Damals wünschte ich mir vollsten Herzens, Amerikaner zu sein, guter Amerikaner, Anti-Nixon-Amerikaner, also antiamerikanischer Amerikaner wie Jerry Garcia von den »Grateful Dead« oder Allen Ginsberg. »Howl« war meine Hymne: I saw the best minds of my generation, destroyed by madness, starving hysterical naked ... Ich gehörte nach Hight-Ashbury und fühlte mich elend, wenn ich zum Fenster rausschaute.

Jetzt, gerade mal drei Jahrzehnte später, fand ich es weitaus spannender, Deutscher zu sein, doch auch jetzt ging der Versuch zu begreifen, was das war, nur über Abgrenzung. Also, ich war kein Amerikaner und kein Türke. So weit die Ausgangslage.

Wir waren zu viert: Franz Josef Wagner, der »Bild«-Chansonnier, der noch nie in seinem Leben in der Türkei war; Roger Köppel, Chefredakteur der »Welt«, Kosmopolit und kompromisslos wie ein Schweizer Offiziersmesser; Jan Fleischhauer vom Berliner SPIEGEL-Büro, der wie immer völlig ausdruckslos wirkte, aber die beiden anderen an Kompromisslosigkeit übertraf; und ich, der ich auch nicht so ohne weiteres bereit war, meine christlich-abendländischen Grundüberzeugungen über Bord zu schmeißen und mich einschüchtern zu lassen von einigen hundert fanatisierten Neuköllner Gotteskriegern, die das Kino, wie zu hören war, *allahu akbar*, in eine Hölle verwandeln würden.

Wenn es eine neue Frontlinie zu besichtigen gab, dann verlief sie hier, spätestens seit dem Karikaturen-Streit, seit ein paar Mohammed-Zeichnungen in Dänemark im Mittleren Osten zu Massenprotesten und Toten und brennenden Botschaften geführt hatten. Wir lebten mit muslimischen Minderheiten in unseren Städten, aber wir waren nicht mehr mit ihnen allein – 500 Millionen Muslime schauten genau hin. Parallelgesellschaft? Botho Strauß sprach bereits von einer »Vorbereitungsgesellschaft« in unseren Städten. Einschüchternd? Aber wie!

Hier also, 15 Jahre nach dem Mauerfall, ging es nicht mehr um Ost- oder Westberlin, sondern um Orient und Okzident, zwei völlig neue, unerwartete Blöcke, die sich wieder mächtig aufzurüsten begannen, mit Guerillatrupps und Atomwaffen und Bibel und Koran. Das zunächst. Zunächst war dies ein Kulturkrieg, einer der Religionen und Wertekanons. Die einen bejubeln, was die anderen verachten. Die anderen waren wir.

In Bayern waren bereits Verbote gegen den türkischen Film diskutiert worden, hier lief er vor vollgepacktem Haus.

Er geht so: Der Star des Films, ein bekannter türkischer Serienheld, legt einem sadistischen US-Army-Leutnant namens »Sam« das diabolische Handwerk. Sam beliefert einen durchgeknallten Arzt des Foltergefängnisses »Abu Ghraib« mit Organen frisch erschossener Irakis, die an jüdische Kunden in Tel Aviv und Boston geschickt werden.

Ein Machwerk. Dabei nicht übel. Zwar längst nicht so viel Wumm und Feuerwerk wie die originalen Rambo-Filme, aber durchaus, wie jene, wimmelnd vor zynischen, menschenverachtenden US-Militärs, denen man die schlimmsten Tode wünscht. Hier reitet zudem ständig ein milder Scheich durchs Bild, der die Enthauptung eines Auslandsreporters verhindert und Selbstmordattentate verurteilt, und zwar mit dem Hinweis auf den Koran, der das Morden ausdrücklich nicht billige.

Ein politisch korrekter Hetzfilm also. Alles blieb still, und anschließend zerstreute man sich still. Wir fühlten uns ein wenig geprellt. Schade, dass Maxim Biller nicht kommen konnte, er hätte sich aufgeregt. Aber so? Waren uns nicht Tumulte versprochen worden? Der Schock des Films lief völlig ins Leere, weil kein einziger westlicher Wert von uns verteidigt werden musste, der nicht bereits von dem Türkenrambo auf der Leinwand verteidigt wurde – er war auch gegen Organhandel und gegen das Erschießen von Hochzeitsgesellschaften.

Und die Frauen, die in diesem Film auftraten, waren keine gedemütigten Wesen, sondern äußerst glutäugige Schönheiten mit Krummdolch. Nach der Vorstellung sprach ich ein kopftuchtragendes Mädchen an, das ihren alten Vater ins Kino gestützt hatte und wahrscheinlich direkt aus Anatolien importiert worden war, um irgendeinem Ehe-Lümmel jeden Abend die Füße zu waschen.

»Du gutt Kino« oder so ähnlich, fragte ich. Es stellte sich heraus, dass sie Informatik an der Humboldt-Universität studierte und ein Deutsch sprach, das nur so perlte. Was sagte sie zu den antisemitischen Anklängen des Films? Zu den absurden schurkischen Verzeichnungen der Kurden? Und der Amerikaner? Sie fand, dass man immer beide Seiten sehen müsse, und lieferte damit gelangweilt einen unangreifbaren Standardbaustein jeder Köhler-Rede ab.

In Wahrheit war sie so sehr mit dem Film einverstanden, dass sie gar nicht fanatisch zu werden brauchte. Amis waren so. Killer. Ordinär. Sie hatte die Tirade gar nicht nötig, sondern sprach aus der vornehmen Höhe ihrer Gewissheit herab.

Das war noch viel niederschmetternder für den Integrationsbeauftragten als der Schaum vorm Mund. Ihr Kopftuch wirkte würdevoll. Sie war schön und sie plädierte für Verhüllung. Sagen wir es so: der Swingerclub »Zwanglos« lag auf einem ganz anderen Planeten, und es gab keinen Grund für sie, auf solchen Planeten um Einbürgerung zu bitten.

Sollte das etwa unser Kulturvorteil sein, das bisschen Shopping-Mall und Swingerclub? War das nun unser Eigenes, das verteidigt werden sollte? War es natürlich nicht, denn es gab das weltoffene, tolerante, schöne, ganz und gar nicht billige Zukunfts-Deuschland, das zu verteidigen war und zu dem diese junge Türkin ganz selbstverständlich gehörte. Deutschland ist ja längst Einwandererland, ein Vielvölkergemisch aus Türken, Russen, Polen, Vietnamesen.

So kamen wir an diesem Abend mit der deutschen Frage nicht weiter. Wir mussten uns neu sammeln, und wir taten es, indem wir in den Osten fuhren, in das auch nicht gerade deutsche »Shiro i Shiro«, das chinesische Nouvelle Cuisine an einem unglaublich langen weißen Lacktisch mit eingelassenen Perlmutt-Vögeln servierte, gerade eröffnet und unwahrscheinlich an South-Beach Miami erinnernd – ein blendend weißes Raumschiff inmitten einer doch noch sehr zerschossenen und tristgrauen Mietsbarackenzeile in der Rosa-Luxemburg-Straße.

Solche Effekte kriegt auf der ganzen Welt nur Berlin hin.

Eines stand fest: Deutschland musste an diesem Abend anders definiert werden als dadurch, was es nicht war. Der Kulturkrieg funktionierte nicht.

Also dann das Positive: Was ist deutsch, meine Herren?

»Die Wartburg«, sagte Köppel, der promovierte Historiker,

»aber sie ist problematisch, denn sie war der Beginn zur deutschen Selbstüberhebung.«

Alle hatten »Pork & Lobster« bestellt, eine sensationelle Kreation, besonders wegen des Schweinebraten-Anteils, der natürlich tiefdeutsch war. Köppel behauptete, er hätte sich den Magen beim Rennen verdorben. Hatte er etwas gegen deutschen Schweinebraten?

»Caspar David Friedrich, Kreidefelsen auf Rügen, eindeutig«, sagte Wagner.

»Es gibt einen Spezialfilz, der wird in der Nähe von Stuttgart hergestellt, wenn man den unter den Tisch spannt, dann hallt der Raum nicht so nach«, sagte Fleischhauer.

»Ist das ein Beitrag zu Deutschland?«

»Nein, zur Akustik hier.«

»Aber entwickelt wird er in Deutschland, der Filz?«

»In Süddeutschland. Die Tüftler sitzen da unten.«

Warum kann man Deutschland gerne haben?

»Warum nicht?«, sagte Fleischhauer.

»Wegen der Frauen«, sagte Wagner.

Die schönste deutsche Frau?

»Nofretete.«

»Meine Exfreundin«, sagte Ulf Poschardt, der gerade hereingekommen war und sich zu uns gesetzt hatte.

Später sagte Poschardt noch: »Wir sind das Kambodscha Europas.«

Und noch später: »Der Palast der Republik sieht auch jetzt noch toll aus, wo er stirbt.«

Tatsächlich, der Palast der Republik wurde abgetragen und »zurückgebaut«, Scheibe um Scheibe, Träger um Träger, und das Spree-Becken, in dem der Koloss errichtet war, musste mit Zement vorsichtig nachgewichtet werden, denn sonst hätte der nachlassende Druck, soweit ich es verstand, zur Überflutung und Zerstörung des ganzen Regierungsviertels geführt. Ein schwarzes Loch hätte Palasthotel und Kanzlerbungalow verschlungen, und später hätte man den See, der sich an der Stelle bilden würde, »Erichs Rache« genannt und damit wieder einmal den typischen Berliner Mutterwitz unter Beweis gestellt.

Ein paar Tage später fragte ich Ulrich Mühe, was deutsch an ihm sei. Er war im DDR-Theater ein gefeierter Star gewesen und hatte aufrührerische Reden zur Wendezeit gehalten und war Hamlet in Heiner Müllers Inszenierung. Wir hatten uns angefreundet und spielten öfter Tennis. Er war ausdauernd und lauffreudig, hatte aber Nervenschwächen am Netz.

Mühe war ein gesamtdeutscher Publikumsliebling geworden. Seine Biographie ist sehr Osten, und die seiner Frau, der Schauspielerin Suse Lothar, ist sehr Westen. Die beiden haben jede Menge Kinder, die deutsche Filmpreise am laufenden Band sammeln, und wenn es einen gab, der kompetent über Deutschland reden konnte, dann ihn.

Er war gerade in einem Film zu sehen, in dem er den Stasihauptmann Wiesler spielte, der genau solche Leute bespitzelte, wie er selber einer war, Künstler nämlich, all diese schönen und klugen Systemkritiker mit ihren schönen Frauen und frivolen Partys, zu denen er nie eingeladen wurde. »Das Leben der Anderen« war ein beklemmender Film über die beklemmende Seite der DDR, die plötzlich wieder auf der Tagesordnung gelandet war.

Sie hielt sich nicht lange dort. Vielleicht für dreieinhalb Tage. Dann redete man im Land wieder über die Rentenreform und das Aussterben der Deutschen und den Einbürgerungstest für Türken.

»Was ist deutsch?«

Er saß mir in dieser Suite im Four Seasons gegenüber, wo die Promotion-Interviews stattfanden, und schaute mich mit großen Augen an. »Wenn ich das wüsste.« Er rang um Worte. Er stotterte.

Ich sagte, so scharf wie möglich: »Wir können auch anders, Herr Mühe!« Doch auch das half nichts. Ob es ihm denn schwer falle, fuhr ich begütigend und verständnisvoll fort, Deutschland ohne die Zusätze Ost oder West zu verwenden. »Es ist gewöhnungsbedürftig«, sagte er, »ich sag immer noch Westdeutschland.«

»Wir haben immerhin eine ostdeutsche Kanzlerin.«

»Und einen ostdeutschen SPD-Vorsitzenden«, sagte er triumphierend.

»Also hat der Osten sein Ziel erreicht und uns übernommen?«

»Das haben wir von langer Hand vorbereitet«, sagte Mühe, und er klang plötzlich anders. Er lächelte mitleidig, und er sah eine Spur so aus wie der Stasimann Wiesler. »Wir haben ja schon in den siebziger und achtziger Jahren jede Menge Schauspieler und Regisseure zu euch rübergeschickt.«

Seine Augen hatten etwas Hypnotisches. Sie schwammen riesig hinter den Gläsern seiner Hornbrille. Grau, gräulig. Was Wiesler da sagte, machte Sinn. Jetzt fiel es mir wie Schuppen von den Augen. Ruth Berghaus! B. K. Tragelehn! Heiner Müller! Alle diese schmallippigen verrätselten Kommunistenkader-Inszenierungen, an denen sich die Dechiffriersyndikate der westlichen Theaterkritik die Zähne ausgebissen hatten: Es waren Botschaften an die Schläfer! Und im November 1989 war es dann so weit gewesen. Menschenmassen quollen über die Grenzübergänge, von Ost nach West, sie krabbelten über die Mauer, fluteten über den Kurfürstendamm, und jetzt war der Osten leergefegt und der Westen fast abgenagt, die Heuschrecken hatten …

Ich fuhr auf. Ich war von einem meiner wirren Tagträume davongetragen worden. Uli Mühe lächelte noch immer. Wir versprachen uns, im Sommer wieder Tennis zu spielen, und ich ging.

Abends besuchten meine Frau und ich eine Lesung Moritz von Uslars im Roten Salon der Freien Volksbühne. Er las aus seinem Roman »Waldstein oder der Tod des Walter Gieseking am 6. Juni 2005«. Ein wunderbarer Text, ein Kunstwerk, das nur aus Sprache bestand, aus lauter rätselhaften Popjargon-Bekräftigungen wie »Cool« und »Wahnsinn« und gleichzeitig aus den zartesten Beobachtungen, und er erzeugte damit eine große Gegenwartsbeschwörung. Folgende Wörter fehlten komplett: Deutschland, DDR, Mauerfall, deutsche Einheit. Das schien auserzählt. Oder nicht stattgefunden zu haben auf der Münchner Maximilianstraße, die in aller Ausführlichkeit als Laufsteg der postteleologischen, hilflos übersexualisierten Freizeitgesellschaft vorgestellt wurde.

Uslar, der unbestrittene Interview-Weltmeister, hatte mir ein paar Fragen für meine Deutschland-Gespräche geschenkt. Zum Beispiel:

– Welche Stadt außerhalb Deutschlands würde Deutschland gut tun?

– Sprechen Sie nun die letzten Worte, die Sie je über Adolf Hitler sprechen werden!

– Sagen Sie jetzt einen unverkrampften Satz über Deutschland!

Wundervolle Fragen bzw. Aufforderungen. Ich selber wäre komplett ratlos gewesen. Das ist der Vorteil im Journalismus: Man kann anderen mit den impertinentesten Fragen zu Leibe rücken, ohne sich schämen zu müssen dafür.

»Man fragt ihn im Namen der Kulturverpflichtung mit Erfolg um Dinge, die er niemals freiwillig preisgeben würde.« So hat sich Robert Musil geäußert, der einst Alfred Polgar interviewte. Das Interview, so Musil weiter, sei »die Kunstform unserer Zeit; denn das großkapitalistisch Schöne am Interview ist, dass der Interviewte die ganze geistige Arbeit hat und nichts dafür bekommt, während der Interviewer eigentlich nichts tut, aber dafür honoriert wird.«

Besser kann man es nicht sagen. An dieser Stelle: Danke an Hagen Schulze, Peter Sloterdijk, Harald Schmidt, Klaus von Dohnanyi, Heidi Klum, Sarah Kuttner, die mir geholfen haben, mein Land besser zu verstehen. Und natürlich an die Engländer, die mir geholfen haben, es zu lieben.

Überhaupt, die Engländer: Natürlich ein gutherziges Volk, letztlich. In der »Times« habe ich jetzt einen Artikel gelesen mit der Überschrift: »Deutsche sind die intelligentesten Europäer«. Offenbar hatte die Universität von Ulster ein europäischen IQ-Ranking ermittelt. Die Deutschen führen vor Polen und Niederländern. Die Briten selber liegen weit abgeschlagen hinter der Spitzengruppe, aber immerhin, es ist ein britisches Ranking!, noch vor den Franzosen.

Hatte ich schon erwähnt, dass ich unser germanisches Brudervolk auf der Insel immer schon sehr mochte, vor allem seine Universitäten, vor allem die in Ulster? Es ist Zeit für eine Aussöhnung, und wie immer ist es der Klügere, der hier den ersten Schritt tut: Also Engländer, meinetwegen schnappt euch Schleswig-Holstein. Aber ab jetzt: Keine Hitlertiraden mehr, klar?!

Nach Uslars Lesung, die in einem tatsächlich roten Plüschsaal unter einem goldgerahmten Lenin-Porträt stattfand, das sehr ironisch der Hirsch über der DDR-Couch war, gingen meine Frau und ich zurück ins Hotel. Wir passierten all die Straßen, die sie in ihrer Kindheit gegangen war, denn sie ging hier zur Schule. In der Nähe ihrer elterlichen Wohnung kamen wir an einer schwarzlackierten Eisentür vorbei, die halb geöffnet war. Es gab kein Zeichen. Rotes Licht fiel auf den Bürgersteig. Ein libanesischer Türsteher machte eine einladende Geste und zeigte in den Keller hinab. Magisches Theater, Steppenwolfgegend.

Ein paar Schritte weiter war ein Szene-»Coop«-Geschäft, das jetzt, um Mitternacht, noch geöffnet hatte. Man konnte an einem langgezogenen Tresen Milchkaffee trinken. Zwei Mädchen mit gepiercten Nasenflügeln saßen gelangweilt herum. Man konnte Kram kaufen. Gefälschte Dollarnoten, die mit »9/11« und »deception money« gekennzeichnet waren. Daneben waren Schuber mit selbst gebrannten CDs. Ich kaufte meiner Frau eine merkwürdige Abmischung aus Indie und Tango. Und sie kaufte mir eine Anstecknadel der FDJ.

Zehn Minuten später waren wir im Palasthotel. Nur dass es nicht mehr Palasthotel hieß, sondern Radisson, und ein völlig neuer Bau war: leicht, gläsern, mit einem riesigen Aquarium in der Mitte, dem größten der Welt, mit 2500 exotischen Fischen. Eine Spektakel-Architektur, eine luftige, durchlässige, einladende Angelegenheit.

Das alte Palasthotel hatte sich eher nach außen abgeriegelt und bildete eine Art Festung gegen die umliegende DDR-Tristesse. Hier hatte ich mich ein dreiviertel Jahr einlogiert im Jahr der Wende und hatte mit Tätern und Opfern gesprochen und die Wendegewinner in der Sinus-Bar studiert. Was für ein Deutschland-Zoo. Was für ein Aquarium, welches Getümmel und Gewimmel.

Hier hatte mir Thomas Brussig, der Etagenportier, hektische Faxe ins Zimmer hochgebracht. Heute sind wir die besten Freunde. Damals war er ein brillanter unveröffentlichter späterer Bestseller-Romancier, und ich war der arrogante West-Reporter, den er beobachtete, amüsiert und genau, und den er in seinem Wende-Roman »Wie es leuchtet« karikierte.

Diesem Reporter erfindet er eine Reportage, die zum Besten gehört, was das Metier zu bieten hat: Über eine Blinde aus dem Osten, die dank einer innovativen Augenoperation ihre Sehfähigkeit zurückerhält und nun von der Buntheit der neuen Welt fast in die Katastrophe getrieben wird. Dass es Brussig war, der die Reportage schrieb und nicht ich, kann mir mein Chefredakteur bis heute nicht verzeihen und ich mir selber auch nicht. Natürlich hat er mich vorgeführt: Schau her, ich kann die Wirklichkeit noch besser erfinden als du sie abschreiben kannst. Alter Angeber.

Das Palasthotel!

Hier vor allem hatte ich gesessen, unter den Blicken der misstrauischen DDR-Kellner, mit meiner Frau, die damals natürlich noch nicht meine Frau war, sondern eine 21-jährige Slawistik-Studentin, die gerade aus Moskau zurückgekehrt war. Ich versuchte, sie von meinen edlen Absichten zu überzeugen, und je mehr ich mich anstrengte, desto mehr misstraute sie mir.

Die Mauer stand im Wesentlichen noch.

Es waren die spannendsten Zeiten meines Lebens, beruflich und privat. Man kann sie nachlesen, in meinem Buch »Palasthotel«, das gerade vom S. Fischer Verlag neu aufgelegt wurde.

Sie arbeitete beim damaligen stellvertretenden Berliner Bürgermeister im Roten Rathaus. Die Ost-Typen mit ihren langen Bärten und filzigen Pullovern waren ihr zu langweilig, West-Typen wie ich waren ihr dann allerdings wiederum zu windig. Sie saß zwischen Baum und Borke. Kurz darauf gab sie meinem Drängen nach und heiratete mich, wahrscheinlich, weil ihr keine Ausreden mehr eingefallen waren, und wir zogen nach New York und ließen Deutschland für eine Weile hinter uns, was gut war.

Und jetzt waren wir wieder zurück, fünfzehn Jahre später, und wir fuhren mit dem Fahrstuhl am Aquarium entlang hinauf und gingen in unser Zimmer. Es gefiel uns. Das Bett war nicht rund, sondern ein Riesenrechteck, wie es sich gehört, und darüber hing kein Spiegel, sondern ein Zen-Bild mit schwarzweißen Birkenstämmen. Schwarzweiße Birkenstämme waren schwer in Mode in Hotelzimmern.

Wir unterhielten uns über den Abend und dann darüber, wie es war, wieder in Deutschland zu sein, nach all den Jahren. Fünfzehn Jahre seit Einheit und Hochzeit. Das Land und wir selber waren fünfzehn Jahre weiter. Wir legten uns aufs Bett und gingen das Alphabet durch, ich durfte nur Westbegriffe sagen, sie nur welche aus dem Osten. Wir trafen uns ziemlich oft in der Mitte.

»Arbeiterwohlfahrt«, sagte ich. Sie sagte: »Arbeiterklasse.«

»Busen.«

»Gilt nicht«, sagte sie. »Das ist gesamtdeutsch … Bach.« Um auszugleichen.

»Caspar David Friedrich.« »Chauvinismus.« Ihres klang östlicher als meines westlich, aber dann wiederum war es Auslegungssache.

»Dürer.« »Dürer.«

»Einheit.« »Eiche.« Na na.

»Fahnenflucht.« Ich fühlte mich nicht wohl mit diesem Begriff, aber er war der erste, der mir durch den Kopf schoss. Ich war noch nicht mal bei der Bundeswehr. »Fünfjahresplan«, sagte sie.

»Grand mit vieren.« »Gaby Seifert.«

»Hitler.« »Heine.«

»Indianer.« »Ingenieurskunst.«

»Johannes der Täufer.« Das war ich, als ich fünf war und mein jüngerer Bruder vier. Wir holten uns ein Honigglas aus der Vorratskammer und setzten uns im Garten unter einen Busch, um von Heuschrecken und wildem Honig zu leben.

»Jena«, sagte sie. Sie war in Erfurt, der Nachbarstadt, aufgewachsen.

»Kathmandu.« »Kapitalismus.«

»Loreley.« »Luther.«

»Mercedes.« »Marx.« Endlich schien es hinzuhauen.

»Nassau.« »Nein.«

»Wieso denn das?«, wollte ich wissen. Sie sagte: »Das ist bei Deutschen das wichtigste Wort in der Erziehung.«

»Schon längst nicht mehr…« »Opel.« »Ostsee.«

»Psychoanalyse.« »Patenbrigade.«

»Romantik.« »Russland.«

»Sportverein.« »Das wollte ich auch sagen… Staatsbürgerkunde.«

»Tübingen.« »Thüringen.«

»Urlaub.« »Ufa... bei uns hieß sie Defa.«

»Volkswagen.« »Volk.«

»Weimar.« »Wiedervereinigung.«

»XXL.« »Xmas... Gott sei Dank waren wir in Amerika, oder kennst du ein Wort mit X?«

»Yacht.« »Yvonne.«

»Zeitgeist.« »ZV-Lager.«

»Was ist denn ZV-Lager?«

»Zivilverteidigungslager, das mussten alle DDR-Studentinnen im ersten Studienjahr absolvieren, sechs Wochen lang.« Stimmt. Ich kannte die Fotos. Sie stand mit einem Granatwerfer vor einem Zelt, in Armeehose, in Stiefeln. Sie sah aus wie Ghaddafis Leibwache. Schien ihr Spaß gemacht zu haben.

Wir verglichen noch einmal unsere Nennungen. Ein ziemlich unverhetztes Sammelsurium, Erinnerungen, große Deutsche, der unvermeidliche Hitler, eine Militärvokabel, ansonsten Allerweltswörter statt großer Welttrennungswörter, und wir kamen zu dem Schluss, dass Helmut Kohl damals doch Recht gehabt hatte, als er sagte, es habe wohl mehr Verbindendes als Trennendes gegeben.

Wir lachten über Patenbrigade und Zivilverteidigung und Fahnenflucht. Meine Frau köpfte eine Flasche Champagner. Wie gleichzeitig leicht und schwer damals alles war. Und beide mussten sich daran gewöhnen, »Deutschland« ohne alle Zusätze zu verwenden. Und nun war es zur Selbstverständlichkeit geworden.

»Alles wird sich geben«, sagte sie immer. Sie war viel stoischer als ich. Und sie hatte Recht behalten. Sie hat sowieso meistens Recht. Wir stießen an, auf Deutschland, na sicher, und auf unsere eigene Wiedervereinigung.

Viel später bat ich sie, jetzt einen unverkrampften Satz über Deutschland zu sagen. Aber sie war schon eingeschlafen. Sie sah sehr schön aus. Sie war der Satz.